中国

China's outstanding entrepreneur

优秀企业家 2015—2016

李德成◎主编

企业管理出版社
EMPH ENTERPRISE MANAGEMENT PUBLISHING HOUSE

图书在版编目（CIP）数据

中国优秀企业家 2015—2016 / 李德成主编 .—北京：企业管理出版社，2016.5

ISBN 978—7—5164—1283—1

Ⅰ.①中… Ⅱ.① 李… Ⅲ.①企业家—生平事迹—中国—现代 Ⅳ.① K825.38

中国版本图书馆 CIP 数据核字（2016）第 118398 号

书　　名：中国优秀企业家 2015—2016
主　　编：李德成
出 品 人：官永久
责任编辑：尹　青　崔立凯
书　　号：ISBN 978—7—5164—1283—1
出版发行：企业管理出版社
地　　址：北京市海淀区紫竹院南路 17 号　　邮编：100048
网　　址：http://www. emph. cn
电　　话：总编室 68701719　发行部 68414644　编辑部 68701184
电子信箱：80147@sina.com　zbs@emph. cn
印　　刷：北京宝昌彩色印刷有限公司
经　　销：新华书店
规　　格：710 毫米 ×1000 毫米　16 开本　37.25 印张　570 千字
版　　次：2016 年 5 月第 1 版　　2016 年 6 月第 2 次印刷
定　　价：136.00 元

弘扬企业家精神
担当改革创新重任

王忠禹

二〇一四年五月

创世兴国，
回报人民。

陈锦华
二〇〇五年四月

创辉煌事业
做时代英雄

袁宝华
二〇〇三年

《中国优秀企业家》编委会
(2015—2016)

前言

党的十八届三中全会通过的《关于全面深化改革若干重大问题的决定》指出，更好发挥企业家作用。中共中央国务院《关于深化国有企业改革的指导意见》提出，造就一大批德才兼备、善于经营、充满活力的优秀企业家。企业家是企业统帅和灵魂，是改革创新的重要力量，也是推动经济社会发展的生力军。适应经济发展新常态，应对当前国内外新变化，促进企业改革发展和经济社会发展，需要大力弘扬企业家精神，积极营造促进企业家成长的良好环境，在全社会形成尊重企业家、理解企业家、爱护企业家、支持企业家的氛围。

为进一步激发企业家精神，发挥企业家才能，促进我国企业家队伍成长，2015 年，中国企业联合会、中国企业家协会和中国企业管理科学基金会组织开展了第九届“袁宝华企业管理金奖”和 2015—2016 年度全国优秀企业家评选活动。对在企业改革发展和经济社会发展中做出突出贡献的企业家进行表彰。该项活动是经国务院清理整顿评比、达标、表彰后批准保留的评选表彰项目，每两年举办一次。评选活动自 2015 年 9 月开始以来，受到全国各地企业家的广泛关注，推荐报名踊跃。评选过程中，坚持公开、公平、公正原则，严格执行有关评选程序和标准，经过推荐和评选，尹家绪、崔根良、陈进行、徐和谊为第九届“袁宝华企业管理金奖”获得者，131 名企业家被评为 2015—2016 年度全国优秀企业家。

受到表彰的这些企业家认真学习贯彻党的十八大和十八届三中、四中、五中全会精神，深入学习贯彻习近平总书记系列重要讲话精神，主动适应经济发展新常态，在坚持创新驱动，推动企业技术和管理创新，大力提质增效，重视资源节约和环境保护，促进绿色发展以及积极履行企业社会责任等方面做出了优异成绩，他们反映和代表了当今时代中国企业家的精神风貌，体现了企业家勇于创新、争创一流、艰苦奋斗、甘于奉献的精神。

《中国优秀企业家》一书汇集了本次获奖企业家的创新创业先进事迹、成功经验及其卓越贡献。编辑出版该书主要是为了大力宣传优秀企业家，弘扬企业家精神，激发大众创业、万众创新热情，为促进我国企业家队伍发展壮大，激励广大企业家为我国经济社会发展做出新的更大贡献服务。

编　者

二〇一六年五月

目　录

第九届袁宝华企业管理金奖

袁宝华企业管理金奖简介 …… 3

关于表彰和奖励第九届

“袁宝华企业管理金奖”获奖企业家的决定 …… 5

尹家绪　中国兵器工业集团公司董事长、党组书记 …… 7

——播种梦想　耕耘希望

崔根良　亨通集团有限公司董事局主席、党委书记 …… 15

——创新驱动发展　打造国际优秀企业

陈进行　中国大唐集团公司董事长、党组书记 …… 23

——持续创造价值　打造一流能源集团

徐和谊　北京汽车集团有限公司董事长、党委书记 …… 31

——行有道　达天下

2015—2016 全国优秀企业家

关于表彰 2015—2016 年度全国优秀企业家的决定 …… 41

丁水波　特步（中国）有限公司总裁 …… 47

——特步企业　快步前行

万志强　中国石油天然气股份有限公司大庆炼化分公司总经理……51
——担当显精神　实干铸辉煌
于秉坤　北大荒建设集团有限公司总经理……55
——改革创新　实干兴业
马小援　武汉金融控股（集团）有限公司董事长、党委书记……59
——十年磨一金　建成新支点
孔令磊　济南玫德铸造有限公司董事长……63
——奋发有为　五金行业铸辉煌
尤玉仙　鸿博集团有限公司董事长……67
——开拓进取　鸿博腾飞
尹洪卫　岭南园林股份有限公司董事长、总裁……71
——园林业界　追逐梦想
文　岗　中国路桥工程有限责任公司董事长……75
——中国路桥向前进
毛继东　陕西建工第五建设集团有限公司董事长……79
——强党建　抓机遇　促创新　重信用
王　轰　山东汇洋集团董事长……83
——蓝色经济谱华章
王义昭　重庆市农业投资集团有限公司董事长、党委书记……87
——创新驱动　大展宏图
王广发　北京法政实业集团有限公司董事长、总裁……91
——企业多元发展　全力服务社会
王正华　上海春秋国际旅行社（集团）有限公司董事长……95
——浓墨重彩写春秋
王永祥　华能澜沧江水电股份有限公司董事长、党委书记……99
——建设一流水电企业
王玉柱　天津物产集团有限公司董事长、党委书记……103
——打造世界级企业

王立福 天津市华源工业公司董事长、总裁……107
——借得东风发劲枝 直攀高峰追巨梦
王宝申 北京住总集团有限责任公司董事长、党委书记……111
——探索创新 筑就华彩乐章
冯柳江 广西投资集团有限公司董事长、党委书记……115
——创新为先导 企业大发展
卢庆国 晨光生物科技集团股份有限公司董事长……119
——晨光辉映 朝霞满天
甘为民 重庆银行股份有限公司董事长、党委书记……123
——忠诚担当 开拓创新
关彦斌 葵花药业集团股份有限公司董事长、总裁……127
——葵花药业 绚烂绽放
刘 琳 山东康平纳集团总经理……131
——自主创新 引领突破
刘玉果 山东新巨龙能源有限责任公司总经理……135
——腾飞的巨龙
刘成录 山东能源枣庄矿业（集团）董事长、党委书记……139
——迎难而上 煤炭领域创佳绩
刘和平 河北省国有资产控股运营有限公司董事长、党委书记……143
——打造一流国有资本运营公司
刘宝生 风帆股份有限公司董事长、党委书记……147
——风劲正扬帆
刘朝安 中国电力工程顾问集团
华北电力设计院有限公司董事长、总经理……151
——建设极具价值创造力的企业
孙伊萍 内蒙古蒙牛乳业（集团）股份有限公司总裁……155
——引领发展的商界木兰

朱逢民　国投钦州发电有限公司总经理、党委书记……159
——带领企业迅速发展
朱景利　中国石油天然气股份有限公司辽阳石化分公司总经理……163
——辽阳石化　兴旺发展
邢　炜　中国普天信息产业股份有限公司董事长……167
——创新引领　重塑普天
闫晓平　宁夏伊品生物科技股份有限公司董事长、总裁……171
——伊品公司　一品事业
余少雄　深圳市奇信建设集团股份有限公司总经理……175
——装饰建筑　美化生活
吴　宪　深圳市沃特新材料股份有限公司董事长……179
——高分子行业　风光无限
吴小敏　厦门建发集团有限公司董事长……183
——巾帼建功　竞争领域闯新路
宋　鑫　中国黄金集团公司总经理、党委书记……187
——屹立于世界黄金矿业之林
宋伟杰　现代投资股份有限公司董事长……191
——善思致智　仁义至善
张　旺　新疆燕京啤酒有限公司董事长、总经理、党委书记……195
——天山脚下美酒香
张　林　宁夏天地奔牛实业集团有限公司总经理……199
——倾心煤机事业　打造国际领先
张　敏　上工申贝（集团）股份有限公司董事长、党委书记……203
——上工申贝的宏伟事业
张天任　天能电池集团有限公司董事长……207
——创业创新路上的追梦人
张东宁　北京银行行长……211
——搏击金融浪潮　谱写辉煌篇章

张伟明 江苏悦达卡特新能源有限公司总经理 ……215
——行业践行者 总是在行动
张志远 四川省水电投资经营集团有限公司董事长、党委书记 ……219
——光明使者
张京生 江西桑海集团有限责任公司董事长、总经理、党委书记 ……223
——一往无前 气魄如海
张学政 闻泰通讯股份有限公司董事长 ……227
——迅猛发展创奇迹
张学勤 内蒙古森林工业集团有限责任公司董事长 ……231
——转型发展 万木迎春
张雨夏 广西中烟工业有限责任公司总经理、党委书记 ……235
——做精做强出特色
张强金 江西鼎丰玻璃有限公司董事长 ……239
——用热血谱写人生美好篇章
李 宾 中金国华（北京）投资基金管理有限公司董事长 ……243
——勤于思考 创新实干
李 燕 齐鲁制药有限公司总经理 ……247
——齐鲁制药 卓越发展
李卫国 北京东方雨虹防水技术股份有限公司董事长 ……251
——绚丽的东方雨虹
李广兴 陕西飞机工业（集团）有限公司董事长、总经理 ……255
——志存高远 心系蓝天
李凤德 山东广汇集团有限公司董事长 ……259
——弘扬革命传统 引领共同富裕
李成峰 中韩（武汉）石油化工有限公司董事长、总经理 ……263
——把握发展方向 领导企业前进
李国平 福建奥华集团有限公司董事长 ……267
——以科技兴国药

李建波　山东中矿集团有限公司总经理……271
——实在做人　扎实工作
李俊义　长春奥普光电技术股份有限公司总经理……275
——科技兴企　实业报国
李彦群　吉林神华集团有限公司董事长……279
——铸造企业辉煌　书写光彩人生
杜力平　四川九洲电器集团有限责任公司董事长……283
——拼搏奉献　富国强军
杜友兰　延吉百货大楼股份有限公司董事长、党委书记……287
——打造优质企业　心系民族团结
束国刚　中广核工程有限公司总经理……291
——树中国自主核电品牌
杨本新　中船重工（重庆）海装风电设备有限公司董事长……295
——与风结缘　乘风致远
杨宝龙　九三粮油工业集团有限公司董事长、总经理……299
——改革闯新路　逆境谋发展
杨照乾　陕西煤业化工集团有限责任公司董事长……303
——蓬勃发展　乌金闪耀
沈金荣　中策橡胶集团有限公司董事长……307
——伴随太阳前行
肖勇民　株洲联诚集团有限责任公司董事长、总经理……311
——新业绩　新高度　新境界
邰正彪　泰尔重工股份有限公司董事长、总经理……315
——战略转型开创新局　赢时思变跨越发展
邱光和　森马集团有限公司董事长……319
——独辟蹊径　逆势扬帆
邸　达　天津房地产集团有限公司董事长、党委书记……323
——倡树五大发展理念　引领天房改革创新

邹汾生　江西钨业集团有限公司总经理……327
——奋发有为　勇攀高峰
邹远东　湖北东江投资控股有限责任公司总经理……331
——多才多艺　改制创新　时代英雄
陈义和　中国国储能源化工集团董事长、党委书记……335
——艰苦创业　励精图治　创新开拓　激情奉献
陈卫东　中国烟草总公司贵州省公司总经理……339
——烟草行业　建功立业
陈戌源　上海国际港务（集团）股份有限公司董事长、党委书记……343
——老海港人的情怀
陈权中　海南昌茂企业（集团）有限公司董事长……347
——创业兴业　造福社会
陈保华　浙江华海药业股份有限公司总经理……351
——医药领域创佳绩
陈润生　中国华录集团有限公司董事长、党委书记……355
——开拓进取　企业全面发展
陈素清　四川鑫电电缆有限公司总经理……359
——致力创新　履行责任
周　江　江苏法尔胜泓昇集团有限公司董事长、总裁、党委书记……363
——以世界眼光　做民族企业
周厚健　海信集团有限公司董事长……367
——致力产业报国　打造世界名牌
周清和　中车株洲电力机车有限公司董事长、总经理……371
——株机公司　全速向前
林建肯　莆田市永丰鞋业有限公司总经理……375
——永丰鞋业　勇攀高峰
武　钢　新疆金风科技股份有限公司董事长……379
——追风的人

武华太 山西焦煤集团有限责任公司董事长 …… 383
——做强主业 创新促发展
武宪功 中铁十五局集团有限公司董事长 …… 387
——宝剑锋从磨砺出 梅花香自苦寒来
罗元红 东风实业有限公司总经理 …… 391
——激情奋进 倍道兼行 谱写企业改革发展新篇章
范建民 江苏新海石化有限公司董事长、总经理、党委书记 …… 395
——九年一梦 用真情打造一流石化企业
郑宝佑 福建省金纶高纤股份有限公司董事长 …… 399
——推动行业发展 促进社会和谐
郑晓燕 合肥百货大楼集团股份有限公司董事长 …… 403
——大发展的领军人物
侯少藩 奔达康控股集团有限公司董事长 …… 407
——品牌兴企 文化治企
修涞贵 修正药业集团股份有限公司董事长 …… 411
——肩负起做药人的责任
姚俊杰 美锦能源集团有限公司总裁 …… 415
——美锦集团 前程似锦
贺同新 中国通用技术（集团）控股有限公司董事长、党组书记 …… 419
——团结奋斗创佳绩
贺志辉 中铝国际工程股份有限公司总裁 …… 423
——打造最具国际影响力的一流企业
赵立志 天津渤海化工集团有限责任公司董事长 …… 427
——抢抓机遇 真抓实干 加快建设现代化工企业集团
赵振辉 中国石油化工股份有限公司洛阳分公司总经理 …… 431
——从追随到领跑强企之路
郝志兰 北京市政路桥集团有限公司董事长、党委书记 …… 435
——为企业发展铺路搭桥

唐增科 青海省水利水电（集团）有限责任公司董事长、党委书记……439
——求真务实勇担当 创新进取促发展
徐 祥 牡丹江恒丰纸业集团有限责任公司董事长……443
——恒远兴业 诚信求丰
徐文卫 宁波建工股份有限公司董事长……447
——宁波建工 走向卓越
晏志勇 中国电力建设集团有限公司董事长、总经理……451
——中国电建 迅猛发展
袁宏明 陕西汽车控股集团有限公司董事长、党委书记……455
——陕汽驶入快车道
钱月宝 江苏梦兰集团有限公司董事长、总裁……459
——永飘兰香的追梦人
顾建党 菲尼克斯（中国）投资有限公司总裁……463
——做最值得信赖的全球和本土品牌
高树华 河北常山生化药业股份有限公司董事长……467
——企业发展的掌舵人
曹志强 白山市喜丰塑料（集团）股份有限公司董事长、总经理……471
——艰苦奋斗 企业腾飞
曹朝辉 威胜集团有限公司首席执行官……475
——朝霞辉映 气象万千
梁金辉 安徽古井集团有限责任公司董事长、党委书记……479
——做真人 酿美酒
梅 林 湖北白云边酒业股份有限公司董事长、总经理……483
——一个人兴起一家厂 一瓶酒香透一座城
章建跃 中国电建集团成都勘测设计
研究院有限公司执行董事兼总经理……487
——苦干实干促发展

富璞岩　中国南方航空股份有限公司新疆分公司总经理……491
——空中丝路的领航人
彭　寿　凯盛科技集团公司总经理……495
——创新绘就传统行业的中国梦
彭仕国　中铁十八局集团有限公司董事长、总经理……499
——改革谋发展　创新成大业
彭建武　中国南方航空工业（集团）有限公司执行董事、总经理……503
——航空报国　实干兴企
谢旭辉　广州博鳌纵横网络科技有限公司董事长、CEO……507
——知识产权行业大有作为
韩治成　四川广运集团股份有限公司董事长、党委书记……511
——勇担使命谋发展　改革创新展宏图
路斗恒　山西凯嘉能源集团有限公司董事长……515
——承载使命勤务实
雷　翔　华蓝集团股份公司董事长、总经理……519
——多元跨界促发展
雷和孙　福建和顺矿业化工有限公司董事长……523
——魄力与远见造就成功
臧　克　丹东克隆集团有限责任公司董事长、党委书记……527
——企业发展壮大的领路人
臧　波　哈尔滨变压器有限责任公司董事长、总经理……531
——“变”中求胜　引领企业前行
潘一新　安徽环新集团有限公司董事长……535
——做振兴中国汽车工业的逐梦人
潘建培　湖北景天棉花产业集团有限公司董事长……539
——创新发展　务实进取
黎福超　桂林福达集团有限公司董事长……543
——引领企业创新发展

燕志富　山东亨圆铜业有限公司董事长 ………………………………547
——担当成就梦想　实干铸就辉煌
薄成书　新世纪东方投资集团董事长 …………………………………551
——创新发展　巾帼建功
薛兴海　济南市公共交通总公司党委书记、经理 ……………………555
——把乘客满意作为最高追求
薛灵虎　中钢集团邢台机械轧辊有限公司总经理、党委书记 ………559
——创造“世界轧辊天堂”
戴建良　中和环球控股有限公司董事长 ………………………………563
——书写传奇　丰满人生
魏存成　陕西石羊（集团）股份有限公司董事长 ……………………567
——企业前进领头羊

后记 ……………………………………………………………………571

第九届

袁宝华企业管理金奖

袁宝华企业管理金奖简介

“袁宝华企业管理金奖”是由中国企业管理科学基金会于2005年设立的以“袁宝华”名字命名的中国企业管理领域的最高奖项。

袁宝华同志自新中国成立以来长期担任国家工业主管部门和国民经济综合部门的主要领导，是中国企业联合会、中国企业家协会、中国企业管理科学基金会的创始人，是我国经济界和企业界德高望重的老领导，他大力倡导和推动企业管理现代化，在企业管理理论方面有很深的造诣。他在1983年1月提出的“以我为主，博采众长，融合提炼，自成一家”十六字方针，已成为我国企业界学习借鉴发达国家先进企业管理经验，建立中国特色企业管理科学体系的指导方针。

设立“袁宝华企业管理金奖”，目的是通过表彰和奖励为中国企业管理实践做出杰出贡献的中国企业家，推动中国企业家队伍建设，进一步促进中国企业管理思想、管理方法和管理模式的创新，不断提升企业管理水平，激发广大企业和企业家积极投身于中国特色的企业管理现代化事业。“袁宝华企业管理金奖”评选表彰活动是经党中央、国务院清理整顿评比、达标、表彰后批准保留的评选表彰项目，从2010年起，由原来每年开展一次改为每两年开展一次。这项活动坚持高标准和公开、公正、公平的原则，由专门设立的专家委员会和评审委员会按照严格的标准和程序，每届评选出3~5名在企业管理实践和理论方面做出突出贡献的企业家，授予他们“袁宝华企业管理金奖”，并于翌年召开的全国企业家活动日暨中国企业家年会上给予表彰和奖励。

这项活动开展以来，受到了广大企业及社会各界的热切关注，得到了党和国家领导人及国务院有关部委的关心和支持，取得了良好的社会反响，对我国企业家不断探索创新管理模式，加强学习与自身修炼起到了极大鼓励和鞭策作用，对企业管理工作者和管理学界深入研究中国企业管理的科学发展规律，促进企业管理领域的交流与合作，产生了积极的影响和推动作用。

中国企业管理科学基金会

中企基〔2016〕3号

关于表彰和奖励第九届“袁宝华企业管理金奖”获奖企业家的决定

各有关企业：

为进一步推动新常态下我国企业管理现代化和企业家队伍建设，通过表彰和奖励对中国企业管理实践做出突出贡献的企业家，激励广大企业和企业家积极投身于企业管理创新事业。中国企业管理科学基金会本着公开、公正、公平的原则，按照评选标准和要求，经过严格的评选程序，评选出4位企业家为第九届“袁宝华企业管理金奖”获得者，现予以公布，并给予表彰和奖励。他们是：

尹家绪　中国兵器工业集团公司董事长、党组书记

崔根良　亨通集团有限公司董事局主席、党委书记

陈进行　中国大唐集团公司董事长、党组书记

徐和谊　北京汽车集团有限公司董事长、党委书记

以上获奖的4位企业家在长期的企业管理实践中，始终秉承袁宝华同志倡导的“以我为主，博采众长，融合提炼，自成一家”的方针，在吸收世界先进管理方法的同时，根据中国国情和企业实际情况，坚持深化改革，建立市场化经营机制，围绕企业价值创造的核心环节，提出了一系列

先进的经营理念和管理思想，逐步探索形成了适合自身发展要求的管理模式，通过积极推进“两化”融合，着力提升信息化、智能化、网络化运营管理水平，使企业的管理优势有效地转化为企业的竞争优势；他们具有前瞻性的战略构想，通过主动调结构、转方式，不断完善产业布局，积极促进企业转型升级；他们坚持创新驱动发展，立足自主技术研发和自主品牌塑造，通过构建多层次创新体系和创新平台，激发创新活力，努力赶超世界先进水平，逐渐形成了以自主核心技术为支撑的产业竞争优势；他们具有广阔的国际视野，紧紧抓住“一带一路”的战略机遇，坚定实施“走出去”发展战略，通过深度开展国际合作和对标世界领先企业，不断开拓国际市场，努力提升自身装备制造水平；他们尊重人才、尊重创造，通过建立市场化的选人用人机制和营造和谐进取的公司文化，培养造就了优秀的人才队伍，有力激发了企业的发展活力；他们具有强烈的使命感与责任感，努力承担社会责任，在节能减排、促进绿色生态文明建设和开展社会公益事业等方面主动作为，积极履行企业公民义务；他们以身作则、率先垂范，十分注重自身的品德修养，具有高尚的人格魅力，赢得了企业员工的拥护和社会各界的广泛赞誉与褒奖。

希望我国广大企业家以他们为榜样，坚定产业报国理想，按照“四个全面”的战略布局，深入贯彻创新、协调、绿色、开放、共享的发展理念，不断深化改革创新，全面提升管理水平，为开创中国特色企业管理现代化事业的新局面而努力奋斗！

二〇一六年四月二十八日

尹家绪

尹家绪：男，1956年出生，博士研究生学历，研究员级高级工程师。中共十六大代表，第十、十一届全国人大代表。历任重庆渝州齿轮厂副厂长、厂长，长安汽车（集团）有限责任公司董事长、总经理、党委书记，中国兵器装备集团公司党组副书记、副总经理，中国兵器工业集团公司党组书记、副总经理；现任中国兵器工业集团公司党组书记、董事长。曾获“全国劳动模范”“全国五一劳动奖章”“中华十大经济英才”等荣誉。

播种梦想　耕耘希望

尹家绪是我国汽车行业和军工行业知名的企业家。自 2010 年主持中国兵器工业集团公司（简称“兵器工业集团”）工作以来，尹家绪针对企业发展实际，以全价值链体系化精益管理战略为统领，以推进转型升级、深化改革、创新驱动、管理提升为主线，以“创新工程、精品工程、人才工程、价值创造工程、责任工程”为抓手，大力推进经营管理的市场化、精益化、专业化、法治化、国际化，在实践中形成了质量效益型可持续发展模式。

深化改革　推动建立市场化经营机制

为提升企业市场化运营水平，增强集团竞争力，尹家绪大力推动法律和政策框架下的“无禁区改革”，引导全集团建立市场化经营机制。

尹家绪指出：“集团公司全面深化改革的目标，就是把集团公司建设成为由好企业组成的、追求质量效益型可持续发展的企业集团”。对此，尹家绪把重点放在做好“加减乘除”四则运算上，推动优势资源向优势产业集中和产业产品向中高端升级。一是积极做加法，培育新的增长点。抓住兵器工业集团作为总体单位承担北斗地基增强系统建设任务的契机，与阿里巴巴集团共同出资 20 亿元成立“千寻位置网络有限公司”，推动向新兴战略产业转型。始终坚持外部重组三原则，即有利于提升集团公司技术创新能力、有利于弥补重点领域的发展短板、有利于拓展业务空间，通过实施对德国凯毅德公司和瓦达沙夫公司、德国德尔福公司汽车天线接收系统业务，东方联星公司的并购重组，提升行业的话语权。二是主动做减法，扭亏止损。通过“关、停、并、转、送、换”多种方式坚决退出不良资产和业务板块，2011年以来清理处置了500多个低效无效、长期亏损、不属国家产业政策支持发展的子企业和长期股权投资项目。三是全力做乘法，重点推进体制机制创新、技术创新、商业模式创新，在铁路产品、市政管道、民爆服务、环保产品等领域不断培育出新的经济增长点。四是努力做除法，提高劳动生产率。在加快向高附加值产业推进同时，对并购重组、新建项目、扩产扩能项目、新增财务并表单位等成建制进人事项，对标同行业全员劳动生产率先进水平核定人员数量，深化人员能进能出的用工机制，重点引进高层次紧缺人才。

为引导企业打赢“结构调整和转型升级”的“淮海战役”，尹家绪还提出了“周期性困难可以熬，结构性问题必须调；需求变化供给改，强化基础补短板；创新改革齐发力，提质降本增效益”等一系列新的经营理念，使企业改革调整有了更加明确的方向。

坚持创新驱动　发挥科技创新的“倍增器”作用

作为国防军工企业，科技创新在兵器工业集团具有举足轻重的地位。尹家绪不断深化对兵器科技创新规律的认识，注重创新能力的培育，提出了“技术创新体系的一个首要能力就是体系策划和顶层设计能力”“技术是可以买来的，而技术能力是买不来的，只能在技术创新的实践中不断积累”“精品首先是设计出来的，然后是制造出来的，制造工艺上不去，就不可能出精品、创名牌，就不可能从一般制造升级为高端制造、从低端制造跃升到精密制造”等一系列创新发展理念。

在这些理念的指导下，兵器工业集团进一步明确了面向未来的科技路线，构建了以中国兵器科学研究院为顶层统领、以四个总体院为骨干引领、以十几个专业所和研发中心为基础支撑的军品科研创新体系。2011年以来，集团公司新增国家级科技创新平台23个，国家级创新平台总量达到45个，并瞄准前沿，筹建了地面无人平台研发中心、水中兵器研发中心、航空弹药研究院等新兴领域创新平台，拓展了兵器工业的发展领域。集团公司研发费用由2010年的81亿元，稳步增长到2015年的107亿元。在军工领域，兵器工业集团的一大批项目列入国家和军队重大科技专项，并取得技术突破和阶段性成果，大幅缩小了我国陆军主战装备与世界先进水平的差距，实现了兵器科技由战术层面向战略层面的突破，步入了与发达国家跟踪发展、同台竞技和局部领域领跑并存的新阶段。

在民用领域，建设形成了以市场为导向、26 个重点民品开发中心为主体的民品创新体系。全球最大、中国首台套 3.6 万吨黑色金属垂直挤压机创造了压机设计制造和挤压工艺技术领域的多项世界第一，掌握了超临界电力用大口径厚壁无缝钢管和高端模具钢制造的核心技术。超重型数控卧式镗车床、电动轮非公路矿用车等一批新产品达到国际先进水平。

运用互联网思维 推动企业向战略新兴产业转型

尹家绪善于把握时代发展脉搏，紧跟时代发展趋势。针对互联网的崛起，尹家绪反复向全集团强调互联网思维的重要性，以此带领并推动全集团的转型。“我们可以不懂互联网技术，但不能不了解互联网知识”；“我们可以不搞互联网营销，但不能没有互联网思维”；“互联网世界讲的是跨界竞争”；“网络时代瞬息万变，牵一发而动全身，我们要在互联网时代生存发展，就必须彻底改变我们的 DNA”；“网络的速度正在决定企业变化的速度”。

在这种互联网思维的引领下，尹家绪带领兵器工业集团积极推动民爆器材、重型机床等传统制造业由生产制造型向生产服务型转变，承揽了中广核纳米比亚铀矿爆破一体化服务项目等一批重大项目；另外，开展跨界竞争，成为我国北斗地基增强系统建设的项目研制总体单位，从传统机械制造业为主一举跨入北斗导航应用领域，负责构建全国一张网，实现部门间、地区间、军民用户间资源统筹和数据共享。

2015 年 8 月，兵器工业集团与阿里巴巴集团共同出资 20 亿元人民币设立混合所有制企业——“千寻位置网络有限公司”，构建国家级北斗增值运营服务平台，发挥双方各自在资源整合和市场化运营方面的优势，以“互联网 + 位置（北斗）”的理念，通过北斗地基一张网的整合与建设，并基于云计算和数据技术构建了位置服务云平台，以满足国家、行业、大众市场对精准位置服务的需求，迈出了我国北斗导航领域发展的重要一步。通过进入北斗导航应用领域，进一步提升兵器工业在国家层面的战略地位，同时让兵器工业发展搭上信息化“这班新车”，在催生经济新业态、培育经济新的增长点上，占领了先机和行业制高点，并为兵器工业的车辆与光电信息制造业的转型升级提供了主攻方向和发展平台。

推进精益管理　完善人才队伍建设

抓管理、建队伍一直是尹家绪强本固基、提升集团核心竞争力的两个重要法宝。他强调“对企业来说，练好内功、夯实基础，持续改善、久久为功，就是给希望的种子提供最好的成长环境”。

针对兵器工业基础管理较为薄弱的实际，尹家绪强力推动实施全价值链体系化精益管理战略。他指出：“精益首先是一种思想、是一种文化、是一种素质、是一种觉悟，要实现精益管理，首先员工要有精益的认识，要有精益的追求”；“精益管理的核心是追求价值创造，关键是体系化推进，手段是精益理念和方法，目的是练好内功、提高市场竞争力，生命力在于全员参与和持续改进”。

尹家绪同志关于精益管理的论述，既有理论、思想上的总结，更有方法和运用上的具体指导，并在实践中取得了明显成效。目前，精益管理已经成为全集团的一项长期战略。通过5年来的探索与实践，以精益、价值创造为核心的管理方法、管理思想已逐步渗透到企业生产经营的各个环节，实现了由“破冰”向“深化”、由“学习”向“实践”、由“局部”向“全局”的转变。目前，全集团军民品精益生产示范区实现全覆盖，精益班组达到1万多个，集团公司的精益管理已从生产现场延伸到研发、采购、营销、财务等企业价值链各个方面，讲精益、践精益已在全集团蔚然成风。

随着国防科技工业不同行业界限的模糊，无论是军品还是民品，兵器行业都日益成为竞争性行业。与此相适应，尹家绪提出并实施市场化人才观。针对兵器工业以制造业为主的实际，他强调“技能人才是最直接的生产力。我们对技能人才要注重实绩，掀掉‘天花板’，拆除‘隔离墙’；要为有创造力的员工提供‘蓝天白云的浩瀚天空’，向上有晋升通道，横向也可进入工程技术和管理人才序列”。对此，兵器工业集团调整了高管人员和科技人员结构，将院士、首席专家、集团公司级科技带头人等核心科技人才作为集团直接管理的人员，极大提升了科技人才的职业荣誉感，并从集团公司层面有计划地开展院士和首席专家等领军人才培养工作，完善了“成员单位技能骨干——成员单位技能带头人——集团公司级关键技能带头人——首席技师”职业发展通道。目前，全集团已形成一支由35名院士（含特聘院士）、40名兵器首席专家、49名“千人计划”专家、380名集团公司级科技带头人以及10名首席技师、150名集团公司级关键技能带头人为核心的创新人才队伍。12家“国家级技能大师工作室”挂牌运行，涌现出了一大批“为国铸剑”的“大国工匠”。

转变发展模式　加快国际化步伐

兵器军贸长期处于国防科技工业领先地位。为在新平台上实现军贸新跨越，尹家绪强调，体系化较量是国际军贸“新常态”，兵器军贸工作要加快“三个转变”，即从跟踪市场向策划市场转变，从需求牵引向技术推动与需求牵引相结合转变，从军贸公司单打独斗向科工贸一体化运作的“大军贸”转变，着重抓好“三个升级”，即从提供单一产品装备模式向提供成套成体系模式升级，向成建制、一揽子系统解决方案升级，向技术与战术深度融合、整合相关装备能力以生成整体作战能力升级。他强调要加强顶层设计和体系策划，充分发挥好军贸技术研究院的作用，把握好、挖掘好不同国别、地区的市场需求，瞄准痛点、精确制导，研究提出体系化、个性化的解决方案，更加积极主动地发挥技术推动在市场开拓中的作用。

“十二五”期间，兵器工业集团创新商业模式，成功举办了“装甲日”和“火炮与智能弹药日”军贸重大营销活动，首次以主办方身份派出庞大阵容参加珠海航展，在社会上引起了强烈反响；成功推出主战坦克、火力打击系统、智能化弹药等一批技术先进、信息化程度高的军贸新产品，军贸出口成交大幅增长，持续保持军贸行业领先者地位。与此同时，尹家绪坚持产品经营与市场经营并重的原则，借助军贸建立的商贸关系，积极发挥军贸溢出效应，从海外获取石油、矿产等大量战略资源，在为国防安全作出贡献的同时，也为国家资源安全做出了积极贡献。此外，还承揽承担了一批海外重大工程建设项目。

2015 年 4 月 21 日，在习近平主席与巴基斯坦谢里夫总理共同见证下，集团公司与巴基斯坦旁遮普公交公司成功签署“一带一路”框架下中巴经济走廊首个基础设施项目——16.26 亿美元的拉合尔轨道交通橙线项目总承包合同，成为国防科技工业走出去的典范。目前，兵器工业集团的国际化经营形成了军贸为核心的军贸、石油、矿产、国际经济合作、民品专业化经营“五位一体”业务板块相互促进、齐头并进的良好局面。

积极履行社会责任　大力倡导先进企业文化

在推动企业发展过程中，尹家绪始终把承担社会责任作为企业、企业家应尽的职责。他强调，兵器工业集团不仅要履行好“固国防”的政治责任、“保增长”的经济责任，还要履行好“促和谐”的社会责任，并在诚信经营、安全生产、绿色发展和社会公益等方面主导构建了集团公司的责任管理体系。他提倡“视瑕疵为耻辱、把质量当荣誉的工匠精神”，对安全生产重大事故实行“零容忍”的“一票否决”制；他狠抓节能减排组织管理体系建设，全面完成了国资委下达的“十二五”节能减排指标和任期目标。2011 年以来，全集团安全生产累计投入 18.02 亿元，环保投入 16.86 亿元，没有发生一起重大安全事故和环保事故。他秉承“结合主业、回馈社会”的理念，积极开展扶贫捐赠、救灾捐赠、兵工助学以及向社会公益事业捐赠等公益活动。2011 年至今，累计对外公益捐赠 7266 万元，帮助四川汶川、芦山、云南昭通鲁甸等灾区开展灾后重建。

尹家绪坚持思想引领、文化引领，身体力行倡导先进企业文化。他指出：“比经营产品更高一个层次是经营品牌”“比经营品牌更高一个层次是经营文化。”2014—2016 年，他连续发表《兵器的春天》《春天的召唤》《耕耘在春天》的署名文章，深入浅出、充满激情呼唤变革与创新，大力倡导“互联网思维”和实干精神，在全集团引起广泛共鸣，在社会产生很大影响。尹家绪本人已经成为兵器工业的“文化名片”。2013 年他主持完善以集团公司核心价值理念体系为统领、体现各单位文化特色的“一主多元”

企业文化体系，在全集团推动形成了“善于竞争、敢于担当、决不言败”等富有时代特色的兵器文化。尹家绪注重传承“把一切献给党”的人民兵工优良传统，大力弘扬先进典型和精神文明之风。

如今的兵器工业集团在尹家绪的带领下，在改革调整、转型创新、管理进步和思想文化提升等各个方面加快“春播”，为企业实现梦想、结出更多丰硕的果实而辛勤“耕种”。

崔根良

崔根良：男，1958 年出生，高级经济师。第十二届全国人大代表、江苏省政协第十届委员。江苏省工商业联合会副主席，兼任中国企业联合会副会长、中国工业经济联合会主席团主席、中国国际商会副会长、中国民营经济国际合作商会副会长；2001 年至今任亨通集团董事局主席、党委书记。曾获优秀中国特色社会主义事业建设者、全国劳动模范、中华慈善突出贡献（个人）奖、江苏省及全国“时代楷模”等荣誉。

创新驱动发展　打造国际优秀企业

自创建亨通集团以来，崔根良励精图治 25 年，从小到大、由弱变强，把亨通集团打造为中国信息通信、电力传输领域的领军企业。目前，亨通集团已成为服务于光纤光网和电力电网及网络建设运营、金融投资、新能源、新材料等领域的国家创新型企业，是中国光纤光网、电力电网领域规模最大的系统集成商与网络服务商，跻身中国企业 500 强、中国民企 100 强、全球光纤通信前 3 强。亨通集团能够取得这样优异的成绩，崔根良功不可没。集团创立之初，崔根良就以产业报国为己任，以创造卓越、崇尚文明为使命，定下了打造世界知名品牌、成就国际优秀企业的发展愿景。在此愿景指导下，崔根良大力实施创新驱动战略、转型升级战略和“走出去”发展战略，为亨通集团快速、健康地成长壮大奠定了坚实的基础。

创新驱动　打造国际竞争“杀手锏”

创新无时不有、创新无处不在、创新永无止境。亨通集团创立之初，崔根良就提出创新是亨通发展之魂，构建并不断完善“以战略创新为前提、以人才创新为依托、以技术创新为重点、以机制创新为关键、以资本创新为纽带”的企业创新体系。大创新、大变革时代，企业随时面临颠覆性创新、挤压式发展、扼杀式竞争。如何才能在激烈国际国内竞争中立于不败之地？在崔根良看来，关键是企业一定要掌握自己的“杀手锏”。

光纤是信息传输的“神经”，而此前光纤拉丝技术和光棒制造技术一直受制于发达国家，中国 90.0% 以上的光棒依赖进口。正是这根“卡脖子”的棒，使中国广大光纤用户承受高额的成本负担。

2003 年，崔根良提出要研发中国的光纤项目，自己生产光纤。这个决策震惊了光纤界。在中国，国字头的大企业、大研究所已经研制了20多年光纤拉丝技术和光棒制造技术，都没有成功，崔根良一个乡镇企业家是不是心太大了？崔根良说：不是“心大”，是为了“两股气”。一个是骨气，我们中国人做人做事就是要有骨气，总不能永远看外国人的脸色搞生产，永远被别人压着！另一个勇气，要为中国光纤光缆制造业创新增添勇气，要为中国人争口气！创造自己的核心技术，完成中国制造到中国创造的飞跃！崔根良在集团高管会议上多次表示：“光纤通信是全球通信传输技术的发展方向，中国没有光棒将危及光纤通信产业健康发展，这不是利益问题，而是关系到我们如何在世界上立足。”

2006年，崔根良顶住各种压力，在包括一些专家在内的多数人的质疑甚至反对的情况下，力排众议下定决心实施自主研发。在之后的三年里，亨通共投入6亿多元进行了包括拉丝塔等一系列基础设备在内的光棒技术研发。3年6亿元，相当于每天“烧掉”50多万元，这对当时底子并不是太雄厚的亨通来说确实不是个小数字，但是崔根良有信心完成这项中国光纤通信领域的历史性突破。终于，在2009年3月，亨通成功研发出第一根各项标准都达标的光棒。2010年，亨通的光棒项目正式投产，在被发达国家长期设置“层层技术壁垒”的垄断领域刻上中国的印记，当年年底，亨通的光棒产量就达上百吨。亨通集团成功打破国外对中国光纤预制棒技术的封锁，成为中国唯一拥有光纤通信核心技术及自主知识产权的民营企业，抢占了行业制高点，支撑起中国通信行业的“脊梁”，为中国赢得了世界话语权。这是崔根良的成功，也是整个民族光纤产业的胜利。目前，亨通光纤年产量已从当初的150万芯公里发展到现在的6000万芯公里，占中国市场份额的25.0%，全球市场份额的13.0%。自主生产的光纤大幅降低中国光通信基础建设成本，为中国百姓光纤到户、宽带中国、“互联网+”战略的实施奠定了基础。

从此以后，在崔根良的带领下，亨通在创新创造的道路上一发不可收，并用一次次突破纪录着自己的成长。开发国际领先水平的最大容量、最快速率、最低损耗的光纤；开发研制的航空航天、军工装备特种光纤、光纤导航等系统，一项项打破国外技术封锁；在神九、神十与天宫一号交会对接任务中，两次受到总装备部嘉奖；先后承担了国家 863、自然科学基金项目、国家级科技项目等 150 多个；专利 1500 多项、国家行业标准 81 项，见证了亨通迈向高端发展的“中国创造”。目前，亨通光纤网络技术已应用到全球 120 多个国家。

转型升级 “三化促一化”“一化带三化”

在新一轮工业革命的浪潮下，全球制造业生产模式、产业形态正发生着深刻变革。中国制造要转型升级、脱胎换骨，不但要加大创新升级力度，弥补基础不足，还要顺应数字化、网络化、智能化发展趋势，推进制造智能转型，提升精益化管理水平，实现制造业由大变强。

“打铁还须自身硬”。崔根良深知，亨通要想在国内外扩大竞争优势，除了要有自己的杀手锏，还要练好“内功”，紧跟科技变革潮流，加快产品生产向智能化转型。按照“中国制造 2025”的要求，崔根良大力推进“三化融合企业”（工厂智能化、制造精益化、管理信息化）建设，全力打造智能化工厂，实现柔性化、定制化、个性化制造。崔根良积极拓展“互联网 +”发展新空间，推进向互联网、物联网产业转型；努力践行精益求精的制造业精神，打造中国质量全球品牌。2015 年，崔根良立足全球光电线缆行业发展新态势，正式提出“三化促一化（国际化）”“一化带三化”的战略发展构架，全面推进企业国际化。

事实上，崔根良正积极顺应制造业发展新趋势，大力推进智能制造新模式。围绕“中国制造 2025”，结合自身实际，崔根良正着力推进智能工厂建设，提出“能用机器人不用工人、能用机械手的不用人手”；明确智能工厂的 5 年建设目标：单位面积产能翻一番，引入机器人或工业自动化替代作业人员 50.0% 以上，工厂生产线实现总系统集成控制达 90.0% 以上，数据自动采集与分析达 90.0% 以上，供应链信息协同共享减小仓库面积 50.0% 以上。

信息化、网络化是智能工厂的神经中枢。在对原有信息化系统进行整合提升的基础上，2015 年，崔根良全面推进 SAP+MES 智能制造及执行系统、SRM 供应链整合管理系统、CRM 客户关系管理系统及 OA 办公自动化系统的建设，逐步建立覆盖业务全流程的信息化管理平台。此外，亨通专门成立智能精工公司，研究开发智能化生产系统，开展实施智能装备改造，试点建设亨通光电智能车间项目，按照“处于国内领先地位、达到国际先进水平”的标准，重点推进智能化生产控制中心、智能化生产管理执行系统、智能化仓储及运输物流和智能化设备及生产线集群的建设。

与此同时，崔根良围绕光通信全产业链，在亨通吴江光通信科技园投资新建光纤制导、光纤传感、特种光纤等项目，并结合工业 4.0 理念，以“人机互动、机器换人、工业互联网、智能制造”为创新内容，以“生产精益化、管理信息化、工厂智能化”为目标，融合信息化技术、自动化技术和先进制造技术，实现定制化生产、柔性化制造、高效快捷化交付，建成全国领先、全球先进的全光网产业链智能化产业基地及示范区。

崔根良认为，企业自身的“三化”是实现国际化的必经之途，具体而言就是以工厂智能化、管理信息化、制造精益化来促进国际化水平。中国企业开拓国际市场，首先要把内功练好，产品要适应不同国家的不同标准、质量也要符合要求。做实业就要实实在在做，一定要确保产品质量、改变非理性竞争思维，通过自主技术、核心技术的开发，提升国际竞争力，用国际化市场法则和环境来倒逼企业练好内功，实现以“一化带三化”的战略目标。

走出去　看着世界地图做企业

在全球经济一体化的时代，国际间的合作越来越紧密、越来越广泛。崔根良意识到，面对国内国际两个市场，如果不用全球化的思路和国际化的定位来规划公司的未来，今后将难以发展。对此，崔根良坚持以开放的姿态、互惠共赢的原则，积极寻求广泛的国际合作。亨通相继通过直接营销、代理渠道、合作开发（与华为共同开拓海外通信市场）、工程总包等方式进入海外市场，以销售带动产业投资、以产业投资提升销售业绩、产业投资与销售形成协同效应。

1992 年，正值外向型经济在东南沿海兴起之时，崔根良抓住时机说服了日本妙香园株式会社投资 150 万美元，合资创办了吴江妙都光缆有限公司。他从美国、英国、德国、意大利、日本等国家引进了几十台（套）先进生产流水线和检测仪器，使亨通插上了腾飞的翅膀，开辟了企业技改高起点发展之路，为亨通光缆产品的质量提升和出口海外奠定了坚实基础；1996年，成功收购马来西亚在中国的独资企业，掀开了亨通收购外资企业的序幕；2000年，亨通成立国际事业部，全面规划、推进国际市场拓展和国际化战略；2002年，亨通第一次在德国汉诺威参加国际通信展，首次在国际展会上展示亮相；2003年，第一次大规模出口产品至非洲（埃塞俄比亚），揭开产品国际化发展的崭新一页；2006年，亨通在泰国设立了第一个海外营销技术服务分公司，正式启动海外营销网络布局；同年，继亨通光电在中国内地上市之后，又相继实现了在新加坡和中国香港地区两地上市，构建了国际化的资本平台；2009年起，亨通与联合国合作，每年组织一届国际通信技术交流发展中国家培训班，开启国际化人才培育新路径；2010年，与美国OFS合资，建立全球最大的特种光棒研发生产基地，强化国际竞争优势；2011年，并购世界500强企业日本古河电工在中国的全资子公司，完善在中国区域的战略布局，进一步夯实亨通在中国的领先地位；2012年，亨通巴西光通信项目启动建设，设立海外第一家工厂，标志着亨通从产品输出向产业输出迈出了重要一步。

作为中国民营企业"走出去"的开拓者，崔根良的梦想，亨通人的梦想是成就国际化的企业。在崔根良看来，看着世界地图做企业，沿着"一带一路"走出去，不只是亨通未来的蓝图，更是肩负"中国制造"走向世界的责任。相比于最初"开拓海外市场"的定位，崔根良如今的国际化战略已经着眼于"提升价值链"。崔根良认为，如果接下来亨通还能取得突破性的发展，那么一定来自于国际市场。亨通的国际化不仅仅是在"销售"层面，而是在生产、管理、产品、销售、资本、人才等多个价值环节上，实现国内外资源的最优配置。2010年，崔根良在20年发展的基础上提出亨通"531国际化战略"，计划实现50.0%的国际市场、30.0%的国际资本、10.0%的国际人才，这可谓是亨通国际化的1.0版。在进入发展的第三个10年后，亨通又将"走出去"提升到一个前所未有的高度。国际化战略的实施是亨通集团可持续发展的必然选择。亨通不追求单纯的"走出去"，而是致力于实现“走进去”进而“走上去”。2013年，崔根良把“5-3-1国际化战略”升级至“5-5-5国际化战略”，即拥有50.0%以上的国际市场、50.0%以上的国际资本和50.0%以上的国际化人才。目前，亨通正在倾尽全力打造自己的国际化2.0。

围绕“5-5-5国际化2.0”的目标，崔根良立足国际国内的两个市场、两种资源、两大资本，大力推进产业经营与资本经营融合、制造服务与互联网融合、国内资源与国际资源融合、本土文化与外域文化融合，加快全球化运营和产业布局。近年来，亨通集团加快推动海外产业布局及海外项目投资并购。2015年是亨通国际化历程中具有重要意义的一年，是亨通资本“走出去”的元年。这一年，亨通成功并购印尼福士和南非阿伯代尔电缆集团和阿伯代尔欧洲公司。目前，亨通集团在海外拥有产业基地8个，产业区域覆盖亚洲、欧洲、非洲和南美洲，在33个国家和地区设立海外营销技术服务分公司，其海外的光通信销量以每年50.0%以上的速度递增，市场覆盖120多个国家和地区，标志着亨通自此进入跨国公司新时代。

产业报国　积极履行企业的社会责任

产业报国是崔根良最大的心愿。国家崛起，发展实业是根本。从创办企业的第一天起，崔根良就秉持这样的信念：一名优秀的企业家必须有大责任、大担当。“企业小的时候是少数人的，做大了则是国家的。”在崔根良的意识里，把企业做大做强做优就是一个企业家履行社会责任的最好体现。如今的亨通，经过20多年的发展，就业员工从原先的38人扩大到1.2万人，年纳税额从87万元增长到超过10亿元。

崔根良强调，亨通的使命是要打造一个受社会尊敬的，勇于承担社会责任的百年企业。秉承社会责任是企业的第一责任的理念，25年来，崔根良坚持诚信经营、依法纳税，为社会提供优质的产品和服务。同时，努力处理好企业与各利益相关方的关系，发展和谐劳资关系、关爱员工成长、回报投资者、协调公共关系、在环境友好、资源节约等方面均在行业和地区作出了表率。

崔根良始终奉行“真善不为人知”的理念，他热心公益慈善事业，积极回馈社会，弘扬社会正能量，以彰显一个勇于承担责任的企业的社会价值。25 年来，亨通向公益慈善事业捐款超过 4.8 亿元。2011 年，为更加规范地管理和专业地开展慈善公益活动，崔根良个人捐资 5000 万元成立了“亨通慈善基金会”，这是江苏省首家由民营企业发起的由国家民政部主管的非公募慈善基金会。多年来，亨通集团及其慈善基金会实施了多项有社会影响力的慈善公益项目，得到了社会的认可和高度的评价，崔根良本人先后获得第九、十届“中国慈善排行榜十大慈善家”“2013 年度中华慈善推动者”、2014 年度“中华慈善 20 周年突出贡献奖”和由中央统战部授予的“中国光彩事业 20 周年突出贡献奖”等荣誉。

25 年来，崔根良始终勇立潮头，以爱党爱国为信念，以产业报国为己任，完成了从艰苦创业到卓越创新的实践，从中国制造到中国创造的飞跃，从本土企业到国际化企业的腾飞，从企业责任担负到社会责任担当的升华，他的身上充分体现了一个共产党员、优秀民营企业家为实现中国梦的不懈追求和顽强拼搏。

中国大唐集团公司董事长、党组书记

陈进行

陈进行：男，1955年生，教授级高级工程师，享受国务院政府特殊津贴专家。第十二届全国政协委员，中共十六大代表。现任中国大唐集团公司董事长、党组书记。曾获得全国五一劳动奖章、全国优秀企业家、全国企业文化建设突出贡献人物、2014年度中国能源“影响力人物”等荣誉称号。

持续创造价值　打造一流能源集团

陈进行长期耕耘于电力能源行业并担任主要领导职务，洞悉电力行业特性与内在规律，对能源产业发展具有深邃见解。自2012年主持中国大唐集团公司全面工作以来，陈进行团结带领全系统10万干部员工，坚持“价值思维和效益导向”的核心理念，围绕建设“国际一流能源集团”战略目标，全面落实习近平总书记关于国家“四个全面”战略布局和能源“四个革命”的战略部署，积极推动产业结构调整和转型升级，企业发展思路清晰明确，体制机制和管理模式持续创新，企业内部环境和谐稳定，经营效益大幅提升，2013年利润总额首破百亿大关，同比增加50.42亿元；2014年、2015年分别实现利润140.08亿元、171.36亿元，连创历史同期新高。资产负债率逐年下降，到2015年年底，中国大唐资产负债率降至82.46%，比最高点下降了6.3个百分点，在五大发电集团中降幅最大。中国大唐近3年连续获得国资委中央企业业绩考核A级。

全面深化改革　打造企业核心竞争力

陈进行担任中国大唐主要领导以来，立足国情、社情、企情，牢牢抓住中国大唐生产要素合理配置和生产经营科学组织两个关键环节，全面深化企业改革，不断完善公司治理结构和运行机制，着力优化信息流、资金流、物资流以及业务流程。

一方面，陈进行坚持企业价值链有机发展，科学界定集团业务板块，推行归核化战略。他认为，企业经营活动中所创造的价值和比较优势，实际上主要来自于企业价值链上某些特定环节的价值活动。这些真正创造价值的、具有比较优势的经营活动，才是最有价值的战略环节，也是企业核心竞争力的源泉。陈进行以电力行业资深专家的敏锐眼光和大型集团企业管理者的广阔视野，根据中国大唐电力能源企业的属性特点，深入分析电力能源产业的价值链，抓住电力能源产业链的关键环节，以价值链理论为基础，提出“价值思维，效益导向”理念，将中国大唐所有旗下产业进行科学分类，确定了集团公司电力板块、煤炭板块两大主营业务和科环、金融、商贸物流三大支撑业务以及国际业务共六大业务板块，着力推行中国大唐业务“归核”发展战略，不断提高集团公司核心竞争力和整体盈利水平。

另一方面，陈进行针对中国大唐业务板块覆盖面广、下属机构众多的特点，有的放矢地推进五项改革试点，加快内部资源整合，形成集团发展合力。一是推行区域一体化改革。按照统筹资源、协同发展的集团利益最大化目标，由一个机构全面负责所属区域资产的经营管理，作为该区域集团各业务板块的统一运营管理中心、利润管理中心、安全监管中心和服务保障中心，逐步形成大唐统一规划、统一协调、分业发展的区域经营模式。二是推行大部制改革。以功能定位为依据，科学设置总部及二级企业本部内设机构，整合同类职能，再造业务流程，实现机构和人员“三统一”，优化管理流程，缩短管理链条，增强管控能力，提高管理效率。三是推行人力资源优化配置试点。建立“三能”选人用人机制和科学的人才流动机制，通过流动机制做到能进能出和能上能下，做到了人尽其才、才尽其用、人事相宜，实现企业人力资源科学、合理的配置。四是实施燃料集中管理体制改革。将过去企业各自采购燃料、自行支付煤款的传统模式转变为燃料集中采购、统一管理、集约化经营的模式，从而有效降低了燃料成本；五是推进电力市场改革。深入研究电力体制改革配套文件，理清售电公司的运作思路，研究（配）售电公司业务模型，探索开展售电和增值业务的方式、市场布局、用户选择、量价测算、销售策略等工作，做好电力市场开拓工作，为后期占领区域市场奠定基础。通过五项改革试点，中国大唐实现内部资源高度整合，提高了应对市场变化的能力，实现了集团核心要素增长率的提升。

坚持创新驱动　增强可持续发展动力

在长期的电力企业管理实践中，陈进行深刻体会到，要推动电力行业可持续发展，必须深入贯彻落实习近平总书记能源战略思想，推动电力工业清洁高效发展，始终把创新作为企业发展的第一推动力和永葆生机活力的重要源泉。

坚持创新发展，推动结构调整和转型升级。近年来，中国大唐着力推进结构调整，加快水电、风电等清洁能源建设，加大开展节能减排，发展质量不断提升。“十二五”期间，中国大唐累计投产电源项目 2615.15 万千瓦，其中清洁能源 1721.65 万千瓦，占 65.83%；到 2015 年年底，在役在建总装机 1.49 亿千瓦，清洁能源占 31.48%；在役燃煤机组中，60 万千瓦及以上大容量、高参数燃煤机组占 51.0%，热电联产机组占 38.94%。“十二五”期间，累计投入 370 多亿元，用于节能减排，节能环保指标持续优化，燃煤机组 100% 安装了脱硫脱硝设施，供电煤耗累计下降了 20.3 克 / 千瓦时；超低排放机组占燃煤机组总装机容量的 25.0%，居行业首位；二氧化硫、氮氧化物、烟尘和废水均实现达标排放，排放绩效处于行业领先水平。

坚持科技创新，推动创新型企业建设。一是加强科技创新管理。明确各级管理界面和职责，制定了由集团公司、分子公司、基层企业组成的三级技术管理责任制，加强了集团公司各级主体的职能管理，制定了中长期科技发展规划。二是完善自主创新机制。形成了以职能管理、科研平台、成果转化三位一体的科技创新体系；组建了科学技术研究院，建立了国家能源研发（重点实验室）中心 2 个，省级研发（技术）中心 5 个，院士（博士后）工作站 5 个，形成了功能清晰、定位有别、专业分明、重点明确的研发系统；成立了科技产业集团，已形成产品制造、工程建设、运行服务一体化的产业格局。三是提高自主创新能力。2015 年，中国大唐新增科技成果 364 项，其中有 4 项获得省部级奖励，18 项获得全国电力职工技术奖，获奖成果位居发电行业首位；2015 年新增专利 1033 件，累计专利达 2824

件，其中发明专利276件，新增数和总量保持发电行业第一位；主持和参加制定国标、行标51项，国际标准7项，均居发电行业首位。四是推动科技产业快速发展。瞄准集团公司系统内以及外部市场需求，不断拓展科技产业范围，近年来，特许运营、环保工程、催化剂生产、风机制造和电力信息化等相关业务持续稳定生产，科技产业板块的产值、利润和系统外收入占比等各项主要生产经营指标逐年提升，呈现良好发展势头。脱硝催化剂年产能已达到4万立方米，市场占有率达42.0%，产量、销量均居国内第一，累计实现利润7亿元；环保工程累计业务量位居国内前列。2015年，中国大唐科技板块合计实现收入119.86亿元，同比增长33.62%；实现利润10.82亿元，同比增长10.52%。

强化集团管控　全面提升管理绩效

为了全面提升集团管控能力，实现集团效益最大化，陈进行坚持以“科技引领、流程再造、管理创新”为方向，根据中国大唐六大产业板块协同发展的需要，全力进行中国大唐管控模式重构，通过厘清多级法人体系，减少管理层级，缩短管理链条，实现了组织机构扁平化、管控方式科学化、项目管理精益化。

第一，实施企业生产、资金、燃料“三个中心”建设，强化核心要素、关键资源的集约化管控。陈进行按照集约化管理理念，以节俭、约束、高效为价值取向，统筹中国大唐资源，加强对人力、物力、财力、管理等核心要素和关键资源的集中统一配置，实行专业化管理，从而达到降低成本、高效管理，进而使企业集中核心力量，获得可持续竞争的优势。在陈进行的亲自部署推动下，中国大唐建立了生产、资金、燃料“三个调度中心”，实现了“生产专业化”“资金专业化”“燃料专业化”“物资专业化”以及“经营业务专业化”，大幅提升了集团资源利用效率，形成了规模化优势，实现了集团利益最大化。

第二，开展电力设计、运行“两优化”专项工作，实施项目精益化管理。陈进行针对电力能源行业重资产的行业特点，对中国大唐重要资产项目提出实行全寿命周期的全过程管理，实现资产全寿命周期成本最低、综合效益最优。一方面，强调做好优化设计，主要做好规划、前期、设计、投资、采购、施工各阶段的优化，落实设计、工程、筹建班子、管理人员的工作责任，打造“工期短、造价低、质量优、效益好”的“精品工程”；另一方面，强调做好优化运行，以“达设计值”为重点，深入开展“优化运行、确保安全、降本增效”专项活动，通过实施“六个优化”、做好“七个加强”，实现企业降本增效和确保安全生产的“两个目标”，提高了生产运营规范化、标准化和精细化管理水平，提升了盈利能力和竞争力。

第三，深化计划、预算、风险、责任“四全管理”，全面实施企业全过程闭环管理。陈进行创造性提出了全面计划、全面预算、全面风险、全面责任的“四全管理”，分别要求：实现企业经营的全覆盖、全口径、全过程、全要素计划管理，达到“未列入预算事项原则上不安排资金计划”的刚性控制要求，发挥企业负责人表率引领作用和切实提升全员履责意识、绩效水平，实现企业战略、财务、市场、法律等风险防范的无缝对接。“四全管理”完整地描绘了中国大唐现代治理的总体框架，即通过计划、预算、风险和责任全过程的闭环管理，使集团公司的工作程序、关键环节、重点领域更加清晰流畅，管理体系更加系统完备，从而增强了集团管控能力、资源配置能力、科学决策能力、稳健发展能力，为推动集团公司整体工作迈上新台阶提供了重要抓手和有力保障。

第四，推进制度、指标、考核、创新、廉政五项建设，护航企业发展战略实施。为实现中国大唐管理的科学化、规范化、法制化，陈进行着力推进制度、指标、考核、创新、廉政五项建设，即：要求实事求是作决策、抓管理、定措施，正在构建的覆盖全系统的“三层三级”指标体系，强化量化考核与差异化管理，增强激励约束作用，要求推进公司战略、科技、管理等全方位创新，强化日常廉洁风险防控，从而为集团发展战略的顺利实施起到了保驾护航的作用。

加强企业文化建设　增强企业内生动力

为了夯实企业持续发展的基础，增强企业发展的内生动力，实现打造一流国际能源集团的愿景，陈进行十分注重加强人才队伍建设、党风廉政建设和企业文化建设。

陈进行认为，人才是企业强企之基、创新之本、发展之源。他把“信念坚定、为民服务、勤政务实、敢于担当、清正廉洁”作为培养好干部的标准，在双向选择、全员聘任制等方面作了有益探索，建立了干部能进能出、职务能上能下、待遇能升能降的用人机制。通过启动“80后”青年人才培养计划，举办“70后”青年干部培训班，选派优秀年轻干部参加挂职锻炼等举措，有效解决了干部管理中的遗留问题。在中组部组织的选人用人“一报告两评议”中，中国大唐的满意度达到了99.06%，名列中央企业前茅。科学合理的选人用人机制，凝聚了大唐集团向前发展的强大动力，激发了大唐集团全体干部职工干事创业的强大活力。

陈进行作为中国大唐党组书记，以对党和人民高度负责的使命感、责任感，充分发挥中国大唐党的政治领导、思想领导、组织领导的核心作用，一手抓廉政，严格落实从严治党要求和中央八项规定精神，实现总部办公、差旅、会议、招待及出国等费用大幅减少；一手抓党建，认真贯彻落实党中央、中央纪委工作部署，在思想上、政治上、行动上与党中央保持高度一致。通过与保增长、转观念、调结构、促改革、抓整改、抓党建“六个结合”，充分发挥了企业各级党组织政治核心作用。

为进一步增强企业的凝聚力、向心力，激励员工开拓创新、建功立业的斗志。陈进行高度重视企业文化建设，他提出“价值思维，效益导向”的核心理念，对建立健全创新创效管控机制，有效提升经营创效水平和科学发展能力起到了极大的引导作用；他大力倡导并率先践行“务实，奉献，创新，奋进”的大唐精神，有效鼓舞了10万大唐员工士气，汇聚起了改革发展的强大正能量；他提出“让能源更绿色”的节能环保理念，为中国大唐走出一条电力企业集团可持续发展的道路指明了方向；他坚定地履行社会责任，加强大唐文化和“中国大唐”品牌的对外传播，有力提升了中国大唐的软实力。

为把中国大唐建设成为资产优良、结构合理、布局科学、实力雄厚的国际一流能源集团，陈进行主持制订了中国大唐“一五八”发展战略，即在一个愿景的引领下，确立建设“价值大唐”“绿色大唐”“法治大唐”“创新大唐”“责任大唐”五个发展目标；明确了中国大唐以主营业务、支撑业务、国际业务为基础的业务战略，以及以集团化管控、专业化运营、人才强企、创新驱动、文化品牌为基础的职能化战略。在陈进行的带领下，中国大唐将依靠创新保证动力，依靠协调保证稳定，依靠绿色保证质量，依靠开放保证空间，依靠共享保证合力，坚定不移调结构、转方式，向着国际一流能源集团目标不断迈进。

北京汽车集团有限公司董事长、党委书记

徐和谊

徐和谊：男，1957 年出生，教授级高级工程师，中共十八大代表、第十二届全国人大代表、政协北京市第十二届委员会常务委员。曾任首钢总公司副总经理，中共北京市工业工作委员会副书记、北京市经济委员会副主任；现任北京汽车集团有限公司董事长、党委书记。曾获全国劳动模范、第五届全国优秀创业企业家、中国企业社会责任杰出人物、2010 年 CCTV 中国经济年度人物等荣誉。

行有道　达天下

徐和谊执掌北汽集团以来，凭借其“奋力拼搏、团结协作、知难而进、志在必得”的企业家精神，以“北京汽车工业应当大有作为，北京汽车工业一定大有作为”的果敢和自信，抓住中国汽车工业快速发展的大好时机，对北汽集团进行大刀阔斧的改革，着力推进集团化发展战略，致力于打造“实力北汽、规模北汽、世界北汽、和谐北汽”。通过其前瞻性的战略布局和创新管理，使北汽集团走出了一条创新变革、绿色发展、走向世界的发展之路，为北京汽车工业实现从生存危机到跨越式发展的历史性蜕变和驶入高于行业发展速度的快车道做出了杰出贡献。

2006—2015 年，北汽集团整车销量由 68.5 万辆增长到 248.9 万辆，增长 2.6 倍；营业收入、利润和资产规模分别增长了 4.6 倍、26 倍和 6.6 倍。2015 年，北汽集团位列世界 500 强第 207 位，各主要经营指标在北京市属国有企业中排名第一。在徐和谊的带领下，今天的北汽集团已发展成为一家拥有国际声誉、为高品质美好出行生活提供全面解决方案的大型汽车集团。

全面改革调整　实施集团化发展战略

徐和谊认为，战略管理是一个企业发展的灵魂和生命线。2007 年，徐和谊出任公司董事长时，北汽正面临着下属企业“散、小、乱、差”、控股比例偏低、控制力薄弱、产业链不完整、产品结构单一、老国企负担过重以及经营效益持续下滑等一系列突出问题。对此，徐和谊从长远的发展高度，提出了“走集团化道路，实现跨越式发展，把北京汽车工业建设成为首都经济高端产业重要支柱和现代制造业支柱产业”的发展战略，确立了“三四五”战略思路，即生产轿车、越野车和商用车三类产品；实现集团化、产业化、现代化、国际化四个目标；构建整车、零部件、研发、服务贸易和改革调整五大平台。

为顺利实现这一总体战略构想，徐和谊着手实施全面的改革调整：第一步，对公司的资产结构和法人治理结构进行重大变革，通过对旗下子公司的股权划转和资产划转，实现了控股公司对下属公司的全面掌控，为集团化发展扫清了障碍；第二步，通过内外部资源的有效整合，构建起零部件、服务贸易等业务平台，彻底解决北汽整车发展没能有效拉动上下游产业链的“痼疾”，建立起完整的产业格局；第三步，搭建改革调整平台，加快劣势资源清理退出，累计消除亏损、化解债务超105亿元，移交3.5万名退休职工社会化管理，超120万平方米非经营性资产移交专业机构管理，使企业极大减负，彻底解决企业历史遗留问题，为北汽轻装上阵、完成战略调整奠定了坚实基础，同时也成为当时国企改革的成功典范。

经过一系列大刀阔斧的改革和战略调整，北汽逐步走出“散、小、乱差”的困扰，资源由分散到集聚，集团二级企业从32家整合为14家，集团总部成为高效的决策中心和有力的运营中心，整体优势得到有效发挥，形成了集团“战略引领、结构调整、执行坚决、创新驱动”的新发展模式，使曾濒临被收购的北汽重新焕发出勃勃生机。

自主创新与开放创新相结合　构建企业核心竞争力

中国汽车产业经过大规模扩张，已经成为世界汽车生产大国。但是，中国汽车产业大而不强的问题依然十分突出。徐和谊指出：“科技进步和创新是当前汽车企业转危为机的‘杀手锏’，更是转型升级和树立品牌的‘杀手锏’。中国汽车企业只有不断解放思想，加快科技进步和创新，勇于打造自主品牌，才能促进企业发展壮大。”

在徐和谊的倡导下，北汽集团建立了以市场为导向的技术创新机制和以产品研发为主导的企业运营机制。2006年12月，北京汽车研究总院正式成立，下设轿车、越野车、商用车、新能源车4个整车研究院和动力总成、核心零部件2个技术中心。2009年2月，北京汽车产业研发基地在顺义奠基，并建有国家汽车轻量化重点实验室和国内一流的试制中心，这是北汽集团投巨资建设的国内一流的自主品牌乘用车研发基地，形成以了北京为中心，以欧、美、日等若干个专业研发分支为依托，以多个技术战略合作单位为外延的开放式研发体系，汇聚了高精尖人才4000多人。徐和谊对此倾注了巨大的心血。

但同时，徐和谊也看到，在经济全球化、市场一体化的今天，像北汽这样的后发企业要追赶世界先进技术水平，仅仅依靠自身的力量和积累已无法跟上汽车技术日新月异的步伐，只有在坚持自主创新的同时，积极进行开放创新，使国内外先进的技术资源为我所用，从战略策划、产品研发到全价值链打造自主品牌的创新体系，形成自主创新能力，才能尽快缩短与国外汽车巨头的差距，打造出有市场竞争力的中国汽车。

2009年12月，徐和谊亲自带队到美国与“萨博”品牌的拥有者通用汽车进行谈判。经过十几天的连续作战，终于以2亿美元成功收购瑞典萨博（SAAB）汽车公司相关知识产权。这一抉择，使北汽自主品牌乘用车研发周期一下子缩短了4～5年，成为国内汽车企业收购海外先进整车成套技术和动力总成技术的第一个成功案例。通过消化吸收萨博技术，北汽集团建立起完整的自主品牌开发流程与研发体系，以及国内领先的中级轿车车型平台。通过对国际先进技术的引进、吸收和再创新，北汽集团在整车性能匹配、安全性能开发、热流管理技术、NVH性能开发和尺寸工程技术等方面，已跻身国内先进行列。近年来，北汽集团科技研发累计投入达382.3亿元，在消化吸收萨博技术的基础上，开发出北汽绅宝、北汽威旺、北汽银翔等十余款自主乘用车新产品，仅用5年时间，就使北汽乘用车从无到有，快速增长到2015年的65万辆，位居全国第四。截至2015年年底，北汽集团累计申请专利13297件，其中“第二代军用越野车开发”项目和“C30平台纯电动乘用车开发”项目荣获“中国汽车工业科学技术奖”一等奖。

超前布局新能源汽车　开辟绿色发展新路径

徐和谊较早地意识到，新能源汽车将是最重要的战略新兴产业，电动汽车是汽车产业转型升级的发展方向。2007年，徐和谊力排众议，在北汽研究总院成立了新能源技术部，2009年整合内部资源，成立了北汽新能源汽车公司，从此北汽集团开始进入大力开展新能源汽车研发及推广工作的新阶段。

从新能源汽车的起步阶段，徐和谊就坚持“纯电驱动”的技术路线，他认为这既是从企业自身技术条件出发做出的选择，同时也是北京市建设绿色之都的需要。北汽集团作为首都的国有企业，必须坚持绿色、低碳发展，为北京治理大气污染、改善出行环境做贡献。几年来，在北京市和科技部的强力支持下，经过徐和谊的超前谋划与企业的大力投入，北汽集团建立起包括动力电池、电机、电控三大技术在内的完整产业链，开发出包括纯电动轿车、微客和纯电动卡车、纯电动及混合动力、LNG客车等在内的新能源产品，形成覆盖乘用车、卡车、客车领域10个平台18个产品系列40余款新能源汽车车型，示范运行的数量与规模在国内汽车企业中处于领先地位。

随着京津冀协同发展上升为国家战略，北京汽车工业面临转型升级的重大任务，发展新能源汽车成为北汽集团加速战略转型、实现跨越式发展的一个重要战略选项。与此相适应，徐和谊确立了优先发展新能源汽车的战略，并联合京能集团、国资公司等国有企业，共同投资20亿元成立了国内第一家新能源汽车股份制企业，迅速将已有的技术、产品、产能的储备转化为满足市场需求的产品与销量。2014年，北汽新能源以5510辆成为国内纯电动汽车销量第一的车企，同比增长238%，进入全球纯电动汽车销量前四强。

在发展新能源汽车的过程中，徐和谊逐步意识到，电动汽车产业不仅需要好的产品，更需要好的基础设施、好的商业模式和服务。于是，徐和谊就让新成立的北汽新能源股份公司在体制机制上先试先行，使其成为北汽集团体制、机制创新和产业转型升级的试验田。通过与电商、实体店合作，拓展卖车和租赁的延伸体系，把组织、渠道和品牌、服务贯穿起来，线上线下结合起来，形成了一个完整的销售链条。2015年，北汽纯电动乘用车年销售2万辆，取得了国内市场第一，全球市场第四的佳绩，并成为国内第一家同时开展从新能源汽车制造销售到充电桩建设与服务、新能源汽车租赁服务等全产业链经营的汽车企业，构建了国内最完整的“绿色智能出行生态圈”。2015 年北汽新能源获得中国汽车用户满意度（CACSI）调查中新能源类第一名。2016 年，北汽新能源还将投入 5000~6000 辆纯电动车用于国家和北京市的公务出行服务，这是目前国内为公务员群体提供出行服务的规模最大的新能源汽车企业。与行业领头羊地位相匹配，北汽新能源成为国内第一家被核准的新能源整车生产企业。

深化合资合作　提升国际化经营能力

徐和谊认为，开放发展是建设世界级汽车企业的必由之路。以世界眼光审时度势、在全球范围谋篇布局，是走上世界舞台的北汽集团在转型发展阶段的必然选择。北汽集团要提高合资合作的质量和国际化发展的内外联动性，形成开放发展、深度融合的共赢格局。

徐和谊非常重视与韩国现代、德国戴姆勒两大合作伙伴的合作，在他的推动下，北京现代合资企业发展迅速，现在已成为年产销过百万辆，产值过千亿的国内乘用车领先企业。2013 年，北汽集团和德国戴姆勒集团深化合作的“北戴合”项目正式实施，通过交叉持股的方式，极大地增强了中方的话语权，开创了中外汽车战略合作的新模式。2014 年 3 月和 10 月，习近平、李克强等党和国家领导人分别与德国总理默克尔共同见证了北汽集团与戴姆勒股份公司的一系列战略合作签约仪式。除两大整车合作伙伴外，徐和谊又大胆运筹，使北汽集团通过国际合作，与新西兰太平洋航空航天公司、意大利阿古斯特韦斯特兰公司签署合作协议，正式进入了通用航空领域，成为国内第一家涉足通航业务的汽车企业。2015 年，北京通航实现跨界突破，共销售飞机 7 架，通航产业步入平稳发展的轨道。

北汽的国际化一直是徐和谊的梦想，他要通过自己的行动把它一步步变为现实。2013 年，北汽集团专门成立了国际公司，国际化步伐明显加快。目前已在东南亚、中东等重要市场建立了销售网络，并将绅宝、威旺等轿车、微型车销售到 20 多个国家和地区。2015 年，在全行业出口下滑 20.1% 的情况下，北汽集团实现整车出口 8.8 万辆，同比增长 22.0%，出口数量从行业第 7 名一举上升到第 3 名。在“十三五”期间，北汽集团的国际化战略将聚焦在“一带一路一洲”，建立海外基地，深耕细作，充分利用集团化优势，以强项目制管理为手段，通过整合集团内外资源，利用相关优惠政策，协调合作，谋定而动，实现北汽集团国际化的海外破局。

提升管理水平　增强企业软实力

“行有道，达天下”，这不只是一句北汽的宣传语，更是徐和谊以及他带领的北汽人践行科学化、规范化、市场化管理的基本信条和价值追求，徐和谊要求北汽人所走之路和所行之道，必须是一条创新、开放、绿色、和谐的发展之路；是一条真抓实干、有质有量、共融共享的经营之道。

徐和谊善于在实践和学习中不断创新管理方法、提升管理水平。由他推行的集团化战略管理模式已被越来越多的企业学习借鉴，他在集团董事会基础上建立集团产品委员会、国际化战略委员会、新能源汽车工作领导小组等组织机构，对北汽集团的重大产品研发项目、重大业务项目进行统一调度、统一部署，实现了全集团产品规划、新能源汽车、国际化业务等重要管理工作上下贯通、全面覆盖，极大地减少了各个板块之间业务协调不畅的现象，大大提高了集团决策的科学性、有效性。而资产证券化、研发激励机制、心灵契约、质量为魂的管理体系等诸多创新管理，都成为北汽集团快速发展的引擎。

一个企业要管理好、经营好，说到底是把人管好、用好，充分发挥各类人才的主动性、积极性。徐和谊提出了“三专人才理论”：用专业的人，干专业的事，取得专业的效果。这种不拘一格、五湖四海的用人导向，使得北汽集团凝聚了大批各类优秀人才，为跨越式发展提供了良好的人才保障。他积极倡导“人性化”管理，把关爱员工、关心一线职工生活视为重要的工作，并身体力行、带头践行，连续 14 年与一线职工共度除夕夜、共吃年夜饭的事例在集团内外传为佳话。

徐和谊非常重视精神层面的引导和激励作用，一方面，注重经营工作与党建工作双结合，坚持“一岗双责”，努力发挥党组织“引领、助推、凝聚、服务”的四大作用，着力打造“红色动力助推企业发展”的党建品牌；另一方面，加强企业文化建设，以“实业兴国、产业强市、创业富民”为使命，致力发展“规模北汽、实力北汽、世界北汽、和谐北汽”，不断提升北汽文化的软实力。

徐和谊认为负责任的企业应当更好地履行企业社会责任，他本人身兼多个公益组织职务，同时主导推出北汽“太阳花”公益品牌，注重在保护和改善资源环境、诚信经营、发展慈善事业等社会责任层面与利益相关方共享发展成果。由于在履行企业社会责任方面的出色表现，徐和谊领导的北汽集团先后荣获2012中国企业社会责任杰出企业奖、最佳社会关爱实践奖、2014企业社会责任特别成就大奖等殊荣，为社区、城市、社会的发展贡献着自己的应有力量。

2015—2016

全国优秀企业家

中 国 企 业 联 合 会
中 国 企 业 家 协 会

中国企联〔2016〕7号

关于表彰2015—2016年度全国优秀企业家的决定

各副会长、常务理事、理事，各省、自治区、直辖市、副省级城市和中心城市企业联合会（企业管理协会）、企业家协会，各全国性企业团体，直属企业会员单位，获表彰的全国优秀企业家，各有关企业：

党的十八大以来，我国广大企业家认真学习贯彻党的十八大和十八届三中、四中、五中全会精神，深入学习贯彻习近平总书记系列重要讲话精神，主动适应经济发展新常态，在坚持创新驱动，推动企业技术和管理创新，大力提质增效，重视资源节约和环境保护，促进绿色发展以及积极履行企业社会责任等方面做出了优异成绩，并涌现出一大批德才兼备、善于经营、充满活力的优秀企业家。他们反映和代表了当代中国企业家的精神风貌，体现了企业家勇于创新、争创一流、艰苦奋斗、甘于奉献的精神。为进一步激发企业家精神，发挥企业家才能，促进我国企业家队伍成长，增强企业内在活力和创造力，推动企业不断取得更新更好发展，经过推荐和评选，131名企业家被评为2015—2016年度全国优秀企业家，特予表彰。

2015—2016年度全国优秀企业家名单如下（按姓氏笔画排序）：

丁水波 特步（中国）有限公司总裁

万志强 中国石油天然气股份有限公司大庆炼化分公司总经理

于秉坤 北大荒建设集团有限公司总经理

马小援 武汉金融控股（集团）有限公司董事长、党委书记

孔令磊 济南玫德铸造有限公司董事长

尤玉仙（女） 鸿博集团有限公司董事长

尹洪卫 岭南园林股份有限公司董事长、总裁

文 岗 中国路桥工程有限责任公司董事长

毛继东 陕西建工第五建设集团有限公司董事长

王 轰 山东汇洋集团董事长

王义昭 重庆市农业投资集团有限公司董事长、党委书记

王广发 北京法政实业集团有限公司董事长、总裁

王正华 上海春秋国际旅行社（集团）有限公司董事长

王永祥 华能澜沧江水电股份有限公司董事长、党委书记

王玉柱 天津物产集团有限公司董事长、党委书记

王立福 天津市华源工业公司董事长、总裁

王宝申 北京住总集团有限责任公司董事长、党委书记

冯柳江 广西投资集团有限公司董事长、党委书记

卢庆国 晨光生物科技集团股份有限公司董事长

甘为民 重庆银行股份有限公司董事长、党委书记

关彦斌 葵花药业集团股份有限公司董事长、总裁

刘 琳 山东康平纳集团总经理

刘玉果 山东新巨龙能源有限责任公司总经理

刘成录 山东能源枣庄矿业（集团）董事长、党委书记

刘和平 河北省国有资产控股运营有限公司董事长、党委书记

刘宝生 风帆股份有限公司董事长、党委书记

刘朝安 中国电力工程顾问集团华北电力设计院有限公司董事长、总经理

孙伊萍（女） 内蒙古蒙牛乳业（集团）股份有限公司总裁

朱逢民　国投钦州发电有限公司总经理、党委书记
朱景利　中国石油天然气股份有限公司辽阳石化分公司总经理
邢　炜（女）中国普天信息产业股份有限公司董事长
闫晓平　宁夏伊品生物科技股份有限公司董事长、总裁
余少雄　深圳市奇信建设集团股份有限公司总经理
吴　宪（女）深圳市沃特新材料股份有限公司董事长
吴小敏（女）厦门建发集团有限公司董事长
宋　鑫　中国黄金集团公司总经理、党委书记
宋伟杰　现代投资股份有限公司董事长
张　旺　新疆燕京啤酒有限公司董事长、总经理、党委书记
张　林　宁夏天地奔牛实业集团有限公司总经理
张　敏　上工申贝（集团）股份有限公司董事长、党委书记
张天任　天能电池集团有限公司董事长
张东宁　北京银行行长
张伟明　江苏悦达卡特新能源有限公司总经理
张志远　四川省水电投资经营集团有限公司董事长、党委书记
张京生　江西桑海集团有限责任公司董事长、总经理、党委书记
张学政　闻泰通讯股份有限公司董事长
张学勤　内蒙古森林工业集团有限责任公司董事长
张雨夏　广西中烟工业有限责任公司总经理、党委书记
张强金　江西鼎丰玻璃有限公司董事长
李　宾　中金国华（北京）投资基金管理有限公司董事长
李　燕（女）齐鲁制药有限公司总经理
李卫国　北京东方雨虹防水技术股份有限公司董事长
李广兴　陕西飞机工业（集团）有限公司董事长、总经理
李凤德　山东广汇集团有限公司董事长
李成峰　中韩（武汉）石油化工有限公司董事长、总经理
李国平　福建奥华集团有限公司董事长
李建波　山东中矿集团有限公司总经理

李俊义　长春奥普光电技术股份有限公司总经理
李彦群　吉林神华集团有限公司董事长
杜力平　四川九洲电器集团有限责任公司董事长
杜友兰（女）　延吉百货大楼股份有限公司董事长、党委书记
束国刚　中广核工程有限公司总经理
杨本新　中船重工（重庆）海装风电设备有限公司董事长
杨宝龙　九三粮油工业集团有限公司董事长、总经理
杨照乾　陕西煤业化工集团有限责任公司董事长
沈金荣　中策橡胶集团有限公司董事长
肖勇民　株洲联诚集团有限责任公司董事长、总经理
郃正彪　泰尔重工股份有限公司董事长、总经理
邱光和　森马集团有限公司董事长
邸　达　天津房地产集团有限公司董事长、党委书记
邹汾生　江西钨业集团有限公司总经理
邹远东　湖北东江投资控股有限责任公司总经理
陈义和　中国国储能源化工集团董事长、党委书记
陈卫东　中国烟草总公司贵州省公司总经理
陈戌源　上海国际港务（集团）股份有限公司董事长、党委书记
陈权中　海南昌茂企业（集团）有限公司董事长
陈保华　浙江华海药业股份有限公司总经理
陈润生　中国华录集团有限公司董事长、党委书记
陈素清（女）　四川鑫电电缆有限公司总经理
周　江　江苏法尔胜泓昇集团有限公司董事长、总裁、党委书记
周厚健　海信集团有限公司董事长
周清和　中车株洲电力机车有限公司董事长、总经理
林建肯　莆田市永丰鞋业有限公司总经理
武　钢　新疆金风科技股份有限公司董事长
武华太　山西焦煤集团有限责任公司董事长
武宪功　中铁十五局集团有限公司董事长

罗元红　东风实业有限公司总经理
范建民　江苏新海石化有限公司董事长、总经理、党委书记
郑宝佑　福建省金纶高纤股份有限公司董事长
郑晓燕（女）合肥百货大楼集团股份有限公司董事长
侯少藩　奔达康控股集团有限公司董事长
修涞贵　修正药业集团股份有限公司董事长
姚俊杰　美锦能源集团有限公司总裁
贺同新　中国通用技术（集团）控股有限公司董事长、党组书记
贺志辉　中铝国际工程股份有限公司总裁
赵立志　天津渤海化工集团有限责任公司董事长
赵振辉　中国石油化工股份有限公司洛阳分公司总经理
郝志兰（女）北京市政路桥集团有限公司董事长、党委书记
唐增科　青海省水利水电（集团）有限责任公司董事长、党委书记
徐　祥　牡丹江恒丰纸业集团有限责任公司董事长
徐文卫　宁波建工股份有限公司董事长
晏志勇　中国电力建设集团有限公司董事长、总经理
袁宏明　陕西汽车控股集团有限公司董事长、党委书记
钱月宝（女）江苏梦兰集团有限公司董事长、总裁
顾建党　菲尼克斯（中国）投资有限公司总裁
高树华　河北常山生化药业股份有限公司董事长
曹志强　白山市喜丰塑料（集团）股份有限公司董事长、总经理
曹朝辉（女）威胜集团有限公司首席执行官
梁金辉　安徽古井集团有限责任公司董事长、党委书记
梅　林　湖北白云边酒业股份有限公司董事长、总经理
章建跃　中国电建集团成都勘测设计研究院有限公司执行董事兼总经理
富璞岩　中国南方航空股份有限公司新疆分公司总经理
彭　寿　凯盛科技集团公司总经理
彭仕国　中铁十八局集团有限公司董事长、总经理
彭建武　中国南方航空工业（集团）有限公司执行董事、总经理

谢旭辉　广州博鳌纵横网络科技有限公司董事长、CEO

韩治成　四川广运集团股份有限公司董事长、党委书记

路斗恒　山西凯嘉能源集团有限公司董事长

雷　翔　华蓝集团股份公司董事长、总经理

雷和孙　福建和顺矿业化工有限公司董事长

臧　克　丹东克隆集团有限责任公司董事长、党委书记

臧　波　哈尔滨变压器有限责任公司董事长、总经理

潘一新　安徽环新集团有限公司董事长

潘建培　湖北景天棉花产业集团有限公司董事长

黎福超　桂林福达集团有限公司董事长

燕志富　山东亨圆铜业有限公司董事长

薄成书（女）　新世纪东方投资集团董事长

薛兴海　济南市公共交通总公司党委书记、经理

薛灵虎　中钢集团邢台机械轧辊有限公司总经理、党委书记

戴建良　中和环球控股有限公司董事长

魏存成　陕西石羊（集团）股份有限公司董事长

希望受到表彰的企业家珍惜荣誉、再接再厉，牢固树立和贯彻落实创新、协调、绿色、开放、共享的发展理念，更好肩负起新的时期赋予企业家的使命和责任，努力在企业改革发展新的征途上再创新业、再立新功。全国广大企业家要向他们学习，大力发扬企业家精神，发挥企业家才能，推动企业又好又快发展，为建成富强民主文明和谐的社会主义现代化国家，实现中华民族伟大复兴的中国梦做出新的贡献！

二〇一六年五月六日

特步（中国）有限公司总裁

丁水波

丁水波：男，45岁，1987年创办的三兴制鞋工艺厂，经过二十几年发展，产品远销40多个国家和地区，年出口6000多万美元，成为福建省旅游鞋、运动鞋出口大王。2002年，他创立了中国第一家时尚运动品牌——特步，首推“娱乐+体育”双轨制营销模式，颠覆国内运动品牌的传统，大胆启用娱乐明星代言，研制运动鞋全彩时代。他创办的特步品牌，荣获中国质量领先品牌500强、全国和谐企业、第三届福建省政府质量奖、中国企业文化竞争力十强、高新技术企业、全国五一劳动奖状等荣誉称号。

2008年，公司在香港成功上市。公司现有员工1万余人，拥有全国专卖店7000多家，并为上下游产业链解决就业10万余人。

他还兼任泉州市鞋业商会会长、福建省鞋业行业协会名誉会长。

特步企业 快步前行

在丁水波的领导下，特步以差异化的发展战略创造了体育用品行业的发展奇迹，首家推行“娱乐 + 体育”双轨制营销模式、全国首家启用娱乐明星代言体育品牌、全国首家颠覆传统和研制运动鞋全彩时代的体育品牌、特步风火鞋单款销量 120 万双保持最高纪录。公司曾获得中国 500 强最具价值品牌和中国 500 质量领先品牌、中国品牌年度大奖体育用品类 NO.1 品牌、中国体育品牌特别贡献奖、中国企业诚信文化建设十强、2008 中国品牌年度大奖、中国体育用品行业最具影响力时尚运动第一品牌。丁水波曾荣获全国五一劳动奖章、全国企业文化建设突出贡献人物、中国企业传媒领袖人物、品牌中国年度人物、最具创新力企业家、中国鞋业品牌十大风云人物等荣誉。

勇于创新改革 缔造特步发展奇迹

1987 年，丁水波开始进入制鞋行业。他领导的企业是晋江第一个做外贸的鞋企。6 年时间，市场版图逐渐拓展到全世界 40 多个国家。1999 年，“三兴”成为中国在海外销量最大、名声最响的鞋业冠军。2002 年，丁水波创立了中国第一家时尚运动品牌——特步。从 2002 年产值只有 9000 多万元，到 2008 年成为中国时尚运动第一品牌、销售额突破 30 亿元，特步的超越之道，得益于时尚 + 运动的“差异化”营销模式以及产品品质的突破、设计理念的变革等。丁水波将 2015 年定义为特步的变革年，提出“3 个 +”战略：“产品 +”即把产品的专业功能全面升级，并以舒服及保护为主；在智能市场上可穿戴设备方面加强研发投入；以物联网的概念作为基础进行设计及发展智能鞋（包括儿童系列）。“体育 +”：扩大体育业务范围，提供产品和服务无缝的一站式产业化管理，提供培训、训练、医疗及康复服务等；“互联网 +”：与互联网平台成为战略合作伙伴，借用云计算技术，统一信息化水平，并与互联网思维运营平台无缝交接。

丁水波在 2010 年即确立了“以体育为核心，以时尚为外延”的品牌发展策略，将足球作为品牌发展的核心体育项目之一，签约西甲、英超等国际足球劲旅，借助其全球性影响，帮助特步在中国以外拥有更高的认知度、关注度和美誉度。特步童装公司也同步引入国际化经营模式，规模化产业、多业态经营和精细化管理三管齐下，利用全球大规模销售、国际流行时间差、世界换季时间不同步等策略，提供最合理的价格和最具性价比的产品，致力成为中国儿童用品市场的领导品牌。2015 年，国家高度重视全民健身运动并对体育用品行业给予重大扶持政策。特步响应国家政策，更加专注于跑步项目。

打造阳光快乐企业文化

以丁水波为核心的创业团队，始终秉持诚信的高贵品质。从试水探路的“三兴时代”，到高歌猛进的“特步帝国”，丁水波始终坚守“互信、共赢”等朴素的商业品质，为企业也为团队确立了基本的价值取向标准。2004 年特步以 1620 万元的“大手笔”力压日本企业，拿下了在南京举办的第十届全运会的体育用品业的合作伙伴。丁水波说了这么一句话：“在南京，十运会的领奖台上，穿上日本赞助商的产品，不觉得有很大的不妥吗？”正是这种浓烈的民族情结，让特步连续三届成为全运会唯一合作伙伴。丁水波率先提出企业文化“三态”发展战略，即企业静态文化（文化理念）、动态文化（文化活动）与常态文化（人文合一）的高度融合，为特步和特步人塑造起“崇尚阳光、追求快乐”的文化特质。为此，特步着力于发动文化运动战，透过主题鲜明的活动，为员工营造快乐工作、快乐学习、快乐生活、快乐成长的文化氛围，让员工真正感受到阳光文化带来的快乐与感动，培养员工的归属感、凝聚力与忠诚度，进而激发工作热情，为公司打造高效团队提供源动力。丁水波以“三名战略”为主导，树立国际化的名企形象（企业）、名牌形象（品牌）和名家形象（企业家），打造职业化的高效团队，建立与企业战略发展相匹配，并切实融入组织、流程、制度的文化管理体系，营造“有效提升核心竞争力”的优秀企业文化环境和氛围，为特步事业的发展壮大提供软动力资源，让特步成为其他企业参观、学习、考察的国际化标杆企业。

促进生态文明建设　履行企业社会责任

丁水波引进 ISO 14001 环境和 OHSMS 18001 职业健康安全两个管理体系，重点强调企业发展必须符合相关法律法规及国家标准，并主动申请对体系进行国家认证，要求企业全体主管级以上的管理者，必须充分了解环境安全、职业健康知识，相关部门从上至下必须组织相应的学习培训。丁水波始终强调，环境保护和职业健康是一项重要的举措，树立“绿色发展”的环保意识，紧抓环保工作不放松，保护员工的身心健康，坚持走可持续发展的道路，才能为企业创造更大更好的发展空间。

创业以来，丁水波一直积极支持中国体育事业的发展，特步成为 2010 年上海世博会志愿者首席合作伙伴；2008 年，特步独家冠名“特步全国青年文明号宣传奥运文化之旅”奥运列车活动；特步还是中国业余篮球公开赛（CBO）、中国大学生排球联赛（CUVA）、全国健康跑、国际马拉松赛、中国女子篮球甲级联赛（WCBA）、中国男子篮球联赛（NBL）、全国极限运动精英赛志愿者装备的合作伙伴。特步积极参与各项社会公益事业。2007 年，特步设立泉州市慈善总会特步慈善基金；2008 年，华东、华南雪灾，特步通过香港红十字会捐赠羽绒服价值 200 多万元；2008 年，汶川地震，特步通过泉州慈善总会捐赠现金和实物超过共计 500 万元；2010 年，玉树地震，特步通过福建红十字会捐赠现金和实物价值超过 500 万元；2013 年，雅安地震，特步通过晋江慈善总会捐赠现金和实物价值超过 600 万元……特步迄今为止为慈善、公益事业等捐款资助超亿元。

中国石油天然气股份有限公司大庆炼化分公司总经理

万志强

万志强：男，58岁，博士研究生学历，教授级高级工程师，2011年9月任中国石油大庆炼化公司总经理，实现由2011年亏损14.2亿元到2015年盈利17.3亿元的转变，他坚持走特色发展道路，持续深入挖潜，聚丙烯酰胺产量达15.84万吨，实现聚丙烯产能60万吨，润滑油基础油产品质量达美国石油协会三类基础油水平，四大基地建设不断壮大。他以财务分析测算指导生产，努力增加高附加值产品，并提出全面成本管理，大力推行精细化和标准化管理，成立了招标中心，严控各项费用支出，年均挖潜增效约2亿元，企业由生产型企业向科技生产型企业转变，将科研机构建在生产一线，截至目前，公司共申报国家专利24项，取得授权专利18项，多项科研成果获国家、省部级奖项，先后组织实施了公司重大技术改造20余项，丙烯腈装置成功实现27个月长周期运行，达到世界领先水平。

担当显精神　实干铸辉煌

自2011年9月，任大庆炼化公司总经理以来，万志强以超前的经营理念、独特的创新意识、炽热的敬业精神，和班子成员一道带领全体员工深入挖潜、大胆改革、积极作为，实现了从2011年亏损14.2亿元，到2015年盈利17.3亿元的巨大转变。五年来，加工原油2791万吨，实现产值1829.52亿元，实现税费350.6亿元，减排COD、氨氮、二氧化硫、氮氧化物2.8万吨，节能10.83万吨标煤，节水91.58万立方米，企业的发展质量越来越好。

确定企业战略定位　走出特色发展之路

上任之初，万志强针对企业的实际情况，确定了“依靠创新驱动，打造四大基地，坚持走特色炼化发展之路”的战略定位。针对油品质量升级的大趋势，他建成150万吨/年催化汽油加氢装置和170万吨/年柴油加氢装置，高附加值的高标号油品比例在中石油保持最高，初步形成精品炼油生产基地。

万志强围绕大庆油田稳产的需要，建成投产3.5万吨/年和7万吨/年石油磺酸盐装置，石油磺酸盐产能增至年12万吨，聚丙烯酰胺产能达到年15万吨，开发生产出10个品种19个牌号系列驱油产品，优级品率提升20个百分点，已累计为大庆油田驱油2亿吨，初步形成油田化学品生产基地。

万志强提出走高端化、差异化路线，利用两套30万吨/年聚丙烯装置的技术特点，开发出31个牌号的聚丙烯产品，其中高端特色产品11个，特别是中国石油拳头产品热水管材料PA14D成功替代国外产品，初步形成高品质聚丙烯生产基地；经过与科研单位反复攻关，成功实现了催化剂国产化，打破了国外专有技术垄断。万志强不满足于现有产品，领导开发了高黏度指数、低倾点的基础油，产品质量达到国际水平，初步形成高档润滑油基础油生产基地。

深入降本增效　积极开拓市场

万志强坚持以市场为导向，以财务分析测算指导生产，在做好高附加值产品的同时，又在高效利用低效产品油浆上做文章，年创效1亿余元。万志强高度重视安全生产，遏制非计划停车，以大数据指导优化生产，实现效益最大化。

万志强提出把成本分解到最小单元来管理，实现由成本控制向成本管理提升。他大力推行节能降耗精细化管理，建立激励约束机制。他成立招标中心，采取有效措施，招标率提高9个百分点，年节约成本5000余万元。针对一些业务投入大、运营成本高的实际，他探索引入委托加工方式，降低成本，最大限度提高效益。

万志强致力于产品不仅满足客户要求还要超出客户希望，进一步巩固和占领市场。目前，企业生产的聚丙烯成功占领东北、华北、华东、华南、西南五大市场，销量占中石油在华东、华南聚丙烯销售总量的70.0%。

推进内部改革　重视创新发展

万志强坚持用改革破解制约企业发展的各种难题，提升管理效率和发展质量。他开展管理体系诊断，消除了制度缺失、流程低效、考核不全等管理缺陷，管理基础得到夯实。他运用PDCA循环工作法，实现了闭环管理和持续提升。他以员工行为标准化为基础，全面推进管理创新，努力向自主管理阶段迈进。企业多次荣获黑龙江省企业管理现代化创新成果一等奖、中企联管理创新一等奖。为进一步激发员工积极性和创造力，万志强创造性地提出并实施了模拟市场化经营，最大限度调动了员工创收积极性。为提高工作绩效，他实施领导干部目标责任管理业绩考核和全员绩效考核管理，实现了从以前“坐等靠”到现在“争抢干”的重大转变。

经过深入市场调研论证，万志强果断关停了纺织厂、纯净水厂等低效业务，幼儿园、宾馆等非主营业务也推进了社会化运作，年减亏1亿多元；分流员工1000余人充实到了生产一线。他精简机构，优化人员配置，拓宽成长通道，积极培养人才，建立了1500名经营管理、专业技术、操作技能三类人才储备库，营造了公平公正的选人用人机制，打造了一支负责任、敢担当、有作为的卓越员工团队。

面对炼油技术特点和市场激烈竞争，万志强倡导技术与生产的深度融合，在生产一线成立聚丙烯、聚丙烯酰胺、石油磺酸盐、水质四个研究所，聚丙烯酰胺关键生产技术，获国家科学技术进步奖二等奖、第十一届中国专利金奖和中国石油天然气集团公司技术创新奖一等奖等荣誉。丙烯腈装置不停工清理堵塞物技术达到世界领先水平。万志强坚持以市场需求为导向，积极开发生产有市场潜力、有特色、差异化的高附加值产品，同时，不断在高端产品质量的持续改进和提升上下功夫。聚丙烯酰胺和全精炼石蜡被评为中国石油和化学工业协会知名品牌产品，聚丙烯树脂被评为黑龙江省名牌产品。

为了不断增强企业内生动力和可持续发展能力，万志强积极推进装置技术改造，进一步挖掘装置潜力和空间，年实现效益2亿元。特别是在聚丙烯酰胺直燃炉改造中打破常规，使燃料消耗降低30.0%，年创效益2000余万元。万志强提出全范围、多层次创新，倡导全员参与创新，积极营造全员创新氛围。他主持制定技术创新奖励办法，实现了过去由企业主导到现在员工自主参与的重大转变。

努力办好企业　积极履行社会责任

万志强在努力创造经济效益的同时，积极履行社会责任，既树立了企业信誉和形象，也为企业自身赢得了良好发展环境。

万志强坚持将人作为安全生产第一要素来抓，推进标准化管理，投入10亿元治理安全环保隐患，企业实现了安全无事故生产目标。本着对国家、对社会、对企业、对员工负责的原则，万志强始终坚持绿色发展，做好减排工作，不要昧良心的效益。

万志强积极探索建立央企和地方政府合作的新模式，投资14.42亿元帮助大庆高新区管委会建设和管理大庆宏伟庆化石油化工有限公司，开辟了地企合作的新经验、新典范。万志强还尽最大努力的吸纳就业，关心工人健康，开展扶贫帮困活动。

北大荒建设集团有限公司总经理

于秉坤

于秉坤：男，39岁，研究员级高级工程师，一直在黑龙江农垦建筑行业工作，走上领导岗位的十几年来，为企业的发展贡献了自己的聪明才智，做出了积极的贡献，先后被授予黑龙江农垦建工集团劳动模范、北大荒青年五四奖章等荣誉称号。

2009年以来，他先后任黑龙江农垦泰盛建筑工程有限公司董事长、总经理；黑龙江农垦建工集团副总经理、总经理、北大荒建设集团总经理等职务，他制定了“立足垦区、面向龙江、走向全国”的发展思路，先后开拓了全国20多个省、市的建筑市场，企业综合实力2014年进入黑龙江省企业100强第35位。在企业管理上，他突出抓好工程技术质量管理、安全生产管理，注重抓好人才队伍建设、技术创新工作年年有新成果，企业获全国工程建设质量安全信誉AAA级保障企业、全国工程建设质量管理小组活动优秀企业等荣誉称号。

改革创新　实干兴业

工作上于秉坤善于思考，敢于正视困难，迎接挑战，有开拓进取精神，有大局意识。工作作风上严于律己、宽以待人、谦虚谨慎，善于团结班子同志一道工作，关心爱护企业员工，在近5年的企业职工代表大会干部民主评议中，优秀票都在98.0%以上。于秉坤先后被授予全国优秀项目经理、黑龙江农垦建工集团劳动模范、黑龙江垦区优秀青年企业家、黑龙江省优秀企业家、黑龙江省建设系统安全工作先进个人、北大荒青年五四奖章等。

拓市场　保活源　推动企业健康可持续发展

于秉坤担任企业主要领导后，深知拓市场、保活源是建筑施工企业保稳定、求发展的头等大事，特别是2013年以来，国家出台了一系列调控房地产市场政策，建筑行业市场疲软活源短缺，形势十分严峻，他带领班子成员在对市场进行了充分调研的情况下，制定了“立足垦区、面向龙江、走向全国”的发展思路。他带头跑市场谈合同，回访老客户、走访重点客户，先后开辟了全国20多个省、市的建筑市场，承揽国家、省、市级重点工程400多项。“十二五”期间，企业承揽工程合同签约额、营业收入、实现利润、职工收入连续增长，企业综合实力2014年进入黑龙江省企业100强第35位，黑龙江省建筑企业排名第2位。

深化改革　转方式　调结构　培育新的经济增长点

2013年以来，面对国家产业结构调整、经济下行压力大、建筑企业面临着艰难的选择。于秉坤带领班子成员顶着压力，制定了“转变发展方式、企业转型升级、提高质量效益、提高竞争力，打造一流建筑企业”的二次创业目标，首先对子（分）公司进行整合，由原来的38家整合成19家；第二是各级管理人员全部实行竞争上岗，能者上、庸者下，强化了各级领导班子开拓创新能力、妥善安置富余人员；第三是向建筑施工上下游延伸产业链，由过去以建筑施工一业为主向路桥施工、水利施工，房地产开发、园林设计施工、劳务输出等多业并举方向发展；第四是转变经济发展方式，由过去的规模速度粗放型发展向质量效益集约型发展方向转变。

由于整合了管理队伍，优化了产业结构，强化多业并举，培育了新的经济增长点，提高了发展质量，在建筑市场极度困难、竞争激烈的情况下，北大荒建设集团仍然保持了营业收入，利润指标高于同行业水平的好成绩，企业呈现着和谐稳定发展的好势头。

强管理　提素质　全面打造品牌信誉

于秉坤担任北大荒建设集团总经理后，从抓管理、强素质、提高企业竞争力入手，全面加强企业管理。突出抓好工程质量、技术和安全管理，积极打造品牌信誉；投入资金建立企业信息化平台，实现了企业管理网络化、信息化；全面修订了集团“三位一体”管理体系标准，制定了《集团工程项目管理办法和考核标准》，修订了机关干部和基层班子成员岗位标准和绩效考核办法；通过请进来和派出去的办法对中层以上干部和主要工程技术人员进行专业培训；以工程项目为载体，大力加强企业文化建设，在全国各施工项目上积极展示企业形象、宣传企业文化。通过一系列措施，使企业管理水平一年一个新台阶，得到了快速提高。近3年来，创全国、省、市级优质工程多项，受到省内外用户的一致好评。公司获全国优秀施工企业，黑龙江省建设系统用户满意企业、全国工程建设质量安全信誉AAA级保障企业、全国工程建设质量管理小组活动优秀企业等荣誉称号。

抓班子　以身作则　带队伍　情字当头

于秉坤无论做基层单位主要领导，还是做集团总经理，始终以严以修身、宽以待人、廉洁自律的人格魅力团结班子成员一道工作，企业重大事项、特别是涉及企业“三重一大”事项，他都主动提交班子集体研究决定，听取大家意见，从不自己做决定；集团每年的总经理工作报告和重点工作安排、经营方案、财务工作报告，“三个合同”即企业与员工的《集体合同》《工资合同》《女职工权益保护专项集体合同》的履约情况都要在职工代表大会上向职工代表报告。在企业经济发展的同时，他注重提高员工的生活福利水平，员工的“五险一金”标准逐年提高，传统节假日期间亲自带队走访贫困和伤病员工、送去慰问金。在他的人格魅力感召下，企业凝聚力不断提高，特别是前几年因社会高薪诱惑离开企业的一些技术干部，也纷纷回到公司与他一道工作。担任集团总经理职务以来，于秉坤同志凭着对企业的一个“诚”字，工作中处处以身作则、作表率，付出了自己的全部热情，他一年中2/3的时间奔波在全国各地的分公司和工程项目上；他廉洁自律，自觉抵制不正之风，他忘我的工作精神，为班子成员和员工树立了榜样，为农垦建筑业的发展做出了贡献。

重视企业人才队伍建设　打造人才强企战略

于秉坤重视企业工程技术人员队伍建设，“十二五”期间就制定了集团人才强企目标。不管做基层主要领导还是担任集团总经理，他都把科技人员队伍建设放在重要位置来抓，在过去的5年中，特别是在近两年建筑市场不景气，各建筑施工企业纷纷裁员的形势下，集团还是坚持每年从专业院校接受一批大学毕业生，充实到生产一线接受锻炼，大胆启用年轻干部，给他们压担子，为年轻人成才提供平台，创造机会。同时，每年根据生产需要，还要在社会引进急需人才。在企业薪金待遇上重点向生产一线和科技人才倾斜。由于重视人才、鼓励成才，调动了技术人员科技创新的积极性。近5年中，集团技术人员发明国家级专利4项，获科技创新奖8项，获国家级、省级QC小组奖16个。

武汉金融控股（集团）有限公司董事长、党委书记

马小援

马小援：男，64岁，正高经济师，2006年任职当年扭亏为盈，2014年实现利润9.5亿元，累计实现利润近40亿元。他创新企业管理理论，提出并实践了“多样性与同一性统一”的企业管理哲学，为企业科学发展奠定了理论基础和正确方法。他创新企业战略管理，从研究企业环境入手，确立了企业的性质、发展方向、核心业务、成长路径等一系列重大战略问题，促使企业由“机会导向”转向“战略导向”，推动企业由“在产业平台上做金融”向“在金融平台上做产业”转变。到2014年年底，金融资产已占集团总资产的82.0%，旗下金融业态10余个，拥有银行、信托、基金、租赁、担保、小贷、典当、金融资产交易所、金融资产管理等金融企业近30家，企业资产的保值能力、盈利能力、融资能力有了显著提高，金融服务已成为集团的主业和影响力较大的品牌。

十年磨一金　建成新支点

2006 年 1 月，马小援到刚刚组建、亏损严重的武汉经济发展投资（集团）有限公司（简称“集团”）任董事长、党委书记。2014 年集团总资产 345 亿元，净资产 105 亿元，营业收入 126 亿元，利润总额达到 12.5 亿元，净利润 9.3 亿元，主要经济指标近五年年均增长率都在 20.0% 以上。集团先后入选武汉百强企业、湖北省百强企业、中国服务业 500 强企业（215 位）。2015 年 8 月 8 日，经武汉市委、市政府批准，集团正式更名为武汉金融控股（集团）有限公司，这是湖北省首家金控集团。

“十年磨一金”，武汉市长万勇这样总结马小援团队十年创业历程。他指出，“金”字有三层含义：一是经发投集团金融主业突出，已完成了向金融控股集团的战略转型；二是经发投十年发展的含金量很高，已成为地方式经济发展的一个重要支点；三是经发投集团已成为武汉市国有企业的金字招牌，具有良好的社会影响力。

做地方经济发展的支点

在马小援的带领下，集团发起组建了 300 亿元集成电路产业基金和 200 亿元循环经济产业基金，自觉地位国家发展大局服务；10 年来，集团发挥国有资本的放大效应，累计融资 300 多亿元，先后投资多项省市重点投资项目；集团发挥金融在经济发展中的核心作用，全力以赴为武汉市中小企业、全民创业及战略新兴产业提供“融资服务”；组建长江资产管理公司，有力地支持了全市国有企业改制和市属金融机构的壮大。

转变方式　管理创新　建设学习型企业

在马小援的亲自主持和推动下，集团在武汉市国资委20多家出资企业中率先研究和制定了企业的发展战略，促使企业由“机会导向”转向“战略导向”。马小援确定了集团从“融资平台”向“金融平台”的转型目标，力促集团在经营方式、经济格局上实现“三大转变”：从“经营实业”转变为“经营资本”；从“投资就是花钱”转变为“投资理财”；从“在产业平台上做金融”转变为“在金融平台上做产业”。

马小援提出了集团要坚持统一性与多样性相结合的管理思想，积极尝试引进新加坡淡马锡的管理体制，一方面支持成员企业进行股权多元化改造、实现成长动力升级；另一方面，集团层面只管人事、管考核、管考评，变审批为备案，切实保证各二级公司的独立法人地位和经营自主权。

马小援认为，没有理论的企业走不远，他把理论学习作为企业发展壮大的一种方式、破解发展难题的手段、开创百年基业的一项基础工程来抓，全力打造学习型、科研型、专家型团体，为企业的科学发展提供了强有力的人才支撑和智力保障。马小援要求各级领导班子，特别是“一把手”，必须把学习作为重要职责，并在学习上起表率作用。他率先垂范，学习从未间断，利用业余时间获得了博士学位；马小援认为：“学习是最有价值的投资”，在理论学习方面要舍得投入，据统计集团在理论学习方面的投入经费每年都超过100万元；马小援要求员工要成为学习型、思考型、专家型人才，要通过学习掌握企业的一般规律，通过科研探寻本企业发展的特殊规律，只有这样，知识才会有用武之地。10年来，除了完成近25万字的《集团发展战略》研究成果外，集团根据发展的需要，相继完成了众多重大课题，承担的武汉市招标课题《武汉市“十二五”期间面临的宏观环境》获一等奖；马小援强调加强学习是解决发展问题的一个重要方法，要围绕发展难题开展学习使学习成为解决问题、促进发展的“及时雨”“雪中碳”；马小援要求员工要紧盯世界前沿动态，高起点、高标准开展学习，掌握和运用全人类最先进的知识成果；马小援强调集团的学习要做到以人为本，不让学习成为少数人的专利，而是成为全体员工的共同“福利”和自觉行动。在马小援的倡导与力行下，集团理论学习蔚然成风，学习已成为集团的名片，科研已成为集团发展的重要推动力。

释放改革红利　培育先进文化　热心公益事业

马小援追求长期目标，矢志把最好、最新的体制机制安装到集团这条大船上，自觉改革的积极因素和重要的引导力量、推动力量。马小援提出，集团体制改革坚持“理论先导、试点先行”。集团积极支持旗下武汉信用风险管理公司的改革诉求，将其作为集团改革的典型来培育和扶持，信用风险通过合并同类项、股权多元化、混合所有制三个步骤完成了体制改革。马小援致力建设企业文化，认为要在风风雨雨磨炼中留下群体认可的认识、信仰和理念，最后形成自己独特的企业文化。他提出的“为实现全市奋斗目标服务，为国有资产保值增值服务，为提高员工幸福指数服务”的企业核心价值观，体现了国家利益、集体利益、员工利益的统一，具有很强的实践意义，使得全体员工有了共同的价值取向。马小援提出集团员工要“保持劳动人民的朴素感情”，集团要让每一位员工在受尊重、受信任的环境中，心情舒畅地去工作。成功的机会给员工，提高素质的机会给员工，改正错误的机会给员工。经发投集团在省内率先发行了中小企业集合信托、中小企业集合债券、中小企业集合票据、中小企业私募债、中期票据、非公开定向债务融资工具。办公自动化、投资评价软件获得湖北省管理创新一、二等奖。

马小援常说，作为国有骨干企业，促进经济与社会的全面发展、构建和谐社会是集团的责任。在他的带动下，企业高度重视并支持社会公益事业，坚持扶贫帮困、捐资助学、赈灾救危，以企业的持续发展推动社会的和谐发展。集团向南方冰雪灾区捐款 10 万元，向汶川地震灾区捐款 113 万余元，为结对扶贫点累计捐款 200 多万元，累计向红十字会、希望工程捐款 160 万余元，向玉树地震灾区捐款 92 万元。集团多次被武汉市委、市政府及有关部门授予博爱单位、扶贫先进单位、小康建设先进单位等荣誉称号。

孔令磊

孔令磊：男，41岁，高级经济师，济南玫德铸造有限公司董事长，兼任中国五金制品协会副理事长、山东省第十二届人民代表大会代表、山东省企业联合会、山东省企业家协会副会长、平阴县工商联主席。玫德铸造有限公司始建于1962年，现已成为生产、供应管道流体配件和电力金具铸铁件的大型企集团。

他带领公司依托“高新技术企业”“国家认定企业技术中心”“博士后科研工作站”平台，围绕科技创新主线，加快转型升级步伐，强化科技创新硬、软环境建设，不断将创新成果转化为生产力。企业的整个发展历程，都是在创新中完成。2013年，一次购买了5条迪砂线，属国内同行首次应用，在迪砂发展史上，绝无仅有。在全球铸造业，引起了强烈反响和震动。

他一直以提供高品质的产品、全方位的服务以及专业的问题解决方案为己任，使“迈克”牌产品逐步为PVF行业（管道、阀门及管件）所青睐。产品畅销售全球130多个国家和地区。

奋发有为　五金行业铸辉煌

面对变幻莫测的复杂形势，孔令磊坚持可持续发展，坚持节能环保，坚持技术创新，坚持互惠共赢，坚持奉献社会。用大手笔、大气魄、大胆略，领航企业跨越发展，经济效益、社会效益、人文效益都令企业同行称赞、令社会刮目相看。企业各项经济指标始终在全国同行业位居前茅，创造了不甘落后、踏实前行、奋力争先的跳跃式发展奇迹。

加快转型升级　提升管理水平

孔令磊提出“创新是持久生产力”的理念，重点抓了四个方面的转型升级。一是生产方式从劳动密集型转向技术密集型；二是增长方式从高速度增长转向成熟性增长；三是管理方式从粗放经验式转向科学流程式；四是用人方式从重视劳动力转向知识技术人。

2013 年，企业一次就购买了 5 条迪砂线，在全球铸造业，引起了强烈反响和不小震动。另一方面，企业加强自主研发。2011 年建设的科技园，整合了全球资源，吸收了近几年其他厂区的创新思想和办法，实现了物联网，达到了数字化工厂的水准，已经做到了 4.0 版。这是企业引领行业发展的最大优势。

孔令磊从发展全局出发，着力进行了组织机构整合，高管架构基本完成。大采购是企业机构整合成功典型。从过去的粗放变为现在的规范，按照流程把采购业务分为求、采、购、存储、结、馈六个环节，形成了一个完整的采购管理流程，实现了闭环管理。他注重推进科技进步，增强创新能力，建立长效机制，大力推动科技成果向生产力转换，为公司持续健康发展增加动力。到 2014 年公司已经形成了一套较为完整的项目管理体系，项目管理的方法论深入人心。全年共通过验收项目6741项，直接经济效益568万元。2014共申报自主知识产权24项，获得国家扶持资金300余万元。

为适应发展需要，孔令磊带领导团队更新管理理念，创新管理机制，改进管理方式，强化内部管理，落实培训战略，取得显著效果。

2014年，公司对各单位的691个岗位名称进行了评审规范，完成了所有相同岗位工作标准整合，促使工作标准、管理标准、互控表格有机联系起来，业务岗和管理岗的拆分、规范、细化，降低了新员工的上岗难度，科室工作逐步走向简单化、专业化、高效化。孔令磊实施全面绩效考核，重点从安全管理、质量工艺、成本控制、设备管理等12个业绩项目、85个KPI指标，对各厂区和部门进行绩效考核和目标管理，初步实现了各厂区工作标准化、岗位规范化、管理制度化。创新现代管理模式，利用互联网的全覆盖、无缝隙、效率高功能，实现了信息对称和有效沟通。

2014年，公司将培训上升为公司战略，培训管理与企业发展脉搏紧密结合，针对不同层次、不同需求，开展定制培训，全年参训学员达5000多人次。

注重文化建设　发挥群团作用

打造独具特色的企业文化，倡导多层面、多渠道、多角度加强公司对内对外宣传，不断提升公司的形象。不间断地开展岗位练兵、技术比武活动，重视对职工特别是管理人员的法制教育。在春节、中秋节等重要节日，要求各级干部和管理人员学习公司的廉洁勤政规定，写出保证书并公告。

公司充分调动广大职工的积极性和创造性，探索现代企业制度下发挥职工民主管理作用、维护职工合法权益的长效机制。坚持和完善职工代表大会制度，认真贯彻党的全心全意依靠职工办企业的方针，很好地维护了职工的合法权益和切身利益。坚持党建带工建、党建带团建，支持工会和共青团组织独立自主地开展各项工作。

创新营销模式 促进市场转型

孔令磊在销售传统管件产品的同时，积极推荐阀门、钢管等新产品，吸引有需求的客户实现一站式采购，把经营单一产品的客户引入更加广阔的产品领域；坚持以客户为中心，积极推广产品套餐、组合、预制等营销理念，推进工程投标、直营客户、二级客户、新客户开发等多种模式。阀门销售稳步扩大经销范围，以现有管件、阀门销售渠道为依托，着力建立钢管销售网络。带动经销商升级，促进国内市场的转型。

公司严格按照 ISO 9001 质量管理体系组织生产和质量控制，并在全国同行业中最早通过 ISO 14001 环境体系认证。生产的产品申请并获得了 PVF 领域内最专业的各类认证，有代表性的包括美国 UL/FM/NSF 认证，加拿大 CRN/ CUL 认证，德国 DVGW/TUV/CE/VdS 认证等。

重视环保治理 恪尽社会责任

孔令磊高度重视环保工作，公司建立了环保委员会，采取多项节能环保措施，取得了明显效果，公司被授予济南市节能先进企业称号。

孔令磊积极倡导为社会公益和慈善事业捐款，总额超过 3.5 亿元，直接安置就业人员 1 万余人次，出资修建学校、体育馆、公园，设立助学基金。2013 年 3 月，孔令磊在企业内部发起成立了玫德爱心基金会，短短两年，募集基金就达 1000 万元，玫德爱心基金会已救助内部员工 95 人，发放金额 56.62 万元。

孔令磊先后荣获全国五金制品行业突出贡献企业家、山东省优秀企业家、山东省富民兴鲁劳动奖章、山东省铸造行业杰出企业家、山东省关爱员工优秀民营企业家、山东省轻工联社系统改革开放三十年先进个人、山东省诚信企业经营者等荣誉称号。

鸿博集团有限公司董事长

尤玉仙

尤玉仙：女，52岁，祖籍温州，无党派人士，1999年年初来到福建省福州市发展创业，经过16年的艰苦奋斗，先后成立了鸿博股份（上市公司），鸿博光电、鸿博地产等十多家子公司，组建集科、工、贸为一体的鸿博集团。鸿博股份是福建印刷行业首家上市公司，是国内彩票印制行业的龙头企业，在福建、北京、重庆、广州、杭州等地成立了13家分公司。鸿博光电在大功率LED灯具照明领域处于国内领先地位，是国内半导体照明知名高新技术企业，在全国4000多家半导体生产企业中跻身前10名。

她在事业成功的同时，积极履行企业社会责任，积极参与社会公共事务，先后当选为福建省第十一届政协委员，福州市第十二届、第十三届人大代表，福建省企业与企业家联合会常务副会长，福建省光电行业协会副会长。

开拓进取　鸿博腾飞

做大做强企业促发展

尤玉仙1999年6月成立福建鸿博印刷股份有限公司，是福建印刷行业首家上市公司，是国内商业票据印制行业的龙头企业之一。2005年，尤玉仙成立福建鸿博光电科技有限公司。

福建鸿博光电科技有限公司在大功率LED灯具照明领域处于国内领先地位，在全国4000多家半导体生产企业中跻身前十名。鸿博光电荣膺福建省高新技术企业、国际科技合作基地、福建省重点实验室、福建省企业技术中心、福建省创新型企业、中国绿色照明AAA级信用企业等称号，与美国光学研究所、中国科学院福建物质结构研究所、清华大学等建立了产学研合作关系，先后承担和完成多项国家科技部“863”计划与国家“十二五”科技支撑计划、科技部国际科技合作项目、国家发改委产业化和省、市科技项目。在2012年8月财政部、国家发展改革委和科学技术部组织开展的“2012—2013年度半导体照明产品财政补贴推广项目”中，鸿博光电作为福建省唯一企业入围，并且是全国范围内路灯、隧道灯全部中标的11家企业之一。公司拥有自主知识产权专利技术80余项，自主品牌“蕾思帝（LEDCITY）”为福建省著名商标，产品均通过3C、CQC、CE、ELI等权威认证。

2013年9月，国家科技部决定在全国建设11家不同类别的国际创新园，其中9家依托科技园区，2家依托企业，鸿博集团是其中之一，明确以鸿博集团为支撑，建设“福州国家半导体照明国际创新园”。集团计划引设LED外延芯片、封装、产品应用三大产业集群，该项目将有力促进福建省 LED 产品技术和企业的国际化发展。

福建鸿博房地产开发有限公司于 2010 年 4 月成立，是一家以房地产的开发、销售为主的有限责任公司。当前在建的“梅岭观海”项目占地面积 24386 平方米，总建筑面积约 10 万平方米，集住宅、商业、办公于一体的综合体，是极为理想的高尚居家的珍藏选地。

以人为本　促进员工福利及发展

尤玉仙在思想上奉行“以市场为中心，以科技为先导，以质量为主线，以信誉为生命”的经营宗旨；在经营上严格依法经营、诚信经营、品牌经营、绿色经营；在管理上积极建立健全管理制度，实施创新激励机制、创新考核制度、岗位负责制、工作评审机制等。尤玉仙保障员工权益，关心员工生活，不断提高员工福利待遇，每年安排员工参与各种专业技能培训及提升管理培训，使一批鸿博的青年科技人员走上了生产管理和研发的重要岗位，形成了老中青相结合的科技研发梯队。

尤玉仙积极开拓市场，推动节能环保产品（LED 照明产品）更广泛地运用。企业采用直销、代销、经销、网络销售、展会销售、合同能源管理等多种推广模式，积极推广节能产品，先后成立了杭州分公司、北京分公司、重庆分公司，并已开拓了国内十几个省市的营销网点。企业的 LED 照明产品成功地应用在福州机场二期高速公路、甘洪路、洪塘大桥、十城万盏等 27 条城市次干道路照明改造项目，福永高速、福银高速南连接线、宁武高速、市区地下通道照明，连江莲花山隧道等隧道照明，福建省省政府大院、771 防空项目等部分单位户内外照明。

热心公益事业　积极回报社会

尤玉仙秉承“兴企业、利员工、报社会”的理念，积极履行社会责任，热心社会公益事业。企业设立了“爱心办公室”，先后为汶川、玉树、雅安地震灾区捐款捐物，价值数百万元；每年资助 20 多名贫困大学生直至大学毕业；投入资金帮助福州市仓山区建设希望小学和爱心图书馆；积极参与福州儿童医院贫困儿童医疗救助活动、出资捐助福建省盲人协会，帮助孤寡老人解决生活难题；优先安排残疾人就业，他们不仅与正常人同薪同酬，而且对他们的生活提供无微不至的关怀。企业先后被评为全国先进残疾人之家、福建省十佳残疾就业示范基地。

积极参与社会公共事务　为社会发展建言献策

尤玉仙在经营企业的同时，坚决拥护党、国家与省市的政策、方针，积极参与社会公共事务。在市人大代表任期内，围绕加快发展福州工业新增长点，加快建设宜居宜业城市的工作重点，尤玉仙多次向市区人大、政府建言献策，提交了关于申请福州市列入国家 LED 十城万盏试点城市的报告、关于尽快治理福湾工业园阳岐支路环境的建议、关于提请市政府支持发展南江滨文化商贸区的建议等多项提案，这些提案受到各级政府高度重视和采纳，充分发挥了人大代表的应有作用。

2014 年尤玉仙与福建省 30 名企业家一起以“敢于担当、勇于作为”为题给习近平总书记写信，为加快福建企业改革发展进言倡议，并于 7 月 8 日收到习总书记亲切回信。2015 年 7 月 8 日，在习总书记回信一周年纪念日，她在“中国平潭·企业家科学家创新论坛”上作为福建企业家的代表做了《企业成功之路在于创新》的主题演讲，获得与会领导的充分肯定和公众的广泛关注。

2015 年 5 月 27—28 日尤玉仙应邀参加在墨西哥举办的第六届清洁能源部长级会议（CEM6），提出的关注地球气候性变化，将中国清洁能源产品推向全球等建议。

尤玉仙先后被评为 2012—2013 年度福州市三八红旗手、2013 年推动中国低碳产业发展杰出贡献人物、第十五届福建省优秀企业家，福建省优秀女民营企业家、福建省优秀中国特色社会主义事业建设者，福建省杰出创业女性，2009 年度海西经济年度杰出人物，2009 年福建经济年度杰出人物，2009 年世界温州在外华裔杰出人物，中国 2008 年度杰出创业女性，十大在外杰出温商（唯一女性入选者）。

岭南园林股份有限公司董事长、总裁

尹洪卫

尹洪卫：男，1965 年出生，毕业于惠州大学，广东省风景园林协会理事会副会长，广东园林学会副理事长，东莞市园林绿化行业协会理事长，岭南园林股份有限公司董事长、总裁。

1998 年，他从体制内“下海”，创办东莞市岭南园林绿化有限公司，18 年来，在尹洪卫的坚持与进取下，岭南园林造精品树品牌逐渐企稳市场，并最终发展为中国城市园林绿化综合竞争力前五强的龙头企业，目前已在全国 20 多个省设立了分公司及办事处。

创业过程中面对各种困难与挑战，正是他凭着前瞻性的预判和果断的执行力，引领着岭南园林不断发展壮大，到 2014 年岭南园林已完成了 11 亿元的年度产值；员工也由当年创业的寥寥数人，发展到现在 1000 多人的岭南管理团队。十余年时间，岭南园林完成了千倍的量变，并连续多年荣获全国园林绿化综合竞争力十强企业。

园林业界　追逐梦想

坚持梦想孜孜追求，将岭南园林打造成为行业翘楚，尹洪卫高瞻远瞩，务实创新，被誉为在园林业界的标志性人物。2010 年，他荣获了中国优秀民营企业家和中国园林绿化行业优秀企业家称号。

艰辛创业　抢抓机遇

1998 年，因为坚信东莞的园林绿化、生态保护存在着巨大的潜在发展空间，尹洪卫毅然辞去公职下海，于当年 4 月正式成立东莞市岭南园林绿化有限公司（“岭南园林”前身）。创业前期缺项目、缺资金、缺人才、缺技术，为了争取第一张单，尹洪卫与同事反复跑了五次深圳才拿下，但资金匮乏又成了拦路虎，尹洪卫几乎把家人的资金都借光了。但尹洪卫从未想过放弃，最终邀请到了华南农业大学最强的教授出任公司顾问。而对于加入公司的员工，尹洪卫都以“家人”看待，即使创业初期收入捉襟见肘，他还是决定对每年评前 3 名的员工，实行首套住房首付奖励政策，且一直坚持了 3 年。正是凭着这份坚韧的毅力和胆识，岭南园林逐渐凝聚各种技术人才，公司慢慢地站稳脚跟并成长起来。

2002 年起，东莞进入大建设时期，岭南园林抓住了这一历史契机，先后主导参与了东莞的松山湖开发、迎宾路、长安广场、大岭山广场和大朗湿地公园等多个工程建设，企业经营业绩步步高升。

品质为上　管理争先

尹洪卫从一开始就提出“树岭南品牌，立百年企业”的目标，并明确公司的行为准则是：全力以赴，追求完美。1998 年岭南园林成立之时，尹洪卫认清形势，在东莞同行中率先引入计算机运用于园林规划设计。为确保项目质量，2001年，岭南园林开始导入并顺利通过ISO 9001—2000质量体系认证，成为东莞第一家通过此项认证的园林绿化企业。2004年，岭南园林在凤岗镇的作品——凤晖园，获得了广东省优良样板工程二等奖，这是东莞市的园林绿化作品第一次获得省级优良样板工程奖励，极大地提升了岭南园林的品牌。

创业伊始，岭南园林便建立起现代管理制度体系，并不断完善，使得岭南园林在管理的制度化、规范化方面一直走在东莞市同行的前面。同时，公司始终坚持走专业化经营、产业化发展之路，形成了集“园林研发—苗木种植—景观规划设计—园林工程施工—园林绿化养护”为一体的产业链。岭南园林依靠设计、施工一体化的优势，形成了完整的产业链和强大的综合竞争力，更好地将设计理念和工程施工相结合、提升客户满意度，形成差异化服务。

开拓进取创品牌　资本市场谋发展

尹洪卫雄心很大，在做实东莞市场后，他冲出东莞，走向全国。2006年，岭南园林成为东莞第一家一级资质企业后，陆续开拓了广州、深圳、佛山等地市场。2008年，岭南园林又进军重庆、成都，2009年挺进华北、华中等地区，目前已在20多个省市设立了分公司及办事处。面对企业的发展壮大，尹洪卫率领团队通过完善充实架构、优化流程等手段，使公司的管理模式出现巨大的变化。

2012年，在福建晋江，业主方要求在18天内高质量完成总造价达6500万的世纪大道园林景观提升工程。尹洪卫调兵遣将，将所有力量汇集到一个点上，创造了令人称羡的“岭南奇迹”，业界也授予岭南园林“铁军”称号；此外，在当地形成了“岭南保证”的品牌效应。创业至今，岭南园林获得中国优秀园林工程金奖等国家级奖共40多项，特别是2014年，自贡釜溪河复合绿道项目斩获了园林界最高奖项——中国风景园林学会优秀园林工程奖的大金奖。2014年3月，岭南园林受广东省人民政府邀请参加了在马来西亚的中马友谊园设计与建设工作，“岭南品牌”再次得到彰显。

作为工程类企业，资金紧缺是难免的短板，岭南园林也曾出现过负债率过高、回款长等问题。尹洪卫排除重重阻力，于2010年推行公司股改，2014年2月19日，岭南园林正式登陆深圳证券交易所A股，成功对接资本市场。上市，不仅意味着可以借力资本市场加快公司发展进程，更重要的是市场对“岭南园林”品牌的认可。

二次创业　拓展新领域

对于上市后该如何发展的问题，2015年初，尹洪卫又明确提出了“二次创业”的口号。尹洪卫指出，上市标志着公司实现一次创业，那么，二次创业就需要在战略和管理上进行创新。2014年7月，岭南园林正式成立北京总部，旨在打造成为公司上市后二次创业的重要引擎、资源中心、人才中心、科研中心。2015年5月8日，由岭南园林与清华大学联合共建的“清华大学技术创新研究中心岭南园林股份有限公司分中心”成立，这是清华大学技术创新研究中心在广东省设立的第二个分中心，也是其在全国企业中设立的首个分中心。与此同时，尹洪卫突破传统思维，提出了“立足园林主业，拓展新产业”的发展方向，他瞄准的是产业链延伸的行业，生态环保和文化旅游。2015年，岭南园林相继成立了生态事业部和旅游事业部。一方面，公司在原有设立园科科学研究院的基础上，在北京总部成立了岭南高科环境科学研究院。另一方面，公司2015年5月19日以5.5亿元全资收购了打造集主题策划、项目规划、内容摄制、观影设备及工程实施于一体的主题数字互动体验整体方案解决商——上海恒润科技有限公司。

按照尹洪卫所描绘的蓝图：未来3年，公司将立足现有园林主营业务，在稳步发展主营业务规模和业绩的同时，大力拓展生态环保和文化旅游等新产业，充分利用资本市场的优质资源，通过内增式发展和外延式扩张相结合的方式，迅速做大做强，将公司打造成一个资源整合平台。

中国路桥工程有限责任公司董事长

文　岗

文岗：男，1966 年出生，毕业于广州外国语学院，工程硕士学位，2010 年任中国路桥工程有限责任公司副董事长、总经理，党委副书记。2014 年任中国路桥工程有限责任公司董事长、党委书记。文岗先后获得“全国优秀施工企业家”、赤道几内亚大十字独立勋章等多项荣誉，在工程承包行业具有较高的知名度和相当的影响力。

他自 2010 年担任公司主要领导以来，凭借其卓越的领导能力、决策能力和驾驭全局的组织能力，公司实现了跨越式发展，各项生产经营指标屡创新高，在“十二五”期间实现年平均新签合同额 310 多亿元、年均营业额 200 多亿元、年均利润总额 24 多亿元的骄人业绩，经济效益连续 6 年稳居中国交建所属企业首位。近年来，在他的带领下，中国路桥积极响应习近平总书记提出的“一带一路”战略倡议，全面参与国际市场，在全球的经营足迹不断扩大，在“一带一路”沿线 60 个国家中的 50 个国家开展了相关业务。

中国路桥向前进

自2010年担任公司主要领导以来，文岗带领中国路桥公司实现了跨越式发展，各项生产经营指标屡创新高，在“十二五”期间实现年平均新签合同额310多亿元、年均营业额200多亿元、年均利润总额24多亿元的骄人业绩，经济效益连续6年稳居中国交建所属企业首位。文岗主创的多项管理成果荣获2013年度、2014年度国家级企业管理现代化创新成果二等奖，2013年、2014年、2015年度省部级企业管理现代化创新成果一等奖。中国路桥在国内外多个国家和地区打造了一大批优质耐用、经久不摧的“中国路”“中国桥”，被评为国家火炬计划重点高新技术企业，连续多年被中国施工企业协会评为全国优秀施工企业；入选我国对外承包工程业务完成营业额前50家企业；荣获了全国建筑业先进企业、全国工程建设质量管理优秀企业、中央企业思想政治工作先进单位等荣誉称号；获得中国建筑工程鲁班奖2项（境外工程）、国家优质工程奖5项、国家级科学技术进步奖1项、中国公路学会科技进步二等奖5项。

积极践行“一带一路”战略 “走出去”成果显著

在文岗的带领下，中国路桥在“一带一路”沿线60个国家中的50个国家开展了相关业务。目前中国路桥实现了对中亚市场的全面覆盖，对我国港澳地区及东南亚市场的基本覆盖；近些年又在莫桑比克、加蓬、塞内加尔等地承接项目，继续扩大在非洲的市场份额；同时成功进入塞尔维亚、白俄罗斯和黑山市场，在东欧初步站稳了脚跟；2012年在厄瓜多尔成功签订了多个项目的商务合同，实现了在拉美市场的突破；公司还在美国等地设立办事机构，伺机打入西欧、北美等高端市场。中国路桥目前业务涵盖交通设施行业全领域、全产业链，真正实现了企业多元化“走出去”，形成了生产经营和资本运营联合驱动的大好发展局面。

勇于改革创新　持续提升公司管理水平

文岗一直以来都非常重视企业内部管理工作，根据公司经营管理需要，对公司总部的管理机构和职能不断进行优化调整，从制度和组织架构上保障了公司机体的规范高效运营，他还十分重视项目的标准化管理和标后预算管理。此外，文岗还曾主抓公司的招标工作，保证了相关工作的公正、公开、透明。在此基础上，他积极敦促各职能部门致力于管理工作的提升，持续强化内部审计监察工作，高度重视合规管理，全面风险管理体系初步建立；狠抓安全质量管理和文明施工；深入推进公司的物资设备集中采购；在总部深入开展管理评审工作，有效提高了机关各部门的服务意识和工作效率。

铸就精品工程　重视科技创新

在文岗的带领下，中国路桥缔造了众多经典项目：公司改扩建的巴基斯坦喀喇昆仑公路是世界上海拔最高的国际公路；印度尼西亚泗水—马都拉大桥是东南亚最大的跨海大桥，荣获2010—2011年度中国建设工程鲁班奖（境外工程）；塔乌公路改扩建项目是塔吉克斯坦建国以来最大的公路建设项目，也是上海合作组织迄今为止最大的基础设施领域合作项目；赤道几内亚巴塔港改扩建项目是中非地区最大、最现代化的港口之一；毛里塔尼亚“友谊港”被当地政府誉为“国家独立象征”和“南南合作典范”；塞尔维亚泽蒙—博尔察大桥是中国建筑企业在欧洲建设的第一座大桥，被誉为“中国土木行业向欧洲递交的‘第一张名片’和‘样板工程’”；贯通肯尼亚首都内罗毕和东非第一大港口蒙巴萨的A109国道被称为“中国路”，肯尼亚政府为此发行了“中国路”的主题邮票；目前在建肯尼亚蒙巴萨—内罗毕铁路项目集“中国标准、中国技术、中国装备、中国管理”于一体，标志着中国企业“走出去”达到了一个新的高度。

在文岗的大力支持和积极推动下，中国路桥的科技工作取得长足进步。近几年，公司获得 7 项国家级工法，6 项发明专利……完成 1 项国家级国际科技合作计划项目，并获得公路设计行业甲级资质。公司还通过了北京市企业技术中心认定，获得国家火炬计划重点高新技术企业、中国施工企业管理协会科技创新先进企业等荣誉称号，并被认定为国际交通基础设施工程北京市国际科技合作基地。目前公司已初步具备了独立进行路基路面试验检测及各类桥梁检测的能力。公司注重对技术标准的研究工作，集中购置 400 项欧法标准译本进行研究，完成我国公路工程行业 48 本外文版标准规范编译审核任务。

打造和谐奋进团队　积极履行社会责任

文岗十分重视企业文化建设工作，注意发挥党纪工团的引领、凝聚作用，在海外党建工作中探索新模式，将党组织的影响力和党员的先锋模范作用切实延伸到项目一线。公司开展党建专项课题研究，建立了纪委巡回检查工作机制，打造廉洁高效的管理团队。企业充分发挥工会、团委的凝心聚力作用，充分调动团员青年创先争优、推动企业发展的积极性。中国路桥积极履行社会责任，在工程建设过程中，尽可能减少对野生动植物的影响，以有效保护生态环境。中国路桥还积极关注社会公益事业，在国内 5 所重点高校设立奖助学金；在赤道几内亚、安哥拉等地义务帮助当地居民修建小学、修葺教堂；在肯尼亚向遭遇严重旱灾的图尔卡纳捐献粮食、援建小学；在刚果（布）为当地捐资捐药、打井修路；在巴基斯坦、多哥、吉尔吉斯斯坦等地积极抢险救灾；全额资助 150 多名来自赤道几内亚、安哥拉、刚果（布）等国的学生来华读大学。中国路桥还十分注重对所在国员工的培养，多年来，为非洲培养了上万名工程师、机械手、筑路工匠。中国路桥先后荣获中非友好贡献奖——感动非洲的十大中国企业、中国走进东盟十大成功企业、中国对外承包工程企业社会责任金奖、中国对外承包工程企业社会责任绩效评价领先型企业，卢旺达政府美化城市杰出贡献奖，巴基斯坦政府环境保护突出贡献奖等荣誉。2012 年 8 月，文岗荣获赤道几内亚国家最高荣誉勋章——赤道几内亚大十字独立勋章。

陕西建工第五建设集团有限公司董事长

毛继东

毛继东：男，1974年出生，研究生学历，国家注册一级建造师，正高级工程师，现任陕西建工第五建设集团有限公司董事长、党委书记。同时担任中国建筑业协会理事、中国建筑业协会项目管理委员会副会长、陕西省建筑业协会副会长、陕西省企业发展促进会副会长等社会职务。

他担任项目经理三项工程获得西安市优质工程“雁塔杯”，四项工程获得陕西省优质工程“长安杯”，一项工程被评为“全国用户满意建筑工程”，陕西省地矿局5号高层住宅楼工程获得鲁班奖，成为五建集团历史上的第一个鲁班奖工程。2008被任命为陕西建工五建集团总经理，全面负责企业经营管理。2012年，他担任陕西建工五建集团董事长。他多次被评为全国施工企业优秀企业家、陕西省优秀企业家，2015年陕西省质量之路“十大质量人物”，陕西省国资委十大杰出青年等荣誉称号。他担任陕西建工五建集团董事长期间，企业取得长足进步，2013年五建集团荣获陕西省质量管理奖、2015年6月晋升为建筑工程施工总承包特级、工程设计建筑行业甲级资质企业，企业发展进入新纪元。

强党建　抓机遇　促创新　重信用

毛继东注重提高自身的党性修养，在企业党建方面，落实支部建在项目上的工作思路，扎实开展创先争优工作。利用党建示范点、党建示范工程等载体将党建工作和企业生产有力结合起来，在五建集团中形成了比、学、赶、帮、超的良好氛围，五建集团领导班子因此被陕西建工集团总公司党委评为“四好”领导班子。毛继东曾获得全国优秀项目经理、全国工程建设质量管理先进工作者、全国优秀施工企业家、中国建筑业优秀高级职业经理人、全国企业文化优秀创造成果创造者……

战略引领　全面创新

2008年，毛继东担任五建集团总经理。在担任总经理期间，他采取了一系列有效措施，抢抓发展机遇，企业生产经营各项工作实现了跨越式发展。

2012年，毛继东担任五建集团董事长，全力抢抓行业发展的历史机遇，随着全国宏观经济进入新常态，建筑行业面临转型升级的迫切要求，毛继东提出了一系列战略决策。“主业强大，辅业丰满”是其中一项重要决策。在这一思路的指导下，五建集团在主业强大的基础上，房地产、地铁建设、装饰装修、钢结构、设施料租赁、工程设计均取得重要突破。随着国家“一带一路”战略的实施和“亚投行”的建立，毛继东带领五建集团奋力开拓海外市场，2015年年初，五建集团承接了马来西亚金海湾一个大体量住宅项目，并成功进入东南亚市场。2015年6月3日，五建集团晋升为特级资质企业，企业发展进入新纪元。

毛继东十分重视新技术、新工艺、新材料的应用，五建集团成立专门课题小组，成为工程建设强有力的技术支撑来源。自 2011 年至今，五建集团荣获国家级工法 5 项，发明专利 1 项，实用型专利 29 项，主编国家标准《砌体结构工程施工规范》1 项，省级工法 40 项，省级科技示范工程 24 项。五建集团技术中心被评为陕西省认定企业技术中心。毛继东在管理创新上狠下功夫，一是扎实推进标准化管理，加快建立业务流程标准、考核标准，全面推进实测实量。五建集团建立了覆盖全局、层次清晰、内容完善、执行有力的企业管理流程。二是着力推进信息化建设。五建集团以 OA 办公网为基础，逐步开发了各方面的管理系统，实现了企业数据信息互通，有效地发挥发挥协同效用，提高运行效率。三是重点保障人力资源质量。五建集团相继成立了“一会二库七队”，即科技委员会、建设工程专家库和“258”人才库；重点提升项目经理、商务经理、主任工程师、安全总监、工长、运营总监队伍；大力提高自有劳务工人的操作技能。五建集团在陕西省内首家成立全资子公司陕西华联建筑劳务有限责任公司，强化工人的操作技能，使其在重点信誉和急难险重工程中发挥生力军作用。五建集团在劳务选用方面，通过多种方式实现劳务分包单位战略合作，储备了一批技能强、素质高、数量足的劳务分包队伍。毛继东十分重视企业资产管理，把实现国有企业保值增值作为一项重要使命。2012 年担任五建集团董事长，2013 年实施增资扩股，注册资本金增加到 3.6 亿元。五建集团 2011 年净资产为 5467.2 万元，2015 年年底企业净资产达到 49052 万元，翻了近 9 番，年均增长 55.0%，实现了股东利益最大化。

2011—2015 年，在五建集团“十二五”战略规划实施时期。五建集团实现了跨越式发展，实现了“一十百千”的目标，即实现利润一个亿，职工人均年收入近十万元，合同签约额超百亿元，新建职工住宅近千套。在国内市场方面，2015 年，五建集团在巩固陕西省内市场的同时，施工项目遍布内蒙古、海南、新疆、河南、贵州、西藏等地区，在这些地区不乏建设有重点工程、鲁班奖工程，形成了全国市场一盘棋。国际化经营方面，2015 年海外市场扩展到非洲地区和东南亚地区，并向西亚地区挺进，规模也有了飞跃式的增长。

企业文化 诚信经营和社会公益

毛继东高度重视企业文化建设，使坚持“开拓创新、追求卓越”的企业精神，肩负“奉献精品工程，建设美好家园”的企业使命，成为“国内知名的综合型建筑服务商”的企业发展愿景，秉承“以诚信树信誉，以品牌拓市场”的经营理念，践行“顾客至上，回报员工，服务社会”的企业价值观等企业文化核心理念深入人心。

毛继东号召企业坚持诚信经营，坚持以自己的专业精神和不懈努力为客户提供超值服务，赢得客户信赖、市场认可、行业尊重。五建集团曾2次荣获全国守合同重信用企业，2015年获得全国建筑业AAA诚信企业和2015年度中国建筑业典型诚信企业。五建集团开办农民工业余学校，每年坚持为职工体检，每年增加职工工资，每年招收100多名大中专毕业生；关心弱势群体，关心灾区，扶助三农，在教育捐赠、灾区灾民捐赠、帮扶农民以及向慈善基金捐赠等方面做了大量工作。2012年，五建集团向新城区慈善基金捐款5万元，向公安民警英烈基金捐款3万元，购买陕北定边县爱心土豆4.7万元，购买临潼区栎阳镇爱心白菜2.1万元。2013年，为四川雅安芦山大地震灾区捐款15万元，购买西安郊县农民爱心芹菜1.3万元。近3年来，五建集团向灾区、学校、孤儿院、慈善基金，以及未成年犯管教机构等各种需要资助的地方捐赠过资金、用品、建筑材料等等，捐赠资金加上捐赠物品折合资金共计155.1万元。五建集团注重“节能、节水、接地、节材”，注重保护环境，所有项目均要求按照省级绿色施工示范工程标准施工，并开发出很多优秀的环保技术。

山东汇洋集团董事长

王　轰

王轰：男，62岁，经济师，中国渔业协会副会长、中国水产流通与加工协会副会长、中国船舶工业行业协会副会长。多年来他一直奋斗在渔业产业的前沿，从海上捕捞到水产品加工再到用船、造船，近三年公司共申请专利247项，公司产品“京鲁远洋牌冷冻调理水产品”获得“中国名牌产品”称号。他常年如一，每天早晨6点半到公司与高管一起开早餐会，带领公司实现转型升级跨越式发展，先后建造了多种全国质量最好的高端渔船，多项关键技术指标填补国内空白，被国家工信部列入“高技术船舶科研项目”。农业部渔业船舶检验局授予公司“远洋渔船建造与技术示范基地”。2014年公司新建的9艘渔船共捕获秋刀鱼2.8万余吨，占全国总产量第一，填补了国内空白，创我国远洋捕捞新纪录。他曾获全国五一劳动奖章、山东省劳动模范、山东省优秀企业家、当代中国渔业企业领军人物、山东省农业产业化十大功勋人物等荣誉。

蓝色经济谱华章

在王轰领导下，山东汇洋集团已发展成为一家集远洋捕捞、水产品精深加工、海水育苗养殖、船舶制造与维修等业务于一体的综合性企业集团。集团拥有院士工作站、国家级企业技术中心，是国家农业产业化重点龙头企业、全国农产品加工业示范基地、全国主食加工业示范企业、全国农产品加工出口示范企业、农产品加工企业技术创新机构、国家标准化良好行为企业。集团公司 2014 年实现销售收入 343352 万元，出口创汇 9474.8 万美元，实现利润 42510 万元。2012 年 11 月集团被山东省科学技术厅、山东省知识产权局授予中国专利山东明星企业（二星级）；2013 年 8 月被中国物流与采购联合会授予国家 4A 级物流企业。王轰被授予全国五一劳动奖章，荣获当代中国渔业企业领军人物、山东省优秀企业家、山东省劳动模范、山东省渔业协会优秀企业家等荣誉称号。

实施品牌战略　发展水产品加工业

王轰将科技创新放在第一位，-60℃工质（氨）金枪鱼储存库研制项目填补国内空白，多功能远洋渔船制冷及总体设计技术研究项目被工信部列为高技术船舶科研项目；带中间蒸发温度回路的三级混流循环超低温氨制冷系统的开发研究、超高单层节能低温冷藏库等项目填补了国内空白，达到国际先进水平。他荣获山东省发明创业奖优秀奖、山东省中小企业科技进步奖、山东省轻工业科学技术进步奖二等奖。公司以领军国内水产加工行业为目标，通过产品创新将“京鲁远洋”打造成为质量水平高、知名度高、市场占有率高、消费者满意的知名品牌。王轰率先推动水产品从来料粗加工向精深加工转型，产品出口至美国、欧盟、日本、韩国等多个国家和地区，年出口创汇过亿美元。

汇洋集团与中国水产科学院黄海水产研究所共建了海洋食品高值化与质量安全控制研发中心，与烟台大学海洋学院等多家研究机构合作，共同创建了食品研发中心，自主研发的南美虾排在德克士全国餐厅1700多家同步上市，实现了与肯德基、麦当劳国际餐饮连锁企业长期合作。目前，公司产品已进入批发、流通、配餐、快餐等多个渠道，“京鲁远洋”牌天妇罗虾、多宝鱼等系列产品在国内外多次获奖，“京鲁远洋”调理食品被授予“中国名牌”称号，“京鲁远洋”商标被授予“中国驰名商标”。公司主要以深海水产品为原料，打造大型中式快餐连锁店，打破洋快餐长期主导国内市场的局面，以此引领中国水产加工行业的快速发展。

注重装备改造升级　发展远洋渔业

王轰大力发展现代远洋渔业，捕捞作业区域由印度尼西亚等东南亚海域，逐渐向北太平洋和西南大西洋海域扩展。目前，公司装备水平在国内同行业中处于领先地位，其中77米秋刀鱼兼鱿鱼钓船是公司抢抓国家远洋渔船更新改造政策机遇的新建项目，多项技术填补国内空白，达到世界先进水平，被工信部列入“高技术船舶科研项目”。为充分利用世界渔业资源，公司与我国台湾地区渔业企业合作，新建2艘1200吨美式金枪鱼围网船，在巴布亚新几内亚海域捕捞金枪鱼并加工销售，这不仅进一步开拓公司原料出口业务，提高出口创汇及经济效益，而且使山东省在世界海洋渔业资源开发中所占份额逐年增加。

发展船舶制造与维修业

京鲁渔业于2006年投资成立蓬莱中柏京鲁船业有限公司，现已成为中国船舶工业行业协会副会长单位。金融危机爆发后，京鲁船业紧扣国家《船舶工业“十二五”发展规划》要求，积极研发技术含量高、产品附加值高、经济效益好的远洋渔船项目，王轰带领科技人员相继研发和建造了59.6米超低温金枪鱼延绳钓船和69米鱿鱼钓船等多种高端渔船，企业被山东省海洋与渔业厅授予远洋渔船研发与制造基地，被农业部渔业船舶检验局授予国内首个远洋渔船建造与技术示范基地。2013 年 7 月，中央电视台将公司作为国内船舶制造企业转型升级的典型进行了专题报道。京鲁船业还积极参与公务船建造项目，2013 年被授予农业部 1000 吨级以下地方渔政船定点建造船厂资格。京鲁船业建造的 1000 吨级海警船“中国海警 21115”舰参加了“六国论坛执法协作 2015 多边多任务演练”，并作为演练的主力舰得到了六国观摩人员的高度评价。公司于 2015 年被济南军区装备部认定为第二批战区级军民通用装备动员中心，并被山东省发改委认定为山东省海上保障动员中心。京鲁船业建造的 75200 载重吨巴拿马型散货船被评定为“山东名牌”。

建设生态环保资源渔业　努力承担企业社会责任

海水养殖是汇洋集团产业多元化的延伸，2008 年公司被山东省海洋与渔业厅认定为无公害农产品产地，2009 年公司被农业部授予“水产健康养殖示范场”称号。王轰大力发展海洋牧场项目，颠覆了以往以单一品种为主的养殖方式，确保水产资源稳定和持续增长。同时，在海洋牧场内移植藻类（主要包括海带、裙带等），底播增殖刺参、鲍鱼等海珍品，放流增殖牙鲆等名贵鱼类，以修复近海生态环境和资源。山东汇洋集团 2013 年 10 月被科学技术部星火计划办公室授予“国家级星火计划项目证书（斑点鳟鲑养殖与无公害防病技术示范与推广）”。

王轰为了带动更多的人致富，采取了“公司 + 渔户”的方式，与渔民签订保护价收购水产品的合同，降低了个体从事水产品生产经营的风险。在创业之初公司还不富裕时候，王轰就出资为村里通了自来水，硬化了路面，并为当地的小学配备了全套的教学设施，后来公司每年投入大量资金用于救助社会弱势群体和社会公益事业，当蓬莱市慈善机构成立之时，京鲁带头捐助了 30 万元。在四川汶川“5・12”发生大地震后，王轰组织集团职工仅用一天就汇聚 13 万余元的捐款，公司捐款 100 万元，他还带头缴纳特殊党费，捐献棉被 60 床。王轰连续 6 年在重阳节和春节到当地敬老院为老人送去节日礼品和慰问金，累计 20 万元；为驻地边防部队、消防大队官兵送慰问金和物品近 10 万元。公司解决 3860 名下岗职工再就业。

重庆市农业投资集团有限公司董事长、党委书记

王义昭

王义昭：男，60岁，高级经济师，2013十大重庆经济年度人物，2006年任重庆市农投集团董事长以来，将一个资产仅19.6亿元，年经营收入仅6.3亿元，年利润仅3000万元，亏损面超过40.0%的农垦企业，打造成为重庆第一个百亿农业产业经营集团、全国百强畜牧企业。他探索出的“创新+资源+资本+技术+管理”五位一体的农业企业创新发展新模式：一是整合并购产业资源，创造新机、重塑格局；二是创新产业链整合运营的商业模式，做优产业、做强企业；三是搭建产融结合的创新平台，打破瓶颈、突破约束；四是建立科技创新体系，形成竞争力、扩大影响力；五是实施管理创新，提升执行能力、增强运营活力。

9年间集团划转、并购、重组各种所有制企业超过20户，直接整合资产超过40亿元，建成100亿级集团，累计筹集资金超过150亿元，为产业链上各环节筹资近10亿元。

创新驱动　大展宏图

王义昭2006年任重庆市农投集团董事长以来，探索出“创新+资源+资本+技术+管理”五位一体的农业企业创新发展新模式，将企业打造成为重庆第一个百亿农业产业经营集团、全国百强畜牧企业。

整合并购产业资源　创新商业运营模式

王义昭领导农投集团全力推进5种模式的资源整合：一是发挥优质企业影响力，整合重组优质企业。乳业产业发起重庆市7万头安全奶牛业发展行动计划，集团以第一发起人身份，发起设立“中垦乳业股份有限公司”，整合全国农垦系统未上市的中小乳业企业共同发展。二是争取政府支持，无偿划转优质资源。以市政府无偿划转的资源为基础，集团快速形成大型生猪屠宰规模；通过整合重组科研生产能力，掌握生猪繁育核心基因技术，成为全国第二大猪肉罐头食品加工企业。三是搭建政府主导的先行先试平台，快速整合新资源。2010年，集团成为重庆市与中国三峡集团共同建设长江三峡生态渔业的唯一先行先试平台，4年发展，成为国家三峡生态养殖综合标准化示范区。四是剥离特困企业优质资源、引入资金、团队建成新产业。剥离重庆肉联厂3万吨冻库优质资产，引进武汉万吨冷储物流公司，建成西南最大冷链物流基地。五是以小博大，并购重组优势企业。通过重组并购种业公司，成功整合高水平专家团队，拥有完全自主知识产权的水稻、玉米品种和包括全国15个省市、近600个销售网点的营销体系。

6种商业模式：一是以“资本+信息技术”模式打造智慧农业，建设全行业资源整合能力。开发牧场综合管理大数据应用，建设天宁现代牧场管理学院。二是以“产业链+合作社+代养+农户”模式优化利益分配，快速做大产业规模。2008年，集团发起设立渝垦生猪专业合作社，并开展生猪代养体系建设，农民得到实惠，企业获得规模。三是以“技术+标准”模式整合要素资源，构建轻资产运营机制。集团在长江三峡库区先后攻克“不投饲料、不投肥料、不投渔药”的“放牧式”生态养殖等先进技术，形成具有排他性的生态养殖技术体系。四是以“技术+服务”模式推进服务型营销，让农户购买种子即免费获得农技服务“准公共产品”，种子价格直接让利农户15.0%~30.0%，形成企农双赢的营销新机制。五是以“平台公司+联网经营”模式推进多点布局，建设全国化经营体系。六是以农投物流公司为平台，为冷链物流市场业主提供仓储平台、全程冷链物流运输及配套的金融、市场服务，建立多点多中心的联网经营体系。

搭建产融结合的创新平台　科技管理双创新

搭建金融平台，投资建成万隆融资租赁公司、兴农投小额贷款公司，参股重庆农村商业银行、巴南浦发村镇银行，累计放贷资金超过10亿元。开展银企合作，一是开展联保联贷、银行授信、发行中票、短融债券，成为中国银行间交易商协会会员，信用等级被评定为AA+，集团获得良好效益；二是创新银行放贷模式，从集团所属龙头企业切入，以全产业链方式介入客户金融需求，提供差异化综合金融服务。推进企农合作，通过7万头安全奶牛业发展行动计划、奶联社等多种方式，累计整合各级政府产业扶持资金、农村扶贫资金、农业企业补贴资金、农民财产资本化资金近20亿元。实施政企合作，以重大项目为载体，累计争取国家、重庆市及区县有关部门无偿财政资金近10亿元。开展土地收储，将江北农场约2000亩土地交渝富公司战略收储，获得收储资金15亿元。

王义昭还特别重视打造科技创新的核心竞争力。主要做法是：建设创新平台，建成集团总部、天友乳业、重庆正大3个省级博士后科研工作站，市水研所、市种畜场、乳品工程技术中心、优质水稻工程技术中心4个科研创新平台。引进高级专家，包括1名国际粮农组织育种专家，2名中国杂交水稻审定委员会专家，引进13名以色列高级畜牧专家和20名国内顶级牧场管理、技术专家到牧场管理学院授课，编写专业培训教材，并与大专院校达成战略合作协议。建立孵化模式，以集团自有资金设立每年500万元的科技创新专项种子基金，4年带动所属企业年投入科技资金超过2000万元，取得10几项实用技术研发成果。应用高端技术，应用美国向中科技公司牛胚胎移植技术，建设2个万头胚胎受体牛养殖园区；应用美国阿菲金牧场综合管理技术，大幅提高奶品质量；应用中科院微生物技术，开展种养殖废弃物资源化利用。

集团引进“年度业务计划书”为代表的一系列管理工具，保持主要经济指标年均增长20.0%，获得全国管理创新成果二等奖。主要做法是：以终为始，建立经营指标、管控重点为核心内容的目标导向约束体系；梳理价值链，全面审视行业地位、竞争态势、关键控制点，增强竞争能力；引导企业围绕经济指标的达成，深度分析实现目标的“最佳解决方案”，提升经营能力；通过业务计划书将经营活动落实到人（部门），建立年度业务计划执行情况月度、季度分析检讨制度，通过PDCA（计划、执行、检查、行动）循环，形成闭环优化体系。

勇担企业社会责任

王义昭担任农投集团董事长以来，累计带动超过10万农户增收致富。大力发展生态循环农业，实现从田间到餐桌的全程质量安全有效监管。

垫资修建江北农场片区宏帆路景观大道2.2公里，按照城市中档小区标准，修建合川区钱塘镇大柱村400套农民新居。整合中央财政和市级财政配套，实施农垦危旧房改造工程。

在汶川、玉树、雅安大地震、舟曲县特大山洪泥石流等自然灾害发生后中，组织所属企业及职工，总计向灾区捐款捐物超过100万元。2007年以来，先后组织所属单位向社会公益事业捐款近200万元。

北京法政实业集团有限公司董事长、总裁

王广发

王广发：男，58岁，1993年投资创立北京法政实业集团有限公司，经过20多年的艰苦创业，凭借敏锐超前的市场定位，紧扣时代和产业发展的脉搏，带领集团从一个注册资金50万的小企业发展成为今天注册资金2亿元、资产总额近50亿元、职工2000余人、下设30余家分支机构的全方位、多层次、宽领域经营的现代企业集团，逐渐构建起以教育医疗为中心、地产开发建设为支撑、金融法律文化传媒多元发展的战略布局。

法政集团秉承“不求为谁所有，只图为民所用”的创业理念，从房地产起家，同时积极承担社会责任，开发建设了北大教师经济适用房等保障房项目。2003年创办了中外合作北京王府学校，实现了自幼儿园到高中齐备的K-12教育格局，历届毕业生全部升入世界排名前100位名校。为解决亚北地区医疗资源严重不足的难题，他率先落实非公企业积极参与投资医疗事业，投巨资5亿元兴建了非盈利性质的北京王府医院。

企业多元发展　全力服务社会

王广发于1993年投资创立北京法政实业集团有限公司，经过20多年的艰苦创业，形成全方位、多层次、宽领域经营的现代企业集团，逐渐构建起以教育医疗为中心、地产开发建设为支撑、金融法律文化传媒多元发展的战略布局。

集团先后被评为全国军民共建社会主义精神文明先进单位、全国厂务公开民主管理先进单位、全国爱国拥军模范单位；北京市就业与社会保障先进民营企业、北京市构建和谐劳动关系先进单位。王广发先后获得优秀中国特色社会主义事业建设者、北京市优秀思想政治工作者、北京优秀创业企业家、中国民办教育突出贡献奖等。

重视党工团组织建设　构建和谐企业

王广发始终把思想政治工作、企业发展战略、产业结构转型与党的方针政策保持高度一致，始终坚持党的教育常态化，党支部连续8年被区人事系统评为先进党支部。2014年，集团被市委宣传部、首都文明办授牌首批首都学雷锋志愿服务站。2015年，集团被北京市工商联授予诚信经营承诺示范单位。

集团不断完善内部教育管理体系，重视企业文化建设。一方面，持续加强员工道德教育，培育遵纪守法、爱岗敬业、诚实守信、服务人民、奉献社会的企业氛围。另一方面，始终坚持以人为本的科学发展观，不断丰富员工的物质生活和精神文化生活。从各个方面关心员工生活，不断打造法政集团的“家文化”。

积极支持教育医疗事业发展

作为中国政法大学的优秀校友，王广发积极支持母校建设。捐建总值 1400 万元用于建造学院路校区综合配套服务楼；签约捐赠 2 亿元为中国政法大学建设学院路校区“国际交流中心工程”。仅 2015 年，集团教育研究类捐赠款项累计达 2800 万元，其中包括支持清华大学教育基金会“国家治理研究院”致力于国家治理相关理论、政策研究和法学人才培养等。1995 年王广发创办北京景山学校分部（北京王府外国语学校前身），2003 年经北京市教委批准建立首家中外合作制学校——北京王府学校，率先引进国际教育。2008 年以来，王广发亲自主抓学校管理，创新“分层教学”“走班上课”，大力推广移动教学。2014 年 10 月，北京王府学校独家承办了美国大学理事会主办的中国 AP 教育领域最重要的国际性学术盛会——第三届 AP 中国教育峰会。2015 年，学校与外交部签订合作协议，将王府学校作为外交部系统员工子女衔接国内外教育推荐学校，这也是外交部唯一一次和民办学校牵手。学校先后获得北京市十佳国际合作学校、北京市公众满意度最高的十大教育品牌等殊荣。王广发投资千万元在王府学校租用卫星实现远程教学实况互动传输，使井冈山、延安革命老区学校的学生都可以实时听到王府学校优质外教老师在北京课堂上授课。

王广发还积极支持国际教育事业的发展，努力探索培养国际化人才的创新之路。设立总额为 5000 万元的“广发国际人才交流专项基金”，作为国内首支用于国际英才交流与培育的国家级专项基金；投资近千万元为外交学院、美国明尼苏达大学、美国北卡大学和州立大学等教育机构设立基金会。

王广发率先落实非公企业积极参与投资医疗事业，投巨资兴建非盈利性质的北京王府医院，并发展成为北京唯一大型民营“三级甲等中西医结合医院”，被国家中医药管理局授予“十一五”规划重点工程，并被北京市确定为未来科技城配套服务保障医院。

开展警民共建　支援国防事业

自成立之初，集团、王府学校即与武警北京总队、一师、五支队等武警部队签署共建协议。多年来，集团累计投入2000余万元支持部队和国防建设，创造性地设立全国首家“英雄奖励基金”；接收安置名转业干部、退伍士兵和随军家属。集团主动帮助士兵取得不同职业的等级证书，开设英语口语培训等课程；为五支队参加军校考试的士兵进行辅导。校区还向官兵开放了操场、图书馆、网络电教学习室；集团下属王府医院还为部队战士提供定期免费体检和相关医疗服务。2014年，集团出资500万元为武警中队进行标准化建设，驻地中队成为武警总部建设“示范中队”；集团还累计投入1500余万元支持全国少年军校总校进行设施改造。

法政集团成为2012年北京市唯一获得“全国爱国拥军模范单位”殊荣的民营企业，2014年，王广发还受邀并出席国务院65周年国庆招待会。

热心公益事业　积极参政议政

不忘回报社会，积极参与各项光彩事业，为抗击洪灾、非典、地震、支援奥运等公益活动，累计捐款捐物500余万元；向送温暖基金会、残疾人福利基金会、光彩基金会等各类机构捐款200余万元；赞助各类协会、研究机构课题研究费用300余万元；长期支持司法建设，资助基层司法建设300余万元，向中国法律基金会、法律援助基金会赞助100万元；为中国与全球化智库（CCG）、中国互联网新闻中心“委员智库”项目等捐款逾500万元。集团累计出资近2400万元为帮结对村修建了供水、供电、道路工程。法政集团先后被评为北京市工商联“参与首都社会主义新农村建设先进民营企业”、昌平区对口支山“突出贡献单位”。

作为政协委员、中国与全球化智库（CCG）副主席，王广发积极参政议政，提案建议多次获得政协会优秀提案。王广发曾向国务院递交关于民营医院医疗改革调研报告；在新华社《国内动态清样》上发表了对引导民营资本发展公益事业的建议；最早对公立学校国际班提出质疑，现如今已上升为国家层面政策要求。王广发亦是中国民间智库的创始人，集团旗下北京新世纪跨国公司研究所在《2014年中国智库影响力报告》中进入全国民间智库综合影响力排名前十，北京东方生命文化研究所的成立填补了我国多年来在生命文化这一基础学科领域的空白。

上海春秋国际旅行社（集团）有限公司董事长

王正华

王正华：男，72岁，高级经济师，连续多届获上海市劳动模范称号，现任上海春秋国际旅行社（集团）有限公司党委书记、董事长。2014年获第四届全国非公有制经济人士优秀中国特色社会主义事业建设者称号。担任中国旅行社协会副主席，上海市旅行社协会荣誉会长，上海交大、华师大、上师大兼职教授。

春秋旅行社经过几十年的艰苦奋斗、勤俭节约、创新转型、拼搏发展，如今春秋集团员工达8000人，集旅游、航空、会展、地产、宾馆等为一体。其中春秋国旅连续20年稳居国内旅游第一地位，春秋航空总部设在上海，是国内19家新成立的航空公司中唯一曾获得民航局表彰的“安全先进单位”，且连年盈利。2015年1月21日春秋航空首次公开发行A股，登陆资本市场，成为中国民营航空第一股，获资本市场充分肯定。

浓墨重彩写春秋

1981 年王正华在一间只有 2 平方米的铁皮屋里，创办了上海春秋旅行社。经过几十年的艰苦奋斗，春秋集团员工达 8000 人，集旅游、航空、会展、地产、宾馆等一体。其中春秋国旅连续 20 年稳居国内旅游第一地位，在全国拥有 50 多家全资境内外分（子）公司，4000 多家网络单位。自筹自建了春秋国际大厦，在沈阳、石家庄、深圳和日本大阪、泰国曼谷设有基地，开通国际国内航线 120 条（国内 94 条，国际 26 条），在日本投资成立春秋航空日本株式会社，是国内第一家至发达国家建立航空公司的公司。

春秋企业 1989 年以来连续十多年被上海市人民政府评为上海市文明单位，2015 年被评为全国文明单位，2003 年至今获上海市旅行社中唯一著名商标企业称号，2011 年获中国品牌 100 强，2015 年跻身中国民营企业 500 强、上海民营企业 50 强、上海服务业企业 28 强。

王正华连续多届荣获上海市劳动模范；2008 年当选首届上海年度企业家；2010 年获第三届上海市非公有制经济人士优秀中国特色社会主义事业建设者称号；2014 年获第四届全国非公有制经济人士优秀中国特色社会主义事业建设者称号。

开拓创新　企业异军突起

创业初期，王正华面对当时几乎所有旅行社都热衷于单位“组团游”，独辟蹊径定位“散客游”，成效显著，仅仅 13 年就企业打造成了中国最大的国内旅行社（当时全国有 2 万多家旅行社），并连续近 20 年蝉联国内旅行社的“老大”。

王正华敏锐地洞悉了航空运输的巨大市场，2005 年 7 月 18 日春秋航空成功首航，并已安全平稳运行 10 年，成为国内航空业的奇迹。

春秋把信息化建设提升到战略高度，通过信息技术创新推动业务发展。春秋航空从诞生的第一天就通过信息技术开发，不依靠“中航信”，建立自动结算系统、离港系统，形成了春秋特立独行的行业竞争力。春秋航空紧跟时代步伐，开发了“苹果”“安卓”智能手机客户端，机上 wifi 等，实现了运行运营的无缝连接，极大地方便了旅客。春秋建立航空维修现场移动平台，将维修管理作业依靠 PC 系统的优点移植到现场作业，春秋独特的阿米巴经营模式，使地服、维修等部门实现自主经营，独立核算。

公司纪委与公司审计部门坚持每年对所有经济部门与驻外分公司进行内部审计，开展岗位廉洁风险自查、廉洁风险点评估以及制度建设评估工作。春秋获 2011—2013 年度全国内部审计先进集体。

2014 年王正华被评为中国旅业互联网风云榜十大风云人物，2015 年春秋获上海市十佳企业创新文化称号。

勤俭诚信　党建引领发展

王正华坚持勤俭节约，在他的带动下，节约一张纸、一度电、一滴水、“光盘”行动已成为春秋人的共识。

王正华认为诚信是做人之道，也是经营之本。他严格遵守合同，诚心经营，依法纳税。2015 年中国境内除三大航外，春秋航空是第 4 家获欧洲出口信贷机构认可的航空公司,2004 年至今春秋连续被评为全国“重合同、守信用”企业，上海市 A 类纳税信用单位。春秋坚持上至 CEO 下至清洁工都是正式工、合同工，没有一个劳务派遣工，并实现同工同酬；公司还把原缴纳“小城镇社保”和“外来人员综合保险”的员工全部改缴了“城市职工养老保险”和公积金，一年新增加支出 4000 余万元。

王正华把党的工作看作自己的事业。几年来，他在实践中总结出“三个亮”“六个一”等行之有效的企业党建工作法，逐渐形成了“党建聚人心，其利能断金”的工作特色。春秋党委还积极参与社区的党建及凝聚力工程联建活动。春秋党委多次被评为上海市长宁区先进党组织、长宁区五星党组织。王正华多次获市、区“两新”党组织五好党员和优秀党务工作者。

关爱职工　勇担社会责任

王正华让出70.0%的股份给企业骨干，让他们共享企业发展成果；近五年公司先后帮助解决员工子女入托入学近百人、入住人才公寓100多套。王正华坚持“以人为本”，鼓励员工提高学历、技术等级，实现自我价值。春秋有内部社区网，员工可以不署名向各级管理层提出批评、意见、建议。王正华还开设“老王博客”，用于与员工和客户的交流。

春秋航空通过各项成本控制，使得机票价格比行业平均票价降低近30.0%以上，被称为春秋最大的慈善活动。

春秋热心公益，成立30周年不搞庆典，而是组织了国内外九个城市200名残疾儿童代表到上海参加“让爱飞翔”志愿者公益活动；公司会展部4年来资助新疆帕米尔高原塔县贫困少数民族儿童上学，开展设立20万元奖学金、捐助衣物等40余项活动，并与驻守的边防支队联建共建；公司客舱部、维修工程部等定期进聋哑学校、希望小学、敬老院慰问。

2014年春秋（集团）与上海市慈善基金会长宁分会合作设立“春秋让爱飞翔专项基金”100万元，2015年增至243万元，用于安老、抚幼、助学、济困活动。以王正华为首的24位老股工首期出资1500万元，（王正华就出资400万元）设立春秋为地球母亲专项基金，在北京上风口河北省康保县沙漠植树造林4000亩。

2008年四川汶川发生大地震，春秋集团在第一时间启动应急机制，一方面紧急协调航班运送、疏散、安置灾区旅客，另一方面想尽一切办法，使全部游客以及司机、导游从地震灾区平安归来。公司及个人还向灾区捐款500万元。

华能澜沧江水电股份有限公司董事长、党委书记

王永祥

王永祥：男，50岁，教授级高级工程师，华能澜沧江水电股份有限公司党组书记、董事长。他全力推进澜沧江流域及周边地区水电资源的开发，积极探索太阳能光伏、风电、页岩气等新能源建设运营，稳步实施“走出去”战略，公司形成了“水火风光气互补、国内外产业协同”的优良产业布局，公司运营容量达2079.18万千瓦，为云南省内装机规模第一，占云南省统调装机容量的三分之一，年发电量超过600亿千瓦时，营业收入超百亿元。在建、筹建装机规模超过1200万千瓦，率先在云南“三江”水电开发中实现了“运行一批、建设一批、储备一批”的流域梯级滚动开发新态势。在王永祥带领下，公司攻克了小湾、糯扎渡水电站等世界级水电工程，小湾水电站4号机组成为全国水电装机突破2亿千瓦标志性机组，见证了中国水电百年辉煌。

建设一流水电企业

王永祥长期从事水电工程建设管理及水电企业管理，组织或参加建设了鲁布革、天生桥、三峡、小湾、景洪、功果桥、糯扎渡等十余座大型水电站，先后获科技进步工作者、工程优秀建设者、优秀项目经理、突出贡献优秀专业技术人才等荣誉。王永祥始终坚持讲党性、重品行、作表率，努力加强思想、政治和作风建设，认真落实党风廉政建设责任制，严格落实“三重一大”决策管理有关要求。王永祥始终以科学发展观为统领，主动顺应形势和政策变化，全力推进澜沧江流域及周边地区水电资源的开发，积极探索太阳能光伏、风电、页岩气等新能源建设运营，稳步实施“走出去”战略。

王永祥2011年获全国电力行业优秀企业家称号，2013年获“全国电力行业优秀思想政治工作者”称号，他牵头开展的《公司“三色”水文化转化深植实践》课题研究荣获中央企业党建思想政治工作研究会优秀成果三等奖。

经营管理显才能

王永祥充分结合宏观经济形势预测和电力供需分析，统筹协调好澜沧江干流电站建设、中小水电、新能源、境外项目发展的关系，实现发展速度与发展质量和效益的协调统一。根据水电建设运行特点，王永祥坚持“高起点、敢创新、严管理、重效益”的管理理念，实现了“扁平化、信息化、简单化、标准化”的管理格局，建立起适应公司可持续发展的现代管理体系。基建管理坚持“小业主、大监理”理念，充分发挥业主、设计、监理、施工及地方政府的“五位一体”作用。生产管理针对公司“多能源、多电站”运行管理特点，形成了“大公司、小电厂、远程集控、无人值班（少人值守）、运维合一”的管理模式。探索并成功实现境内“一厂两站”、境外“一站两国、一厂两网、两调度”情况下的“无人值班、运维合一”生产模式。

多年来，王永祥秉承科学严谨的态度，结合小湾、糯扎渡等世界级工程关键技术组织开展大量科技攻关，取得突出成果；主导建成国家能源水能高效利用与大坝安全技术研发中心、集团水电建设和运行技术重点实验室……形成国内同类企业最完备的科技创新平台；承担国家科技支撑计划1项，省部级及集团公司级攻关6项，组织开展多项企业科技攻关；积极推进大型太阳能光伏并网技术，完成CDM项目注册，填补了国内空白。

王永祥坚持以文化力不断提高企业的凝聚力和创造力，营造有利于人才成长的环境和氛围，通过对多种业务的延伸和拓展，为培养复合型干部、提升各级各类人员的能力、加快事业的发展提供了广阔的舞台。王永祥不断改进和加强党建思想政治工作，为企业的科学发展、可持续发展提供政治保证和组织保证；始终把纪律和规矩摆在前面，10余年来，公司投资超过1300亿元，截至目前，未发生立案案件。公司被评为中央企业思想政治工作先进单位；荣获2007年全国电力行业企业文化特等奖，荣膺2008年度全国企业文化优秀成果奖、全国企业创新文化优秀案例。

在王永祥带领下，企业发展稳步推进。2008年6月，装机175万千瓦的景洪水电站正式投产发电，并实现“一年五投”，创造了世界同类规模水电站建设速度最快纪录；2010年8月，装机420万千瓦的小湾水电站全部机组比原计划提前两年投产发电，并实现“11个月六投”，创造了水电建设新纪录。2012年，装机585万千瓦、云南省装机规模最大的糯扎渡水电站顺利投产发电；2013年，装机180万千瓦的龙开口水电站顺利投产发电；2015年，位于西藏地区的果多、觉巴水电站也相继实现机组投产。王永祥主张积极介入新能源等发展领域，不断拓展公司业务空间。亚洲最大的石林并网光伏电站全部方阵具备发电条件；公司目前掌握云贵两省25个风电场约200万千瓦风电资源，其中14.3万千瓦实现并网发电；页岩气开发已完成两个气块6口资源调查井的钻孔施工；装机60万千瓦的缅甸瑞丽江一级电站已投产运行，成为中国在缅甸投资最大的水电 BOT 项目及中外水电合作开发的典范；東埔寨桑河二级水电项目（40 万千瓦）已获得核准并实现截流，计划 2017 年投产。

在王永祥领导下，经过多年的发展，公司已成为云南省实施西部大开发战略“西电东送”和“云电外送”的重要骨干企业和建设以水电为主电力支柱产业的核心企业，“藏电外送”的主要参与者，中国南方电网和澜沧江——湄公河次区域最重要的水电开发运营公司。

公司先后荣获国家科技进步二等奖 2 项，国家能源科技进步二等奖 1 项，获得全国五一劳动奖状；荣获“企业信用评价 AAA 级信用企业”“国家西部大开发突出贡献集体”等荣誉称号。

积极履行社会责任

王永祥坚持“以人为本、安全发展”理念，全面推行“安全重点项目管理”“挂牌督办”等制度，落实“隐患事故化管理”和“未遂事故问责制”，公司未发生重大环境污染、质量和安全事故、失信和劳资冲突事件；积极倡导和探索“构建和谐水电、奉献绿色能源”的水电开发理念，在工程建设中，他始终坚持以国家移民政策为依据，坚持移民先行，为工程建设顺利推进创造良好条件；坚持以“绿色水电”为核心促进和谐，公司荣获中国能源绿色企业 50 佳称号，小湾、功果桥电站被评为国家水土保持生态文明工程；王永祥主张要努力实现企业与地方的共赢，公司投资为地方建设了一系列惠民利民工程。

公司大力实施支持项目周边地区新农村建设“百千万工程”，累计投资 1.4 亿元，惠及云南迪庆、怒江、大理、保山、临沧、普洱、西双版纳和德宏等 8 个州（市）22 个县（市）；在云南鲁甸地震发生后，公司迅速派出 34 人的救援队伍，圆满完成了牛栏江堰塞湖的捞漂抢险工作；定点挂包云南省云县栗树乡大田山村总计人口约 1300 人，帮扶工作扎实推进。

公司先后被授予希望工程 20 年特殊贡献奖、扶贫工作先进集体、2010 年度最受社会尊敬的中国扶贫杰出企业奖。

王玉柱

王玉柱：男，1963年生，中央党校研究生，高级经济师，先后任天津一商集团副总经理、和平区副区长、天津二商集团总经理等职务，现任天津物产集团有限公司党委书记、董事长。

他确立了集团“建设世界级企业和打造百年企业实现百亿利润”的奋斗目标。近几年，在困难的市场环境下，他和领导班子一道，团结带领广大干部职工勇于迎接各种挑战，艰苦奋斗，拼搏奉献，扎实工作，集团2012年进入世界500强，并连续4年入围，逐年提升，2015年跃居第146位。集团销售收入、利润及主要经营产品销售额在全国同行业名列前茅，成为天津国企的排头兵。5年间，集团总资产从584.4亿元，增加到1948.5亿元，销售收入从1410亿元到4030亿元，利润从3.52亿元到24亿元。

几年来，他从以贸易为主向贸易、物流、金融、地产竞相发展转变，从粗放、松散型管理向依法依规依章治企转变，集团加快改革创新步伐，创新成果丰硕，核心竞争力得到极大提升。

打造世界级企业

王玉柱是集团党政主要领导，带头讲政治、顾大局、守纪律，思想和行动始终与党中央保持高度一致，时刻把握国有企业正确的发展方向；坚持思想引领，谋划全局，结合物产集团进入国际化发展新阶段的实际，及时提出了集团要向“世界级”企业迈进、向“集成服务商”转变等核心思想，确立了集团“建设世界级企业和打造百年企业实现百亿利润”的奋斗目标，指导和推动集团经济稳健发展。

“十二五”时期，国内外经济形势复杂多变，大宗商品市场由高走低，汇率市场巨幅波动，我国经济发展进入新常态。在困难的市场环境下，王玉柱和领导班子一道，团结带领广大干部职工艰苦奋斗，扎实工作，集团2012年进入世界500强，并连续4年入围，位次逐年提升，2015年跃居第146位。集团销售收入、利润及主要经营产品销售额在全国同行业名列前茅，成为天津国企的排头兵。5年间，集团总资产从（2010年底）584.4亿元，增加到1948.5亿元，增长2.33倍；销售收入从1410亿元到4030亿元，增长1.86倍；利润从3.52亿元到24亿元，增长5.8倍。

在参与国际市场竞争中，王玉柱提出“国际化、资本化、创新化、协同化、竞合化、共享化”的“六化”发展理念，使集团发展方向和发展思路更加清晰，发展前景更加广阔。

高屋建瓴谋发展　创新管理见实效

王玉柱重视抓好集团顶层设计，从战略上规划好集团的中长期发展，激励干部职工明确奋斗目标，凝心聚力。他主持制定了集团“十三五”发展规划，提出确定了集团“携手合作，集聚资源，服务企业，创造价值”

的使命和“成为世界级产业链集成服务商”的愿景，确定了“四横三纵+”的业务组合及十大重点任务等发展战略和举措。他坚持用全面的、系统的、辩证的观点看待工作，结合当前“十三五”起步开局，提出了抓好“六个统筹”的重要举措：一是统筹经营、资产、利润三大结构，提高发展的稳健性；二是统筹网络、资源、企业三大布局，提高发展的战略性；三是统筹合作、创新、文化三大动力，提高发展的持续性；四是统筹发展、安全、管理三大任务，提高工作的实效性；五是统筹决策、执行、监督三大环节，提高工作的科学性；六是统筹党建、人才、制度三大保障，提高工作的规范性。王玉柱坚持“两手抓、两手都要硬”，既加强对经济工作的领导，又注重抓好党的思想、组织、作风、制度和廉政建设，充分发挥党委统领全局、协调各方、带头实施、保证监督作用。王玉柱坚持用辩证的观点正确对待集团快速发展中积累的问题，他加强调查研究工作，查摆和梳理经营管理方面存在的问题；召开财务、审计专题会议深入剖析，制定整改方案，推动了工作提质量、上水平。他坚持对问题不放过，不仅推动了工作的提升，而且增强了领导干部的责任心。王玉柱常讲，没有规矩不成方圆，在集团快速发展时，他重视抓好管理升级，不断增强企业领导人员的纪律意识和规矩意识。他主持修订了集团“三重一大”决策制度实施办法和党委会、董事会、总经理办公会议事规则，明确了决策层、执行层、监督层的职责和权限。并身体力行，使集团在依法依规依章办事、推进公司章程落实上取得了大的进步。

王玉柱把与时俱进、开拓创新作为企业克难制胜的法宝，他重视政治、经济信息的学习和掌握，关注国内外经济走势，积极探索企业经营管理先进经验和前沿理念，引导集团创新发展；创建了“天津物产研究院”，提高集团人才聚集和研发能力。近几年，集团坚持转方式、调结构、促改革、防风险，在克难发展中转型提升，保持了稳健发展的良好局面。王玉柱坚持“依靠职工、为了职工”的办企宗旨，重视发挥好职工群众的主力军作用，为企业发展凝心聚力；坚持企业发展为了职工，发展成果由职工群众共享，不断提高职工物质文化生活水平；下力量抓好困难帮扶和慰问工作，发展成果惠及全体职工，调动广大职工的积极性创造性。

王玉柱积极推进集团转方式、调结构，扩大了与国内外大企业的合作，集团客户结构明显优化，服务能力得到极大提升。王玉柱重视抓好集团电商发展，不断提升电商平台功能，“天物大宗”现已成为全国大宗商品电商的领军者，荣膺国家商务部2015—2016年度电子商务示范企业。王玉柱积极推进集团国际化，加强国内外两个市场联动发展，充分发挥境外公司平台作用，提高集团能源资源的集聚能力和产品销售能力；引进和利用境外低成本资金，降低经营成本，防范汇兑损益。集团在国际市场竞争力、影响力不断增强，国际化水平不断提高。集团坚持强强联合，组建了“天物九江”“天物友发”等国际贸易公司，形成战略联盟经济体，实现了风险共担、利润共享。集团积极扩大并购规模，构筑新的资本运营平台，积极探索与拥有新能源业务、二手车市场资源及各种稀缺资质资源等大型民企的合作，为集团发展注入新动力。王玉柱充分发挥世界500强企业信誉优势和市场规模优势，加快金融板块业务的发展。集团在拥有信用担保公司的基础上，先后成立了融资租赁公司、基金公司，参股了滨海农商行，开展了境内外发债业务。特别是积极筹建集团财务公司，2015年2月揭牌运营，通过创新业务模式，实现收入2.8亿元，实现拨备前利润2.3亿元。

集团在国内开发区、自贸区、保税区及靠近港口、铁路、公路等大宗商品集散地，打造集运输、仓储、加工、配送、货代于一体的现代物流服务功能。近两年来，物流积极配合集团电商发展，加快交割库建设，提高了上下游客户及融资银行对电商平台的信任度、黏合度。

企业社会责任

王玉柱作为集团法定代表人，在抓好企业经营管理的同时，认真履行企业社会责任，树立了天物集团良好社会形象。

坚持守法经营，依法纳税，把诚信作为企业生存之本；认真做好对口帮扶困难村和联系社区工作，为建设美丽天津尽责出力；注意提高员工收入，关心员工生活；积极吸纳人才，提供就业岗位；高度重视抓好平安企业建设，近几年，集团未发生安全生产责任事故。

王立福

王立福：男，1954年出生，经济师，全国劳动模范，1992年创办天津市华源工业公司，任公司董事长、总裁。现任中国企业联合会常务理事，中国线材制品行业协会常务理事，天津市第九届党代表，静海区工商联副主席，静海区线材制品协会会长，静海区第十五届人民代表大会常务委员会委员等职务。

多年来，他艰苦创业、对标国际高端市场，大力进行产品技术研发，在线材制品行业领域精耕细作，开发出多项具有自主知识产权的高技术含量、高附加值的产品，填补国际、国内空白，把一个年产量只有几百吨的小作坊发展成为拥有12家下属企业，职工3000多人，年产销量30万吨，资产总额达13亿元的线材制品行业龙头企业。

他坚守实体经济，坚持产业报国，凭借过人的魄力和胆识，独特的经营管理理念，打造民族品牌，将“华源制造”撒向世界40多个国家和地区，出口量位居全国同行业第一位，产品融入世界品牌行列。

借得东风发劲枝　直攀高峰追巨梦

王立福凭借过人的魄力和胆识，独特的经营管理理念，把一个年产量只有几百吨的小作坊发展成为拥有12家下属企业，年产销量30万吨，资产总额达13亿元的线材制品行业龙头企业；他打造民族品牌，将“华源制造”撒向世界40多个国家和地区，出口量位居全国同行业第一位，产品融入世界品牌行列；他敢于碰硬，打赢了美国、加拿大“反倾销”国际官司，为民族争得了荣誉；他大力开展节能减排、环境治理工程，积极构建员工幸福工程，推进新农村建设进程，扶危助困，捐资助学。王立福先后荣获全国劳动模范、天津市优秀共产党员、天津市特等劳动模范等诸多荣誉称号，成为2008年北京奥运会火炬手。

瞄准国际市场　打造民族品牌

1992年，王立福承包了本村濒临倒闭的铁丝加工厂，靠着刻苦钻研，很快便掌握了镀锌的关键技术，1993年，建立了第一条热镀锌生产线。1995年，华源与日本中司株式会社合作，建立起了华北地区第一条具有先进工艺的热镀锌生产线，产品直接出口日本。王立福敏锐地洞察到低碳镀锌钢丝在国际市场上巨大的发展空间，他成立了企业技术中心，引进了大量人才，并与多所高等院校建立了产学研合作机制；他不间断地进行技术改造，引进国内外最先进的生产和检验设备；他延长产业链，与首都钢铁总公司建立了长期合作伙伴关系，共同面对线材市场研制优质原材料。王立福的团队先后掌握了几十项核心关键技术，开发出一大批高技术含量、高附加值、具有自主知识产权的新产品，如无氧炉热处理技术工艺、涂塑技术工艺、特高强度电力工程用镀锌钢丝及钢绞线、En-5%AL合金镀层GALFAN钢丝等。华源公司累计申请和获得国家专利100余项，“立福”牌商标连续多年被认定为“天津市著名商标”和“中国驰名商标”；主导编写11项国家标准和多项行业标，是全国金属制品信息网低碳丝网网长单位。

依托技术领先优势，王立福采用定向销售模式，与美国、欧洲、日本、韩国及中东等地多家经销商形成共赢的价值链，建立了稳固的市场营销网络。华源用优秀的品牌赢得了世界的尊重，成为与世界同行业中知名企业的共舞者。

创新管理模式　铺就企业持续健康发展轨道

1998年，在王立福的主导和推动下，华源实施了第一次体制改革，相继成立了10家股份制企业，由单一产品发展到八大系列，实现了点到面的产业布局。2010年，华源在王立福的带领下再次进行体制改革，扩大了参股人数，利益进一步向中层倾斜，再次焕发了团队的活力和创造力，形成了二次发展的生动局面。

王立福坚持用创新的理念推动企业管理的持续改进与提升，企业先后通过了ISO 9001、TS 16949、韩国KS、日本JIS等多项质量管理体系认证及各项产品认证，并将多种体系融合形成了具有华源特色的“HY管理体系”。如今，华源已经实现了由“机会导向”向“目标导向”，由“粗放管理”向“科学管理”的提升和转变，打造了支持企业高速运行的管理平台，有力地保障了华源未来的长远发展。

危中求机　推动企业转型升级

金融危机爆发后，王立福果断提出“弯道超车”战略，全面实施推动企业转型升级的战略工程。公司围绕产业链，先后开发了十几种高附加值的新产品，使华源在金融危机过程中加快了产品结构调整和向高端市场拓展的步伐，胜利完成了集团战略转型升级的重任。公司以金融危机为契机，投入6000万元，开展了以节能环保为工作重点的技术升级工程，全面实现了拉拔无酸化，用工减少50.0%；详细设计了专项水路专项管道控制方案，实现了废水六次循环再利用，节水达90.0%以上；通过了清洁化生产审核，被评为天津市节水型企业。转型升级全面提升了华源的综合实力，成功应对了金融危机，成功应对了人力成本、环保等带来的挑战，实现了企业的可持续发展。

文化引领企业　回馈奉献社会

20多年来，华源在王立福的领导下，逐步确立了自己独特的企业文化内涵，那就是："四个好"的发展宗旨——为了事业好、为了团队好、为了家庭好、为了社会好"。2008年，王立福又开启了"人才强企"战略，推行了"在职员工学历教育"工程，一大批管理者进入清华、北大等高等学府深造；聘请专家来企业开展体系认证、制度流程、技术研发等系列培训。2015年，他又推出了"高技能职工人才培养"工程，明确提出了到2020年，确保95.0%以上的职工取得相应的国家或行业职业资格证书，技师以上级别的高技能职工占比30.0%以上的任务目标。

企业依法诚信经营，多年被评为全国守合同、重信誉单位。近5年上缴税金2亿元，累计为社会解决了3000多个就业岗位，是天津市民营企业促进就业百强企业。公司先后投资1000多万元建村民住宅楼、文化广场、硬化村街路面，每年为本村65岁以上的老人每人发放1500元的养老金、为企业退休的本村村民每年每人发放3600元的退休金；先后投入巨资改善员工的工作、生活条件，不断提高职工的薪资待遇。王立福创立"立福基金"，近5年用于支教助困等社会工业事业的资金累计达5000万元以上，被授予尊师重教社会支教明星、抗震救灾　慈心奉献等荣誉称号，华源公司是天津市民营企业社会责任（捐赠）百强企业。

面对美国对产自中国的镀锌钢丝发起的"反倾销反补贴"案件和加拿大相继发起的"反倾销"案件，王立福积极组织20多家同行企业应诉，历时388天，取得最后胜利，为行业争得了利益，为民族争得了荣誉。

北京住总集团有限责任公司董事长、党委书记

王宝申

王宝申：男，58岁，教授级高级工程师，北京交通大学研究生院EMBA管理硕士，北京住总集团有限责任公司党委书记、董事长、总经理，全国劳动模范。他带领住总集团从2005年至今，综合营业额实现翻两番，利润总额数倍增长，产业结构调整优化，资产质量有效改善，职工收入快速提高，企业综合影响力明显增强，成为首都国有经济的支柱企业。

他积极推动企业文化建设与企业管理相融合，总结多年的管理实践，形成多项管理创新成果，《信息化实现集团集约化管控模式转变》等三项管理成果获得北京市管理创新成果一等奖、国家二等奖，《外墙外保温防火关键技术研究与应用》获得北京市科学技术进步二等奖，多项工程获得鲁班奖、詹天佑奖、国优金奖等行业最高奖项。在他领导下，北京住总集团建设各类保障房近700万平方米，解决12万户居民住房，是首都保障房建设第一大户。

探索创新　筑就华彩乐章

王宝申政治坚定，为人正派，作风民主，工作业绩突出，担任企业主要领导干部近 20 年来，多次获得北京市和国家的诸多荣誉。2000 年被评为全国劳动模范、全国优秀施工企业家、北京市劳动模范；2001 年被评为北京市优秀共产党员、北京质量管理优秀企业家；2003 年被评为北京市优秀共产党员、北京城市建设十大英才；2006 年被评为 2006 年度全国建设工程项目管理优秀工作者；2007 年被中国建筑业协会授予创鲁班奖工程项目经理特别荣誉，被中国施工企业管理协会授予国家重大基础设施建设风云人物。

勇于实践　开创发展新局面

在实际工作中，王宝申把党的理论、路线、方针和工作实际紧密结合，创新企业经营理念，善于处理和应对复杂的局面和问题。他把科学发展观和建设社会主义和谐社会的理论要求同企业的发展要求紧密结合，凝聚集体智慧，提出并倡导“和谐住总、效益住总、品牌住总、责任住总、创新住总”的共同愿景；把“三严三实”的要求同企业领导干部作风建设要求相结合，提出“讲政治、顾大局、守纪律、勇担当、重实效、稳增长”的要求，并细化为“六要六不要”的住总领导干部要求。

以王宝申为主的住总集团领导班子带领广大干部职工，圆满完成了“十二五”规划任务：一是规模效益实现翻番，2015 年，集团实现综合经营额 300 亿元，是 2005 年的 480%，2010 年的 200%，企业综合实力和影响力大幅提升。二是产业结构优化转型，建筑业稳步增长，房地产业加快发展，服务业赶超发展，到 2015 年，基本形成了 4 : 4 : 2 的格局。三是法人治理不断完善，“十二五”期间，集团公司董事会设立了投资与战略委员会、薪酬与考核委员会、审计与监督委员会、预算管理委员会，确保了董事会的科学决策和战略引领作用。四是依法治企成效显著，建立了总法律顾问制度，对所出资企业实行监事会派出制度；集团公司实施内控体系建设，实现风险流程化、标准化。五是对外合作全面拓展，以京津冀协同发展为契机深化政企合作、银企合作和大企业合作，实现了服务领域和重大项目承接市场新拓展。

精细管理　安全为本　企业运营稳中提质

王宝申提出“0123”安全管理模式、“四管项目”“五级防控”“六到位”“七统一”“八大安全”等理念，具体化为企业的基础管理标准。“0123”安全管理理念是“以我方责任零伤亡事故为目标，企业一把手是安全的管理的第一责任人，安全管理必须做到安全质量标准化建设和监督保障体系化建设的“双化建设”，落实到工作实际中是“不伤害自己，不伤害他人，不被他人伤害”的“三不伤害”原则。“四管项目”的核心是“业务系统管项目，规章制度管项目，信息平台管项目，企业文化管项目”。住总集团编制了多种管理标准化手册，搭建价格信息平台，全面加强工程项目成本控制。在创新集团管控方面，《建筑企业“0123”安全管理体系的建立、发展与实施》《信息化实现集团集约化管控模式转变》《北京住总集团派出监事会制度的创新与实践》均获得北京市企业管理现代化创新成果一等奖。

王宝申要求工程项目坚持策划先行，实施样板引路，加强过程控制，落实细部作法，从而使创优工程数量和质量水平有较大提高。企业所有京内在施工地都达到了北京市绿色施工文明安全达标工地标准，全部地铁工程、保障性住房工程达到市级绿色施工文明安全工地，2014 年创建全国“AAA”级文明安全标准化工地 2 个，获得“北京市住建委安全生产管理先进施工单位”称号。参建的北京地铁大兴线获得第十二届中国土木工程詹天佑奖，武清九、十街还迁住宅楼工程获中国土木工程詹天佑奖优秀住宅小区金奖。集团承建的新疆大厦、拉萨市群众文化体育中心工程和位于白俄罗斯共和国首都明斯克的“北京饭店”获得了中国建筑行业最高质量奖鲁班奖。明斯克“北京饭店”作为中白互利合作取得的一项重要成果助力“一带一路”，是中国在白俄罗斯投资的成功典范，受到了中、白两国好评。

王宝申高度重视科技创新工作，集团科技成果“外墙外保温防火构造技术的研究及工程应用”获得中国施工企业管理协会科学技术奖创新成果一等奖；多项关键技术达到国内领先水平。针对建筑领域绿色搅拌站、住宅产业化、建筑 BIM 技术研究、被动房等前沿性科研项目，多次获得北京市国有资本预算资金的支持，集团组建了国家级住宅产业化示范基地，初步构建了标准化设计、绿色化制造、模块化施工的住宅产业化产业链协同平台。

承担责任　奉献社会

王宝申牢记党的宗旨，自觉地主动承担、带头履行社会责任。早在 2003 年抗击“非典”疫情时，他率住六公司“铁军”抢建小汤山医院二部工程，出色完成任务。

2008 年汶川强震发生后，王宝申做好各项工作，带头捐款和缴纳特殊党费，组织集团 1900 名援建人员火速入川，靠前指挥、深入一线。在 2010 年青海玉树震后援建中，王宝申带病亲临海拔 4500 米以上的施工现场，给住总援建将士极大鼓舞。

在王宝申带领下，北京住总集团积极参与北京、天津的棚户区改造和保障房开发建设，圆满完成任务；参与了北京市、西安市、贵阳市多个轨道交通工程的建设，获得业主的好评。

2015 年，北京住总集团第 12 次入围中国企业 500 强，进入 ENR 全球最大 250 家国际承包商。住总集团还是对外承包工程企业 AAA 信用等级，获得北京建设行业 AAA 诚信企业称号。

广西投资集团有限公司董事长、党委书记

冯柳江

冯柳江：男，59 岁，研究员，现任广西投资集团有限公司党委书记、董事长，全国劳动模范、广西十佳企业家。在他的带领下，集团获得了快速的发展，2015 年年底，预计集团资产总额达 2200 亿元，营业收入超 800 亿元，利润超 50 亿元，成为广西资产总量最大的地方国企。

他大力实施“产融结合、双轮驱动”创新战略，打造五大核心业务板块：金融形成了以证券、银行、保险为核心，小贷、担保、互联网小微金融服务、产权交易所、股权交易所、融资租赁、黄金投资、基金管理等混业经营的“全牌照”金融业务平台。能源构建了集火电、水电、核电、天然气、热电于一体的多元化产业格局。铝业构建了铝土矿到铝材加工、铝产品贸易的全产业链，实施“品牌联盟”打造高端铝产品平台。

他带领集团在广西国企改革中率先进行国企改革，搭建“总部—平台—企业”三级管控模式，实现“集团化、专业化、差异化”管理，是第一家出台职业经理人制度的广西国企。

创新为先导　企业大发展

在冯柳江的带领下，在全国普遍面临经济下行压力的严峻形势下，集团异军突起，并在2015年经济运行跑出“加速度”，一跃成为广西资产总量最大的地方国企，集团各项经济指标全面创历史新高，主要经济指标增长速度位列全区国企第一，截至2015年10月底，资产总额达2154亿元，营业收入达698亿元，利润总额达25亿元。冯柳江先后荣获全国劳动模范、“十二五”企业文化建设十大典范人物、全国五一劳动奖章等荣誉。

主动适应新常态　加快集团转型升级

1988年6月，广西建设投资开发公司（广西投资集团前身）注册成立，27年中，冯柳江与历届领导班子带领集团从一家以电力起家的地方企业逐步发展成为产业多元化、产业资本与金融资本高度融合的产融一体化企业集团，先后荣获全国五一劳动奖状、中国企业文化竞争力30强、全国企业文化建设优秀单位。

面对经济新常态，冯柳江与领导班子带领集团成功转型为金融控股型多元企业集团，逐步形成以“产融结合、双轮驱动”创新战略为统领，以混业经营、清洁能源、品牌联盟、品牌扎堆、国际化为子战略，以产业互联网化、金融化、轻资产化为补充的战略格局，成为目前广西第一家获得AAA信用评级的企业。冯柳江积极推动产业结构调整和转型升级，提出“金融为引擎、能源为基础、铝业为支撑、文化旅游为新的增长极、国际业务为重要补充”的产业新定位，实施“三结合”产业协同发展模式，使集团形成了以天然气管网、稀缺金融牌照、水电、核电为主的效益“四大稳定器”，加快集团由实体经济控股为主的企业向金融控股型为主的企业转型，由生产型企业集团向服务型企业集团转型。

冯柳江推进集团抢抓中央将广西和云南作为沿边金融综合改革试验区试点的重要机遇，大力发展金融业，形成了以证券、银行、保险为核心，拥有小额贷款、融资担保、互联网小微金融服务、产权交易所、股权交易所、融资租赁、基金管理等金融业态混业经营的“全牌照”金融服务平台和循环互动金融生态圈。冯柳江积极实施清洁能源战略，推动集团获得广西天然气管网项目的控股权和经营权，努力打造来宾国家级能源基地项目，启动能源资产整合上市工作。

冯柳江积极延伸铝产业链，铝加工业向高精尖产品市场拓展，打造集生产经营、商贸交易、服务、投资管理等产业链完整、可持续发展的铝业集群；大力实施“品牌联盟”战略，建设全系列、全领域、全球领先的铝高端产品平台；倡导实施铝电结合，推动广西首个“大用户直购电”政策成功落地。集团成立广投文化旅游投资有限公司，创建房车产业链的全新商业模式，打造中国休闲度假高端平台；建设GIG国际金融资本中心、柳州龙象城、防城港龙象湾等项目，积极打造“广投·龙象”地产品牌。冯柳江加大对外合作，推进企业“走出去”，打开资源开发和境外融资新平台，研究成立国际性贸易公司，通过加大对外合作，扩大国际业务板块。

提升企业管理水平　实施科技创新战略

冯柳江积极深化国企改革，搭建适应国有资本投资运营公司发展的“总部—平台—企业”三级管控模式，实现“集团化、专业化、差异化”的管控结构，成为广西国企第一家出台职业经理人相关管理规定的国有企业。冯柳江积极实施管理“再造”，按照市场化要求，构建符合大型综合投资集团发展需要的组织体系、管理机制和用人机制；实施要素管理办法，厘清总部、平台、企业的管理边界；进行管理层级压缩，加强集团管控能力；构建全面风险管理体系，保障企业安全稳定运行；多渠道创新融资手段，集团信用评级调升至AAA级；以审计、法律、招标监督、合同审核作为效能监察的主要手段，推进依法治企；改革薪酬管理制度，实行全员竞聘上岗，激发选人用人活力和机制。

冯柳江严格要求企业始终坚持“安全第一、环保第一”的工作理念，率先在广西国资系统实施“安健环风险管理体系”，不断强化节能减排行业对标管理，通过科技创新不断增强企业抗风险能力和核心竞争力，生产型企业全部实现安全生产标准化达标，各企业污染物实现稳定达标排放。冯柳江注重科技创新和技术进步，大力倡导产学研一体化模式，积极开展新技术、新工艺、新方法和新产品的研究开发和引进推广。

狠抓党建和作风建设　塑造优秀企业文化

冯柳江高度重视党组织建设和作风建设，落实“三重一大”决策等制度、贯彻执行中央“八项规定”、教育实践活动整改，将“三严三实”融入企业改革发展和治理实践。结合“三征询”和“换位沉底”调研发现的问题，完善了一批干部管理、作风建设和监督检查工作制度；成立集团纪检监察部，建立巡查制度，构筑反腐倡廉惩防机制。冯柳江积极推动文化创新，提出“发展依靠职工、发展为了职工”的思路，围绕党的十八大、十八届三中、四中、五中全会精神和集团“产融结合，双轮驱动”战略，对企业文化理念体系进行了传承和发展，使企业文化与企业的战略、经营、生产等方面密切结合，成为集团发展战略的重要支撑。

积极履行企业社会责任

冯柳江高度重视企业履行社会责任工作，响应自治区政府“稳增长”号召启槽复产，拉动我区的用电负荷迅速上升，带动广西增加产值达 13.2 亿元；开展 220 亿元政府信用借款工作，用于北部湾城市基础设施建设和全区城镇生活污水垃圾处理。他号召企业融入东盟自贸区建设和“一带一路”建设，累计赞助支持中国—东盟博览会金额达 3500 万元。“十二五”期间，集团累计投入近 1000 万元帮扶贫困村脱贫致富和新农村建设；累计上缴税费 100 多亿元，积极为社会创造劳动就业机会，引进人才 2825 人，在原有近 2 万名职工的基础上累计新增 6000 多个就业岗位，为促进社会和谐贡献力量。

晨光生物科技集团股份有限公司董事长

卢庆国

卢庆国：男，1959年出生，正高级工程师，第十二届全国人大代表、享受国务院津贴专家，2000年创办晨光生物科技集团股份有限公司董事长兼总经理，食品添加剂产业技术创新战略联盟副理事长、中国食品添加剂和配料协会常务理事、国家认定企业技术中心主任。

自2000年开始，由县办企业到辖国内外16家子（分）公司的国家高新技术企业、农业产业化国家重点龙头企业、国家技术创新示范企业和创业板上市公司，天然色素产销量居全国之首，辣椒红色素产销量世界第一，出口创汇连年居植物提取行业首位。公司建有院士工作站、博士后创新实践基地等科研平台、博士后科研工作站等科研平台。多年来，卢庆国在生产、销售、研发、品控等各领域做了大量的创新工作，提升了我国天然色素的国际地位，使中国一跃成为世界辣椒红色素生产强国，2015年被工信部认定为国家品牌培育示范企业。

晨光辉映　朝霞满天

卢庆国带领晨光从县办企业到辖国内外16家子（分）公司的国家高新技术企业、农业产业化国家重点龙头企业、国家技术创新示范企业、国家守合同重信用企业，晨光商标获中国驰名商标，公司天然色素产销量居全国之首，辣椒红色素产销量世界第一，出口创汇连年居植物提取行业首位。多年来，卢庆国在生产、销售、研发、品控等各领域做了大量的创新工作，为提高行业整体技术水平，增强我国天然色素产品国际竞争力，带动国内经济发展及农民收入，改善国民生活品质做出了突出的贡献。

卢庆国以第一完成人先后获得国家科技进步奖二等奖一项，省部级科技进步一等奖两项，国家级专利奖优秀奖一项、省部级专利奖一等奖二等奖各一项、获省级一等企业管理现代化创新成果一等奖4项、国家企业管理现代化创新成果奖一等奖；参与14项国家标准起草，拥有25项专利，承担“十二五”科技支撑计划等省部级以上科技项目10项；享受国务院政府特殊津贴。

引领企业蓬勃发展

创业初期，天然色素在国内还是一个新兴行业，在卢庆国的带领下，公司不断开展科技创新，最终独创出中国第一条且达到国际先进水平的连续化、规模化辣椒加工生产线，使辣椒加工能力提高了30倍，色素得率由85.0%提高到98.0%，生产效率提高了上百倍。如今，晨光集团掌控着全球辣椒红色素55.0%的市场，辣椒精产销量位居世界前列。卢庆国自2009年始，带领公司利用在植物提取方面的技术优势，建设棉籽蛋白项目，目前棉籽日加工能力已达到1500吨，脱酚棉籽蛋白生产能力居全国第一位；开发了多种植物提取物，形成了天然色素、天然调味品、天然营养及药用提取物、油脂和蛋白四大系列80多个品种的产品体系，2015年又开始进军中药提取产业。

晨光公司先后通过了ISO 9001：22000认证、ISO 14001认证、OHSAS 18001认证、KOSHER认证、HALAL认证、FAMI-QS认证及美国FDA产品注册，产品远销欧洲、美洲、澳洲，俄、日、韩及东南亚部分国家和地区，2003年以来，晨光生物积极参与植物提取物产品国家标准制定，主导及参与国家、行业标准修订起草34项，其中6项由晨光生物执笔，对行业技术进步、市场规范等起到显著促进作用。

从2006年开始，晨光公司就着手在新疆开辟原料市场，相继投资3亿多元建成了新疆晨光、新疆晨曦、喀什晨光、莎车晨光、克拉玛依晨光五家子公司，为新疆农产品深加工和农户增收做出重要贡献，也成为农业科技企业在新疆发展的成功典范。公司2009年投资1.1亿元在曲周工业园建成了棉籽蛋白项目加工项目，产品投放市场以来，深受用户的青睐和赞誉。晨光集团是农业产业化国家级重点龙头企业，做活一个产业，带动多地农民增收，晨光集团以自己的实际行动实践了中央提出的服务三农，帮民致富、促农增收的号召。

2010年晨光生物决定在印度设立全资子公司，除了经营国际贸易外，还建设年产1500吨辣椒油树脂项目和年加工3000吨万寿菊颗粒的项目。

2015年1月9日，以晨光生物科技集团股份有限公司卢庆国为第一完成人的“辣椒天然产物高值化提取分离关键技术与产业化”项目获得2014年度国家进步奖二等奖。本项目从工艺创新、装备创新两方面入手，开展辣椒天然产物高值化提取分离与产业化关键技术攻关，形成了三大系列关键技术，带动我国辣椒提取生产技术、装备水平及产品品质的全面提升；开发密闭型一体化原料预处理技术与装备，突破辣椒提取规模化生产的制约瓶颈，创新辣椒粉制粒技术，突破了以辣椒粉为原料带来的后续提取速率慢、溶剂用量大和固液分离难的连续化生产技术瓶颈；创新开发出集除杂、输送、破碎、筛分、干燥、磨粉、制粒、除尘于一体的技术与装备，建成业内首条规模化密闭型原料预处理生产线，单套设备日处理干辣椒270吨，是原世界第一印度Synthite公司的6倍。自2010年起，晨光生物开始实施自动化控制系统进车间战略，有力地推动公司向建成世界天然提取物产业基地的目标迈进。

晨光持续实施全员成才计划，建立起公平的人才选任、考核机制，为每名员工开辟了适合自身发展的职业成长通道。2010年上市前，公司拿出300万（市值1.14亿元）首发股份用于激励公司骨干人员；每年拿出100万～200万元专项资金，用于奖励为“十百千”工程做出贡献的公司员工。为避开国内市场过度竞争，晨光生物坚持以外向为主的经营策略。2002年，卢庆国第一次参加欧洲食品展览会，签订了斯洛伐克的第一张订单。靠严苛的质量、优越的性价比，并攻克有害物质检测技术瓶颈，晨光产品赢得了日本、欧盟等重要客商，逐步在国际展会创出了“晨光”品牌。

晨光公司合理制定员工的工作时间，解除员工的后顾之忧，尊重员工及员工创造的价值。在企业内部实行民主化管理，每季度征集合理化建议。晨光针对员工制定了《合理化建议和技术奖励制度》，造就了一大批为社会所认可、所尊重、高素质的行业优秀人才。公司还让员工成为企业的持股人之一，从而使他们感受到主人翁地位，更加增强了工作的动力。

履行社会责任　带动区域经济发展

晨光公司在新疆、山东、河北、河南、内蒙古、甘肃、辽宁等地建立了大型种植基地，带动10万农户种植辣椒上百万亩，农户每年增收5亿元以上。晨光招收下岗职工100余人，农民工450余人，招聘大专以上学历300余人，带动了曲周县周边地区就业。

集团特别注重社会效益，每年从农民手中采购干辣椒、棉籽和万寿菊等农副产品，如果价格因为丰产或其他原因而过低，都会实行保护价收购；积极资助社区活动、教育事业、体育事业和文艺事业，几年来捐资助教100多万元；支持社区消防、交通等基础设施建设；向灾区捐赠大量的物资，为灾区重建提供人力和物力支持。据不完全统计，近年来公司在扶贫、市政建设、绿化、教育、赈灾等各方面投入公益支持费用近500万元。

重庆银行股份有限公司董事长、党委书记

甘为民

甘为民：男，1967 年生，硕士研究生，经济师，重庆银行股份有限公司党委书记、董事长，连续两年荣获“重庆市十大经济年度人物”称号，17 年之久的银行从业经历，使甘为民具有驾驭市场经济的突出才干，圆满实现重庆银行成为全国 146 家城商行中首家在港交所主板成功上市的内地城商行，2015 年 9 月，被香港恒生指数纳入“恒生可持续发展企业基准指数”，是目前唯一一家入选该指数的内地城、农商行，也是唯一一家入选该指数的地方国企。

甘为民在推行人才队伍建设、业务流程再造、组织架构优化、业务渠道拓展及产品创新等方面成效显著，在他领导和不懈努力下，截至 2015 年 12 月重庆银行资产总额 3198 亿元，存款余额 1960 亿元，贷款余额 1246 亿元，累计实现营业利润 155.7 亿元，优良的经营业绩得到了股东及全行上下的高度认可。

忠诚担当　开拓创新

全国金融系统百佳优秀青年、2008—2009中国银行业年度人物及全国企业文化顶层设计与基层践行十大典范人物等荣誉的获得者甘为民，连续两年荣获重庆市十大经济年度人物称号，主创成果荣获二十一届国家级企业管理现代化创新成果一等奖，并跻身重庆市高级职业经理（特殊贡献人才）行列。

强政治　履行好全面从严治党的第一责任

甘为民长期狠抓理论武装、党性锻炼，带头深入开展党的群众路线教育实践活动，模范践行“三严三实”，加强党建课题研究，撰写多篇党建理论文章在《重庆日报》等党刊党报刊载。重庆银行连续三次被评为“全国金融系统思想政治工作先进单位”，甘为民也被授予重庆市优秀共产党员称号。甘为民认真执行民主集中制和“三重一大”决策制度，时刻牢记党风廉政第一责任人职责，认真做好表率。对党员干部从严管理、从严要求，引领员工廉洁从业、合规干事。创新督导组制度，建立了2个直接对党委负责的督导组，对苗头性的问题及时进行了问责、整改。

懂专业　以改革为动力　在创新中勇发展

一是工作思路清晰、敏锐，善于捕捉市场机遇。甘为民准确把握宏观经济金融形势和本行改革发展方向，重庆银行成为全国146家城商行中首家在港交所主板成功上市的内地城商行和全国首家也是迄今唯一入选MSCI全球小型指数（中国指数）成分股。2015年9月，被香港恒生指数纳入“恒生可持续发展企业基准指数”，是目前唯一入选该指数的内地城、农商行，也是唯一入选该指数的地方国企。2015年12月，重庆银行再拔头筹，成为第一支成功实现股本再融资的中资城市商业银行。

二是着力狠抓全行深化改革、科学发展。甘为民在党的十八届三中全会闭幕后不到40天，在全市率先做出《重庆银行深化改革加快发展的决定》，截至2015年12月（未经审计），重庆银行资产总额3198亿元，累计实现营业利润155.7亿元，荣获2015领航中国杰出城商行奖。在中国《银行家》对资产规模2000亿元以上城商行的年度综合排名中，进入全国城商行前三甲。

三是具备较高的应对风险、领导发展的能力。甘为民积极推动重庆银行朝专业化、综合经营化和互联网金融化“三化”转型，努力实现差异化、特色化、精细化经营；建立健全内控及风险管理政策，使重庆银行经营业绩逆势增长，连续5年被中国银监会评为二类行（目前尚无一类行），确定为12家城商行领头羊之一。英国《银行家》杂志2015年7月公布的“全球银行1000强排名”榜单，本行位列第349位，较上一年提升21位。

善管理　树立与核心价值观并行不悖的企业文化

一是树立梦想，塑造“有梦想”的重庆银行人。甘为民在全行提出了“西部一流、上市标杆”的重庆银行发展梦想，引导和激励全行干部员工不断实现自我超越。二是培育精神，塑造“有精神”的重庆银行人。甘为民大力倡导学习进取精神，打造学习型银行；通过建立信息沟通机制、协作激励机制和督办约束机制“三大机制”，在全行形成了“协调配合、协作共赢”的团队精神。三是唤起爱心，塑造“有爱心”的重庆银行人。甘为民在全行积极倡导爱心理念，责任理念，奉献理念，设立了“重庆银行爱心基金”，制定形成《重庆银行爱心公益基金管理暂行办法》，通过多种方式关心员工的工作生活，增强了员工对企业的归属感。四是坚守底线，塑造“有原则”的重庆银行人。甘为民在全行大力倡导风险文化，合规文化，对案件“零容忍”，做到有案必查，持续确保了全年“零案件”控制目标实现。五是鼓励作为，塑造“有担当”的重庆银行人。甘为民在全行开展典型激励，设立重庆银行金杯奖，建立科学合理薪酬体系；开展宣传激励，形成了大众传媒、内部行报、门户网站等立体宣传载体。

甘为民积极倡导和推动企业文化建设，重庆银行先后获得全国企业文化顶层设计与基层践行优秀单位，全国金融系统企业文化建设十大标兵单位等国家级殊荣。

敢担当 诚信经营 积极承担社会责任

甘为民具有极强的社会责任感，坚持依法合规经营，坚持不懈地致力于慈善事业和社会公益活动。重庆银行荣获中国银行业协会颁发中国银行业社会责任实践案例奖、年度最具社会责任金融机构奖、2015 领航中国社会责任奖等多项殊荣。

甘为民努力发挥金融对经济的“造血”功能，通过向传统行业投入技术改造资金的模式，帮助相关产业有效地优化结构；创新建立了“1+6”精准扶贫工作体系，精准提升贫困村和贫困人口的“造血功能”和创富能力。甘为民积极支持“大众创业、万众创新”战略实施，近三年来，重庆银行累积支持中小企业及民营企业 4.7 万余家，提供信贷资金 1286 亿元。甘为民力推重庆银行完成 38 个区县全覆盖的战略布局，并成为重庆直辖以来首家实现这一目标的银行，还成立直属经营部门——三农金融服务部，并积极探索“三权”抵押融资模式，有效缓解了县域“三农”产业融资难问题。

甘为民努力提升客户满意度，使全行投诉受理量持续下降，经第三方机构回访客户满意度均超 99.0%；重庆银行每年开展上千场次金融知识宣传活动，多家网点获评中国银行业文明规范服务千佳示范单位、五星级营业网点、全国青年文明号，2 个青年志愿服务项目荣获 2015 年志愿者服务优秀项目铜奖。

甘为民始终坚持积极投入公益事业。近三年来，重庆银行先后为社会各界捐赠捐物达 2000 万元，并捐建三所希望小学。五年来，累计上缴各项税收逾 60 亿元，甘为民被评为“5·12”抗震救灾捐赠工作先进个人。

葵花药业集团股份有限公司董事长、总裁

关彦斌

关彦斌：男，61 岁，满族，经济师，葵花药业集团股份有限公司董事长、总裁，全国劳动模范，第十一、十二届全国人大代表，中华全国工商联医药商会常务副会长。

葵花药业在他的带领下，17 年来一直保持健康、持续、快速的发展，企业销售收入增长 291 倍，企业于 2014 年跨入中国医药制造百强，这个改制前资不抵债的县级国有中药厂，现已拥有 11 家药品生产企业、4 家医药公司、一个药物研究院、一个药材种植基地、一个药品包材公司，共 21 家子公司。

在产品结构上，20 个独家品种，实现了从品种、到品牌、再到品类的转化，护肝片、胃康灵、小儿肺热咳喘口服液等成为全国知名中药产品，葵花护肝片 17 年产品销量稳步提升，他始终选用价格高出一倍还多的北五味子入，产品质量过硬，在将近 70 余种护肝片参与市场竞争中，葵花牌护肝片依旧一枝独秀。2015 年荣获“2015 中国医药经济年度人物”称号。

葵花药业 绚烂绽放

葵花药业在关彦斌的带领下，17 年来一直保持健康、持续、快速的发展，企业销售收入增长 291 倍，年均增长率为 42.6%；利润总额增长 4068 倍，年均增长率为 68.11%；上缴税金增长 555 倍，年均增长率为 48.45%，17 年已累计上缴税金 26 亿元。

葵花药业集团于 2014 年 12 月 30 日在深圳证券交易所成功上市，现为全国工商联直属会员企业、中国中药协会会员单位、国家火炬计划重点高新技术企业。企业于 2014 年，跨入中国医药制造百强、中国医药成长 50 强、中国医药上市公司 20 强行列。

以“责任”为核心 以发展回馈社会

1998 年，关彦斌组建了葵花药业，当年实现扭亏为盈，如今已拥有 11 家药品生产企业、4 家医药公司、一个药物研究院、一个药材种植基地、一个药品包材公司，共 21 家子公司，发展成为以中成药为主，涵盖化学药、生物药，并积极向大健康领域不断发展的，集药品研发、制造、营销于一体的民营医药企业集团。

在产品结构上，到 2002 年，发展为护肝片、胃康灵和小儿肺热咳喘口服液的三足鼎立；从 2007 年起，产品结构发生根本性的改变，形成了消化系统用药、儿童用药、呼吸感冒用药、妇科用药、风湿骨病用药、心脑血管用药六大领域产品布局；目前，已发展成为共拥有 15 个剂型、1074 个药品批准文号，两个国家中药保护品种，20 个独家品种，实现了从品种、到品牌、再到品类的转化。

在产品研发上，企业自主研发了护肝片、胃康灵、小儿肺热咳喘口服液等全国知名中药产品，为中国中药事业的发展做出了突出贡献。其中护肝片获国家银奖两次（金奖空缺），小儿肺热咳喘口服液项目被列入国家火炬计划重点项目，胃康灵胶囊项目被列入国家火炬计划项目。企业在北京设立了葵花药业集团北京药物研究院有限公司，并积极与海外的药品、保健品生产研发单位开展合作，专注于中药、天然药物、化药高新技术新型制剂、大健康保健品的研究与开发，实现了生产一批、销售一批、储备一批、研发一批的良性循环。

关彦斌 1992 年荣获全国五一劳动奖章，2005 年荣获全国劳动模范，2006 年又获全国优秀中国特色主义建设者和中国优秀民营企业家，荣获 2013 年中国医药行业最具影响力十大领军人物、2015 中国医药经济年度人物。

以“诚信”为核心　推进中医药事业发展

关彦斌提出，市场竞争激烈的完胜者，不是靠广告，而是靠“选真材，用实料，做咱老百姓的好药”，他不仅了组建葵花药业药材基地有限公司，还与国内多家药材基地建立长期合作，仅在原料选取和加大含量这一项上就多投入了 1200 多万元。企业通过国家 GMP 和 ISO 9001 双项质量认证。在不做广告的情况下，葵花护肝片 17 年产品销量仍然稳步提升，始终受到广大消费者的信赖，在将近 70 余种护肝片参与市场竞争中一枝独秀。2009 年儿童“甲流”H1N1 盛行，葵花牌小儿肺热咳喘口服液被确定为治疗和预防该病症的储备用药，填补了国家级新药空白，从此作为国家级中药保护品种而名声远播。

葵花牌系列药品也于 1992 年、1998 年、2001 年、2003 年、2005 年、2007 年、2009 年、2011 年、2013 年 9 次被评为“黑龙江省名牌产品”（2015 评选结果尚未公布）；葵花牌护肝片曾先后荣获包括两次国家银奖（金奖空缺）的国内外 50 余项大奖，2001 年为全国治疗肝胆类药物的首选品牌，销量居全国肝药类榜首，被国家统计局信息中心确认为 2001 年度全国畅销知名商品。2002 年 7 月，葵花牌护肝片、胃康灵胶囊、小儿肺热咳喘口服液被中国质量认证标准协会评为国家权威机构认证质量信得过好产品。

企业获得了全国工商联和国家质量监督总局颁发的“重质量、守信誉”会员企业奖。2007 年，葵花商标获得中国驰名商标。

以“博爱”为荣　积极参与社会公益事业

2002 年 3 月，关彦斌捐资 100 万元在黑龙江中医药大学设立葵花奖学金、葵花助学金；2003 年 2 月以来，葵花药业共计出资 22 万元先后与哈尔滨市孤困儿童帮扶中心和中国非处方药物协会共同发起关注贫困失学儿童和扶贫活动，为 2300 余名贫困失学儿童重返校园和贫困人口脱贫致富做出了贡献；同年，又出资 10 万元与哈尔滨市孤困儿童帮扶中心、哈尔滨日报社共同发起“葵花春蕾爱心助学善行”活动；2007 年 9 月，在“CCTV 春暖青艾工程大型公益活动”中向中华慈善总会捐款 12 万元；2008 年为四川地震灾区捐款捐物 310 万元；2010 年，为青海玉树地震灾区捐款 30 万元，为云南省慈善协会捐赠 50 万元的大米；在“庆祝建党 90 周年暨中医中药中国行走进西柏坡”主题活动中，向革命老区捐赠 50 万元药品。

2003 年，关彦斌被哈尔滨市人民政府妇女儿童工作委员会授予爱心大使称号，公司被哈尔滨市政府妇女儿童工作委员会和哈市妇联授予 2002—2003 年度孤困儿童帮扶工作先进集体标兵。2008 年，葵花药业集团被全国工商联授予抗震救灾先进单位。

履行人民代表职责　积极参政议政

2008 年在全国人大小组会上，关彦斌向大会提交了“四项建议”，被刊载于《科技日报》头版，受到有关部门和媒体的广泛关注；他撰写的论文《营造大气候　改善大环境　促进大发展》在黑龙江省非国有经济发展理论研讨会上，被评为优秀论文一等奖；在黑龙江省首届经济风云人物和黑龙江省杰出企业家颁奖仪式上，他两次代表黑龙江企业家做典型发言。

17 年来，葵花药业集团两次荣获全国五一劳动奖状，并获全国就业与社会保障先进民营企业、全国守合同重信用企业、全国 AAA 级信用企业、全国实施卓越绩效模式先进企业、全国民营企业政治思想工作先进单位、全国企业文化建设优秀单位等荣誉称号。

山东康平纳集团总经理

刘　琳

刘琳：男，56 岁，高级工程师，山东康平纳集团总经理、康平纳国家认定企业技术中心副主任、省工业设计中心主任，全国纺织工业劳动模范。他带领研发团队坚持自主创新，推进企业科学发展，相继推出填补国内空白的现代纺织染整系列设备，企业由传统毛纺面料生产企业成长为集纺织新材料、染整装备与数控机床制造、现代物流服务于一体的综合性企业，实现转型升级，对我国纺织染整及染整装备制造行业的技术进步和产业技术升级做出了积极贡献，其中筒子纱数字化自动染色成套技术与装备达到国际领先水平，有助于推动印染行业实现优质高效染色，转型升级为集约化、规模化生产和低耗、低排放的绿色产业，所建立起的数字化染色车间，使我国成为世界首家突破全流程自动化染色技术并实现工程化应用的国家，被评为 2014 年度国家科技进步奖一等奖。

自主创新　引领突破

刘琳一直从事公司研发、生产与管理工作，先后荣获全国优秀科技工作者、全国纺织工业劳动模范、中国纺织技术带头人、山东省技术创新、技术改造先进个人等荣誉称号。

以创新驱动发展

刘琳带领研发团队坚持自主创新，推进企业科学发展，形成了以企业为主体，以市场为导向，以品牌为目标，产学研一条龙的技术创新体系，借助研发机构先进的研发试验条件，加快技术成果转化升级，相继推出十二大系列上千个新品种的高档毛纺面料产品和填补国内空白的现代纺织染整系列设备，使康平纳由传统毛纺面料生产企业成长为集纺织新材料、染整装备与数控机床制造、现代物流服务于一体的综合性企业，成功实现转型升级，对我国纺织染整及染整装备制造行业的技术进步和产业技术升级做出了积极贡献。刘琳先后主持或参与承担国家“863 计划”、科技支撑计划、智能制造装备专项、国际科技合作专项、国家重点新产品、自然科学基金项目等国家、省部级科技项目 70 余项。荣获国家、省部级科技进步奖 10 项，其中国家科学技术进步奖一等奖 1 项。公司成为科技部认定的国家“863 计划”成果产业化基地、国家高新技术企业、国家技术创新示范企业，中国毛纺行业竞争力 10 强企业等。

刘琳考察引进国际最先进的意大利毛纺染整设备技术，使康平纳毛纺面料品质和技术水平达到国际最先进的水平。公司在新产品设计、新工艺推出等方面投入大量精力，在国内首家应用半精纺工艺开发生产超薄型休闲面料，并拥有“超薄粗梳毛织品的制作方法”等毛纺产业方面的发明专利4项，主持制定国家标准2项、行业标准1项，公司以新产品迭出而闻名行业，引领国内毛粗纺休闲面料最新潮流，主导产品市场占有率达到30.0%，被誉为中国毛粗纺面料的领军企业，为促进行业产品的升级做出了一定的贡献。2004年公司投资1.2亿元建设高档毛纺面料染整生产线，引进德国、意大利、英国、瑞士等国际一流的生产设备，消化吸收意大利高档面料设计的全套工艺技术，搭建了国内毛粗纺行业软硬件装备最高水平的平台，将专业化、高端化、国际化的染整生产工艺技术应用到产品研发中来，提高了产品品质，康平纳面料成为例外、雅戈尔、乔顿、韩国依恋等国内外高端服装品牌的首选面料，被评为国家免检产品和山东名牌产品。康平纳被誉为“行业内高档毛粗纺休闲面料开发生产基地”。2015年，康平纳商标被评为中国驰名商标。

刘琳深知工艺创新对推动设备创新的重要性，他带领研发团队研制生产出筒子纱数字化自动染色成套技术与装备、多功能缩绒柔软整理机、双面湿刷定型机、半自动配料机等新一代染整设备。其中筒子纱数字化自动染色成套技术与装备达到国际领先水平，可实现染色吨纱用水由110 ~ 130吨下降至78 ~ 82吨，平均节水27.0%；吨纱蒸汽用量从7.7吨下降至6.2吨，平均节约蒸汽19.4%；吨纱用电量从2000千瓦时下降至1750千瓦时，实现平均节电12.5%；污水排放量从108.9吨下降至79.2吨，减少污水排放26.7%，综合成本降低20.0%，大幅度提高了纺织染色的质量效率和节能减排水平，有助于推动印染行业实现优质高效染色，转型升级为集约化、规模化生产和低耗、低排放的绿色产业。集团由此建立起数字化染色车间，使我国成为世界首家突破全流程自动化染色技术并实现工程化应用的国家，该项技术被评为2014年度国家科技进步奖一等奖、绿色制造科技进步奖一等奖、第十七届中国国际工业博览会金奖、中国纺织工业联合会科技进步一等奖，国家重点新产品，列入《第六批中国印染行业节能减排先进技术推荐目录》。多功能缩绒柔软整理机达到国际先进水平，被评为2013年中国纺织工业联合会科技进步一等奖、中国纺织工程学会节能减排推荐产品……一系列的新一代染整装备在节能减排、减少污水排放、实现清洁生产、绿色制造方面效应突出，极大的做到的资源节约与环境保护，社会效益显著。

刘琳注重企业创新团队建设和技术创新工作。通过产学研合作创新，先后与中科院自动化所、机械科学研究总院、山东大学、东华大学、青岛大学等科研院校建立起长期战略合作关系，吸引先进科技力量以不同的形式参与企业的技术创新，共建研发平台，共育科研人才。公司选派技术骨干到机械科学研究总院、山东大学、青岛大学、东华大学等合作单位进行学习和培训，为企业开展科技创新提供了坚实的人才基础。

“十二五”期间，康平纳集团通过建设先进的染整技术与装备研究开发和转化平台，持续不断地为公司提供成熟配套的技术工艺和技术装备。公司被评为国家技术创新示范企业、国家高新技术企业，为企业进行科研创新奠定了坚实基础与平台保障。

重视企业文化建设　履行社会责任

刘琳注重企业文化建设，实现和谐企业、和谐发展。在企业设立帮扶基金，积极开展爱心帮扶活动，按时足额为员工缴纳“五险一金”，职工保障的长效机制得到了切实有效的实施；开展1∶1000合理化建议工程，有力地激发了员工的主人翁意识，大大提高了员工参与企业管理的积极性和主动性；建成单身公寓，配备电视机、网络、空调等生活用品，为全体康平纳职工创造了一个和谐舒适的工作、生活环境和条件。企业也被评为山东省劳动关系和谐企业、全国纺织行业劳动关系和谐企业。

刘琳不忘履行作为企业家所肩负的社会责任。“十二五”期间，康平纳集团安置职工就业1300余人，坚持守法经营，上缴税金1亿余元，为维护社会稳定、地方财源建设做出了突出贡献。刘琳重视教育，每年为驻地所在中小学捐资助学；作为少数民族用品定点生产企业，每年为驻地少数民族聚居村捐赠钱物；“十一五”期间，为西藏边境少数民族中小学捐赠价值500余万元的民族服饰；2015年向西藏那曲地区希望小学及公路养护单位捐献价值百万元物品。2007年，刘琳在走访西藏边疆小学时，捐助认养了一名少数民族贫困学生次旺拉姆，每个月为其捐助学习生活费用，目前次旺拉姆已考入南京林业大学。

山东新巨龙能源有限责任公司总经理

刘玉果

刘玉果：男，1968 年出生，工程技术应用研究员，工商管理博士，山东省第十二届人大代表，山东新巨龙能源有限责任公司总经理。

他着力探索成熟办企模式，提出了“一愿景八目标”的发展战略，持续推进“八化模式（采煤重装化、掘进综掘化、辅运快捷化、提升智能化、监察数字化、调度可视化、洗选精益化、发运高效化）”，实施“八全管理（全面精细管理，全面质量管理，全面内部市场化管理，全面预算管理，全面成本管理，全面风险管理，全面对标管理，全面绩效管理）”，构建现代企业管控模式，打造国家级矿产资源综合利用示范基地和绿色矿山，积极推进采煤沉陷区农林业示范园和现代化配煤基地建设，实施“金蓝领”工程，2015 年新巨龙公司完成煤炭产量 767 万吨，实现销售收入 40.97 亿元、利润 9.86 亿元，上缴税费 10.5 亿元。

腾飞的巨龙

刘玉果着力探索成熟办企模式，积极建塑腾跃文化、“内生”安全文化体系，持续完善精益安全管控八个体系、装备技术“八化”模式、“八全管理”、生态文明“八不”模式。新巨龙公司先后荣获中国建筑工程鲁班奖、煤炭工业双十佳煤矿、中国最美矿山、全国安全文化示范企业、富民兴鲁劳动奖状等。2015 年完成煤炭产量 767 万吨，实现销售收入 40.97 亿元、利润 9.86 亿元，上缴税费 10.5 亿元。刘玉果先后荣获全国煤炭工业优秀矿长、煤炭工业质量管理小组活动优秀领导者、煤炭工业节能减排先进个人、富民兴鲁劳动奖章等。

明确企业发展战略　完善安全管理体系

刘玉果结合企业发展实际，提出了“一愿景八目标”的发展战略。“一愿景”即以“新巨龙梦”为引领，明确“构筑安全高效、创新提升、稳定和谐、基业长青的一流矿井”的发展愿景；“八目标”，一是建成行业管理、装备、形象、业绩一流矿井。二是建成本质安全型矿井。三是建成高产高效矿井。四是建成行业水、火、热、压、尘等灾害防治创新孵化基地。五是建成万亩高效农业林业示范园区。六是建成鲁西南 2000 万吨现代化配煤基地。七是建成煤电一体化洁净高效燃煤发电基地。八是建成国家级矿产资源综合利用示范基地。刘玉果强调牢固树立红线意识和底线思维，认真落实安全生产责任制：一是构建安全理念体系，强化安全“零”理念，坚持“从零开始、向零奋斗”，形成安全文化体系。二是构建安全责任体系，健全主要领导全面负责、分管领导分工负责、基层区队具体负责、职能部门各负其责的安全生产责任体系。三是构建质量标准化体系，实行质量标准化考核评级，提升员工素质，保障安全生产。四是构建“357”隐患排查治理体系，即：三位一体隐患排查治理机制、五级隐患排查治理制度、做到“七项落实”，创新隐患买卖市场化机制。五是构建灾害综合防治体系，针对水、火、热、压、尘五大灾害突出的实际，构建灾害综合防治体系。六是构建应急救援管理体系，构建“6+1”应急管理模式，建成井下安全避险“六大系统”，引进亚洲首台千米立井全数字移动应急救援绞车，开创了国内装备救灾的先例。七是构建安全诚信体系，全面推行以“理念立信、机制守信、行为践信”为核心的安全诚信管理，提升全员安全生产自律和诚信意识。八是构建安全绩效考核体系。建立安全绩效考核机制，日积累、月考核、季和年兑现，通过安全贡献大小拉开收入差距。

构建装备技术“八化模式” 推进“八全管理”

持续推进“八化”矿井建设，形成千米深井成套开采核心技术：一是推进采煤重装化，形成“大功率、大采高、大煤量、快推进、快运输”的“最佳组合”。二是推进掘进综掘化，实现矿井全部综掘机械化作业。三是推进辅运快捷化，打造生产物流“捷运”新模式。四是推进提升智能化，引进两套瑞典ABB公司生产的六绳摩擦主井提升机，为高效生产提供保障。五是推进监测数字化，通过工业千兆以太环网连接各系统传感器，移动通信实现井下全覆盖。六是推进调度可视化，建设“三维全息化矿山”系统，对井上下所有关键岗位、大型设备、主要转载点进行可视化调度。七是推进洗选精益化，采用先进的有压两产品重介旋流器分选工艺，确保洗选精益高效。八是推进发运高效化，地销发运全过程“一卡通”管理。

刘玉果深入推进“八全管理”，构建体系科学、标准精细、运行高效的现代企业管控模式：一是实施全面精细管理，全面建立企业责任、制度、标准、考核、追究体系。二是实施全面市场化管理，坚持以“价值经营”强化市场化过程管理，有力推动了节支降耗、增盈创效。三是实施全面预算管理，建立了事前预算、事中控制、事后分析的预算考核体系。四是实施全面成本管理，实施低成本战略。五是实施全面对标管理，引导各级管理人员、员工自觉对齐或超越标杆，实施配件生命周期对标管理。六是实施全面风险管理，采取全面排查、重点管控相结合的方式，降低各类风险。七是实施全面质量管理，对标全国质量奖，拓展全面质量范围，实现质量管理全过程控制。八是实施全面绩效管理，完善绩效管理办法，根据绩效管理考核结果实施员工末位淘汰。

打造支撑矿井的成熟队伍 推进矿区生态文明建设

以实现员工与企业共同可持续发展为目标，实施“123456”素质技能提升计划，即：打造一支队伍，与千米深井安全高效矿井相适应的人才队伍。搭建两个平台，技术创新平台和技能提升平台。健全事业留人、待遇留人、感情留人三个留人机制，实现人才队伍可持续健康发展。畅通职务、职称、学历、技能4个晋升渠道，实现员工多渠道提升。实施五级“金蓝领”工程，构建技能大师、首席技师、金蓝领、银蓝领、高级技师等5个层级金字塔式层级体系，建立技能大师工作站，设立采煤机维护、综掘机维护、电气自动化洗选加工等4个工作室及24个创新小组，搭建员工学习创新平台。实施“六个一（每日一题、每井一问、每周一课、每月一考、每人一书、每年一赛）”全员学习培训。

刘玉果坚持“黑色煤炭绿色开采、高碳企业低碳发展”理念，积极推动企业转变发展方式，创新“八不”理念：一是资源不浪费，提高顶煤回收率，确保煤炭资源回收最大化。二是采煤不用煤，构建规模化矿井水余热资源综合利用系统，彻底替代燃煤锅炉。三是产矸不排矸，井下建设3000吨/小时的大煤流煤矸分离系统，采空区充实率达到90.0%以上。四是用水不采水，形成“两站两厂两中心”矿井水循环利用体系，保障矿区生产生活用水。五是出煤不见煤，实行煤炭运输“封闭式”管理，实现“原煤不落地、产品全进仓、厂区无污染”。六是环境不破坏，通过复垦治理、生态开发，恢复甚至改善了原有的生态环境。七是沉陷不减地，积极实施复垦治理，和土壤改良。八是土地不荒废，坚持“开采、复垦、开发”三同步，成立农业开发公司，打造农、林、牧、渔、游相结合的循环经济链条，积极创建国际级湿地公园。

山东能源枣庄矿业（集团）董事长、党委书记

刘成录

刘成录：男，1961 年出生，高级工商管理硕士，山东能源枣矿集团董事长、党委书记，山东省劳动模范。近年来，他系统布局未来发展战略，优化调整企业长远发展的思路和方向，坚持不懈推动各大板块发展，煤炭、煤化工、橡胶、电力、装备制造、物流六大板块在逆势中取得长足发展，特别是物流板块，2015 年预计完成 200 亿元，同比提升 325%，规模、利润额实现跨越式增长。他把管理作为解决实际问题的重要途径，探索实施了“五全”管理模式，实现了全员、全过程、全方位的有效管控和务实落地。把“依法治企”导入企业管理的全过程，持续完善法人治理结构。他把“美丽枣矿”建设作为促进生态文明发展的重要途径，持续加强民生工程建设，保证职工收入及时发放到位。力推保障性安居工程建设，进一步改善职工居住条件。实施人性化管理、亲情化关怀，为职工群众办实事、办好事，矿区呈现了人心思稳、人心思进的良好局面。

迎难而上　煤炭领域创佳绩

刘成录团结带领广大干部职工，围绕转型升级、可持续发展主题和转方式、调结构主线，本着稳中求进、转中求好的原则，集中优势和力量办大事、难事、实事，使企业适应了煤炭经济新常态，保持了稳定、可持续发展。2015 年实现营业收入 420 亿元，利润 14 亿元。中煤协会、山东省国资委等多次召开现场推进会推广枣矿经验。刘成录荣获山东省劳动模范、省煤电运保障工作三等功、富民兴鲁劳动奖章，企业被中宣部、国务院国资委授予全国典范企业、全国企业文化示范基地。

坚持科学务实　系统布局未来发展战略

刘成录把实事求是、科学务实作决策、谋战略、抓布局作为履职尽责的首要条件。他注重保持各项工作、政策方针的延续性、稳定性和可持续性，突出科学务实的思想，深入主力矿井、非煤单位、外部开发项目及境外单位调研，了解具体情况。针对当前煤炭市场“严冬”，在董事会集思广益的基础上，他优化调整了企业长远发展的思路和方向，形成了“13666”转型升级战略构想。即：确立一个定位，立足煤炭、适度多元、稳内拓外、转型升级；坚持三项原则，即思想引领的原则、改革统揽全局的原则、以效益为中心的原则；突出六大板块，做久煤炭板块，做大橡胶化工板块，做强煤焦化工板块，做优电力板块，做专机械装备板块，做实现代物流板块；加快六个步伐，加快“走出去”、内部市场化、干部交替制度化、劳动用工规范化、依法理顺与改制单位关系、劣质资产处置的步伐；强化六项保障，强化安全系统、科技创新、信息化技术、高效执行体系、组织人事体系、思想政治保障。通过优化调整，使枣矿发展的步伐更加稳健务实。

坚持转调并举 推动产业板块均衡发展

2012年5月以来，煤炭行业出现了供应结构性过剩、煤价“跳水式”下滑、效益急剧下降等多年罕见的情况。面对困难局面，刘成录团结带领一班人转调并举，坚持不懈推动各大板块发展。煤炭板块实施增量创收提效战略，在最大限度发挥煤炭源头效应的同时，投资4.3亿元改造矿区选煤厂扩能工程13项，洗精煤能力达到1000万吨，年增效益2亿元。突出用户主导、产品定制，建立煤炭产品研发中心开发多个新品，新产品销量占精煤销量15.0%，成为综合能源解决方案供应商。创新“先拆后建”压煤村庄搬迁模式，创出了行业压煤村庄搬迁的“枣矿速度”，解放资源储量5000万吨。实施外部开发“三西”战略，赴内蒙古、山西、陕西等地，以山西太岳煤矿为支点，撬动了与当地煤炭企业的合资合作。煤化工板块加强与韩国SK、OCI公司及国内沙钢、马钢合资合作，形成年产捣固焦炭300万吨、甲醇33万吨、加工处理粗笨16万吨的规模。橡胶板块找准发展定位，强推八一、丰源轮胎技改扩能工程，八一轮胎跻身全球轮胎75强，“八亿”品牌被评为中国驰名商标。电力板块依托内部电网优势，加快推进热电联产项目建设，为实现由“卖煤”向“卖电”转变奠定了基础。此外，提出并实施装备制造产业“一体两翼”战略，差异化发展已形成特色。创新物流运作商业模式，推动由内部物流为主，向集物流、贸易、金融、电子商务、投资于一体的运行格局转变。

坚持集约高效 延伸能源行业管理内涵

近年来，刘成录探索实施了以全员岗位保安、全面预算管理、全员业绩考核、全面风险管控、全生命周期控制为核心的“五全”管理模式，实现了“五全”之间全员、全过程、全方位的有效管控和务实落地。与此同时，他把“依法治企”导入企业管理的全过程，持续完善法人治理结构，推动了枣矿集团各方面的工作始终在法治建设的轨道上高效运转。“十二五”期间，企业生产原煤10000余万吨，营业收入2015亿元，利税 333.11 亿元。

坚持与时俱进 探索党建工作有效路径

刘成录结合新形势和企业现状，认真探索加强和改进党建工作的新途径，在进一步明确“创新、服务、作为”是党建思想政治工作要求基础上，实行党群一体化考核，完善责任落实、督查和考评机制等。在工作指导上，要求各级党组织、党群各部门坚持树立“求实务实抓落实”的理念，以促进安全生产、经营管理、外部开发等中心工作的实际效果作为检验党建工作作用发挥的标准。2015 年面对困难形势，刘成录提出实施“三项创新”，坚持“六项原则”，实现“五大目标”的“365”党建工作思路，要求各级党组织发挥优势作用，强化积极作为，为企业健康有序发展提供强大思想动力和政治保证。同时，结合国有企业实际，用实践践行党管人才的原则，有序推动干部交替，使干部队伍知识结构、专业结构得到进一步优化。

坚持责任担当 积极履行社会各项责任

刘成录把履行社会责任摆在更加突出的位置。首先，把安全作为职工最大的福利，投巨资用于安全设备更新和安全环境改善，注重加强煤与非煤、生产与生活、省内与省外的“大安全”管理格局建设。其次，把“美丽枣矿”建设作为促进生态文明发展的重要途径，认真落实并积极践行“高碳产业低碳发展”理念，提出“安全、绿色、健康”和“无尘矿区创建”目标了“低投入、高产出、低消耗、少排放、能循环、可持续”的绿色产业发展模式。最后，持续加强民生工程建设，促进发展成果共享，保障职工收入，确保“五险一金”缴纳到位，改善职工居住条件，提升职工健康指数。他要求各单位党政一把手“一岗双责”“党政同责”，确保职工队伍稳定，有效处置了一些久拖不决的历史遗留问题。

河北省国有资产控股运营有限公司董事长、党委书记

刘和平

刘和平：男，59岁，高级工程师，河北省第七届省管优秀专家，河北经贸大学客座教授、硕士研究生导师，现任河北省国有资产控股运营有限公司董事长、党委书记。

担任公司主要领导以来，他明确了公司“三步走”战略和“三个解放、八个注重”的基本要求，确定了产融结合、贸融结合、产融贸协调发展和资本运作相结合的发展路子，引领公司步入了改革发展快车道，先后整合或新设矿产、民爆、商贸、金融等企业20多家，拥有铁矿、煤矿、有色金属矿等各类矿权35个，雷管产能占全省92.0%以上，运作了张家口国控北方硅谷高科新城等，构建了集实业（矿产资源、民爆化工、房产置业）、金融、商贸、科研服务和资本运作为一体的产业体系。刘和平破解历史遗留问题，实现了资产的盘活、流动、放大、增效良性循环和国有资本的保值增值，并较好地维护了社会、企业和职工的和谐稳定。

打造一流国有资本运营公司

刘和平多次荣获优秀共产党员、优秀党务工作者、省优秀企业家等荣誉称号，2010年年底担任河北国控主要领导以来，始终站在服务全省经济和国资事业发展的高度开展工作，在资本运作、经营管理、国有资本保值增值、企业党的建设等方面取得了突出成绩。截至2015年11月底，公司资产总额175.89亿元，比2010年年底增加117.19亿元，增长199.64%；净资产71.6亿元，比2010年年底增加25.47亿元，增长55.2%，较好实现了国有资产的保值增值。公司累计获得各类奖项85项，累计120多人次荣获省管优秀专家、省优秀企业家、省劳动模范、省道德楷模等荣誉称号。

多措并举促发展　五年跨越谱新篇

刘和平在“十二五”期间，明确提出了建设“实力国控”的总目标和“三步走”战略，以及“三个解放、八个注重”的基本要求。在此基础上，刘和平进一步提出了建设河北国控的“1+5”体系，即以建设实力国控为总目标，以建设幸福国控、美丽国控、魅力国控、和谐国控、责任国控为依托，实现公司的全面可持续发展。刘和平提出了产融结合、贸融结合、产融贸协调发展和资本运作相结合的新型发展路径，经过五年发展，初步构建了集产业、金融、商贸、科研服务和资本运作于一体的经营格局。

刘和平大力推进整合重组，积极培育战略性新兴产业，促进了产业的提升和布局的优化。一是积极发展战略性新兴产业，推动公司产业结构转型升级。刘和平与张家口市政府、上海张江高科技园区联合，以“基金公司引项目、专业公司建园区、平台公司管园区”的模式，运作张家口国控北方硅谷高科新城。二是积极构建“大商贸”格局，刘和平优先发展商贸业务，几年来，产品远销到了西亚、东南亚等市场，实现了跨越式发展。三是积极扩大金融投资，大力推动产融体系建设，增加了在优质金融平台的股权比例。刘和平提出了打造公司金融投融资和资本运作平台的战略构想，并注资10亿元设立了河北省国控投资管理公司，使公司在深化产融结合和资本运作相结合的发展模式上迈出了新的步伐。四是重组省内民爆企业，着力提高行业集中度和本质安全水平。刘和平和他的管理团队以河北国控资本为纽带，先后整合了包括省内爆破甲级资质规模最大的爆破公司在内的三家民爆化工企业。刘和平引领先后完成了水枪弹、数码电子雷管等十几项行业技术领先产品研发，促进了民爆生产资源向价值链高端聚集。五是整合中小型矿产资源，提高了国有资本对矿产资源的掌控力。河北国控积极推动省内分散的中小型矿产资源整合重组，并开展省外探矿找矿工作，为河北国控有效实施资源资本化、资本证券化奠定了扎实基础。

面对公司资产规模大，涉及领域多，发展模式多样的实际，为确保公司安全健康持续发展，公司加大了集中管控建设：一是五年来，新制定规章制度39项，初步构建了集中管控的长效机制。二是优化职能机构设置，理顺职责分工，建立了横向联合、纵向延伸的职能管控体系。三是健全完善了决策体系，深化了董事会专业委员会建设，进一步提高了董事会科学决策、民主决策、依法决策的水平。四是建立重点调度与全面调度相结合的经济运行管理体系，进一步提高了经济运行的质量和效率。五是着力推进依法治企建设，指导所属企业建立健全的法人治理结构。六是积极推进管理创新，推动实施“互联网+管理”，建设OA办公系统和资金财务信息化管控平台。

刘和平坚持把深化企业改制与解决历史遗留问题相结合，先后实施了5家企业改制，特别是以垫资方式，稳妥解决了改制企业职工的生活费等问题。刘和平坚决维护企业的合法权益和国有资产的安全完整，妥善解决了资产保全、房产增值等历史遗留问题，较好地维护了国有资产的安全完整，促进了保值增值。刘和平还组织力量认真开展平安河北建设，积极做好信访稳定和安全生产工作，公司连续多年被评为安全生产先进单位和信访稳定先进单位；积极落实省委美丽乡村建设要求，累计出资上百万元帮助驻村开展改造提升、开展送健康、送知识、送爱心等活动。

刘和平非常重视人才建设的极端重要性，大力实施“人才兴企”战略。一是按照“德才兼备、注重实际、群众公认”的原则，着力加强人才队伍建设和用人机制建设。二是加强了优秀干部的选拔，强化了公司发展的组织领导。三是创新选人用人方式，打破人才部门化、企业化束缚，畅通上下交流机制，激发了公司内在的发展活力。四是创新人才培养模式，实施竞聘上岗、新入职员工赴基层锻炼和新晋职职工挂职锻炼。五是搭建职工成长平台，以实名制评分方式，实施公开、公平、公正的职工能力测评，优化人力资源配置。六是针对公司人才结构特点，实施“百名中青年人才培养计划”，加快人才梯队建设步伐。七是紧跟改革发展的最新步伐，组织公司进行国企改革、互联网、PPP、资本运营等全员培训，为公司创新发展夯实了智力动力能力保障。

刘和平作为党委书记，狠抓企业党的组织、队伍、纪律、作风建设，着力发挥党委的政治核心作用。他积极探索公司党建融入改革发展等中心工作的方式和途径，破解了制约发展的20多个难题，进一步构建了企业持续健康发展的长效机制。他深入贯彻落实党风廉政建设“一岗双责”和“两个责任”要求，促进了公司的安全健康持续快速发展。他积极探索思想政治工作和企业文化建设相统一的新途径、新方式，为公司营造了和谐干净的良好环境。

抢抓机遇谋发展　同心共为铸辉煌

当前，河北国控全体干部职工，在公司党委和董事会的领导下，抢抓京津冀协同发展和深化国企改革的战略机遇，按照公司“十三五”规划谋篇布局的安排，更加主动地融入京津冀协同发展之中，更加深入推动产业资本与金融资本、实业投资与资本运作相结合，更加积极参与区域经济建设，不断提高资本运营能力和集中管控能力建设，推进公司现代治理体系和治理能力建设，提高公司的发展质量和效益，增强国有资本的活力、影响力、控制力和抗风险能力。

风帆股份有限公司董事长、党委书记

刘宝生

刘宝生：男，58岁，高级工程师，现为中船重工风帆股份有限公司董事长、党委书记，中国化学与物理电源行业协会酸性蓄电池分会理事长，中国电池工业协会铅酸电池分会理事长。2008年受金融危机影响，亏损2.8亿元，刘宝生受命于危机之际，2009年全力克服经营困难，成功扭亏。2010—2015年累计实现工业总产值252.32亿元，收入278.73亿元，利润7.61亿元，上缴税金总额10.65亿元，连续荣获中船重工集团公司年度业绩考核特别奖。

风帆启动电池总产能从2008年年底的600多万只跃升到2000万只，全免电池比例从43.0%提高到90.0%以上。组织完成适用于微混合动力汽车stop/start（启动/停止）系统的AGM、EFB电池项目研发，实现汽车用蓄电池技术全新升级，填补了国内技术和市场空白，通过德国大众实验室试验认可，现公司已具备300万只AGM电池生产能力。动力锂电池项目的军品高压锂电模块顺利通过高温、高寒实验。年设计生产能力2300万平方米的PE隔板第五线试车成功，使隔板产能跃居世界第三。

风劲正扬帆

刘宝生坚持科学发展观，着眼新能源产业发展趋势，提出“把握大势、创新超越、调整结构、产业升级、强化核心竞争力、打造国际一流新能源企业”的战略指导思想，以创新驱动发展，以增量实现增效，风帆公司 2013 年、2014 年工业总产值（现价）、营业收入、工业增加值均同比增长 10.0% 以上，利润总额同比分别增长 49.07%、20.04%。公司连续 5 年荣获中船重工经营业绩考核特别奖。公司先后荣获全国用户满意企业、中国汽车零部件百强企业、全国实施卓越绩效模式先进企业和中央企业先进集体等称号。2012 年被评为中船重工非船装备产业汽车电池领域领军人物；2014 年荣获全国机械工业劳动模范；2015 年享受国务院政府特殊津贴。

战略指导　文化引领

刘宝生提出了“加快结构调整，优化资源配置，着力发展循环经济，做大做强汽车起动电池、工业电池和新能源三大支柱产业，将储能电池、AGM 电池、动力型锂电池列为风帆新的经济增长点，持续增强核心竞争力，着力打造中国第一、世界驰名的电池产业集团”的战略发展思路。公司实施“打造国际蓄电池行业知名品牌”的品牌文化，建立了庞大的市场信息网络，以顾客为导向，构建了覆盖全国的销售网络，产品畅销全国。

公司主导国内汽车电池配套市场，实现了在美、韩系汽车配套上的突破，配套市场占有率达 30.0% 以上；逐步加入宝马、通用、福特、大众等制造商的全球采购体系。企业荣获全国名优产品售后服务先进单位，连续两年跻身于中国汽车零部件百强企业。

公司秉承集团公司的企业文化宗旨，构建了具有特色的企业文化体系：确定了“服务用户、惠泽员工、回报股东、奉献社会”的企业宗旨，“品牌至上、顾客为先、员工为本、科学发展”的核心价值观等主体文化。同时通过广泛征集企业文化理念活动，确定了“战略发展文化”“质量文化”“营销文化”“研发文化”等具有鲜明特色的风帆亚文化，并把“创建中国第一、世界驰名的蓄电池公司”作为全体风帆人的共同愿景。2014 年再次荣获河北省企业文化建设示范单位。

科技引领　持续创新

刘宝生通过不断建立、完善企业技术中心、博士后科研工作站、高新技术企业、知识产权试点和示范创建单位建设等工作，建立了一条科技经济有效结合的纽带，形成面向市场、面向用户、面向世界的技术创新体系和科技成果转化机制。经过多年的技术积累，公司核心研发地位在国内无可替代，在国际同行业中也具有较高的知名度。风帆目前拥有蓄电池技术及产品专利 100 余项，发明专利 30 余项，专利技术产品占销售产值达 90.0% 以上。

近三年来，刘宝生通过产能再造、技术改造，采用国际最先进设备，完成结构调整和产品、装备双升级，国内首创 300 万只混合板栅全免电池项目顺利投产。他瞄准未来发展趋势，连续将 AGM 电池、EFB 电池的研发列为风帆“1 号工程”统筹推进，实现为上海通用、比亚迪大批量供货，现公司已具备 300 万只 AGM 电池生产能力。

早在 2010 年刘宝生就提出新营销模式思路，现已完成风帆网上商城建设。公司导入精益生产、订单生产，完善物流体系，实现生产成本最低化；投巨资加快企业信息化建设，提升了企业效率；把安全环保、环境、职业健康安全工作作为关系公司生存和发展的头等大事来抓，率先在行业整体通过环保审查和准入条件审查，被工信部树立为行业先进标杆；着力推进电池回收工作，企业获得全国实施卓越绩效模式特别奖、河北省质量奖。从 2013 年起，刘宝生实施集团化管控模式，加快建设销售、技术、采购、信息化、资本“五大平台”，借助销售平台，拓展非电池业务。

刘宝生十分重视和支持公司的质量管理工作。公司 1995 年率先通过

ISO 9001 质量体系认证，2000 年通过 QS-9000、VDA6.1 质量体系双认证。2003 年通过 ISO/TS 16949 标准认证，同年顺利通过了环境、职业健康安全管理体系双认证，并保持资格至今。公司针对顾客要求以及产品质量的提升要求，在全公司范围内全面推广实施了 QSB（质量体系基础）工作，荣获全国质量标杆称号。质量、技术、生产联合攻关 QC 小组荣获全国优秀质量管理小组，新型电池制造部装配、成品班组荣获全国质量信得过班组。

履行社会职责 强化激励机制

刘宝生牵头发起成立“全国蓄电池清洁生产行业自律联盟”，推行绿色环保战略，加快蓄电池回收产业链建设，公司成为河北地区的电池回收中心试点，牵头承办中国蓄电池回收再利用大会。公司建立员工工资正常增长机制，先后在省内贫困灾区对口扶贫、支援 721 特大洪水灾害救援等公益活动中捐款 400 多万元。

刘宝生在技术人才激励机制的基础上又出台工程项目、质量管理、工人技师等人才激励机制，不断提升员工素质水平。刘宝生坚持党管干部，党管人才，实现管理人才的双轨制，提升人才发展空间。公司建立了涵盖各个层次、各个部门及单位的绩效管理体系，建立了关键绩效指标数据管理系统，明确各级部门和岗位的工作重点和目标；每年对各单位经营绩效以及员工岗位绩效进行考核评价；公司每年进行一次员工满意度调查和顾客满意度调查，用于员工绩效改进和顾客服务的提升。

经过不懈努力，公司主营业务收入、销售额、利润总额等主要指标逐年递增先后获得中船重工技术创新先进单位；中船重工非船发展先进单位；中国机械工业百强企业；中国汽车工业零部件百强企业；中国轻工业铅蓄电池行业十强企业；全国铅酸蓄电池行业先进集体；全国职工教育培训示范点……

中国电力工程顾问集团
华北电力设计院有限公司董事长、总经理

刘朝安

刘朝安：男，59岁，教授级高级工程师，享受政府特殊津贴专家，英国皇家特许资深建造师、英国皇家特许资深测量师、国际IPMP（A级）等多项执业资格证书。同时兼任中国勘察设计协会常务理事、中国电力规划设计协会常务理事、中国电机工程学会电力土建专业委员会主任委员等多项社会职务。

他2005年年底开始担任中国电力工程顾问集团华北电力设计院有限公司公司董事长、党委书记，带领公司全力创建极具价值创造力的国际型工程公司。10年来，公司发展规模不断扩张。年合同额由2005年的26.16亿元跃至2015年的148.5亿元，年均增幅46.8%，；营业收入由12.37亿元跃至45.58亿元，年均增幅26.9%；利润总额由0.47亿元跃至3.12亿元，年均增幅56.4%。2015年成功入围中国总承包商80强。在电力规划设计协会发布的《2014年度电力勘测设计行业同业对标标杆指标信息》114项指标中，公司24指标排名第一，接近全部指标的1/4。

建设极具价值创造力的企业

刘朝安带领公司全力创建极具价值创造力的国际型工程公司，通过做强做精勘测设计、做强做大国内总承包、做实做广国际总承包，积极打造和加速推进工程公司全业务链建设，公司各项工作取得了全面协调发展，企业社会信誉和品牌影响力日益提高，实现了又好又快发展。10 年来，公司在多个业务领域排名中处于行业领先位置。连年列全国勘察设计企业综合实力百强排名前列，连年获评中国工程设计企业 60 强，并于 2015 年成功入围中国总承包商 80 强。在电力规划设计协会发布《2014 度电力勘测设计行业同业对标标杆指标汇总信息》114 项指标中，公司新签合同总额、营业收入等 24 指标排名第一。

严于律己　履行职责　引领企业跨越式发展

刘朝安始终以党员标准严格要求自己，在思想言行上始终与党中央保持一致，为公司发展全方位发挥表率作用。刘朝安始终加强自身理论学习及修养提升，加强领导班子建设始终做到对股东负责、对公司负责、对员工负责。公司连续 11 年获得首都文明单位和中央国家机关文明单位称号，2015 年获得全国文明单位称号。刘朝安坚持自身专业能力的提升，2012 年被评为第二批全国电力勘测设计行业资深专家。作为主要起草人编制了《火力发电厂岩土工程勘测技术规程》等多项规程规范；编制出版了《基坑降水设计》《沿海火力发电厂岩土工程勘测与施工》等两部专业论著，在工程技术、科研创新、质量管理等各个方面起到带头人作用。

刘朝安始终将战略管理作为企业发展最重要的工作，明确了创建“极具价值创造力国际型工程公司”的战略愿景，明晰了“做精做优勘察设计业务、做强做大国内总承包业务、做实做广国际总承包业务”的业务发展子战略，以及科技创新、人力资源、风险内控、品牌文化等职能支撑子战略，为公司发展规划蓝图。刘朝安带领公司全力推进战略实施，制定公司“十二五”“十三五”战略规划及相关子战略，同时将战略目标落地分解到每一年的重点工作中强化实施。公司“十二五”战略目标提前完成，企业由传统勘察设计向全业务链工程公司转型取得初步成果，具备了为客户提供工程项目全寿命周期的、全过程的整体服务的能力。

全面主持工作以来，刘朝安始终以企业发展为首要责任，公司年合同额由 2005 年的 26.16 亿元跃升至 2015 年的 148.5 亿元，自 2012 年开始合同额连续 4 年过百亿；营业收入由 12.37 亿元跃至 45.58 亿元，利润总额 0.47 亿元跃至 3.12 亿元。发电业务累计完成的容量占全国火电总装机容量的 1/10，承担 14 台百万等级超超临界大型机组勘测设计，实现了包括北京市四大燃气热电中心在内的京津地区大型燃机市场的完全占有；输变电业务实现包括特高压交、直流等各电压等级、业务领域的全覆盖；新能源业务勘测设计合同额突破亿元，引领风电、光伏、光热等新能源领域发展的前沿技术，奠定了第一梯队位置；先后承担火电电源、输变电和新能源等国内外总承包工程 20 余项，业务规模和数量创历史之最，确立了公司在行业内的领先地位。已投产总承包项目中获国家优质工程奖、金钥匙奖等多项奖项。公司国际业务不断突破，市场布局已经发展到以非洲、中东欧、中亚、东南亚、南美为重点，向“一带一路”周边国家扩张；开发手段从单一的现汇投标项目过渡到以融资项目为主体，为公司的国际业务可持续发展奠定了坚实基础。在刘朝安的全力推动下，公司不断强化技术创新对企业发展的引领作用，持续加大公司技术开发及奖励投入力度，保证了公司前沿技术有储备，优势技术有项目，年均获省部级以上奖励超 50 项。公司积极树立节能环保超前意识，在高效节能环保电厂设计等相关技术创新领域持续公关并处于行业领先地位。随着信息技术的不断成熟，公司信息化全面融入经营、生产、管理全过程。目前，公司建成覆盖高端咨询、设计、采购、施工全产业链的设计管理、工程管理、采购管理、数字化移交的四大主营业务系统；公司管理信息化取得重大突破，建成经营生产管理、协同办公、资源管控平台；公司云数据中心建设实现了基础设施的大跨越发展，成为行业云技术应用的先行者。

强化管理　以人为本　履行社会责任

2006年，公司全面引入三标管理体系并严格执行。刘朝安注重以先进的管理体系、规范的管理标准和信息化手段提升管理的效率与效果，目前公司已初步建成了以设计为龙头，集设计、采购、施工、运行服务为一体，功能齐全、管理规范的国际型工程公司的质量及安健环管理体系，精益化管理水平显著提升。公司全面风险与内部控制管理体系建设不断完善，建立形成风险、流程、制度、岗位、标准五位一体的风险防控体系，实现了全面风险与内部控制管理体系的标准化、可视化、可操作、可检查、可评价与持续改进。公司不断针对影响公司的发展重要风险，组织开展专项风险管理并取得实效，为公司战略目标的顺利实现提供了保障。刘朝安在企业发展同时，始终注重以人为本，逐步建立、完善与公司市场、项目、业务发展相适应，总量、结构、素质相匹配，多种用工制度相结合的人力资源配置体系。公司致力于全产业链的构建，维持勘测设计业务传统人才技术优势，立足国际市场，构建了真正的国际化人才团队。

在搞好企业生产经营和各项管理工作的同时，刘朝安始终坚持把履行社会责任与公司生产经营紧密结合在一起，在追求经济效益的同时，加强环境治理、质量安全和能源安全工作；把履行社会责任与科技创新、精神文明建设、维护稳定紧密结合在一起。刘朝安带领公司全力打造科技、环保、具有价值创造力的精品工程，公司近年来积极开发和使用节能环保的设计施工技术、工艺，提高资源的综合利用效率，认真落实节能减排环保的社会责任；组织参与多项帮扶共建、志愿服务等公益活动，以定向资助方式参与支援甘肃省宕昌县城关镇旧城村树念坪乡村道路建设；向白俄罗斯巴拉乌良那SOS儿童村捐赠校车、为尼日利亚阿布贾DAWAKI社区修建社区公路。公司先后荣获全国文明单位、全国勘察设计行业创新型优秀企业等荣誉称号，刘朝安荣获全国勘察设计行业优秀企业家、全国电力行业优秀企业家等殊荣，享受政府特殊津贴。

内蒙古蒙牛乳业（集团）股份有限公司总裁

孙伊萍

孙伊萍：女，48岁，1993年加入中粮集团，先后担任广东太古可口可乐有限公司副总经理、海南可口可乐饮料有限公司总经理、中粮地产（集团）股份有限公司副总经理、蒙牛乳业总裁等职务。从业20年，她积累了丰富的国际公司管理经验，具有宽阔的国际化视野和深刻的行业洞见。她连续获得亚太企业精神奖（APEA）所颁发的第四届“行业领袖”奖、中国企业社会责任杰出企业家称号；连续三年荣获年度最具影响力商界木兰人物；更荣登2014年福布斯中国商界女性排行榜第5名。

在短时间内她带领蒙牛展开了一场全面的变革，通过一系列国际化和数字化的战略，整合法国达能、丹麦ArlaFoods、新西兰AsureQuality等国际伙伴资源，并率先出击海外生产资源和研发资源，蒙牛雅士利新西兰工厂正式投产、与美国UC Davis计划合作共同建立并运营“营养健康创新研究院”。

她提出“只为点滴幸福”的品牌理念。倡导“阳光、开放、责任、创新”的蒙牛文化，邀请媒体、消费者走进蒙牛。

引领发展的商界木兰

孙伊萍出任蒙牛乳业总裁以来，通过一系列国际化和数字化的战略，带领蒙牛向着创新引领的、最具中国活力的国际化公司迈进；获得亚太企业精神奖（APEA）所颁发的第四届行业领袖奖、中国企业社会责任杰出企业家称号；连续三年荣获年度最具影响力商界木兰人物；荣登2014年福布斯中国商界女性排行榜第5名。

战略指引　创新驱动　文化建设

孙伊萍为蒙牛提出愿景："以消费者为中心，成为创新引领的营养健康食品公司"。具体为两个发展坐标：纵坐标"从0到1"，不断尝试发明新的模式、创造新的产品；横坐标"从1到N"，不断复制并优化蒙牛自身或社会现存的成功模式形成规模化的可再生系统。企业战略决策：为实现蒙牛的愿景，国际化和数字化的战略布局。

国际化：立足中国，布局国际化发展。引进法国达能全球统一的质量管理体系（FSI）；引入ArlaFoods完善的牧场管理体系以及100多年乳企管理经验；与新西兰AsureQuality、SGS等国际质量巨头达成战略合作，对标国际领先的认证标准。推出NBA主题包装牛奶，构建大运动蓝图；成为上海迪士尼度假区官方乳品合作伙伴。推出来自新西兰、丹麦奶源的特仑苏环球精选品牌；蒙牛雅士利新西兰工厂正式投产，开创了奶粉行业国内品牌在海外100%自主建厂的先河。

数字化：主动+互联网，打造智能乳品产业链生态。引进SAP管理系统，实现管理信息化系统统一；蒙牛启动"数字牧场"项目；与IBM合作，构建食品安全信息的大数据管理。推出中国首款二维码可追溯牛奶——蒙牛精选牧场纯牛奶；与科技企业跨界推出首款智能塑型牛奶 M-PLUS 纯牛乳；与明星合伙人“羽泉组合”合作推出代表中国乳业最高品质的互联网牛奶——嗨 Milk。与百度合作推出云端牧场——精选牧场牛奶可视化云端追溯系统；实现工厂参观数字化升级，引入微信摇一摇、AR 体感互动技术等。利用高技术手段保障原奶质量安全。近四年来，蒙牛强化原奶收购信息系统，确保整个收奶流程的质量安全。蒙牛基于云技术和二维码追溯系统，打造了中国乳业第一款真正意义上的数字化牛奶精选牧场纯牛奶。

DHA 藻油的调制乳及其生产方法、采用酶水解技术生产的含低聚木糖的低乳糖调味乳获得 2013 年度呼和浩特市优秀发明专利产业化奖；在 2014 年度科技创新奖的颁奖典礼上，蒙牛纯甄酸牛奶荣获中国食品科学技术学会科技创新奖。

孙伊萍创新提出 IPO 管理工具（I — innovation 颠覆性创新、P — Performance 管理出效益、O — Open & Transparence 开放、透明）和“四个平衡”理论（速度与系统的平衡；服从与专业的平衡；权利与创新的平衡；加法与减法的平衡），以系统的力量，运用系统思维和系统作战，帮助蒙牛完成在生产运营和管理领域的转型。缩减销售管理系统总部到终端售点之间的层级，提升内部反应速度；将决策方由系统总部向销售前端前移，更好地关注经销商需求，提升整体营运效率；对原有的常温、低温、冰淇淋营销中心进行资源整合，建立统一平台。

仅用了 18 个月，蒙牛同时上线了 SAP 系统的 ERP 和 CRM 两个模块，实现整个蒙牛集团财务、业务的一体化，提高了蒙牛战略决策的速度。

孙伊萍提出“只为点滴幸福”的品牌理念。倡导“阳光、开放、责任、创新”的蒙牛文化。搭建“你的疑问　我的责任”互动平台，真诚解答消费者的每一个疑问。持续开放蒙牛全国工厂，举办不同主题的参观活动。以“串珍珠”思维的团队理念进行团队建设。团队每个成员协调一致创造价值。以开放、包容的心态引进多元化的、有颠覆性创新精神的人才，快速组建能够整合国际资源的团队。上任三年多时间，孙伊萍和团队带领蒙牛实现 2014 年突破 500 亿元营业收入的大提升，领导蒙牛跻身“全球乳业 11 强”。蒙牛在全国 20 个省区市建立了 33 个生产基地 50 多家工厂，年产能超过810万吨，年销售额超过500亿元，牛奶品质也得到进一步提高。蒙牛纯牛奶、特仑苏、真果粒等产品出口到蒙古、新加坡等国家，以及我国的香港、澳门等地区；2015年，蒙牛成为内蒙古自治区、乃至全国唯一一家出口乳品质量安全示范区。引进澳洲牛奶品牌鲜语牧场MOUMILK，为中国消费者创造进口奶的新鲜体验。

企业社会责任

企业100%实现劳动合同签订率；不断加强对员工的职业安全与健康管理；为员工提供完善的福利保障；为员工搭建个性化发展的平台，建立蒙牛100培训体系，2014年，蒙牛首创“牧场主大学”，促进牧场主养殖技术的不断提升。

公司开展生物多样性保护项目，建设蒙牛草原自然博物馆，开展草原修复；建立起完整的环境管理体系，打造低碳经济时代的“责任竞争力”，实现企业与环境的和谐共生；对生产过程中的节能消耗指标进行测评审核，减少污染排放；选用“可再生林”产品的利乐包材，使森林资源不遭受“一次性”破坏；建立万吨级污水处理厂，回收牛粪用于有机肥生产。

蒙牛协同108家公益合作伙伴，88余位各界爱心人士，深入乡村为孩子们带来“我回老家上堂课”活动，活动累计覆盖22个省市，400多所乡村学校。2014年11月30日—2015年11月26日，蒙牛乳业以全国公益支持伙伴的身份全程参与了“世界艾滋病日”主题宣传暨“美好青春我做主——红丝带健康大使青春校园行”防艾活动。2013年冬季，蒙牛乳业与58家合作伙伴，捐款100万元为乡村孩子购置10万双过冬手套，并通过“交换卡路里”，号召更多网友亲身参与。2013年蒙牛携手中华环保基金会，成立“蓝天绿地”基金，启动第一个项目是聚焦湿地保护；在微博上同步发起了“壹块扫霾”公益活动。蒙牛出资千万元用于“爱心井”民生工程建设，至今，已开凿爱心井52眼。

国投钦州发电有限公司总经理、党委书记

朱逢民

朱逢民：男，1963年出生，高级工程师，第十二届全国人大代表，2009年至今任国投钦州发电有限公司党委书记、总经理。2009年，他在国投钦电任职不到4个月，即成功实现公司当年效益扭亏为盈。他科学制定公司发展路线，超前布局公司业务。他以创新为突破口，以班组建设为抓手，以信息化管理为平台，以完善机制为支撑，以企业文化为动力，引入标准化管理流程，创新推出“七标一体”综合管理体系，发展具有企业特色的安全文化和企业文化，坚持以人为本、市场为本，把基层党建、群团工作有机融为一体，内强素质，外塑形象，打造了国投钦电独特的管理模式。国投钦电的综合管理水平不断提高，各项工作取得突出业绩。2010—2014年连续五年实现盈利过亿元。2014年，二期扩建工程获得国家发改委核准，供热项目获得当地政府批复。

带领企业迅速发展

2009年，在公司出现巨额亏损的危急关头，朱逢民出任公司总经理，上任第一年便实现从巨亏到盈利，之后连续5年利润过亿元，履行了对公司股东的承诺，为地方经济做出了卓越的贡献。朱逢民于2011—2013年连续3年获得广西优秀企业家的称号，并先后获得广西劳动模范、广西五一劳动奖章、广西节能减排领军人物、国投集团优秀管理工作者、国投集团二次创业突出贡献个人奖等。

全面创新　把握市场机遇

2010年，朱逢民全面引进NOSA安健环管理体系，建立安全生产长效机制。2011年，公司顺利通过NOSA五星认证。朱逢民以创建安全文化示范企业为契机，打造出具有公司自身特色的"六进式"安全文化模式，即安全文化进入班组、岗位、员工家庭、全体员工、管理制度以及组织保障。"六进式"安全文化模式通过全方位推进安全文化建设，使员工的安全知识、安全意识、安全能力、安全素质均得到显著提高。2014年年初，朱逢民提出将公司现存的各项管理体系创新融合为一个覆盖公司全部经营管理活动的"七标一体"综合管理体系。"七标一体"综合管理体系涵盖质量管理、环境管理、职业健康安全管理、能源管理、NOSA安健环管理、安全标准化、内部控制管理等七大管理体系的内容，并结合ERP信息系统进行优化和固化，形成规范、统一、高效的综合管理体系。2014年，公司荣获全国安全文化建设示范企业、广西安全文化建设示范企业。目前，公司是国内第一家实现对七大管理体系进行综合管理的企业。"七标一体"综合管理体系使公司从战略高度把握工作管理一体化的要点，实现了管理理念一致、管理要求协同、工作流程高效、制度建设完善的科学管理格局。该体系荣获 2015 年全国电力行业企业管理创新成果一等奖。

2013 年，为适应公司发展需要，朱逢民正式引入 ERP 系统，并将 ERP 系统、OA 系统和数字化档案系统组建为一体化信息管控平台，对公司从业务层基础数据流到全面经营决策的内部资源进行了全面整合，使生产管理向精细化方向迈进了一大步。公司荣获第五届中国电力信息化标杆企业、2014 中国电力信息化推进示范单位、2014 年电力行业信息化优秀成果奖三项荣誉称号，当选国家两化融合管理体系贯标试点企业。

2011 年 7 月，朱逢民提出将设备维修由外委承包逐步转为自主维护模式，并于 2013 年 7 月实现了公司主机设备的全面自主维护，设备可靠性和稳定性得到有效改善，每年维护费减少 1602.3 万元。自 2013 年 9 月起，公司未因设备故障引发机组降出力事件，安全高效的自主维护模式为公司抢发电量提供了坚强的设备保障后盾。2015 年，公司荣获第十届全国设备管理优秀单位称号。

朱逢民主持的“等离子点火及配套技术集成应用示范”科技项目，荣获自治区科技进步三等奖和钦州市科技进步一等奖；“汽轮机高中压缸夹层汽技术改造”每年创造 4000 余万元经济利润。2012 年，公司 2 号机组技术改造项目获称国家发改委、能源局推广的综合改造示范项目。2009 年，朱逢民成立了专门的掺配煤工作小组强化、细化煤场管理和燃煤掺烧工作，在保证机组安全的前提下，不断加大印度尼西亚低卡煤掺烧力度，研究单烧方案，每年燃煤成本降低过亿元。

朱逢民安排公司相关部门成立创新成果评审委员会，并制定创新成果奖励办法，每年召开创新战略工作总结会议暨持续创新主题研讨会，鼓励员工开展群众性创新活动。2015 年，公司生产系统信息化 QC 小组荣获广西质量管理小组活动先进集体，热控辅控班等四个班组荣获“广西质量信得过班组。

朱逢民清醒地认识到经济下行和用电结构调整将对电力市场产生极大的影响，领导企业抢抓机遇开发符合国家产业政策、电力发展规划、地区布局要求、市场前景好的建设项目，目前，供热和风电项目均取得了重大进展。

搭建员工发展渠道 打造“六心”企业文化

朱逢民关注员工的职业发展和个人成长，力求实现员工与公司的共同进步，努力为人才发展搭建平台。公司分类别开展“鹰系列”培训班，全面提升干部员工队伍综合素质，使不同层次、不同需求的员工实现“三个转变”，即培养一线员工一专多能，培养主管、专工成为专家型人才，培养中层干部由技术型向管理型、由管理型向经营型人才转变。2014年1月，朱逢民与公司领导班子共同提出推行以“用心工作，实现自我；诚心待人，团结协作；信心自励，求新进取；聚心超越，共创辉煌；真心感恩，爱岗敬业；爱心奉献，筑梦家园”为内容的“六心”文化。钦电人将“六心”文化渗透到各领域工作中，将其理念落实为工作习惯与素养，使公司安全出效益，经营出效益、管理出效益，实现了跨越发展。

积极履行社会责任 争当优秀企业公民

朱逢民始终坚持环保与效益并重的发展理念，将减排治污视作公司环保工作的重中之重，工程烟气脱硝率达80.0%、脱硫率达94.0%，烟气总除尘效率在99.8%以上，在广西率先实现环保在线、能耗监测在线。在建设二期工程期间，实现二期机组燃气级排放，达到超净排放标准。公司积极发展循环经济，工程产生的灰渣和脱硫石膏全部实现综合利用，工业废水和生活污水回收利用率达到100%。2011年，公司荣获中国十佳绿色责任企业。2014年，成为广西地区首家通过国家能源管理体系认证、广西清洁生产审核的发电企业，荣获广西节能减排荣誉成就奖。

在朱逢民组织和领导下，公司积极应对广西冰雪和地震等自然灾害，为广西电网在非常时期的稳定运行做出贡献；每年春秋两季组织员工为钦州市红十字会义务献血活动。公司长期资助钦州市13名成绩优秀的贫困学子，积极参与“我与贫困生共进步”、赞助区运会、金秋助学等公益帮扶活动。在四川汶川和青海玉树大地震中，多次组织员工为灾区捐款。

中国石油天然气股份有限公司辽阳石化分公司总经理

朱景利

朱景利：男，52岁，教授级高级工程师，博士研究生导师，五一劳动奖章获得者，现任中国石油辽阳石化公司总经理。朱景利始终以搞好国有企业、推进辽化振兴发展为己任，在他的组织带领下，辽阳石化仅用一年时间就建成了千万吨俄油加工项目和140万吨/年大重整项目，成为中国石油第八家千万吨级炼油基地和国内重要的芳烃产业基地。2010年以来，公司累计上缴税费316亿元，为国民经济和地方经济社会发展做出了重要贡献。

辽阳石化自2010年以来累计节能11.8万吨标煤，节水844万吨；实施国内最大的CDM项目，减排二氧化碳当量3708万吨。朱景利是国内炼油行业的学科带头人，辽宁省第五批“百千万人才”百人层次人选，他先后在石化产品开发、炼油化工工艺优化等方面解决技术难题30多项，在省（部）级以上刊物发表论文、著作近20篇，申请专利18项，授权14项，多项科研成果获省市科技奖励。

辽阳石化 兴旺发展

朱景利把推动企业发展作为第一要务准确把握中俄签订原油增供协议的历史机遇，制定了《辽阳石化俄油加工优化增效改造方案》，得到了中石油和省市政府的支持。目前，该项目已列入国家石化产业发展布局、第二轮振兴东北计划和中国石油炼化业务“两建一改”总体布局，2015 年进入全面实施阶段。2010 年以来，辽阳石化累计上缴税费 316 亿元，为国民经济和地方经济社会发展做出了重要贡献。

朱景利是国内炼油行业的学科带头人，全国和辽宁省五一劳动奖章获得者。他先后在石化产品开发、炼油化工工艺优化等方面解决技术难题 30 多项，申请专利 18 项，授权 14 项，多项科研成果获省市科技奖励。

推动经营管理升级

从 2010 年开始，公司利用 5 年多的时间，通过强化管理、深化管理、巩固提高三个阶段，系统补齐管理欠账，推动企业基础管理水平不断提升；深入开展对标分析，认真查找专业管理短板，有力提高了专业管理的精细化水平；系统整合公司 HSE、质量等各管理体系，使强化基础管理工作转入了体系化、常态化运行，基础管理逐步向精细化迈进。在日常管理中，朱景利始终坚持全心全意依靠工人阶级办企业的方针，建立民主管理座谈会制度，改进公司工作。

朱景利高度关注企业安全环保，坚持以 HSE 体系建设为统领，不断夯实企业安全环保管理基础。公司成立 HSE 体系推进办公室，下设 8 个分委会，自上而下系统梳理 HSE 岗位职责，实现了安全环保责任层层落实；坚持 HSE 体系建设“下管一级”，将安全管理延伸到基层车间、班组；

针对企业安全生产现状，形成了“两级建站、三级监督”安全监管模式，保证现场生产、作业全过程安全受控；深入开展全员查找隐患活动，对发现重大隐患的员工由总经理亲自颁发嘉奖令22次。辽阳石化多次获得中国石油集团公司安全生产先进单位和环境保护先进单位称号。

朱景利积极倡导以技术进步推动企业发展方式转变，组织实施了10万吨/年PETG共聚酯工业化试验项目，填补了国内高端聚酯产品的空白；组织建设了聚乙烯中试装置，并成为中国石油集团公司聚乙烯催化剂与工艺技术中试基地；在中国石油率先生产出符合京V标准的高品质柴油；加大新产品开发力度，公司自主开发的JM-1催化剂成为中国石油自主研发并实现工业化生产的第一个聚乙烯催化剂，JK-1新型聚乙烯催化剂达到国内先进水平，氯化聚乙烯高速挤出型专用料实现工业化生产，光学膜聚酯、超高分子量聚乙烯新产品研发取得重要进展，填补了国内空白。

朱景利组建公司、厂、车间三级培训师队伍，深入推进全员培训和岗位练兵，公司机电仪研修中心成为中国石油和地区重要的培训基地；健全九个等级的技能人才评聘制度，进一步拓展了技能人才成长渠道；每年组织公司、厂、车间三个层次的专业技术大赛，促进了全员技能水平的提升。近年来，辽阳石化在全国和中国石油职业技能竞赛中共获得18个项目的团体冠军，取得72枚金牌，先后荣获国家级技能人才培育突出贡献奖、全国企业职工教育培训先进单位、全国职工教育培训优秀示范点等称号，并成为全国第一批高技能人才培养示范基地。

各项工作成效突出

公司在“十二五”初期充分把握宏观政策机遇，仅用一年时间建成了千万吨俄油加工项目和140万吨/年大重整项目，成为中国石油第八个千万吨级炼油基地和重要的芳烃生产基地以芳烃为特色的大型石化基地的整体框架更加清晰，企业发展进入了全新的历史阶段。

公司坚持规模扩张和内涵升级并重，持续优化生产经营，炼油轻油收率、综合商品率、加工损失率等指标连续五年位列中国石油前列，一大批科研成果成功转化为企业生产力；在同行业率先打通俄油来料加工流程，成品油出口到东南亚及新西兰、澳大利亚等海外高端市场。企业管理取得长足进步，搭建起了涵盖公司422项业务、6大类要素的管理平台架构，综合管理体系全面整合完成并实现常态化运行，企业管理迈入体系化管理轨道。安全环保形势持续向好，“十二五”期间杜绝了生产亡人事故的发生，两次被评为中国石油安全生产先进单位，连续5年获中国石油环境保护先进单位。

坚持有所为有所不为，“十二五”以来公司先后对16套装置实施了关停报废处置，推进机构整合压缩；实施生产用车集中统一管理，积极推进绩效考核体系改革，坚持薪酬分配向一线倾斜。

坚持履行企业社会责任

朱景利坚持统筹兼顾，加强与地方政府的沟通协调，共同推动地区和谐发展。积极支持辽阳市芳烃产业发展，辽阳芳烃基地顺利升级为“国家新型工业化产业示范基地”和“国家芳烃及精细化工高新技术产业化基地”。

“十二五”期间，公司先后对企业7台燃煤锅炉进行脱硫脱硝改造，研究确定14个环保监测重点装置和42个重点监测点源，外排污水连续5年实现达标排放。辽阳石化积极响应国家大气污染治理要求，通过技术手段实施成品油质量升级，公司连续5次被评为中国石油环境保护先进单位。朱景利领导实施了炼油芳烃低温余热利用、加氢裂化装置热供料等项目；与节能服务公司合作，大力推进合同能源管理；组织实施了公司“十二五”节能节水规划，辽阳石化在产业规模快速扩张的同时，实现了用能不增，多次被辽宁省和中国石油评为节能先进单位。

“十二五”以来朱景利先后组织实施了辽阳石化二、三、四生活区翻建改造，集中加大辽化总医院改造投入和人员招聘，地区游泳馆、3D影院、健身中心相继建成，居民文体活动条件进一步改善。公司积极响应国家和省、市地方政府号召，参与公益活动、教育捐助、扶贫帮困等慈善事业，组织实施了一系列扶贫项目，促进了贫困村脱贫。

中国普天信息产业股份有限公司董事长

邢　炜

邢炜：女，1956 年出生，硕士，央企唯一女性掌门人，掌管中国普天信息产业集团公司 12 年来，中国普天经营规模及利润总额已由在中央企业垫底(第 118 名左右 / 总 119 家中央企业）发展到分列中央企业第 61 位、69 位，企业核心竞争力持续攀升，走上了持续、健康发展的良性轨道。12 年前，她上任时的中国普天正濒临破产的边缘。邢炜迎难而上，经过深思熟虑，她从企业文化革新着手，借助股份公司成立和股份制改造的契机，对集团总部进行重新定位，推动行政型总部向经营型总部转变，推行两个三位一体的管理体系实施，重新规划和布局产业，将中国普天这艘百年航母推上快速发展的航道。中国普天在坚守信息通信国家队的使命和责任的同时，成功完成了公司由单一产品制造商向整体解决方案和综合服务提供商的战略转型。

创新引领　重塑普天

邢炜2004年出任总经理，掌管中国普天信息产业集团公司12年来，使濒临破产的企业走上了持续、健康发展的良性轨道。中国普天的核心竞争力持续攀升，先后获得中国最具影响力企业、改革开放30年杰出贡献企业奖、国家创新型企业、全国实施卓越绩效模式先进企业特别奖等多项荣誉；同时，公司全球统一品牌Potevio入选亚洲品牌500强，并连续多年荣获中华电子企业最具价值品牌。邢炜连续获得2005年国资委颁发的“扭亏增效”奖，2006年度中国十大经济女性人物大奖，2010年度中国影响力女企业家、中国改革35年35位杰出人物、2014年亚洲品牌年度人物、2015中国改革十大杰出女性等荣誉称号。邢炜因在推动中国电子商务发展进程中的卓越贡献，被誉为“中国电子商务第一人”。

文化质变　统一思想　提升集团协同力

邢炜从文化变革入手，精心打造以“沟通　执行　业绩”为核心的普天新文化体系，以统一思想，充分发挥集团内部的协同力、执行力和战斗力。随着“沟通　执行　业绩”企业文化的落地和实施，文化所具有的改变人、激励人、塑造人的力量得到了充分的体现。从2004年开始，普天的年度工作会议的改变就可以看出文化变革所带来的这种变化无处不在。无论是每年最隆重的年度企业负责人会议，还是其他大大小小的各种专题会议，都是充分的沟通、再沟通，开启了普天从经营到管理，从管理团队到员工共事中一系列文化的、理念的、工作模式的创新和转变。针对普天干部员工的团队建设，邢炜提出了以“品格作风”“团队精神”“四项能力”以及“员工职业准则”为主体的团队文化，使企业内部的人际关系得以简化，呈现出员工个人与企业共同成长的发展氛围。

此外，中国普天十分注重品牌文化、质量文化的建设，不断强化全球品牌“Potevio”所蕴含的“力量、通信、科技、活力”品牌内涵。经过近12年的精心呵护和培育，“Potevio”品牌产品和服务已成功为全球120多个国家和地区用户带去科技与创新的美好体验。2015年，中国普天品牌价值继续保持增长，品牌美誉度同步提升，荣获亚洲品牌500强称号。

提升运营效率　提高发展质量

邢炜改行政性总部为经营性总部，坚持普天总部经营产业，企业经营产品的分工定位，中国普天逐渐从原来行政性的管理公司转变成为了完全市场化的企业。中国普天通过对市场竞争态势深入研究和自身优势的准确判断，一方面利用央企地位优势，实施高端市场拓展战略；另一方面利用公司的核心优势，面向广泛的信息技术应用市场，实施了“事业本部经营产业，下属公司经营产品”的双层市场运营理念。

2005年，普天发展战略已定，产业结构调整规划基本到位后，邢炜提出了具有普天特色的对产业规划引导、组织结构调整和资源配置进行指引的两个“三位一体”管理体系，提高产业核心竞争力。两个“三位一体”管理体系，即以产业发展规划为核心，实行产业发展规划、企业组织调整和投资指导“三位一体”的资源优化配置管理体系；以全面预算管理为核心、关键业绩指标（KPI）和经营者薪酬激励“三位一体”的企业经营目标责任管理体系。在两个“三位一体”管理体系推行的同时，邢炜还在普天倡导推行“全面预算管理”“精细化管理”。每一年，邢炜都亲自参与普天全面的预算质询，仔细考量预算的可执行度。在抓好预算执行的同时，邢炜特别注重企业经营质量，尤其是资金资产安全和投资管理，并建立全新的集中采购管理体系。

创新质变　为产业可持续发展提供有力支撑

面对2004年中国普天因单一产业和惨烈市场竞争陷入经营困难的窘况，邢炜果断确立了“突出主业、拓展产业发展空间”的发展战略，将数千种产品梳理为通信系统、终端、配套、行业应用以及增值服务5个产业板块；后规划调整确立了通信、广电、行业信息化三个核心产业；2008年以后，普天在行业信息化应用领域培育出了金融电子产业，并进一步向新能源产业拓展；2011年前后，中国普天发挥在信息通信和行业信息化应用产业领域的既有优势，为客户提供智慧城市全业务整体解决方案。在新能源汽车领域，中国普天创新运营产业链发展的商业模式，目前产业已经覆盖了全国包括北、上、广、深在内20多个城市，入网车辆的累计充电量达到了2.55亿度，在业内处于领先的位置。在“双创”领域，中国普天在2015年成立了普天创新创业管理有限公司，统筹规划普天产业园区的建设与运营。截至目前，中国普天已经在9个城市建设了13个“双创”基地，入园企业的收入超过了200亿元，税收超过20亿元。

邢炜认为，自主研发能力代表着企业的竞争优势和对行业的影响力。上任后，邢炜深入变革研发体系，创新研发与产业化结合的新模式，加强了研发项目“技术质量、计划进度、成本费用和产业化成果”考核和项目后评估工作，使普天研究院成为国内首家、全球第15家通过CMMI 5级评估的企业。2015年，普天研究院营业收入超过了15亿元，公司正逐步发展成为普天集团的核心企业。2015年，中国普天再次通过国家高新技术企业认定，新承担5项国家重大科技项目，4项国家重大科技项目通过验收，新增专利申请451项、专利授权310项、软件著作权94项。

邢炜认为，解决发展中出现的问题是创新的重要动力，创新、改革的最终价值都要体现在市场上。公司依托事业部开展系统集成，发挥产业链综合优势，以系统集成方式，提高了信息化整体解决方案的提供能力，满足了不同客户的不同需要。中国普天加强资本运作，推进产业重组，增强企业综合实力。邢炜看准光通信行业的前景，投资组建普天法尔胜公司，打造光棒—光纤—光缆一体化的完整产业链；而针对互联网+趋势下的数据产业的大好前景，公司投资普天国脉公司，发展高端路由器系列产品，提升了公司在“云计算”领域的产业竞争力。

宁夏伊品生物科技股份有限公司董事长、总裁

闫晓平

闫晓平：男，45岁，经济师，现任宁夏伊品生物科技股份有限公司董事长，是自治区第十届、十一届人大常务委员会委员、自治区工商联副主席、宁夏民贸民品清真产业协会会长、宁夏回族自治区进出口商会副会长、银川回商联谊会会长、银川市工商联副会长。

他16年来，坚持技术创新、管理革新的经营思路，使一个负债率高达200%的企业成为国内生物发酵行业的后起之秀、全国发酵行业的前三甲。公司所生产的赖氨酸、苏氨酸、色氨酸、味精、鸡精、复混肥及玉米副产品等系列产品，销售覆盖全国多个省、市、自治区，出口欧洲、美洲、大洋洲、亚洲等国家和地区。公司拥有内蒙古伊品生物科技有限公司、北京中科伊品生物科技有限公司和香港伊品生物科技有限公司等3个全资子公司，职工3673余人。截至2015年10月，公司总资产已达到61.5亿元，完成工业总产值40.9亿元，实现销售收入41亿元，实现利润1.72亿元。

伊品公司　一品事业

宁夏伊品生物科技股份有限公司自1999年成立以来，在闫晓平带领下，秉承“遵道敬德”司训，坚持“诚信、责任、进取”的核心价值观，发展成为国内生物发酵行业的后起之秀、全国发酵行业的前三甲。公司生产的系列产品，覆盖全国多个省、市、自治区；味精、苏氨酸、赖氨酸、色氨酸等产品已出口欧洲、美洲、大洋洲、亚洲等国家和地区。

艰苦创业　带领企业发展壮大

公司成立初期，处于一穷二白的境地，闫晓平奔走于各大高校和科研单位，以求改进公司生产技术水平和产品单一的问题。最终，企业生产技术得到了提升，并延伸了谷氨酸产业链，配套建成5000吨味精生产线。公司盈利后，闫晓平并没有满足现状，积极从各方面筹集资金，不断地扩大公司的经营规模，并开拓了另一个氨基酸产品——赖氨酸，使企业摆脱了单一产品结构，走上正常的发展轨道。

2008年，亚洲金融危机爆发，闫晓平顶住压力，上马1.5万吨苏氨酸生产线与8万吨赖氨酸生产线，为企业带来了丰厚的利润，进一步增强了企业的自身实力。公司以打造“中国领先的氨基酸专业生产商”为战略定位，实现了产品的多元化，即以赖氨酸、苏氨酸为主的饲料添加剂系列，以味精为主的食品添加剂系列和以复混肥为主的农资系列，目前，赖氨酸市场占有率居全国第1位，苏氨酸市场占有率居全国第2位，味精占有率居全国第3位。综合产能处于全国前3位。企业经过16年发展，目前拥有三个全资子公司，截至2015年10月，公司总资产已达到61.5亿元，完成工业总产值40.9亿元，实现销售收入41亿元，实现利润1.72亿元，上缴税金 2.5 亿元。公司被农业部认定为农业产业化国家重点龙头企业、农业部农产品深加工示范企业，被工业和信息化部授予信息化与工业化融合促进节能减排试点示范企业，被国家民委认定为少数民族用品定点生产企业。

持续创新　为企业发展的注入能量

闫晓平每年投入大量的资金用于研发工作，公司与中国科学院微生物研究所合作成立了氨基酸联合实验室，联合对谷氨酸钠、赖氨酸、苏氨酸的综合生产技术进行研发升级，使企业的生产工艺处于国内领先水平。结合行业的特点，公司与韩国翰特合作，率先在行业开发应用“硫酸铵回收技术”，对行业节能减排起了积极的示范作用。公司还建立了宁夏氨基酸产学研合作示范基地、宁夏氨基酸发酵技术及装备工程实验室。公司被科技部评为国家火炬计划重点高新技术企业，被国家科技部等五部委认定为企业技术中心。闫晓平坚持为员工提供发挥他们想象力和创造力的平台，员工的工作能力得到提升，工作热情得到释放，创新成果逐步转化，企业每年从创新改善方面提升利润达到千万元。

闫晓平积极开展现场精益管理工作，引进了国内外知名的专业咨询机构，在战略定位、企业文化、人力资源、精益管理以及营销策划等领域，展开了广泛的合作。公司 2013 年投入近 3000 万元进行信息化建设，引入 SAP 等国际先进的信息化工具，进一步提升了企业整体的工作质量和工作效率；公司将最朴实的人文价值观融入到企业文化当中，促进了企业管理向文化管理的转变。

面对行业市场的“寒冬”，公司从原料进场到产品的售后服务等各个环节、各个层级，制订了“降本增效保增长”的具体措施并加以贯彻实施，对过一系列措施，为公司平稳渡过市场“寒冬”练就了过硬内功。在经历了 2013 年行业洗牌后，企业的经营利润稳步增长。

以爱心回报社会

在闫晓平的带领下，公司成为国家农业产业化龙头企业，不仅使宁夏与内蒙古的部分原粮就地转化增值，还起到稳定粮食生产的作用，带动了本地的农业产业化发展和农民收入增长，同时拉动当地运输、物流、包装、印刷等行业的发展。公司从最初的年纳税190万元，到2013年的2.3亿元，获得宁夏回族自治区人民政府确定的50户重点骨干企业、宁夏轻工业的十强企业、第三届宁夏十大公益企业等荣誉。

“重商善商、义利互济”是回商的商道思想，扶危济困对于穆斯林而言不仅仅是一种道德自觉，更是一种信仰要求。闫晓平多年来始终坚持“取之于民，用之于民”反哺社会的责任心。2008年四川汶川发生地震灾害，公司向灾区捐款100万元，员工也自发捐助10万元。闫晓平积极践行一个民营企业家的社会责任，2009年公司与自治区团委联合设立“伊品爱心基金”，计划每年捐赠200万元共计1000万元帮助家庭经济困难大学生顺利完成学业。

促进员工与企业共同进步

闫晓平坚持文化管理企业的理念，将竞争意识、创新意识、市场意识、安全意识、责任意识、职业化等思想融入企业文化建设之中。“遵道敬德”是公司司训，也是闫晓平多年来坚持的工作理念，更是成就伊品多年来快速发展的基石。公司党、工、团等组织健全并结合各自的特点开展工作。企业建有内外部网站、《伊品纵横》报、《跋涉》杂志、广播站、电子阅览室；党、工、团经常性地举办文艺、体育活动，丰富员工的业余文化生活。公司通过内部实施“创先争优”“模范示范岗”、合理化建议等活动及推进ISO 9001、HACCP认证等工作，使伊品的厂区、车间呈现出规范、有序、整洁、美化的整体形象。

闫晓平积极促进员工的继续教育，公司为员工创建培训平台提升员工的职业技能，还设立以关爱员工生活为重点的“员工互助基金”，为家庭困难的员工排忧解难；企业倡导感恩精神，每年都以不同的主题开展企业感恩节活动，号召员工关爱家庭，关爱社会。

余少雄

余少雄：男，1960年出生，高级工程师、高级经济师、高级职业经理人、美术艺术专业导师，现任深圳市奇信建设集团股份有限公司董事、总经理，兼任中国建筑装饰行业信息技术应用科学研究院院长，广东工业大学、深圳职业技术学院客座教授等职务。

他热衷管理学术研究，凭借优秀的企业经理管理能力、文化素养及个人领导魅力荣获中国建筑装饰30年优秀企业家、中国企业管理创新人物功勋奖等多项荣誉。在他担任奇信股份总裁的8年里，凭借其出众的管理才能和优秀的职业品德，带领企业不断发展壮大，公司综合实力不断增强，2015年总资产上升至27.9亿元、营业收入25.3亿元、纳税1.2亿元，排名中国建筑装饰行业第7位。他大胆创新，特别是工程项目管理集成系统，实现了施工项目全方位的信息化管理，并在国家住建部信息化科技示范项目立项，引领行业翘楚。

装饰建筑　美化生活

余少雄专注于企业管理理论与实践，在全国建筑装饰行业内有较高影响力，是一名具有丰富管理学识与实践的专家型企业家。余少雄注重持续学习，先后在多所大学深造，曾赴美国斯坦福大学及硅谷地区、日韩等地深度学习，不断扩展视野，提升领导力。

余少雄热衷管理学术研究，其多篇论文获清华大学深圳研究生院优秀论文奖、中国管理科学研究院人文科学研究所优秀创新成果特等奖、一等奖等，多篇论文收录于中共中央党校出版社出版的《中国思想政治工作年鉴》中。余少雄多才多艺，注重文化修养，其书画作品多次参加国家、省市和军队书画展并获大奖。

余少雄凭借优秀的企业经理管理能力、文化素养及个人领导魅力荣获中国建筑装饰 30 年优秀企业家、中国企业管理创新人物功勋奖、全国企业文化建设突出贡献人物等多项荣誉。

深化经营管理改革　布局海外市场

余少雄大胆创新，努力推动公司全面改革：推行信息化建设，特别是工程项目管理集成系统，并在国家住建部信息化科技示范项目立项；全面导入与推行内控管理，规范财务管理制度；建立健全法人治理结构，实现公司从传统管理向现代化管理的转变；以成本控制为目标，不断提高企业内部市场的管理水平；集中优势资源，加强政策支持和机制调配，在不断提升企业自我积累、自我发展能力的同时，合理确定市场定位；提高公司应对市场变化与抗风险的能力。2015 年年底，余少雄带领奇信股份登陆 A 股资本市场，创造了奇信股份发展历程的又一座丰碑。

奇信股份在余少雄带领下，深刻领悟党中央“一带一路”战略布局，明确提出了“加快实施走出去战略”，积极参与境外基础设施建设和产能合作。公司成立海外事业部，利用 APEC 峰会、南亚博览会等国际性重大活动及市场带来的机遇，积极参与相关工程项目建设。

在余少雄担任奇信股份总裁的 8 年里，凭借其出众的管理才能和优秀的职业品德，带领企业不断发展壮大。2015 年总资产上升至 27.9 亿元、营业收入 25.3 亿元、纳税 1.2 亿元（截至 2015 年 9 月份数据），2014 年排名中国建筑装饰行业百强第 7 位；公司现拥有六项建筑装饰施工、设计壹级或甲级资质，业务范围涵盖海内外高端市场，创造多项优质精品工程，多次荣获中国建筑工程鲁班奖、中国建筑工程装饰奖、全国建筑装饰科技创新奖等行业最高奖项。

强化团队建设　技术创新取得突破

余少雄充分认识到人才对企业发展的基础性作用，努力形成高质量发展的人力资源保障；强化校企合作，搭建人才培养平台，逐步完善企业引进人才、留住人才、用好人才的体制和机制。余少雄开展中高级人才评估及人才地图工作，打造学习型、创新型组织，形成企业在人才、技术上的核心竞争力；坚持以企业内部持续性的思想、业务、技术教育，全面提升员工的思想、技术素质，塑造高素质、满足企业发展要求、有作为的施工力量、设计队伍和管理团队。

余少雄担任奇信股份总裁以来，加大新材料、新技术、新工艺的技术创新和专利研发力度，努力打造具有核心竞争力、自主知识产权和知名品牌企业。其个人成功申报了发明专利 1 项、实用新型专利 5 项、深圳市建设工程市级工法 1 项。

余少雄不断加强工程技术创新，公司拥有一批科技示范工程，带动了以项目为载体的创新，提高了管理创新与技术创新相结合的能力，信息化、智能化技术应用水平有很大提高，进一步实现设计、生产加工、现场作业、仓库管理等全过程的智能化控制。奇信股份越来越多的工程荣获“中国建筑工程装饰奖”“全国建筑装饰行业科技示范工程”，技术进步幅度越来越大。奇信股份目前已取得全国建筑装饰行业科技创新成果奖 11 项、全国建筑装饰行业科技示范工程 16 个、全国建筑装饰科技创新奖 4 项、发明专利 2 项、实用新型专利 23 项。

重视企业文化建设　践行企业社会责任

奇信股份始终把企业文化作为企业管理与建设的重中之重，公司于 2014 年 12 月挂牌成为全国企业文化示范基地。余少雄通过倡导企业文化，发扬个人领导魅力，将大批人才团结起来，合理分配岗位与职责，使各个员工、干部各得其所，发挥所长。

公司高度重视企业品牌的建设，提示企业品牌形象，承担社会责任。余少雄带领奇信股份坚守“信于守诺”的经营宗旨，公司荣获国家守合同重信用企业，连续十六年（1999—2014 年）荣获广东省守合同重信用企业。结合“资源节约型、环境友好型”行业建设和绿色生活方式的推广实施，奇信股份施行绿色低碳设计，大幅度提高标准化、工业化部件部品比重，掌握产业化、节能化、环保化的管理与技术。公司荣获中国建筑装饰绿色环保设计 50 强企业。

公司连续三年纳税逾亿元，多年被评为深圳市和谐劳动关系先进企业，奇信股份长期坚持以劳动法为依据进行人力资源管理，以人为本，积极保障员工的合法权益，构建和发展和谐稳定的劳动关系。公司各级管理人员与项目部工程技术人员密切配合，对施工现场严格把关。在全公司范围内积极组织开展平安企业创建活动，全面推进企业各项安全生产管理。公司获评全国安全生产优秀施工企业，参建的工程荣获国家级安全文明工地等荣誉。

公司踊跃投身各类公益事业，如捐资助教、抗震救灾、扶贫济困、社区建设等。自公司成立以来，奇信与政府部门、行业合作伙伴、教育机构以及社区机构通力协作，为教育、环境以及经济发展等领域提供支持。

深圳市沃特新材料股份有限公司董事长

吴　宪

吴宪：女，46 岁，深圳市沃特新材料股份有限公司董事长，深圳市高分子行业协会会长，深圳市政协委员。

她 2001 年创办沃特，以“诚信、纳贤、创新、超越”的方针，引领沃特成为高分子行业的领军企业。十几年来，她整合国内外资源，带领沃特成功引进 PPE 技术，填补了国家“十五”计划的产业空白；沃特应用于航天航空领域的第四代特种芳纶项目是深圳市政府重大技术攻关项目并顺利通过深圳市科创委验收。沃特全面收购并落户江苏的韩国三星液晶高分子材料业务于 2015 年成功试产，成为国内规模最大、技术最优的液晶高分子材料供应商。她将企业技术及业务的创新发展视为企业的血和肉，而企业的管理体系创新则被其视为走向成功的基石。文化是她为企业打造的灵魂。弘扬“欣赏、理解、宽容”的文化理念，视每一位供应商、客户、员工为伙伴，秉承利他之心，在成就合作伙伴的过程中实现企业价值。

高分子行业　风光无限

自2001年创办沃特以来，吴宪一直遵循“诚信、纳贤、创新、超越”的办事方针，引领企业成为高分子行业的领头羊，沃特现已成为：国家高新技术企业、广东省工程技术研究开发中心、深圳特种纤维复合材料工程技术研究开发中心、四川大学产学研中心。同时，沃特还荣获中国特种高分子行业10强企业、中国100家最具发展潜力品牌企业、广东省守合同重信用企业、深圳市质量百强企业、深圳中小企业最佳雇主等奖项，拥有自主知识产权国内外的发明专利200余项，并多次荣获产业基地所在政府颁发的科技进步奖。

深化改革　创新发展

超前的创新思维一直是吴宪夯实企业根基，引领企业发展的内在推动力。早在2002年，吴宪整合国内外资源，带领沃特成功引进当时国家唯一没能国产化的PPE合成技术，填补了国家“十五”计划中工程塑料领域的产业空白；2013年，沃特应用于航天航空领域的第四代特种芳纶项目成为深圳市政府重大技术攻关项目，并于2015年顺利通过深圳市科创委验收；2014年，沃特全面收购韩国三星液晶高分子材料业务，落户江苏并于2015年成功试产，成为国内规模最大、技术最优的液晶高分子材料供应商。

吴宪将企业技术及业务的创新发展视为企业的血和肉，而企业的管理体系创新则被其视为企业走向成功的基石。沃特大力引进韩国、日本等国的先进管理团队，全面深化企业管理体系改革，强化企业精益制造系统。同时，沃特在高分子行业率先建立市场、研发、采购三位一体运作体系，为客户量身定做产品解决方案，极大提高了业务运行效率，为客户提供坚实的品质保障。

持续提高硬件保障　推动环保科技发展

沃特研发制造的功能高分子材料现已在电子电气、交通、办公自动化等领域得到了大量的应用，这些高分子材料代替了大量的金属材料使用，大大降低了传统材料对环境的污染和对资源的浪费。沃特是国内最早推行欧盟 RoHS 指令标准的企业之一，从源头上杜绝了塑料材料中的重金属和有毒有机物对人体和环境的危害。沃特大力推行的环保工程塑料充分考虑到产品更新换代带来的环境问题，公司产品可经反复加工仍保持良好的材料性能。同时，沃特积极关注高分子材料在新能源环保领域的应用，产品在水处理、新能源等领域具有较强的竞争力。

沃特的技术创新与产品进阶离不开其硬件的有力支撑。多年来，吴宪一直注重提高沃特的硬件配置以匹配产品创新需要，使沃特的硬件配置始终处于行业领先水平。以 WP、BUSS、LEISTRITZ、TOSHIBA 等进口设备为主的生产阵营，以及德国原装布拉本达失重式喂料系统，瑞士配色系统，全套进口万能材料试验机，热变形仪，冲击仪，熔融指数仪，原子吸收分光仪、岛津气相色谱质谱联用仪、美国阿特拉斯氙灯紫外老化测试仪、日立扫描电子显微镜、转矩流变仪等检测设备，为客户提供了坚实的硬件保障。目前正在兴建的沃特江苏新材料产业园，总投资 8 亿元人民币，规则用地 200 亩，力求建设综合配置全球最高端的新材料制造基地。

沃特的所有产品均已通过 SGS 的 ISO 9001 质量管理体系认证、ISO 14001 环境管理体系认证、TS 16949 汽车行业质量管理体系认证、系列美国 UL 认证、并严格执行现行欧盟 RoHS 指令标准。

秉承利他之心　弘扬伙伴文化

吴宪将企业文化视为企业的灵魂，是企业持续创新发展的不竭动力。沃特的“伙伴”文化，以“欣赏、理解、宽容”的文化理念，视沃特的每一个供应商与客户为伙伴，秉承利他之心，以“在成就合作伙伴的过程中实现企业价值”为导向，力求与每一位与沃特合作的上下游客商携手合作，伙伴共赢。沃特也视每一位员工为伙伴，全力为每一位员工搭建一个创业的平台，实现个人创业梦想。沃特重金为员工设立“共同成长奖”“共同成就奖”“终身成就奖”，鼓励员工陪伴公司一同成长，成就公司的同时也成就自己的员工。

沃特永怀感恩之心，以自身的实力和影响力回报社会，在吴宪的倡导下成立“沃特爱心基金会”。基金会本着以“互帮互助，滴水成河”的宗旨、自愿交纳的原则，号召沃特的伙伴们每日积攒一分钱，尽绵薄之力于每一位需要之人。沃特爱心基金会以援助社会弱势群体为己任，在真诚关爱中为我们身边的不幸送去支持与关怀，用每一位员工的爱浇注人间感恩的长河。

热心行业发展　推动行业进步

创新发展企业的同时，吴宪也一直积极参与投入各项社会职务。她是深圳市高分子行业协会第一位民选投票产生的会长。任职期间，吴宪一直以促进和壮大深圳高分子产业为己任，在产业的高度为各高分子企业谋求发展，带领协会荣获 AAAAA 级行业协会殊荣，守护高分子企业良性成长。

吴宪还担任深圳市社会组织总会副会长、深圳市企业联合会副会长、深圳市企业家协会副会长、深圳市女企业家协会副会长、深圳市功能高分子产业联盟理事长等社会公职，与深圳企业家一起，为深圳经济建设与企业发展做出努力。同时，吴宪也获得深圳十大杰出女企业家、深圳百名行业领军人物、亚太地区最受尊敬企业家、2012 中国经济优秀人物、2015 年杰出创业女性等荣誉称号。

吴宪个人在行业的出色表现及较高声誉，受到了政府及协会的极力推荐，2015 年，吴宪作为科学技术界的代表，当选为深圳市政协委员。在任以来，吴宪积极建言献策，为推动材料行业发展及产业技术的深化、为深圳经济社会的进步做出积极贡献。

厦门建发集团有限公司董事长

吴小敏

吴小敏:女，61 岁，高级经济师，福建省人大代表、厦门市人大代表，2011 年 9 月至今任建发集团党委书记，2014 年 5 月至今任建发集团董事长。

她自 2000 年担任建发集团主要负责人以来，根据市场环境的变化和企业竞争的需要，积极推进公司管理体制和经营机制的改革，不断完善、规范现代企业制度，使企业的竞争力得到不断提升。同时，她坚持创新驱动，与时俱进转变企业发展方式，积极推进商业模式和管理模式的创新，抓住机遇，不断拓展新的业务领域、寻求企业新的发展契机，有效地推动了企业规模不断扩大、企业实力不断增强。建发集团年营业收入从 2000 年的近 60 亿元增长至 2014 年的 1200 亿元，资产总额从 2000 年的近 50 亿元增长至目前超过 1100 亿元，成为福建省首家年营业收入与资产总额双双突破“千亿”的国有企业。2015 年，建发集团位居中国企业 500 强第 116 名、中国服务业 500 强第 44 名，是福建省排名最靠前的非金融类企业。

巾帼建功　竞争领域闯新路

高瞻远瞩　锐意创新

建发集团所从事的主要业务都在非垄断性领域，多属于高度竞争性的行业。然而，建发人却硬是在竞争性领域闯出一条国企改革发展之路。据统计，建发集团年营业收入从 2000 年的近 60 亿元增长至 2014 年的 1200 亿元，资产总额从 2000 年的近 50 亿元增长至目前超过 1100 亿元，两项指标在 15 年间增幅超过 20 倍，成为福建省首家年营业收入与资产总额双双突破“千亿”的国有企业；2015 年，建发集团位居“中国企业 500 强”第 116 名、“中国服务业 500 强”第 44 名，是福建省排名最靠前的非金融类企业。

这组靓丽数据的背后，离不开作为建发集团主要负责人吴小敏的努力与贡献。自 2000 年担任建发集团主要负责人以来，吴小敏积极推进公司管理体制和经营机制的改革，不断完善、规范现代企业制度；坚持转变企业发展方式，积极推进商业模式和管理模式的创新，不断拓展新的业务领域、在逆势中取得良好的业绩，实现了跨越式发展。

近年来，吴小敏在主导企业生产经营和资本运作的同时，在决策体制、审计监督、危机处理、分配体制、管理框架等方面采取了一系列的改革举措，收到了良好的效果，体现了较强的管理水平。

建立现代企业制度，构筑大集团发展战略，大力推进所属企业实施法人治理结构的进程。目前，建发在集团公司和所属的法人企业均设立董事会，并委派监事，按照公司章程和《公司法》制定各企业董事会与总经理职权制度，形成董事会与总经理权力制约机制，构建企业的运行、管理、约束机制，促进这些企业健康发展。

完善决策机制，设立投资项目初审委员会等相应机构协助董事会做好决策的前期工作；改革分配制度，实现个人收入与岗位职责和贡献的挂钩，并根据集团发展形势，实施了由集团内各行业依照各自行业用工标准，实行有利于本行业发展的薪资、福利体系的办法；建立年终干部考核制度，不断完善不同层次、不同岗位的干部任职条件、考核标准和方法；加强审计工作力度，设立审计委员会和审计部等专门审计机构，加强对集团各企业的内审，加强了对经营管理的监督力度。

2014 年担任建发集团董事长，吴小敏亲自主持集团战略委员会工作，2014 年 9 月，建发集团提前启动了新一轮战略发展规划的制定工作。2015 年 5 月，经公司董事会批准，《建发集团 2016—2020 年战略发展规划》正式确定，为公司下一阶段的转型、创新发展提供了方向指引。

作为福建省唯一入围的女企业家，吴小敏跻身《财富》（中文版）2015“中国最具影响力的 25 位商界女性”排行榜第 8 位。

创造良好企业发展环境

吴小敏高度重视企业文化建设、团队建设和干部队伍建设，努力营造把追求建发事业与实现干部员工自我价值相融合的良好环境。如今，建发形成了以“团结、敬业、诚信、进取”为核心的企业文化氛围，公司被评为全国劳动关系和谐企业、福建省文明单位等。吴小敏一方面善于搞好经营班子的团结，在干部员工中享有很高的威信；另一方面对干部员工严格要求，为公司培养了一大批能力强、业务精的骨干队伍。

吴小敏一贯奉行依法经营、信诺履约的经营方针，建发集团建立了一套切实可行的合同管理制度和严格的合同审核体系，多年来，建发集团屡获全国以及省、市守合同重信用企业，2015 年 1 月，中诚信国际信用评级有限责任公司给予建发集团主体信用等级为 AAA 级、评级展望为稳定。

吴小敏充分认识到安全生产工作的重要性，将安全工作放在与企业发展同等重要的位置，不断建立健全安全生产工作责任制，同时加强宣传、教育和管理，为集团的健康发展创造了良好的安全环境。

履行社会责任　促进和谐发展

从 2000 年至今，建发集团及所属企业缴纳各种税金合计超过 440 亿元人民币。建发集团旗下各行业集团及所属企业纷纷成为公司所在地的纳税特大户或纳税大户或纳税信用 A 级企业，其中，建发股份公司、建发房地产集团、联发集团等还上榜福建省纳税百强企业。截至 2015 年 12 月，建发集团为社会直接创造就业机会超过 1.7 万个。

建发集团涉足公益的领域从捐资助学、扶贫济困，到双拥共建、灾难救助，从公共建筑到支持文化体育、医疗卫生、绿色环保。近 10 年来，建发集团在大型公建项目等方面的投入近 100 亿元；连续 13 年（从 2005—2018 年）总冠名赞助厦门国际马拉松赛；2007 年建立的“建发房产慈善基金”截至 2015 年总投入已达 5000 万元；捐资 20 亿元于 2013 年发起设立了“厦门仁爱医疗基金会”；连续 20 年结对帮扶厦门市海拔最高的行政村——同安区白交祠村……

2015 年 11 月，建发集团承办了“厦门国际时尚周”活动，同月，承办全国电子竞技大赛（NEST）2015 总决赛，有力推动了厦门打造成为国内乃至亚洲地区电竞运动的高地。

长期以来，建发集团旗下的建发房地产集团、联发集团，一直致力于争做绿色房企，公司近年来采取了许多实效的措施和努力，不断提升环保施工水平。另外，公司根据会展行业特点，也特别注重展会过程的绿色管理；而建发旗下酒店则根据自身实际情况，积极开展节能降耗减排等环保工作，致力于打造“绿色酒店”；上市公司建发股份则是身体力行开展“绿色供应链”运营。

吴小敏和建发集团近年来屡获殊荣：中国红十字勋章、福建省红十字人道金质奖章、厦门市捐资兴学尊师重教模范单位（金奖）、厦门市发展老年慈善事业贡献单位（金质奖）等。

中国黄金集团公司总经理、党委书记

宋　鑫

宋鑫:男，1962年出生，博士，教授级高级工程师、注册安全工程师，现任中国黄金集团公司总经理、党委书记，中金黄金股份董事长、法定代表人，中金国际董事会主席兼执行董事，中金香港董事长、授权代表，中国黄金协会第三届理事会会长，中国企业联合会、中国企业家协会第八届理事会副会长，中国有色金属工业协会副会长。

宋鑫曾先后任国家黄金管理局、黄金总公司基建处副处长，冶金部黄金管理局生产建设协调处处长，中国黄金总公司副总经理、经贸委黄金局副总工程师、党委委员、河南金源董事长、中金黄金董事长，中国黄金集团公司副总经理、党委委员，西藏华泰龙董事长，中金黄金董事，中金国际首席执行官、执行董事。

宋鑫曾荣获国土资源部青藏高原地质理论创新与找矿重大突破先进个人、中国有色金属工业协会第八届有色金属行业有影响力人物、中国上市公司诚信人物、中国有色金属工业境外资源开发战略功勋人物等荣誉称号。

屹立于世界黄金矿业之林

从2013年下半年开始，金价几次出现了断崖式“跳水”，并持续低位运行，让中国产金企业生产经营压力陡然增大，作为我国黄金行业唯一中央企业的中国黄金集团公司（以下简称中国黄金），同样遇到了前所未有的困难和挑战。在这个严峻的时刻，宋鑫出任中国黄金总经理、党委书记。面对困难和挑战，宋鑫和新一届领导班子，团结带领中国黄金全体干部职工，不断优化调整发展战略，全面推进改革创新，实现了平稳较快发展。截至2014年年底，中国黄金资产总额从2010年的422亿元增长到887.3亿元；营业收入从518亿元增长到1213.4亿元；矿产金产量从32吨增长到40.16吨，矿山铜产量从微量增长到11.09万吨；黄金资源储量从2010年的1300吨增加到1847.45吨，继续保持国内黄金行业首位；铜从800万吨增加到1143.41万吨，钼从140万吨增加到197.27万吨，分别排名全国第四和第三。目前，中国黄金的黄金资源储量、矿产金产量、精炼金产量、黄金投资产品市场占有率、黄金选冶技术水平、上海黄金交易所综合类会员实物黄金交易量6项指标位居国内行业第一。同时，中国黄金还是国内唯一一家获得国际黄金业界最高信用评级（BBB级）的黄金企业。

宋鑫曾荣获国土资源部青藏高原地质理论创新与找矿重大突破先进个人、中国有色金属工业协会第八届有色金属行业有影响力人物、中国上市公司诚信人物、中国有色金属工业境外资源开发战略功勋人物等荣誉称号。

推进战略转型　优化经营管理　增强竞争实力

面对黄金和主要矿产品价格大幅下滑的压力，宋鑫有针对性地提出了“稳中求实，稳中求进，稳中求优，效益为先”的工作总基调，调整确立了“1234”发展战略，以优化“五率”、降低“五费”、降本增效、大宗物资集中采购为抓手，通过实施资源领先战略、贯彻“建设不完、优化不止”的理念、夯实安全环保基础、注重人才队伍建设、推进科技创新、强化资本运作等措施，提升了经济效益，实现了逆势发展。2015 年前 3 季度，中国黄金累计生产矿产金 30.54 吨，矿山铜 9.06 万吨，实现营业收入 859.2 亿元，总资产 984.71 亿元，各项指标均好于预期。宋鑫把优化“五率”练内功作为提高企业竞争力的重要抓手，启动了降低“五费”强管理工作，不断进行深度挖潜，取得了积极成效。降本增效工作扎实推进，通过大力实施大宗物资集中采购，2015 年前 9 个月节约费用约 8573 万元。宋鑫通过科学规划、快速组织实施一批大基地、大项目，夯实了中国黄金成长竞争力。2015 年以来，累计完成投资 116 亿元，建成投产 11 个项目，新增处理矿石规模 9 万吨 / 日，新增黄金生产能力 11.3 吨 / 年。中原冶炼厂项目建成后将成为亚洲最大的黄金综合回收冶炼企业，这既是中国黄金冶炼项目的重大突破，更是我国自主研发的世界领先的“富氧底吹造琉捕金”技术首次在黄金行业的成功应用。同时宋鑫积极倡导“设计上的节约是最大的节约，设计上的浪费是最大的浪费”和“建设不完、优化不止”的项目投资理念，通过持续不断的优化，2014 年以来，在建及可研的项目合计减少投资 46.8 亿元。

推动资源开发和探矿增储工作　加强产学研结合　履行社会责任

面对不利的市场环境和资金成本压力，宋鑫要求确保地质探矿投入不减少。截至 2015 年 9 月底，中国黄金地质探矿、生产探矿累计投入资金 3.04元，完成坑探、钻探25.9万米，新增金资源量26.03吨，铜金属量3.04 万吨。目前，中国黄金共有矿业权 273 个，面积 3087.28 平方公里（其中采矿权 112 个，面积 408.76 平方公里；探矿权 161 个，面积 2678.52 平方公里）。保有资源储量：金属量 1866 吨，继续保持国内第一；铜 1067 万吨；钼 207 万吨；铅 118 万吨；锌 72 万吨；银 1.15 万吨。宋鑫十分重视人才培养和科技创新，不断打造技术创新基地和高端人才培养平台，持续增加科技投入，占领发展制高点。2014 年，中国黄金投入 1.38 亿元，开展重大科技项目7个，其中有两个国家“十二五”科技支撑项目，有效提升了集团的自主创新能力和核心竞争力。中国黄金还参加了国家安监总局“四个一批”项目中深井课题的研究，针对滑坡、岩爆、深井开采等技术难题，积极开展技术攻关。中国黄金参与组建“中国矿业协同创新联盟”，作为主起草单位制定完成的三项国家强制性标准（《金矿开采单位产品能源消耗限额》《金矿选冶单位产品能源消耗限额》和《金精炼单位产品能源消耗限额》），获得国家质量监督检验检疫总局、国家标准化管理委员会批准。

宋鑫要求中国黄金各权属企业始终把健康安全环保作为第一责任、第一使命来抓，牢固树立科学发展、安全发展、绿色和谐发展理念，始终坚守红线意识、坚持底线思维，狠抓本质安全，认真组织学习贯彻新安全环保法，继续大力实施安全环保绿化美化工程，进一步加大健康安全环保资金投入。截至2014年年底，共有30家矿山成为国家级绿色矿山试点单位。中国黄金自2011年以来，连续发布社会责任报告，其中2013年、2014年度社会责任报告连续荣获中国社科院五星级评价。中国黄金通过打造“资源节约型、环境友好型、企地和谐型、员工幸福型、发展持续型”五型矿山，着力改善职工工作和生活条件，大力提升职工幸福指数。

把握“一带一路”战略机遇 “走出去”迈出坚实步伐

2015年5月，在两国领导人共同见证下，宋鑫代表中国黄金与俄罗斯最大的黄金生产企业极地黄金公司成功签署合作协议。同时中国黄金还在“一带一路”沿线密切跟踪了一批海外项目，并在项目总承包、设备进出口、含金铜物料进出口、国际物流贸易、设计承揽、科技研发等业务上寻找合作机会，开启了中国黄金在国家“一带一路”战略下的“走出去”新征程。2015年，中国黄金正式成为世界黄金协会唯一一家中国的董事会成员。中国黄金将通过该协会，在世界黄金行业中扮演更积极的角色，通过不断加强与世界领先黄金矿业公司的互动和交流，促进全球特别是欧美市场对中国黄金市场的了解，增强中国黄金行业的国际影响力。

现代投资股份有限公司董事长

宋伟杰

宋伟杰：男，50岁，经济学博士、经济学研究员、高级经济师，现代投资董事长，湖南十大杰出经济人物。

在他的带领下，到2015年年底，现代投资建设、经营、管理的高速公路里程由成立之初的26公里增加至371公里，增长14倍。公司上市16年以来，资产总额从上市前的19.05亿元增至188.11亿元，增长8.87倍。在国内公路运输行业上市公司中，现代投资的每股收益一直排名前列，负债率较低，在资本市场树立起“现代投资”品牌，探索出了高速公路经营管理的新模式。他提出的“至诚无息，同欲至胜”的公司文化也渐渐享誉全国，被评为了全国企业文化优秀案例、全国交通企业文化建设优秀单位，获得了全国企业文化优秀成果奖，被授予了全国企业文化示范基地，成为我国公路系统的第一家全国企业文化示范基地。他本人也先后荣获了全国企业文化突出贡献人物、全国交通企业文化建设先进个人、全省交通企业精神文明建设先进个人等称号。

善思致智　仁义至善

自2001年担任现代投资董事长以来，宋伟杰带领全体员工实现了公司的跨越发展，并先后在《经济学动态》《经济研究参考》等国家经济学顶级刊物上，发表了《对我国企业债券市场若干基本范畴的理论分析》等数十篇专业论文，出版了《我国证券公司规范发展核心问题研究》等专著。被授予省直机关优秀共产党员、湖南十大杰出经济人物、湖南省优秀创新企业家、当代湖南杰出经济人物、和谐中国·2008年度十大影响力人物、改革开放十大创新人物和全国先进生产力杰出人物等荣誉称号。

分析了一种形势

现代投资是湖南交通运输系统唯一一家公路上市公司，宋伟杰认为公路类上市公司不可避免地受到国家宏观政策的影响和行业发展趋势的制约，存在着“一二一”的严峻状况。即：“一个硬伤”，公路的收费经营期限最长不超过30年，收费经营期一到，公司的公路资产就要无偿交还给政府；“两个人力不可抗拒因素”，一个因素是定价原则，即通行收费标准不是由市场定价而是由政府来定价，另一个因素是市场占有率，公司的通行费收入只有随着国民经济的整体发展，车流量不断增长，入才能相应增加。“一个严峻形势”，也就是随着经济社会形势变化和政府财力的日渐增强，政府可能会对高速公路经营权年限进行回购。

打造了一种模式

宋伟杰提出“路为基础，跨业发展，走出湖南”的战略。“路为基础”就是经营管理好目前所辖的4条高速公路，为湖南省交通运输事业的发展继续做贡献。“跨业发展”是尽量向垄断或半垄断行业，以及政府扶持的行业和产业发展。“走出湖南”主要是向北京、上海、广州、深圳等资金、技术、信息、人才比较集中的地域发展。

根据这一发展战略，由现代投资在湖南西部投资81.9亿元建设溆怀高速公路，投资26.86亿元进行京港澳高速公路潭耒段提质改造，溆怀项获得了2014年湖南省五一劳动奖状。除主业外，现代投资涉及期货、担保、小贷、环保、酒店等领域。其中，旗下的子公司子公司现代威保特是生活垃圾处理处置领域湖南第一家能提供投资、建设、设备制造、技术服务、项目运营等全产业链服务的企业，2013年被国家环保部确定为全国环境金融服务试点企业。2014年年初，宋伟杰又提出，用5年的时间来对现有的7家子公司进行优化整合、转型升级，全力构建现代投资的金融平台、财富管理平台、主业外实业投资平台，走专业化、规模化的可持续发展之路。

创立了一种文化

宋伟杰创立和培育了“至诚无息，同欲至胜”这一独特的精神气质和价值标志。在现代投资，“至诚”是对公司和员工的道德要求，“无息”是过程要求，“同欲”是行为要求，“至胜”是目标要求，四者是相互联系、相互促进的有机统一体。2014年，宋伟杰根据对社会主义核心价值观的学习、理解，又在现代投资系统大力倡导和培育“忠诚、好学、用心、上进、自律、知足”6种正能量。在党的群众路线教育实践活动中，他跑遍了公司所有的收费站、养护所和分子公司，记录、整理、归纳了关于“四风”问题、公司发展的意见共5大类26条，并多次主持召开公司办公会和党委会进行专题研究，迅速落实整改；他主导并力推实施“对口联系点”制度，切实做到“联络感情，了解情况，发现问题，解决困难”。2013年，现代投资克服困难，通过保畅保收、堵漏增收、文明促收、监控督收、路网争收，全年通行费收入15.84亿元，完成营业收入20亿元，净利润5.4亿元，成为了湖南省经营高速公路的重要企业。

现代投资的公司文化也享誉全国，被评为全国企业文化优秀案例、全国交通企业文化建设优秀单位，获得了全国企业文化优秀成果奖，成为我国交通运输系统的第一家全国企业文化示范基地。宋伟杰本人也先后荣获了全国企业文化突出贡献人物、全国交通企业文化建设先进个人、全省交通企业精神文明建设先进个人等称号。

诠释了一种精神

宋伟杰倡导“用心、专业、特色、超值”的服务理念，在全国首次提出高速公路经营企业“以顾客价值为导向”的优化管理理念。从 2006 开始，现代投资一直是湖南省本级缴纳企业所得税最多的公司之一，连续多年被湖南省委、省政府授予“全省纳税 50 强”称号，累计缴纳税费 40 亿元以上。

2008 年特大冰雪自然灾害发生时，宋伟杰率公司全体员工全力投入抗灾，虽然灾害直接影响现代投资通行费收入 1 亿元，但现代投资还主动承担保畅通费用 5000 万元，得到了党中央、国务院和交通运输部的高度肯定。“5・12”汶川地震发生后，宋伟杰号召公司全体员工第一时间捐款捐物，向灾区捐赠了 260 万元的交通抢险设备和器械；现代投资带领的湖南省交通抢险队是全国交通系统第一支入川抢险队，在余震不断的危险情况下，宋伟杰亲自奔赴灾区，向董事会争取 2000 万元捐助款。

2011 年，公司投入 6200 万元，由宋伟杰挂帅，克服了建设工期短，任务紧迫的巨大压力，用两个月的时间完成了长永高速公路全线亮化工程；2012 年，宋伟杰又集中公司高管层智慧，圆满完成了湖南省政府、省交通运输厅关于全省高速公路管理体制改革“先行先试”的要求，实现了改革的平稳过渡；宋伟杰多年来一直坚持捐资助学和扶贫帮困，现代投资已捐建希望小学 11 所，“爱心励志基金”9 个，为公益事业的累计捐赠将近 5000 万元，累计承担了社会公用事业费用 6 亿多元。

新疆燕京啤酒有限公司董事长、总经理、党委书记

张　旺

张旺：男，1964 年 3 月出生，机械助理工程师，现任新疆燕京啤酒有限公司董事长、总经理兼党委书记。

2015 年是经营环境最差的一年。面对经济下滑，市场竞争残酷复杂的经营环境，他沉着冷静、从容、从快应对，不与竞品搞价格战，而是用促销的多样化抢占终端。他积极组织公司高管和生产技术人员一起研究如何提高消费者对公司产品的认知度，美誉度，从而增加消费需求。凭借一流的产品质量，优质的售后服务，2015 年的中高端啤酒销量有了很大提高，啤酒吨酒收入上升 5.0%。

生产系统就是成本和质量中心，他不断建立健全优化内部管理机制，2015 年，公司千升酒粮耗比上年同期下降 1.86%。2015 年，在他带领下，企业经营稳步发展，实现利润总额 3000 余万元。

天山脚下美酒香

张旺1992年7月入北京燕京啤酒厂工作，2009年7月到新疆，先后任新疆燕京啤酒有限公司总经理，新疆燕京啤酒有限公司董事长、总经理兼燕京（阿拉尔）啤酒有限公司、新疆燕京农产品开发有限公司董事长，中共新疆燕京公司委员会党委书记。在新疆公司期间，张旺多次被国家级石河子经济技术开发区表彰为关爱企业好业主和优秀党务工作者，连续5年荣获北京燕京啤酒股份公司“优秀企业家”，2014年被北京控股集团表彰为管理创新先进个人。

以变革求发展

张旺坚持“与国际先进企业接轨”的治厂理念，首先从完善企业内部管理制度入手，通过开展精益生产、安全生产标准化、6S管理、三大质量体系认证，将ISO 9000管理模式导入企业管理，推行全面预算管理和新的绩效考核体系。新的考评机制的实施既保证了企业效益，也极大地提高了员工收入。通过实施《降本增利奖励办法》《大宗（物资）招投标制度》和《合理化建议》，节能降耗成效显著。为鼓励干部员工投入到节能降耗的活动当中，张旺坚持将创新元素纳入评先标准当中；在保证市场供应的同时，公司把各项能耗、物耗进行细化、量化，各项指标落实到岗、到人、到部门。2015年，公司千升酒粮耗比去年同期下降1.86%。

为改善啤酒的风味口感，张旺亲自组织并成立了“麦汁浊度、煮沸强度、清酒溶解氧、包装PU值、成品酒瓶颈空气”5个攻关小组，从目前运行情况看，麦汁浊度、煮沸强度、包装PU值都得到了有效控制和提升，低压煮沸试验也获得成功并上线运行。张旺通过组织公司内部人员品评和派员下市场调研，提升了公司产品的认知度和影响力，初步形成市场产品体系，燕京啤酒在新疆市场的战略扩张进一步增强。对于食品安全，他强调要从生产过程控制入手，严格按照工艺标准和上级文件执行，使产品的每一道工序都处于受控状态。

2015 年是经营环境最差的一年，张旺和他的同事们不搞价格战，而是用促销的多样化抢占终端。他坚持“以市场为导向，以质量求生存，靠诚信求发展”的经营宗旨，凭借一流的产品质量，优质的售后服务，2015 年的中高端啤酒销量又有了很大提高，啤酒吨酒收入上升 5.0%。

张旺积极推行人事制度的改革，中层干部任命推行竞聘上岗，实行票决制。他秉承燕京企业文化理念，坚持将传播企业文化，凝聚团队作为企业文化建设的主攻方向。他要求公司职能部室和各级党群组织，通过载体创新、活动引领、机制保障等有效措施，积极带领干部员工开展丰富多彩、形式多样的企业文化活动，以文化引领人，用精神凝聚人。作为企业高管，张旺还坚持将企业生产经营形势和国家宏观调控结合起来，教育员工树立正确的利益观、发展观、市场观和职业观。

张旺始终坚持“以人为本”的经营理念，他严格执行劳动合同制，有效实施平等协商、集体合同制度，建立企业和职工利益共同体，使广大职工的工资、福利增长与企业发展和效益增长同步。公司党委以实现企业与职工良性互动、真诚合作、共谋发展为目标，不断加强思想教育，提高职工队伍素质，加强基础环境建设，改善生产生活条件，以精神文明建设促进经济发展，把精神文明建设的成果转化为推动企业发展的动力。充分发挥工会组织依法维护职工合法权益的职能优势，积极开展劳动关系和谐企业创建活动。2012 年公司被评为全国劳动关系和谐企业和新疆生产建设兵团关爱职工好企业，并被授予自治区级文明单位。

经营管理创佳绩

燕京啤酒集团是中国唯一没有外资背景的大型民族啤酒工业企业，跻身世界八大啤酒和中国食品 500 强行列。2006 年 4 月份，新疆燕京啤酒有限公司在石河子国家级经济技术开发区破土动工，当年投产。之后，经过扩建和增建，从2007—2014年8年间，公司啤酒产销量由2007年的3万余吨增至2014年的16万吨，销售收入由6000多万元增至3亿多元，上缴利税由起初的1000多万元增至9500多万元，初步形成了以石河子、乌鲁木齐为中心，覆盖全疆的市场营销网络，并剑指中亚。在张旺与同事们的共同努力下，新疆燕京仅用几年时间，就实现了一个年产销三万吨啤酒的亏损企业到年产销17万吨啤酒的盈利企业的跨越，一跃成为新疆啤酒市场的一支“黑马”。2013年4月新疆燕京公司荣获全国五一劳动奖状。

企业社会责任

张旺在抓好生产经营，做好企业管理同时，不忘履行社会责任。建厂以来，每逢冬春季，公司积极参加各高校举办的大型招聘会，提供就业机会。公司自筹资金建成的工业旅游景点对外免费开放。此外，公司还设立了大中专毕业生见习实习基地，为即将毕业的大中专学生提供双向交流和选择的机会。据不完全统计，近年来，公司共安排社会就业人员2680人（次），目前在职员工1000余人。公司还积极参与并赞助军垦美食节、职工运动会和军垦冰雪旅游风情节；踊跃为汶川地震灾区、SOS儿童村、首都赴疆维稳特警及各类公益捐款65万，受到社会广泛好评。

作为一名人大代表，张旺积极参加各级人大及党政机关召开的会议和组织的各项活动，2015年，他提出的“关于解决企业员工住房难问题”的会议提案，作为当年民生工程列入政府优先解决。他先后为麦芽公司职工周素敏和石总场烧伤女孩邢辣捐爱心款4000余元。在他带动下，公司干部员工自发向邢辣同学捐款近4万元。

张旺积极贯彻公司安全三级教育体系，严格加强安全教育，狠抓岗位责任制落实；十分注重公司的环境保护和节能减排工作，先后投资数百万元用于污水处理设施建设，并投资50余万元新装能源在线监测系统。公司连年安全无事故，无不良污染排放记录。守法经营，按章纳税，荣获纳税信用A级企业。

宁夏天地奔牛实业集团有限公司总经理

张　林

张林：男，46岁，高级工程师，宁夏天地奔牛实业集团有限公司总经理。他长期从事煤炭行业的科研和经营管理工作，具有组织重大科研和工程项目的能力，他先后主持承担了多项重点技术创新项目的开发，将国产输送设备的技术性能、质量指标提高到同期国际先进水平，2014年带领奔牛科研团队，成功研制出世界首套智能控制刮板输送机，该机型的成功制造紧跟“中国制造2025”的强国发展战略，最显著的创新亮点为：具有限矩、限速可控软启动；全范围智能平滑调速；煤量感应的链速控制、停机松链保护；多电机功率智能协调等功能。与传统机型相比具有节能降耗、高可靠性、长寿命的优势，有效解决了传统煤炭输送装备能耗高、效率低、可靠性差、寿命短等问题，并实现采煤机、皮带机等采掘系统的双向协同作业，满足了综采、综放工作面自动化、无人化开采的需要。

倾心煤机事业　打造国际领先

张林长期从事煤炭行业的科研和科技经营管理工作，积累了较丰富的技术经验，曾获得部级以上科研成果11项，获奖5项（其中国家级奖两项），获得10项实用新型专利证书……曾被评为中国煤炭工业协会选煤分会第四届理事会理事、宁夏回族自治区“国内引才312人才计划”人员，担任天地科技股份有限公司第一届技术委员会首席科学家，2013—2014年连续两年被评为天地科技股份有限公司优秀领导人员。

创新推动进步　经营成果丰硕

近几年来，宁夏天地奔牛集团公司在张林的带领下，先后通过了ISO 9001质量管理体系认证、8大类产品取得了安标证书。张林继承和发扬“创新在每天，学习到永远”的奔牛核心价值观，面对需求不足、压力增大的困难局面，带领全体员工一手抓市场，保订货回款促增长，一手抓管理，推进“技术引领市场”战略，调整营销政策和配套资源，提升了市场营销工作的质量效率。张林倡导创新驱动理念，加快建立健全产、学、研、用一体化科技创新体系，聚焦产业结构调整，探索多元化经营，并取得成效。2011年，张林作为项目人负责人，主持“2011年国家重大科技成果转化项目”，该机型价格约为引进同类进口产品的1/3，实现产业化后，每年可为煤矿节约设备购置资金3亿元。同年，作为课题参加人，张林承担部分国家科技支撑计划课题“废旧采煤机械设备绿色清洗及关键零部件再制造技术开发及示范”，并在山东能源机械集团有限公司进行示范应用，取得良好效益。2012年，张林个人作为项目负责人，完成中央国有资本经营预算重大技术创新及产业化资金项目“槽宽1400毫米超重型刮板输送机及配套设备研制”，进一步提升我国煤机装备业在国际上的竞争地位，具有很好的社会效益。2013年，张林作为项目负责人，承担天地科技2013年度科技发展基金项目“天地科技工艺发展规划研究”，为天地科技制造工艺技术进步和快速发展起到了有效的指导作用。在张林的领导和主持下，2014年奔牛科研团队研制出世界首套智能控制刮板输送机，有效解决了传统煤炭输送装备能耗高、效率低、可靠性差、寿命短等问题，并实现采煤机、皮带机等采掘系统的双向协同作业，满足了综采、综放工作面自动化、无人化开采的需要，极大地提高了出煤效率和生产安全性，2015年10月顺利通过科技成果鉴定，整体技术指标达到国际领先水平，是中国煤机装备制造业从“制造”向“智造”迈进的革命性产品。

面对煤炭行业产能严重过剩和进口煤炭市场冲击的双重挤压，张林坚持贯彻“科技靠近前沿、技术（设计）满足需求、服务靠近现场”的指导思想，以年度、月度计划与总结方式，将公司战略落实到具体工作中。在原有年度工作计划落实情况考核模式基础上，创新实施月计划、周计划落实情况考核模式，同时将高层管理人员完成营销回款任务与个人年薪相挂钩，将管理工作做实落地。公司创新人才培养模式，制定出台了《员工挂职锻炼管理办法》，加快了公司人才培养的步伐。张林坚持“以人为本”的管理思想，2014年为克服市场萧条因素影响，采取多项措施，尽最大努力保证员工收入不降低。张林狠抓资产基础管理工作，整体提高设备管理的综合水平。

张林十分重视企业文化建设和团队建设工作，公司所属各单位设立企业文化建设领导小组，负责本单位企业文化建设工作的开展；加强宣传、学习、认同工作，并把这项活动列入对基层党支部工作的考核中，使企业文化真正成为企业发展的动力源；加强对企业文化体系的完善工作，组织《企业形象识别系统》的修订工作，使企业形象得到了快速有效传播。

近10年，公司曾入选中国大企业集团竞争力500强、中国机械工业500强、中国企业信息化500强；曾获得全国守合同重信用企业。公司主要产品有7大类，60个系列，1000多个品种规格，产品技术性能代表了目前国产综采设备的最高水平，行销全国22个省、自治区，并批量出口土耳其、印度、俄罗斯、乌克兰等国，占据1/3强的国内市场份额。“十一五”以来，公司先后承担了“年产600万吨、1000万吨、1200万吨综采工作面成套输送装备”等多个国家级技术创新项目。三个系列、23种产品获得国家级新产品、国家重大技术创新项目和国家科技创新成果重点推广项目……“奔牛”系列产品荣获国家火炬计划证书、国家重大技术创新项目、国家科技进步奖项及国家级新产品证书，拥有国家专利百余项，创新产品多次创单产原煤全国最高纪录。

重视环保　安全生产　任人唯贤

张林始终坚持守法诚信经营，高度重视环保工作，实现了废气、噪声排放达到国家排放标准，完善废水回收系统，循环生产生活用水。公司已提前完成自治区下达的“十二五”2000吨标煤的节能计划。张林认识到降本增效是公司当前的一项重点工作，实施了“挖潜降耗，降本增效”为主题的争创活动，号召全体干部、党员和员工牢固树立成本控制意识，努力创建节约型组织，确保公司实现效益最大化目标。公司制订措施方案、跟踪计划执行，深挖管理增效潜力；细化工作任务、严格考核奖惩、深化降本增效潜力。

张林始终认为“企以人兴，业以才治”，近3年，通过多种方式引进各类人才454人，为公司发展提供了人才保障；每年拿出专项资金作为培训专款，满足各类人才的培训需求，为员工增长知识才干、为企业储备人才提供了资金保障。张林致力于构建和谐劳动关系，打造高效稳定的员工队伍，使员工权益得到了相应保障，增强员工对企业的情感归属。2014年，公司被自治区人社厅评为劳动用工星级企业。张林领导公司建立安全生产长效机制，不断改善安全生产环境，完善安全生产监管工作，改革推进“生产作业周计划”管理模式。公司强化红线意识宣贯和杜邦安全管理培训，分阶段植入安全生产标准化，落实安全主体责任，全年公司实现零死亡、零重伤。

上工申贝（集团）股份有限公司董事长、党委书记

张　敏

张敏：男，1962 年出生，教授级高级工程师，现任上工申贝（集团）股份有限公司董事长、党委书记。上工申贝集团是缝制机械行业具有悠久历史的大型国有股份制上市企业。2004 年，他上任后，充分发挥上市公司的资本运营优势，着眼全球，进行引进高端技术、实施国际知名品牌战略和国际化并购的布局，彻底告别了低端竞争和低水平扩张的模式。

2005 年 6 月，集团出资并承债 3600 万欧元收购全球缝制机械第一品牌——德国杜克普公司 94.98% 股权；2013 年 3 月—2015 年，集团又收购了欧洲缝纫巨头德国百福公司 100% 的股权、并购了全球工业缝制自动化应用技术领域的领先企业——凯尔曼特种机械制造有限公司（KSL）、收购了著名编织横机制造商 H.Stoll AG&KG 26.0% 的股权，实现了在纺织和缝制设备产业链的延伸发展。集团经过 10 余年国际化经营、产业并购重组的实践和探索，培养了国际化人才，建立了先进的国际管理模式，拥有了全球领先的技术和品牌，在全球范围内实现了生产制造基地和产品结构的优化布局，经济效益显著。

上工申贝的宏伟事业

张敏，2007年全国轻工业行业劳动模范、2014年中国缝制机械行业功勋企业家、2015年上海市劳动模范和全国劳动模范，领导下的公司多次被评为中国轻工百强缝制设备行业第一名。

知难而进　创造经典并购案例

2004年6月张敏调任上工股份公司董事长兼党委书记，同年成立了上工申贝（集团）股份有限公司。张敏克服困难，将具有国际技术领先优势的DA纳入旗下，2005年7月1日，张敏履新整一年，上工申贝探索性地完成了全部报批程序和法律手续，宣告正式入主DA公司，张敏坚定地走出国门，成了“敢于吃螃蟹的人”之一。张敏把坚持“稳字当头，防范风险”作为跨国经营初期的重要指导思想，一开始留用了DA公司经营管理层的原班人马，稳定团队，推进了相应的激励制度。在归纳梳理了DA公司众人的建议之后，张敏做出了按人力成本水平进行梯度调整欧洲工厂布局的重要决策，又根据缝纫机下游产业向东方市场转移的趋势，有针对性地提出精简西欧销售机构、加强东欧和亚洲销售力量的市场策略，并以实效经营和成本控制、精细管理的思路，组织实施了促进DA公司提高经营管理水平的一系列具体措施，取得了立竿见影的效果。紧接着，他又不失时机开始了对DA公司亚洲及中国销售结构的大整合，曾多年亏损的DA公司在被并购的当年即扭亏为盈，随后几年盈利水平得以不断提高。

伴随着海外并购项目的实施，张敏也在加快对上工自身改革的同步调整，带领党政班子共同努力，在上海浦东新区政府的大力支持下，推进各项改革调整措施，通过数年努力，张敏不负众望，带领上工申贝逐渐走出困境，实现了中外企业双双扭亏为盈的经营业绩。

化解金融危机影响　再创收购佳迹

2008年百年一遇的全球金融危机爆发，张敏处变不惊、沉着应对，做出了“抓住危中之机，加速弯道超车”的决策，制定了降本节支、确保现金流量、收缩减员、调整生产结构和处置辅业资产、重组债务、盘活存量等一揽子应对危机的措施。张敏积极思考，重新布局，在集团内重组建立了上工、蝴蝶缝制主业经营的全资子公司，搭建集团集工业缝纫机、家用多功能缝纫机、家用及工业绣花机的设计开发、生产销售为一体的主业经营新平台，汇集了集团缝制设备主业的品牌、技术、生产和销售的优势资源，积极发挥主业经营的协同效应，增强企业可持续发展和盈利能力。通过内外并举，应对措施得当，上工申贝很快走出了金融危机的阴影，在良性快速发展道路上迈进。

早在2008年，德国另一家工业缝制设备制造企业百福公司就进入了张敏的视野。百福公司的产品与DA公司的产品具有互补性，通过内部整体的资源整合，就能大大降低成本。百福和DA的采购渠道可以相互交流共享；研发方面能统一调配资源，优化配置，避免重复开发；销售方面可以对市场与销售管理方面进行区域化整合，各品牌产品分档次销售，根据不同客户需求，推荐不同价位的产品方案，以满足于各类细分市场的需求。收购德国老牌工业缝纫机制造商百福工业系统与机械股份公司使上工申贝在国际化经营的路上又上了新台阶。2013年7月，上工申贝在继成功收购百福公司之后又完成了收购德国凯尔曼特种机械制造有限责任公司100%股权协议的签署和全部法定程序，使上工申贝旗下拥有了DA、Pfaff、KSL及上工、蝴蝶等著名国际国内品牌。

多品牌策略赢得先机　内外投资拓展业务谋发展

收购百福和KSL公司之后，上工申贝集团采取了多品牌市场营销策略，保持在3D缝纫机器人、自动缝制单元、中厚料缝纫机、制鞋机等多个产品领域的全球行业领先地位。在张敏的策划下，集团以市场为导向，与时俱进，在行业内率先展开了 M2M 系统的研发，上工申贝正在向着工业 4.0 时代迈进。2015 年，张敏果断决策，上工申贝投资 2850 万欧元，获取另一家百年老店、著名编织横机制造商 H.Stoll AG&KG 的 26.0% 股权，成为其第一大有限合伙人；出资 1.3 亿元重组并控股同行民企，设立浙江上工宝石缝纫科技有限公司，占其 60.0% 股权；投资 5000 多万元在江苏张家港收购工业地产，建立公司中厚料缝纫机生产基地，形成了研发和营销在沪、生产在江浙的“上海制造”模式。此外，张敏还积极探索“互联网 +”的创新模式，上工申贝通过增资合营企业上海申丝企业发展有限公司，构建“罗宾逊物流”模式的中国电商物流交易平台，发展现代物流服务业。

与 11 年前首次投资德国相比，上工欧洲的净资产从 2000 万欧元增长至 2.1 亿欧元，销售收入已达 2.3 亿欧元，营业利润约为 2500 万欧元。10 多年来，公司主营业务销售收入从 2005 年的不足 10 亿元增长到 25 亿元，其中缝纫机业务收入增长了 3 倍；营业利润从亏损近 3 亿元转变为盈利超过 3 亿元；资产负债率从约 74.0% 下降到约 36.0% ；股东权益从不足 6 亿元增加到 20 亿元。

企业社会责任

张敏非常关注和倾力扶持急需援助关爱的群体，上工申贝坚持每年向上海慈善基金会捐款，每年在集团系统内开展“一日捐”等社会活动；号召集团工会组织职工志愿者开展便民服务服务，为社区居民提供缝补衣服的活动。张敏还高度重视企业的安全生产，多年来，集团系统没有发生因工死亡事故、重伤事故；刑案发生率、火警火灾和有责交通死亡事故仍保持“零”的记录。

天能电池集团有限公司董事长

张天任

张天任：男，1962年出生，工商管理硕士研究生，高级经济师，现为天能电池集团董事长，十二届全国人大代表、浙江省第十三次党代会代表、浙江省劳动模范，中国电池工业协会副理事长、中国能源协会副理事长。他艰苦创业，带领群众共同致富，把一家濒临倒闭的村办电池厂，发展成为拥有全资子公司的新能源上市企业25家，并让村民参股获利分红，造就了“百万富翁”600多个、“千万富翁”30多个，让新川村成为声名远播的富裕村、文明村、小康示范村。

他积极创新，率领团队勇攀高峰，不惜重金投入，先后成功研发出国内第一代长寿命、环保型蓄电池和新一代电动助力车专用蓄电池，抢占了行业技术制高点。他投资18亿元建设天能循环经济产业园，建成了代表国内外最先进水平的废铅蓄电池回收处理的全自动智能化生产线。他带领企业加快发展锂离子电池、电动汽车电池和风能太阳能储能电池，持续引领行业绿色发展。

创业创新路上的追梦人

天能集团始终秉承“责任为魂，创新共赢”的核心价值观，在新能源电池产业发展之路上创造一个又一个奇迹，向着世界级绿色动力能源企业的梦想渐行渐近，为民族产业发展作出了积极贡献。张天任创业创新三十年如一日，奋斗不息，追梦不止。不管企业处于哪个发展阶段，他都有着自己清晰的奋斗方向和战略目标，因为他深知“责任”二字是撑起事业大厦的基石，也是追逐梦想的原动力。

艰苦创业　带领群众共同致富

天能集团源于濒临倒闭的村办蓄电池厂，在张天任的带领下，发展成为了拥有近百亿元总资产、23 家全资子公司，跨浙、皖、苏、豫四省八大生产基地，年销售超 600 亿元的国际化现代企业集团，入选中国企业 500 强、中国民营企业 500 强、全球新能源企业 500 强，位居中国电池行业十强榜首。2007 年 6 月 11 日，天能动力以中国动力电池第一股在香港主板成功上市。张天任和他经营的企业带领、支持和帮助村民创业致富，为村里的民生和扶贫工程捐助资金不下千万，还创新提出了村企共建模式，充分发挥企业在资金、技术、人才和信息等优势，为村里经济建设服务；既聘请专业技术人员对村民培训，又安置周边 4000 多名村民就业，还积极鼓励村民参与电池营销，带动了配套产业发展，村家庭服务业年产值达 9 亿元，村民年人均收入达 3 万元以上。

积极创新　率领团队勇攀高峰

1997 年，电动自行车刚现身国内市场，张天任即敏锐抓住商机，引进上海复旦大学科研成果，成功推出国内第一代长寿命、环保型蓄电池。张天任全身心投入电动车用纳米高能蓄电池研发，经过两年攻坚克难，成功推出新一代电动助力车专用蓄电池，不但填补了国内空白，使电动自行车蓄电池寿命增加了 1~2 倍，而且突破了电动自行车只能用“免维护”蓄电池的旧观念。天能电池以无可辩驳的优质耐用性连续两届被列为中国电动自行车大赛唯一指定产品。天能集团每年研发投入占销售收入比重 3.5% 以上，依托国家级企业技术中心、国家级博士后科研工作站等重大科研平台，创新国家专利 1300 余项，开发国家和省级各类新产品 120 余项，参与制定国家和行业标准 30 余项。随着“中国制造 2025”实施，张天任积极推进天能制造向天能创造转型，抢占了行业技术制高点，天能集团获得了国家技术创新示范企业、国家火炬计划重点高新技术企业……天能成为中国新能源汽车动力电池最早产业化、产品线最全、产销量最大的企业。2014 年，全球电动汽车锂离子电池产能排名，天能跻身前十。

张天任注重内外部对标，高度重视质量和成本管理，要求企业依托信息化建设，打造精细化的产品生命周期，促进人、财、物、信息等管理要素的有序衔接、协调运行，进一步提升管理规范化、精细化、专业化水平。他还注重审计监督，要求通过查找重点岗位、要害部门和管理过程中的潜在隐患，有效预防了企业的经营风险。同时，他勉励团队坚持创新文化基因，构筑了不可复制的企业核心竞争力，全面打造升级版新天能。张天任带领企业找到了一条虚实融合之路，通过整合产业链上下游强势资源，创新推出“B2B2C 电动车行业垂直电商平台 +O2O”的运营模式，实现电子商务与实体店面线上线下的供应和信息链条的融合共通，促进了电动车行业由品牌、产品、消费者、门店、供应商等整个产业链的综合竞争，向平台、系统、生态圈的竞争转变。

注重环保　引领行业绿色发展

张天任高度重视环保，投入 10 多亿元用于环保设备更新和技术革新，企业被评为浙商转型升级的典型样本、浙江省转型升级引领示范企业，率先通过了 ISO 14001 国际环境标准认证，荣获浙江省清洁生产阶段性成果企业。2009年，天能集团投资18亿元建设天能循环经济产业园，建成代表国内外最先进水平的废铅蓄电池回收处理的全自动智能化生产线，使天能成为浙江省唯一的铅蓄电池回收处理的生产企业，被国家发改委列为国家产业振兴重点技术改造项目，被工信部列为国家首批两化融合促进节能减排重点推进项目，被科技部列为国家科技支撑计划项目。

张天任敏锐地抓住国家“一带一路”战略持续推进这一机遇，加快发展锂离子电池、电动汽车电池和风能太阳能储能电池，全力打造国内领先的新能源产业研发、制造和应用示范基地，形成了极具活力的新的增长点，持续引领行业的转型持续发展。张天任在立足实业谋发展的同时，还联动了上下游涉及电动自行车、电动汽车、光伏产业、循环经济等数十个产业近千家企业共同发展。

尽职履责　肩负社会发展使命

张天任努力打造幸福企业，天能集团创造了湖州市民营企业一次性参加“五险一金”人数和资金额的两项之最；同时，构建合理的收入增长机制，实行股权和期权激励，成立厂务公开监督小组，制定《职工权益公开实施细则》等，依法维护职工民主权利。天能集团兴建图书馆阅览室、健身活动中心，改造升级员工食堂，组织举办员工文体活动，积极推动安全管理标准化示范班组创建，建立职工健康档案，开展结对帮扶，设立爱心基金……增强了员工对企业的归属感。

近年来，张天任被推选为第十二届全国人大代表，他积极关注民生，参政议政，热心支持老年慈善、防洪抢险、抗震救灾、春蕾儿童助学、大学生贫困助学、五水共治等各类社会慈善公益活动，坚持要求每年发布企业社会责任报告，天能集团也荣膺了清洁生产环境友好型企业、浙江省工业循环经济示范企业、浙江省绿色企业、浙江省文明单位、最具社会价值企业。

张东宁

张东宁：男，55岁，经济师，现任北京银行行长。过去20年来，他亲身经历了北京银行由弱小走向强大的成长过程，深刻体会了一家小银行历经磨难、做大做强的辛酸喜悦，20年来，他始终把艰苦创业、开拓创新作为关注的焦点、发展的重点。在他的推动下，北京银行全力服务国家经济转型升级、打造增长新引擎，以锐意进取的拼搏精神和勇于担当的责任意识，造就北京银行日新月异的经营业绩。目前，北京银行总资产近2万亿元，净资产超过1100亿元，均较成立之初增长了100倍；前三季度，实现净利润141.36亿元，成本收入比仅23.05%；不良贷款率0.94%，拨备覆盖率为326%，资本充足率12.06%，各项经营指标均达到国际银行业先进水平，公司价值排名中国区域性发展银行首位，品牌价值263.15亿元，一级资本排名全球千家大银行87位，连续两年跻身全球银行业百强，被誉为中国最具创新能力和发展潜力的中小银行。

搏击金融浪潮　谱写辉煌篇章

北京银行成立初期，原中关村城市信用社严重违法账外经营案件暴露，最终造成损失 67 亿元。面对严峻形势，北京银行在没有政府注资和资产剥离的情况下，完全依靠自身利润，经过十年的不懈努力，化解核销了高达 67 亿元历史遗留不良资产，为维护首都金融稳定做出了卓越贡献，也为城市商业银行的改革发展积累了宝贵经验。20 年来，张东宁亲身经历了北京银行由弱小走向强大的成长过程，深入总结了创业创新、打造知名品牌的实践经验，为北京银行 20 年的飞速发展做出重大贡献。

参与北京银行改革发展历程

北京银行创造性地提出“服务首都经济、服务中小企业、服务京城百姓”的鲜明市场定位，率先为首都 500 余所大中小学校和众多市属医院提供优质金融服务，第一个设立以中关村科技园区命名的管理部及支行，并率先给予资金支持；在国内银行业中第一个自主投资设立中小企业服务中心，在中关村核心区成立科技型中小企业特色支行，并推出“小巨人”服务品牌，为首都 10 万家中小企业提供全方位、一站式金融服务；独家承担为北京市近 700 万城镇居民提供医疗保险结算存储服务。北京银行敏锐地把握现代金融发展趋势，成功实现四大突破：2004 年，从北京市商业银行更名为“北京银行”，为成为全国性的知名股份制商业银行创造了先决条件；2005 年，引进国际知名的 ING 集团和国际金融公司作为境外投资者，开创了资本化、国际化的全新发展局面；2006 年，获准筹建天津分行，实现了从地方银行向区域性银行的成功转型；2007 年，正式发行上市，标志着北京银行迈入了更为广阔的发展舞台。

夯实北京银行创新成长基础

银行在北京地区累计投放超过 1.2 万亿元，支持 8 万余家中小微企业创新创业，带动就业数百万人。在北京市最早支持文化创意企业，发放首笔知识产权抵押贷款，目前文化企业贷款占北京市 50.0%。北京银行多次荣获小企业金融服务先进单位称号。2006 年，北京银行天津分行开业，随后相继在上海、西安、深圳、杭州、长沙、南京、济南、南昌、石家庄、乌鲁木齐等 10 余个大中城市设立分支机构。此外，北京银行还在我国香港地区以及荷兰阿姆斯特丹设立代表处，并推动香港代表处升级分行。

张东宁在担任人力资源总监期间，组织实施“511”“2551”人才建设工程，面向海内外招聘优秀人才，开展竞争性干部选拔工作，强化干部员工在职培训教育，不断完善薪酬考核体系，打造了年轻化、知识化、专业化的团队。北京银行始终把党风廉政建设工作作为全行稳健经营、可持续发展的坚强保障，不断完善各项体制机制，严格贯彻落实民主集中制原则，从源头上杜绝腐败案件的发生。北京银行先后获得全国文明单位、北京市学习型党组织示范点等荣誉称号。

推动北京银行加快转型升级

新形势下，依然要把加快转型作为实现发展的核心战略。紧紧围绕国家层面的重大战略，积极调整战略布局和转型方向，创新设立“一带一路”发展基金，加快融入京津冀一体化进程；深入推进综合化经营，提升综合服务能力和联动发展能力，向“轻资本、快周转、高效率”的银行加快转型；积极运用互联网思维，充分挖掘大数据信息，向智能银行、智慧银行加快转型。北京银行以积极探索混合所有制改革为契机，进一步推出股权多元化、员工持股计划、收购兼并、资产分拆等一系列改革举措，让股东、投资者、广大客户、众多员工更多分享企业改革发展的红利。同时，进一步推进公司治理机制的深刻变革，深化用人、薪酬和考核机制改革，打造一个以平台战略为牵引、以智能金融服务为重点、以线上线下交互为特色、以大数据全面应用为支撑的金融服务新模式。抢抓大资管时代的机遇，加快推广“投行＋商行”的联动业务模式，全面整合商业银行及投资银行业务新型产品，通过“融资＋融智”的综合方式，配合“股权＋债权”的积极探索，为各类客户拓宽融资渠道、降低融资成本、促进业务发展，提供综合化、集成化、一站式金融服务，积极探索新形势下可持续的业务模式和盈利模式。

北京银行持续完善全面风险管理体系，高度关注经济新常态和金融市场化改革中金融风险变化的规律和特征，努力做到防范信用风险与防范流动性风险相结合、防范表内风险与防范表外风险相结合、防范自身风险与防范传染性风险相结合、防范单体机构风险与防范整体风险相结合。进一步强调“零容忍”的风险文化，坚持“源头严防、过程严管、后果严惩”，建立起全业务、全流程、全部门、全员化的风险管理文化。进一步加大不良防控力度，在发展中控制不良，在盘活中降低不良，在处置中消化不良，确保北京银行在复杂环境下，始终保持稳健经营，不断实现创新发展。

在张东宁的推动下，北京银行紧抓改革深化的历史机遇，全力服务国家经济转型升级、打造增长新引擎，以锐意进取的拼搏精神和勇于担当的责任意识，造就日新月异的经营业绩。目前，北京银行总资产近 2 万亿元，净资产超过 1100 亿元，均较成立之初增长了 100 倍，连续两年跻身全球银行业百强，被誉为中国最具创新能力和发展潜力的中小银行。

江苏悦达卡特新能源有限公司总经理

张伟明

张伟明：男，61岁，高级技师，高级经济师，1996年，他辞去企业领导职务，凑了几万余元，购买了村里闲置的土地，他以锐利的战略眼光和胆识，开始探索研发石油替代产品，几年的艰苦拼搏，他终于使“地沟油”转化生物柴油走上产业化轨道，成功实现了企业转型升级。由于生物柴油近年来销路不畅、能耗过高、成本上升等问题一直困扰着行业的前进，但他始终坚持科技创新，这些问题在他的公司里都被一一化解，同是引进DCS自动控制系统，使生产控制更精确、更稳定、更连续，生产出来的产品纯度更高，质量更好。

自1996年创建江苏悦达卡特新能源有限公司以来，他凭借过人的魄力和胆识，创新思维，带领团队克服困难，努力奋斗，始终坚持以质量求生存，以扩大规模求发展，他引领着一家资产只有几万元的小团队发展成为一家生物柴油行业的优秀龙头企业，同时也获得江苏省新能源循环经济风云人物、江苏省优秀企业家等诸多称号。

行业践行者　总是在行动

1996年，趁着私营企业如火如荼发展良机，开始探索研发石油替代产品。一次偶然的机会，他了解到四川某高校在生物油的研究方面已有新突破，当天就赶往这所大学商讨合作事宜。合作项目商谈成功后，张伟明带着技术员集体攻关。终于破译“地沟油”等废弃动植物油脂转化为生物柴油、生物增塑剂的密码。

初创　梦想在于敢实践

2009年10月，张伟明投资引进全国一流的生物油提炼生产设备，由于工人操作失误，造成价值数百万元的新设备报废。为尽早摆脱困境，张伟明奔波于上海、山东、四川等省市，考察项目、签订合同。同时深入全公司20多个部门、车间和班组，从产品质量、设备运转到员工纪律等，事无巨细逐一过问，掌握生产流程的每个环节。他还虚心向专家教授学习专业知识，向公司聘请的技术员工请教技术问题。这份坦荡、真诚和执著，赢得了各方人士尊重和信任。

经过近两年的艰苦拼搏，张伟明率领团队先后破解生物柴油在生产过程中污水问题、恶臭处理和二次污染等技术难关，使“地沟油”转化生物柴油走上产业化轨道，成功实现了企业转型升级。2011年投资5亿元的悦达卡特新能源项目落户天宁区郑陆镇武澄工业园，2012年9月该项目竣工验收，截至2013年年底，公司产能已达10万吨，初步实现了规模和效益的快速增长，公司发展跨上了一个新的台阶，公司也正从一个微利企业向一个稳定的规模效益企业转化，中央电视台的《新闻联播》及《中国财经报道》对公司相继做了专题报道，并给予了较高的评价。2013年，公司在全球经济危机的大背景下，取得了较为满意的业绩增长，在业界独树一帜。为此，公司荣获常州市工业企业纳税大户、常州市五星级明星企业及江苏省五一劳动奖状。2014 年，公司与江南大学联合申报的“生物油脂基环保增塑剂清洁生产技术应用”项目获江苏省科学技术二等奖，同年，公司申报的“废弃油脂全组分高值化利用制备环保增塑剂关键技术及产业化应用”项目，分别获得常州市科学技术一等奖和武进区科技进步一等奖。

担当行业责任　推行绿色化工

生物柴油是典型“绿色能源”，大力发展生物柴油对经济可持续发展，推进能源替代，减轻环境压力，控制城市大气污染具有重要的战略意义，产业发展前景良好。但近年来，销路不畅、能耗过高、成本上升等问题一直困扰着行业的前进，特别是在 2006 年前后随着民营加油站数量的锐减，不少企业甚至面临倒闭。由于张伟明始终坚持科技创新，这些问题在他的公司里都被一一化解，他用实际行动确立了企业在同行业的领军地位。

张伟明投资引进的 DCS 自动控制系统，由多台计算机分别控制生产过程中多个控制回路，同时又可集中获取数据、集中管理，不仅省下了大量人力，还使反应过程中关于温度、时间、湿度等指标的控制更精确、更稳定、更连续，让产品纯度更高，质量更好。张伟明不仅在技术管理上舍得投入，在废水废气的处理上更是一丝不苟。他毫不犹豫地投资 3000 万元，建立了废水废气处理系统，不仅将废水中的甲醇提纯再利用，还将处理后的废水作为循环冷却水使用，解决了困扰生物柴油行业多年的废水处理的难题。在废气治理方面，则采用“细菌生化”处理方法，极大改善了生产工作环境。2013 年，公司生物柴油已在常州市部分公交车上试用，经检测尾气排放降低 40.0% 以上，公司在环保产品的研发和市场推广上一直处于国内领先地位。

以人为本谋发展　员工心里有关爱

张伟明在企业管理中始终坚持“以人为本”，从最初创业，到企业扩建，他大刀阔斧改革用人制度，全面推行工效挂钩的工薪制度，大大增加了员工的紧迫感，危机感和竞争意识；高新聘请专业技术人才，严格按照现代企业管理制度操作。他努力营造一种学习沟通与交流的氛围，分期进行生产、技术、管理、营销多方面的培训，同时选派部分优秀员工到外地学习先进技术或到同行单位学习考察，培养一批合格的生产技术人才；各车间的工作人员明确自己的岗位职责，工作内容、工作程序、并能满足工作标准的要求，将各项规章制度明示上墙，同时面向社会招收一批适应于公司生产经营发展的生产技术人员，以此注入新鲜血液充实员工队伍，并引进竞争激励机制，建立优胜劣汰末位淘汰制来提高员工综合素质，逐步培养一支过硬的员工队伍。通过一系列完善的企业管理，增强了企业凝聚力，使企业文化在发展中创新。企业对员工实行人性化管理，建有员工食堂、浴室、卡拉 OK 厅、篮球场及乒乓球馆等，公司每年开展培训讲座、技能竞赛、生日祝福、才艺展示、年终评优等系列活动，不仅成为大家交流、分享的平台，更是企业不断向前发展的原动力。

富而思源不忘本　回报社会献爱心

张伟明始终认为，企业是社会的企业，只有真情的回报社会，企业才能赢得社会的信赖和支持而不断发展壮大。他怀着一颗感恩的心，一直表达对政府相关部门以及各经销商、消费者的谢意，希望企业不断发展的同时能够更多地反哺社会。他的企业虽然属于化工企业，但他非常重视环保和节能减排，真正实现了工艺废水的“零排放”，而废气也经过处理，达到环保要求后再排放。张伟明一直认为，地沟油是一种资源，它需要一个正确利用的方式。因此，他在全国包括港澳地区在内建立了十多个地沟油收购点，并且不断向社会政府呼吁，要建立一个良好的地沟油回收机制，让那些不法奸商没有生存下去的土壤，从源头上堵住地沟油回流餐桌，从根本上解决地沟油二次污染。张伟明在 2014 年 4 月成功引入战略投资者，卡特与悦达强强联合，悦达卡特合作至今，通过一系列的设备技改、扩能发展等，目前公司产能达 30 万吨、实际产量达 20 万吨，悦达卡特无论是产能还是产品质量均居行业龙头地位。

四川省水电投资经营集团有限公司董事长、党委书记

张志远

张志远：男，1957 年出生，在职研究生，教授级高级工程师，中国水力发电工程学会小水电专委会副理事长，中国水利学会会员，现任四川省水电投资经营集团有限公司董事长、党委书记，兼任四川省能源投资集团有限责任公司党委副书记、副董事长、总经理。

他任职以来使四川省水电集团实现了从无到有、从小到大、从单一模式到多元化发展的跨越，集团成为拥有装机 50 万千瓦，配电线路 100 万公里，总资产逾 400 亿元，年营业收入 50 亿元、年利税 5 亿元的国有（控股）大型骨干企业集团，真正成为四川电力能源工业格局中具有重要地位的现代能源服务企业。

他不断推进技术创新。创新采用抗滑桩整治滑坡技术在水利上首次获得成功；推行电站技改和标准化管理，各项指标位列全省行业第一，获全国水利经济突出贡献奖，组织实施国务院下达的四川 45 个水电农村初级电气化县建设，最终超额完成 68 个县，被评为全国水电农村电气化建设先进个人。

光明使者

四川省水电集团成立于2004年12月，张志远是集团核心创始人之一，带领四川省水电集团从成立时无一分国家现金拨款，仅有十几名员工，到成为拥有装机50万千瓦，配电线路100万公里，总资产逾400亿元，年营业收入50亿元、年利税5亿元的国有（控股）大型骨干企业集团，创造了四川水电发展的“省水电集团”速度。

作为学习型和专家型领导，张志远在《中国能源》等国家级核心期刊或杂志上发表主要研究成果达13篇，多次获得“全国水利经济突出贡献奖”等省级以上表彰。2009年第十届中国改革优秀人物；2011年享受国务院政府特殊津贴，获得全国先进生产力杰出人物奖；2015年获得国家级企业管理现代化创新成果二等奖。

战略眼光谋划企业发展

张志远在集团“11511”战略基础上，提出“六大思路、四大方针、五大路径和五大战略”的经营理念，集团规模迅速扩大：从成立之初授权资产80.6亿元，注册资本24.41亿元，到2014年年底资产总额达到377亿元；净资产达到121亿元，保证了国有资产的保值增值。集团年发电量从2005年的3.3亿度，到2014年年底的20.45亿度，增长了5倍；供电量从2005年的7.6亿度，到2014年年底63.54亿度，增长了7倍。营业收入从2005年的2.2亿元，到2014年年底的50亿元，增长了20倍；利润总额从2005年的1.18亿元，到2014年的5.6亿元，增长了4.7倍。集团发展成为拥有10家全资子公司、13家控股子公司、11家参股公司，涉足电力能源、金融、地产多元产业发展的省属大型集团企业。集团经营业绩跃居省属重点国有骨干企业前列，全省地方电力资产得到有效整合，地方电力经济效益不断提高，国有资产大幅增值，逐步形成与国家电网优势互补、统筹兼顾、和谐共赢、共同发展的供电新格局。

努力做强企业实力

张志远依托政策手段，采取市场化收购和战略合作方式，创新形成以资产为纽带的组合盈利模式，实现对全省29家地方电力公司产改重组。实施城乡电网的建设与改造，加快电源建设，全力推进“发输配”一体化分布式电能战略目标。利用闲置土地和资金优势，发展地产和金融业务，实现多业并举、一主两辅的产业格局，充分发挥集团规模优势。建立集团资本运作平台，战略投资西昌电力等5家上市和拟上市公司，为集团构筑发展的资金蓄水池，实现产业资本和金融资本双轮驱动，有力支撑了电力主业快速扩张。集团的资产、业务和市场结构不断优化，竞争力不断加强。

提升地方电力服务水平

张志远坚持技术立身，创新性采用抗滑桩整治滑坡技术在水利工程上应用获得成功；推行电站技改和标准化管理，各项指标位列全省行业第一，获全国水利经济突出贡献奖；组织实施国务院下达的四川45个水电农村初级电气化县建设，超额完成68个县，被评为“全国水电农村电气化建设先进个人”。张志远认为“技术是生产力”，特别是在智能电网的推广和供输电质量的提高方面，加大技术投入，提高服务的技术含量，支持自主知识产权的新产品产业化，为公司创造新的利润增长点。张志远带领集团对四川地方电力实施科学的区域电网规划建设，基本形成了川南、川东、川北三个区域性配电网，缩短了地方电网110千伏、35千伏、10千伏输电半径，使电压合格率提高，线损下降，地方电力“坚强电网、智能电网、和谐电网”雏形显现，电网输送能力、供电质量、技术水平、供电可靠性大幅提升，提升了四川地方电力的普遍服务水平。

实现地方电力集约化经营管理

张志远在集团全面推进管理改革，做到信息管理科技化、安全管理规范化、技术生产标准化、优质服务常态化、人才岗位专业化。促使集团在实施集约化经营管理上发挥企业规模化和专业化优势，提高资源利用效率，实现集团整体协调快速发展；以效率、效益为导向，建立高效，低成本的集约化经营管理模式，进而使集团集中优势力量，实现高效率、核心竞争力、可持续发展的战略目标，最终使集团整体电力服务保障能力得以提高；树立了集团顶层设计、制度、管理输出平台的管控理念；构建了统一的集团财务资产管控平台；建立了统一预算管理，实现集团成本管控目标。在他的带领下提升了地方电力企业整体经营管理水平，创造了良好的经济效益和社会效益，促进了西部农村地区经济的发展。

为地方经济发展做出重大贡献

张志远始终把农网改造升级，无电地区用电建设，老少边穷社会发展，保护与改善生态环境，服务地方经济作为企业第一重任。在业内他被水电人尊称为“光明使者”。他带领下的四川省水电集团完成农网改造升级、无电地区电力投资超过 134 亿元，极大地解决了农村及民族地区的缺电问题，解决了彝族地区 4 万户无电人口的用电问题，促进了当地经济的发展。全省地方电网低压线损由原来的 40.0% 降到 12.0% 左右，全省农村到户电价平均每度下降了 0.384 元，每年减少农民电费支出 13.8 亿元，切实让群众得到了实惠。在集团统一管理的 29 县内，110 千伏骨架和县间环网基本完善，以 35 千伏为高压终端的变电站布点科学，满足了区域经济社会发展的用电需求，地方高压网络结构、电压层次趋于合理，发电、输电、配电三环节得统一结合，中、低压电网得到彻底改造，基本完善了农村电网、无电地区电网、民族地区电网的建设，解决了无电地区的用电问题，使广大农村、无电地区、民族区生存和生态环境得到进一步改善，促进了偏远农村地区百姓生活水平的提高。

江西桑海集团有限责任公司董事长、总经理、党委书记

张京生

张京生：男，57岁，高级工程师，江西省政协委员，1996年临危受命任江西桑海集团有限责任公司董事长、总经理，当时桑海集团经济正滑入低谷，处于严重亏损状态。张京生上任后，以其炽热的敬业精神及超常的人格魅力，迎难而上，开拓进取，内抓管理深化改革，外拓市场招商引资，使桑海集团经济迅速发展，率先在全省农垦实现整体扭亏为盈。多年来桑海集团在江西省农垦行业中始终排名第一。

“十一五”和“十二五”期间，他以企业家独特的经营理念和对市场敏锐而正确的判断，提出了“科技兴药，品牌兴企”战略，依靠产品、科技、销售、机制、管理和文化“六大创新”，使桑海集团的制药集群快速崛起，同时带动了集团印刷、塑料包装等配套产业和中药产业化的迅速发展。2015年全年完成工农业总产值15.6亿元，销售收入12.2亿元，上交税金0.89亿元。

一往无前　气魄如海

江西桑海集团有限责任公司是一个“以制药企业为龙头，以机械、包装为两翼，集工、农、贸、运、建、服为一体”的多元化大型国有企业集团，是江西省和南昌市重点企业，多次获得江西企业100强、江西省医药行业10强、南昌工业企业销售20强、南昌工业企业纳税20强，2012获得江西省厂务公开民主管理先进单位。张京生2009年6月被中共江西省委授予优秀党务工作者；2010年荣获江西农业经济十大杰出人物称号，同年被江西省人民政府授予江西省劳动模范，并多次获得江西省优秀企业家。

逆境奋起　企业蓬勃发展

1996年，张京生临危受命，接任严重亏损江西桑海集团有限责任公司董事长、总经理，他通过内抓管理深化改革，外拓市场招商引资，使桑海集团经济迅速重获生机；特别是自2005年以来，依靠产品、科技、销售、机制、管理和文化“六大创新”，使集团的制药企业集群率先崛起；后又依托强大的制药集群，实行纵向一体化战略，打造集产、学、研、加工、营销、贸易为一体的现代药业集团，同时带动了集团印刷、塑料包装等配套产业和中药产业化的迅速发展。多年来桑海集团在江西农垦行业中始终排名第一。2015年，虽然受到经济下行压力的影响，但桑海集团的各项经济指标依然是逆势上扬，全年完成工农业总产值15.6亿元，较2014年增长9.9%；上交税金0.89亿元，较2014年增长9.3%。

张京生高度重视人才队伍的建设。从2005年以来，集团先后选送了20多位中层骨干管理干部到大学深造，通过干部素质的提高，增强企业的发展后劲，为人才强企和人才兴企，建立学习型企业和开拓型企业，奠定坚实的基础。张京生高度重视团队建设，加入北京东方视野远程高端培训网，在集团内部建立公共培训平台，组织集团中层以上企业管理干部进行集中培训。张京生还十分重视精神文明建设和企业文化建设，投资改善职工文体活动的条件；与江西省企业文联共同举办书法笔会。

桑海集团投入巨资对所属制药企业进行 GMP 改造，并全部整体通过 GMP 认证，为做强做大桑海集团插上了腾飞的翅膀。自 2005 年以来，桑海集团先后投入资金 5000 万元，开发研制近百个新产品投放市场后。其中由张京生亲自挂帅，由集团龙头企业江西南昌济生制药厂独立开发研制的具有自主知识产权的国家专利新药“双橘颗粒”，先后荣获南昌市人民政府颁发的南昌市科学技术进步奖、江西省经贸委颁发的江西省优秀新产品一等奖、江西省科技厅颁发的江西省重点新产品证书和国家科学技术部、环境保护部、商务部、国家质量监督检疫总局颁发的国家重点新产品证书。张京生提出了“市场牵龙头，龙头带基地、基地连农户”振兴桑海农业的发展思路，亲自挂帅与江西中医学院等科研院所合作，开展江西道地药材车前子、香薷的规范化栽培技术研究，并按 GAP 要求在集团内建立了规范化中药材种植基地 3000 余亩，先后成功种植了江西道地药材丹参、白术等十几个品种，2005 年年初，此项目荣获省科技厅重大科研课题成果证书，张京生被评为江西省科技领军人物。桑海集团 GAP 中药材种植基地的建立，不仅为集团制药龙头企业提供了大量质优价廉的中药材，而且造就了一大批中药材种植人才和大户，提高了分场职工收入，带动了周边地区的数千名农民种药材数万亩致富。

张京生率领集团领导班子在做大做强龙头骨干企业的同时，采取租赁、风险抵押承包、带资合作、拍卖、集团内部兼并等多种形式，运转盘活困难企业。自 2005 年以来，桑海集团全力推进集团“小、微、亏”企业的产权制度变革，并以此为契机，大力引进有实力、有作为的民营经济，使民营经济成为集团经济新的增长极。自 2005—2015 年，通过低成本运作、债务重组等方式，桑海集团共处理债务 3.15 亿元，集团经济实现了跨越式发展。

企业社会责任

张京生在发展企业经济的同时，不忘履行社会责任，高度重视解决职工关心的热点、难点问题，全力维护职工利益，着力解决广大职工群众的实际困难。为贯彻落实党的群众路线教育实践活动以及开展“连心、强基、模范”三大工程有关文件精神，集团党委开展了党委班子成员“一帮一”结对帮扶活动。从2010—2014年，桑海集团共清偿各项集资款和补发历史拖欠“三年过渡期”“135”“119”退休人员工资4700万元，把保增长、保民生、保稳定工作落在了实处。

集团积极开展精准帮扶工作，2014年集团民政落实各类社会救助资金450余万元，惠及贫困家庭1000余户。集团每年开展“金秋助学”活动，从2010—2015年帮助近60名困难大学生圆大学梦，累计金额20余万元。

集团农业以发展药业循环经济为抓手，以中成药制造业带动上游发展中药材现代种植，下游引进利用制药厂药渣生产有机肥料的高科技企业——江西金秾园农业科技有限公司，彻底解决了集团制药企业每年数千吨药渣的处理问题。其示范作用将直接引领集团无公害绿色生态农业，低碳循环经济事业不断推进发展。

集团重视安全生产工作，建立健全了安全生产三级管理机制和管理网络，开展安全生产大检查，特别是春节前安全生产大检查及“两会”期间安全生产大检查，积极推进企业安全生产标准化体系建设，并全面开展安全生产宣传教育。集团多次被南昌市人民政府授予安全生产先进单位。

闻泰通讯股份有限公司董事长

张学政

张学政：男，41岁，工商管理硕士，闻泰通讯股份有限公司创始人、董事长。他于2006年创立闻泰，凭借长远的策略眼光以及卓越的管理能力，只用短短不到10年的时间将闻泰发展成为拥有员工12000余人、年产值近百亿元的大型集团公司，将闻泰打造为中国出货量最大的手机设计企业、中国第一家由IDH（第三方手机设计）成功发展为集手机设计制造于一体的ODM企业，闻泰致力于为全球知名手机品牌提供手机研发设计、物料生产、全球采购、整机制造、云计算、大数据及物流服务，逐步发展成为全球领先的手机设计制造商和“互联网+”平台企业。

自创立闻泰之日起，他就怀揣着“推动科技进步，回馈社会”的使命，弘扬道德责任心，不断回馈社会。为给通讯产业培育新生力量和创新人才，他发起举办“闻泰杯”全国大学生手机设计大赛、大学生电子设计大赛等。今天的闻泰已屹立于行业尖峰，他本人也成为中国手机行业领军人物。

迅猛发展创奇迹

张学政于2006年创立闻泰，只用短短不到10年的时间将闻泰发展成为拥有员工12000余人、年产值近百亿元的大型集团公司，成为中国出货量最大的手机设计企业、中国第一家由IDH（第三方手机设计）成功发展为集手机设计制造于一体的ODM企业；第一个坚持使用“中国芯片”进行手机研发，并将纯中国设计的手机导入全球知名手机品牌的手机设计公司。张学政曾先后获得上海IT青年十大新锐、上海市新长征突击手、浙江省优秀企业家等各类荣誉、奖项数十项。

走特色之路　企业全面发展

2006年的闻泰只是一家默默无闻的小公司，如何赢得客户的信任？张学政决定设计一款功能实用、价格低廉的轻薄机型来打开市场。当年3月，闻泰自主研发的首款产品W100上市，并在手机市场上脱颖而出，投入市场当月销量即突破20万台，创造了当时国内单款手机的月销售纪录，造就了手机行业的神话。面对运行良好的企业和逐年增加的利润，如何为企业发展选择新的突破口？通过调研，张学政感到，闻泰不仅要囊括所有通用制式，而且还要根据消费者的需要和手机技术的发展不断推出具有差异化、创新性、革命性的产品。

在平台方面，闻泰从最初的展讯，逐步扩充到高通、MTK、联芯等国际知名芯片商；在网络制式方面，闻泰提供从2G到4G的GSM（GPRS）、CDMA、EDGE等全制式无线通讯产品，满足消费者的不同需求；在降低手机价格方面，闻泰大量使用通孔板、软件动态加载等技术降低手机成本；在产品外形方面，闻泰突破性地使用沉板技术，设计出很多超薄、滑盖、折叠外形手机，改变了直板的单调形象；在产品功能方面，闻泰在业界率先推出一系列创新产品，其中具有代表性的有：GSM 单芯片双卡双待技术，在世界上首个实现了 GSM 单芯片双卡双待手机批量生产，成为事实标准；CMMB 数字电视手机技术，在世界上是第一款将 CMMB 数字电视技术与手机结合并量产的产品；3G 多媒体手机技术，是第一批通过 CTA 国家检测的 TD-SCDMA3G 多媒体手机之一；HSDPA 高速网卡技术，将 TD－SCDMA3G 技术升级到 HSDPA，可媲美有线宽带网络。

在不断推出创新性产品带动下，闻泰的月销售量水涨船高，服务的客户也从最初的 3 家发展到现在的 200 多家，不仅涵盖了国内 85.0% 以上的手机品牌，还包括国际知名品牌商和运营商。

创新文化理念　精心打造诚信品牌

张学政十分重视企业文化创新和发展，他把“诚信”作为“闻泰文化”的基础，总结提炼出“共识、共和、共创、共享”的文化理念。

员工篇：共识——全体成员拥有共同理想，并对实现理想所制定的各项方针取得共同一致的认识；共和——人与人之间，保持良好沟通，行为上和谐一致、情感融洽；共创——人人具有创新意识，专注于新方向的探索和开拓，不断为客户和消费者创造价值；共享——追求全体员工物质与精神两方面的幸福。

企业篇：共识——与合作伙伴拥有共同目标，并对实现目标所制定的战略合作有着共同一致的认识；共和——与合作伙伴展开更广泛意义的长期合作，保持战略一致，和谐发展；共创——与合作伙伴致力于新技术、新产品和新市场的研究和开发，追求持续的共同进步；共享——与合作伙伴共享成就喜悦，实现双赢。

社会篇：共识——坚持社会认同范围内诚信经营；共和——企业与社会保持和谐发展；共创——致力于新技术的开发，推动社会进步；共享——实现企业价值的同时，回馈社会。

跨越发展　业绩骄人

2006年，闻泰创立当年即创佳绩。2007年，闻泰成为中国手机设计尖峰企业，并发展成为能够为客户提供无线终端设计、生产、销售、售后服务于一体的高新技术产业集团。2008年，金融风暴席卷全球，闻泰却凭借一流的研发人员及卓越的技术优势，推出众多具有革命性创新技术的重量级产品，销售量突破3000万台。2011年，闻泰的销售量创纪录地突破3600万台，奠定中国领先的手机设计和制造企业地位。

站在中国手机设计行业的前列，张学政乘胜前进，2008年11月，闻泰通讯产业化基地正式投产，形成了产量超过3000万部、年产值100亿元人民币的手机产业集群。基地的建成不仅标志着闻泰由提供单纯手机设计服务，发展成为集设计、制造于一体的ODM企业，而且还开创了中国手机产业链的全新模式，能够有效降低成本，提升品质，实现零库存，缩短资金链，将会有力推动产业链其他通讯企业的生存和发展，增强整个中国手机产业链抵御风险的能力。

目前，闻泰设立有上海研发中心、深圳（研发、运营、供应链）中心、西安研发中心和嘉兴（研发、生产）中心，并在巴西、印度、印度尼西亚、阿根廷、哥伦比亚、美国、德国等多个国家设立技术支持团队或办事处。2014年出货量超过5000万台，2015年销售额有望超过80亿元。

勇担企业社会责任

张学政发起举办“闻泰杯”全国大学生手机设计大赛、大学生电子设计大赛，并设置“闻泰通讯奖学金”；汶川地震发生后，组织闻泰捐赠钱款和物资送往地震灾区；捐款1000万元用于成立慈善基金会；捐款80万元在新疆温宿县援建幼儿园。张学政将职工文化建设纳入企业经营管理的重要议程，营造稳定、和谐、健康的闻泰局面。闻泰通讯严格执行国家和地方有关环境保护的法律、行政法规的规定，生产经营符合国家环保要求，于2012年被认定为浙江省知名商号。

内蒙古森林工业集团有限责任公司董事长

张学勤

张学勤：男，1957年出生，在职研究生学历，正高级经济师，现任内蒙古森工集团董事长，内蒙古森工集团(林管局)党委书记。2011年9月，他在担任内蒙古森工集团公司董事长，内蒙古森工集团（林管局）党委书记之后，把保护生态当作第一使命，把产业转型当作第一要务，实现了森林资源管护全覆盖，5年间林区森林面积净增9.49万公顷，达827万公顷。为打破内蒙古大兴安岭林区独木支撑的局面，开拓产业发展新格局，他提出了“生态建设产业化、产业发展生态化”的转型产业理念，确立了打造“内蒙古最大的森林碳汇基地、最大的商品林储备基地、最大的绿化种苗基地、最大的绿色林特产品培育加工基地、最具特色的生态旅游休闲度假基地和森林资源综合利用龙头、清洁能源生产龙头、矿产资源开发龙头”的“五大基地、三大龙头”产业布局，推动了发展目标更加科学化、具体化，突破了独木支撑的经济格局，基本形成了新型替代产业的布局，效益初步显现。

转型发展 万木迎春

张学勤具有丰富经济管理和党务工作经验，扎根林区40年，始终践行着“艰苦奋斗、无私奉献”的大兴安岭人精神，为林区的改革发展奉献了智慧和汗水，做出了突出贡献。2011年9月，张学勤在担任内蒙古森工集团公司董事长，内蒙古森工集团（林管局）党委书记之后，把保护生态当作第一使命，把产业转型当作第一要务，把改善民生当作第一目标，内强管理，外树形象，推动林区转型发展。

坚守绿色情怀 生态建设成就巨大

履职5年来，张学勤带领内蒙古森工集团坚持以生态文明理念统领全局，认真贯彻落实党的十八大、十八届三中、四中、五中全会精神，坚持“绿水青山就是金山银山”的基本定位，实现了森林资源管护全覆盖，森林自然灾害有效控制和森林数量、质量的双提高。集团深入落实天保工程政策，建立了三级管护责任体系，“十二五”期间森林火灾次数和受害面积环比平均下降了86.2%和91.2%；加强有害生物预报监测，连续多年优质完成了国家森林有害生物防治“四率”指标；不断提高生态保护层次，形成了省部级以上森林公园、自然保护区、湿地公园和湿地类型保护区26处193公顷的区域保护体系，连续13年管护责任落实率达到100%，连续5年被评为天保工程一类省级实施单位。第八次全国“连清”结果显示，5年间林区森林面积净增9.49万公顷，达827万公顷，森林覆被率提高0.89%，达77.99%，活立木蓄积增加6257.76万立方米，达9.49亿立方米，对我国政府履行到2020年森林面积增加4000万公顷，森林蓄积增长13亿立方米，减少温室气体排放40.0% ~ 45.0%的国际应对气候变化的承诺具有重要的支撑作用。

勇于改革创新　企业经营管理成效明显

张学勤按照法人治理结构的要求，使得森工集团（林管局）董事会、党委会、经理层各司其职、各负其责、各展其才，各方面重点工作有谋划、有部署，有检查，确保了集团的发展和国有资产的保值增值。在他任的“十二五”期间，企业资产由2011年年底的129亿元增加到当前的209亿元，累计上缴税金2亿元。张学勤倡导建立了人力资源统一管理信息系统，建立健全了40多项管理制度，实施了投资与预算管理的无缝对接，实行了全额预算管理。围绕“创新发展、转型崛起、富民兴林”的企业愿景，张学勤最终确定企业使命为：遵守国家法律、行政法规，执行国家产业政策；以保护培育森林资源为中心，实施森林分类经营和天然林资源保护工程，实行立体化开发，多元化发展；保障国有资产保值增值，提高国有资产运营效益；实现了经济效益和社会效益的统一。2011—2014年累计投入3253万元，承担了国家级、自治区级科研项目，如高寒地区蓝莓繁育栽培技术、西伯利亚红松良种繁育造林技术、低质低效林生态窄带改造技术、落叶松鞘蛾预测预报及无公害防治技术、内蒙古大兴安岭野生食用菌荷叶离褶伞培育技术、内蒙古大兴安岭林区高寒地区大果沙棘栽培技术，取得了大量科技成果。

经过他的不懈努力，企业管理效益大幅提升。内蒙古森工集团（林管局）数次获得国家、自治区的表彰鼓励。2013年、2014年班子履职和经营业绩考评达到A级，2013年集团获得全国五一劳动奖状。

推进产业转型　拓宽企业发展空间

为打破内蒙古大兴安岭林区独木支撑的局面，张学勤带领班子倾力谋划顶层设计，提出了“生态建设产业化、产业发展生态化”的转型产业理念，确立了打造“内蒙古最大的森林碳汇基地、最大的商品林储备基地、最大的绿化种苗基地、最大的绿色林特产品培育加工基地、最具特色的生态旅游休闲度假基地和森林资源综合利用龙头、清洁能源生产龙头、矿产资源开发龙头”的“五大基地、三大龙头”产业布局，基本形成了新型替代产业的布局，效益初步显现。集团规划了南以阿尔山、北以北部原始林区、东以毕拉河为核心的三大景区板块，阿尔山景区目前已晋升为5A级景区，并正在着手整合资源启动了上市工作。莫尔道嘎“森林1号”小火车项目于2014年竣工并投入使用，展示了旅游产业继续“领跑”林区转型发展的强劲动力。2011年—2014年，林区旅游综合接待量和综合收入每年都以80.0%的增速发展。林下资源利用方面，集团规划了种苗培育、食用菌培植加工、药物种植、牲畜养殖等多种富民转型产业，为国有林区改革打下了坚实的基础。森工集团（林管局）分别与三家碳资产交易中介公司签署合作协议，在4个林业局开展试点，20.5万亩人工造林项目已完成挂牌公示。集团努力推进林木资源精深加工和对俄森林资源开发产业，并依托满洲里口岸优势注册了兴安国际贸易公司。

履行社会责任　持续改善林区民生

5年来，在张学勤的带领下，内蒙古森工集团始终把改善民生作为第一目标，2014年年底林区在岗职工年人均工资达到3.63万元，较2010年翻了一番多；“十二五”期间在自治区的支持下，5.8万名混岗知青工养老保险待遇得到落实；争取上级投入9.8亿元，企业配套1.4亿元，兑现了8.5万名天保工程和改制一次性安置人员社保补贴政策。着力民生工程的快速推进，统筹实施棚户区改造、深山远山林场搬迁及十个全覆盖工程，森工集团棚户区改造计划总规模152600户，2009—2015年自治区发改委共计下达计划147844户，已全部开工，基本建成率91.9%，交付入住11.53万户，累计投入棚改配套资金13.24亿元，现有4.5万林业居民移居到中心城镇，改善了林业居民住房安全。5年间，林区各地展露新颜，林区人民正在大踏步和全国人民同步小康。

张学勤严格落实依法依规治企的责任，在任期间从未出现过重大安全事故，圆满完成了自治区国资委下达的安全生产任务。

广西中烟工业有限责任公司总经理、党委书记

张雨夏

张雨夏：男，59岁，研究生文化程度，全国劳动模范，广西中烟工业有限责任公司总经理、党组书记。自2009年主持全面工作以来，大力实施科技兴烟、人才强企、文化立企战略，在激烈市场竞争中实现了跨越式发展，成为广西唯一税利总额和上缴税金双双突破100亿元的企业。他积极实施“走出去”战略，2015年贸易出口卷烟6900件，境外合作生产销售6000件，实现营业收入297万美元。广西中烟建成行业级和自治区级技术中心以及国家级实验室、博士后工作站，打造“龙芯、龙装、龙艺”工程，改革科技研发机制，设立总经理奖励基金，引导、鼓励员工开展多种形式的技术创新活动，在行业内率先通过质量、环境、职业健康安全、测量“四标一体”认证，率先通过国家“4A级标准化良好行为企业”认定，率先导入“互联网+”，建立二维码大数据平台、微信矩阵等。

6年来，企业累计捐资超2.1亿元。荣获全区帮扶标兵单位称号、希望工程25周年特别贡献奖等。

做精做强出特色

张雨夏自2009年4月主持全面工作以来，使企业实现了外延式增长向内涵式发展转变。2010—2015年，企业经济运行的质量和效益一年一大步，成为广西唯一税利总额和上缴税金双双突破100亿元的企业。企业被评为全国文明单位、广西优秀企业等，获得全国五一劳动奖状；张雨夏先后获得全国五一劳动奖章、广西劳动模范、全国企业文化建设突出贡献人物、全国劳动模范等称号。

新思维 打造基业长青企业

张雨夏以构建基业长青企业为目标，不断创新思路，努力寻求新突破、新发展。从提出“五个更加注重”指导思想到“做大规模、做强企业、做精品牌、做优人才、做厚文化”的具体思路；从“企业万事，莫大如烟；用心呵护，烟成大器”经营理念，到“做精做强真龙，做好合作品牌”的两个积极推进品牌发展战略；从“特色化、差异化强势品牌”的市场定位到“清柔香聚，天赋稀贵”的品牌定位；从“更加尊重市场、更加尊重消费者、更加尊重经销商”的营销工作思路到“区内市场加快发展，区外市场稳步发展”的营销策略；从“水不在深，有龙则灵”的企业定位到“忠爱立企、气聚人和”的企业文化，从哲学思维到互联网思维运用……所确定的方针措施切实指导企业生产经营得到快速发展。

在张雨夏的领导下，全面推进公司改革发展，企业综合竞争力得到新提升。在烟草行业面临不利大环境情况下，公司加快转变发展方式，积极推动“广西烟草300亿税利工程”，积极探索和运用互联网思维，推动创新，实现真龙品牌规模逆势上扬，持续保持良好的发展态势。

新举措　推动企业快速发展

张雨夏坚持走差异化、特色化发展道路，公司“真龙”品牌卷烟先后获得中国驰名商标及建国六十周年60个广西最具影响力品牌等荣誉称号，属于国家烟草专卖局“十五个重点鼓励发展品牌”之一。2015年，真龙品牌销量从24.2万箱攀升至63.28万箱，覆盖全国33个省区（直辖市）。真龙（海韵）销量突破2万箱，连续3年成为行业同价位销量排名第一的卷烟规格，成为行业内最具成长性的品牌之一。张雨夏坚持“开放、合作、交流、攻关”，先后完成7个科技创新平台的搭建；打造“龙芯、龙装、龙艺”工程，突出品牌“清柔香”风格，率先开发出国内第一款原生态概念卷烟真龙“巴马天成”，开创烟叶主导产品研发模式和地域导向型研发的先河；改革科技研发机制，完善学科带头人和首席专家制度，设立总经理奖励基金；牵头或参与行业标准34项；参与国家、行业和自治区的科技项目38项，获省部级科技成果20项，获省（部）级科技进步奖5项。公司在行业内率先通过质量、环境、职业健康安全、测量“四标一体”认证；率先通过国家“4A级标准化良好行为企业”认定；稳步推进精益管理，构建“公司—部门—岗位”的三级指标体系，完善绩效目标与考核管理；构建以总经理奖励为核心的改进与创新体系，创新管理迈上新台阶，获得中质协现场管理星级评价五星级现场2个，获国家级企业管理现代化创新成果二等奖2项，获工信部2014年工业企业质量标杆。公司坚持将严格财务管理作为企业基础管理的核心，有效配置财务资源，有力支撑公司战略目标的实现。企业国际化业务从零起步，重点维护好境内免税市场，拓展东盟国家和中东地区的境外免税市场，拓展柬埔寨有税市场，开拓缅甸、中亚等地区有税市场。2015年贸易出口卷烟6900件，境外合作生产销售6000件，实现营业收入297万美元。

公司积极推进互联网思维的贯彻和落地，与腾讯、阿里巴巴开展战略合作，开展二维码防伪营销技术方案的应用；与广西商务厅联合成立全国首家省级“互联网+”产品二维码中心，积极推进广西快消品及农产品的互联网化；建立了品牌官方网站论坛、微信矩阵、企业号和社群组织等新媒体阵地，并与中国烟草杂志社、东方烟草报社进行战略合作，成立了“天海互联网＋研究院”；公司积极开展云计算、云存储、电子商务、3G技术、物联网、数据托管、设备托管、供应链管理等应用研究，加大工业化和信息化的深度融合，荣获广西信息化和工业化融合示范企业、两化融合典范企业。

新理念　增强企业核心竞争力

张雨夏注重推进文化立企、人才强企，提炼形成“忠爱”文化理念体系，引导员工忠于祖国、忠于行业、忠于企业，热爱消费者、尊爱家人、关爱社会；加强民主管理，坚持职代会制度，保证员工知企情，议企事，参企政，企业获得全区企务公开民主管理先进单位；积极推进民生工程，完善员工保障体系，组织开展各项文体活动，企业工会获全国百佳模范职工之家。张雨夏高度重视人才发展质量和发展水平，5年来，公司高级技师实现零的突破并增加到26人，技师增加204人……一大批高职称、高技能、高知识员工脱颖而出。

公司累计投入基础设施建设资金5000多万元。对在烟叶生产中遭遇自然灾害严重的云南、贵州、广西等烟叶基地，公司捐赠抗灾资金共1185万元，有效减少烟农损失，稳定基地烟叶生产；在烟叶基地建设“生态有机烟示范园”，推进烟草有害生物绿色防控。公司通过并保持环境与职业安全健康管理体系认证，加强对安全生产的基础管理；实施锅炉煤改气工程，建成广西首个兆瓦级太阳能光伏发电项目并正式并网发电，各类排放指标都控制在国家排放标准内，获全区清洁生产企业；开展资源回收利用，推广以甘蔗渣为基质的烤烟漂浮育苗综合技术。

公司持续开展“金秋助学”和援建“希望小学”等各项扶贫济困、抗灾救灾等活动，至今已兴建了50多所“希望小学”；出资2000万元，用于奖助家庭贫困和品学兼优的在校生；每年出资50万元，支持无法足额筹集学费的准大学生，已支持了800名新大学生顺利入学。6年来，企业累计捐资超2.1亿元，荣获全区帮扶标兵单位、希望工程25周年特别贡献奖等。

江西鼎丰玻璃有限公司董事长

张强金

张强金：男，56 岁，经济师，2000 年多方筹借资金购买了宜丰县同安矿产品开发公司，并在 2001 年投资 1200 万元创办了江西鼎丰玻璃有限公司，实现了把地方资源变为经济优势和生产终端产品的梦想。目前公司已经成为了全省规模最大的日用玻璃制品企业，也是全省唯一一家拥有自主经营出口权的玻璃制品企业。江西鼎盛玻璃实业有限公司于 2014 年 2 月引进武汉理工大学微晶玻璃新型装饰材料技术，在工业园区投资 8.75 亿元建三条微晶玻璃生产线，该项目已列入江西省重大调度项目，生产工艺采用国内外首创的浮法技术，其技术水平达到国际领先，也是全世界第一条浮法微晶玻璃生产线。同时，与深圳景田食品饮料公司合作引进德国海叶公司轻量化玻璃瓶生产技术，拟建日产 100 万只轻量化矿泉水瓶生产线，总投资 2.4 亿元。两个项目全部完成后，预计年产可新增销售收入 16 亿元，利税 3.5 亿元。

用热血谱写人生美好篇章

“发展是一种社会责任。”这是张强金常挂在口头的一句话。张强金是土生土长的本地创业者，他经过多年的商海打拼，创办了所属公司皆是知名诚信企业，成为全县乃至全市商界的耀眼明星。

立足本职做强企业　在创新中发展企业

2000年，张强金响应党和政府的号召，积极参与企业改制，顶着市场疲软、资金不足和家人的反对，多方筹借资金购买了当时无人敢啃的“硬骨头”——宜丰县同安矿产品开发公司，并在2001年投资1200万元创办了江西鼎丰玻璃有限公司，实现了把地方资源变为经济优势和生产终端产品的梦想。作为一个懂经营、善管理的企业家，张强金懂得企业要实现科学发展和赶超发展，就必须解放思想、积极创新、科学管理，建立现代企业管理制度。解放思想、积极创新就是将企业的发展放在全国乃至全球的格局中去思考去定位，要想在激烈的市场竞争中立于不败之地，就必须抢占行业制高点，与高校合作走产学研的路子。因此，公司与武汉理工大学、广州大学建立了长期合作关系，于2014年2月引进武汉理工大学微晶玻璃新型装饰材料技术，在工业园区投资8.75亿元建三条微晶玻璃生产线。该项目已列入江西省重大调度项目，生产工艺采用国内外首创的浮法技术，其技术水平达到国际领先，也是全世界第一条浮法微晶玻璃生产线。同时，公司与深圳景田食品饮料公司合作引进德国海叶公司轻量化玻璃瓶生产技术，拟建日产100万只轻量化矿泉水瓶生产线，总投资2.4亿元。该项目一期已启动，预计2015年12月可正式投产。两个项目全部完成后，预计年产可新增销售收入16亿元，利税3.5亿元。科学管理对于鼎丰来讲，就是要全面实行人性化管理，为最大限度地调动员工的工作积极性、主动性和创造性。公司经常组织员工开展技术培训，岗位练兵，努力提高员工工资福利，并做到按月足额发放，从不拖欠。遇上设备检修，员工还可带薪休息，对于生活上特别困难的职工还会组织走访慰问。此外，张强金还加强了文化阵地建设，建立了文体活动中心，经常开展文化娱乐活动，凝聚了人心，增强了企业活力，取得了经济效益和社会效益的双丰收，为当地经济的快速发展做出了巨大贡献。产品除销往国内部分省市外，还远销欧美、中东等国家和地区，目前公司已经成为了全省规模最大的日用玻璃制品企业，也是全省唯一一家拥有自主经营出口权的玻璃制品企业。

通过十多年的发展，张强金先后创办了宜丰县同安矿产品有限公司、江西鼎丰玻璃有限公司、江西大丰瓷石有限公司、江西鼎盛玻璃实业有限公司、江西本来旺玻璃制品有限公司、江西麦特因有限公司、江西鼎兴矿业有限公司、缅甸农业部属华宇实业有限公司、孟连矿业有限公司，以上公司 2014 年实现销售收入 9.16 亿元，利税 1.75 亿元。

情系家乡　甘当筑巢引凤使者

宜丰县是一个经济基础薄弱、信息闭塞、交通不便的山区小县，地方经济一直停滞不前，尤其是工业发展缓慢。张强金利用在外认识客户多、接触广的优势，选准项目，采取以商招商的办法，多次邀请发达地区的老板到本县考察、洽谈投资意向，向他们宣传宜丰的投资环境，资源优势。功夫不负有心人，他的真情和诚恳感动了客商，引起了很多省内外客商对宜丰的投资兴趣，在短短几年内，先后引进广东、山东和印度尼西亚等地客商到宜丰投资创业，共计引进省外资金 1 亿多元，为地方经济的发展注入了新的活力。

乐于奉献　致富不忘回报社会

随着企业规模的不断壮大，效益也逐步增长，张强金致富不忘回报社会、不忘回报党恩，他是全县有名的纳税观念强的典型，在他的影响下，公司员工的纳税意识大大增强。近年来，企业共向国家上交税金 1 亿多元，多年被评为全市民营企业纳税百强。张强金解决下岗再就业 1500 人，他定的招工原则是优先下岗职工，特别要照顾夫妻双方下岗职工；对职工生活无微不至的关怀，职工工资福利逐年提高。2014 年所属公司职工人均年薪位居全县前列。此外，张强金还热衷社会公益事业的捐助，对公益事业捐助毫不吝啬，慷慨解囊，他在家乡还设立了“强金奖学助学基金”，奖励那些优秀教师、品学兼优的学生及困难学生。近几年来，他共向教育、公路建设等社会公益事业捐资 1000 多万元。

张强金和他所属的企业取得的成绩，得到了各级政府和有关部门的认可。几年来，公司先后获得全省先进非公有制企业、省市优秀民营企业、全省 A 级纳税信用企业、中国轻工业百强企业、中国日用玻璃十强企业、全国行业信用 AAA 级企业。张强金先后获得全省劳动模范、江西省优秀厂长（经理）、全市优秀共产党员、全市全民创业标兵等光荣称号，同时还兼任江西省企联常务理事、宜春市党代表人大代表、宜丰县政协常委等社会职务。

中金国华（北京）投资基金管理有限公司董事长

李 宾

李宾：男，38 岁，毕业于南开大学金融系，金融分析师，在英国伦敦政治经济学院深造，拥有超过 12 年的金融领域创业及千万级别大型项目的投资管理经验，2003 年至今，先后创立了北京天域资产管理有限公司，中金国华（北京）投资基金管理有限公司，中森汇嘉文化产业投资管理有限公司，上海金融信息服务有限公司，北京畅融网络科技有限公司，世航国际融资租赁有限公司等多家企业，业务覆盖投资银行，资产管理，私募股权基金，国际投资咨询，高端私人财富管理，飞机融资租赁，个人在线理财等众多领域。在他的带领下，公司成功发行了新能源产业基金，旅游地产业基金，民生消费产业基金，市政建设产业基金，运作了 3 家以上的地方性银行增资扩股，公司业务还涉及 PE 投资，协助多家公司上市，截至 2015 年公司业务总运作规模达 100 亿元以上。

勤于思考　创新实干

自2003年至今，李宾先后创立了北京天域资产管理有限公司、中金国华（北京）投资基金管理有限公司、中森汇嘉文化产业投资管理有限公司、上海金融信息服务有限公司、北京畅融网络科技有限公司、世航国际融资租赁有限公司等8家企业，业务覆盖投资银行、资产管理、私募股权基金、国际投资咨询、高端私人财富管理、飞机融资租赁、个人在线理财、纯净水生产等众多领域。截至2015年12月，李宾控股的八家企业总资产38亿元，营业收入21.8亿元，利润总额16.5亿元，净资产24.7亿元，上缴税金1.5亿元，职工人数15360人。

统观全局　运筹帷幄——具有卓越领导力的智慧型企业家

李宾是一位习惯于创造梦想、发现机遇的人。李宾是一位善于思考的智慧型企业家，善于站在全局的高度运筹帷幄，决胜千里。自2009年至2010年以来，我国基金行业进入“精耕细作”的年代，在李宾的带领下，企业成功发行了新能源产业基金、旅游地产业基金、民生消费产业基金、市政建设产业基金，运作了三家以上的地方性银行增资扩股，公司业务还涉及PE投资，协助包括沧州天河化纤制品股份有限公司（股票代码：831759）在内的多家公司上市，截至2015年10月公司经济指标完成100亿元。李宾于2014年荣获中国经济领航者人物奖。

坚定信仰　心怀天下——具有时代感与社会责任感的领导者

李宾不断强化企业文化内涵，始终坚持分析问题着眼党的事业，开展工作牢记党的要求，解决矛盾坚持党的原则，在大是大非面前旗帜鲜明，达到了“政治坚定、公道正派、严谨专业、开拓创新”的要求。

李宾的卓越工作，为当地居民和外来务工人员提供了就业岗位，合同履约率达100%。李宾积极倡导和组织向贫困学生和社会福利事业捐款捐物，为重庆贫困山区捐赠了一所希望小学；组织壹文微公益众筹项目，为孤儿和弱势群体（肢体残疾、先天性疾病）带去温暖。

开拓市场　创新平台——架起P2P金融信息桥梁的探路者

李宾所带领的互联网金融平台——壹文财富，是一家基于互联网技术、为用户提供P2P金融信息服务的专业公司，由从业于金融、销售、互联网行业多年的精英团队倾力打造。壹文财富2015年1月在《京华时报》“首都最受欢迎互联网金融机构”评选活动中获得互联网金融创新奖，在2015中国产业互联网峰会活动中荣获2014年最具突破互联网金融平台奖。

互联网金融行业作为一个新兴的投资理财项目，正架起一座金融桥梁，李宾整合多方资源将壹文财富打造成为一个拥有优质项目、专业风控团队、多重安全保障的禁得起推敲的合法合规专业平台，给投资人提供了良好的投资体验。

正是凭着过硬的专业能力，成熟的心智，坚忍的毅力，以及经得起考验的商业运作模式，李宾获得了创业连续成功。解读成功，信念使然。李宾对自己坚持不懈的信念作了如下概括：

敬业。李宾坚信，“如果你热爱工作，你每天就会尽自己所能追求完美，而不久你周围的每一个人也会从你这里感染这种热情”。

坦诚沟通。尽可能地同你的合伙人进行交流，他们知道得越多，理解得就越深，对事物也就越关心。情报就是力量，你把这份力量给予你的同事后所得到的益处，将远远超出消息泄露给竞争对手带来的风险。

倾听公司每一位员工的意见，广开言路。第一线的员工才是最知道实际情况的。你要尽量了解他们所知道的事情。为了组织下放责权，激发建设性意见，你必须倾听同事们告诉你的一切。

要做得比客户期望的更好。如果你这样做了，他们将成为你的回头客。妥善处理你的过失，要诚心道歉，不要找借口。顾客永远是对的。

逆流而上，另辟蹊径，蔑视传统观念。如果每个人都在走老路，而你选择一条不同的路，那你就有绝好的机会。

打造团队　合作共赢——“中金国华”企业文化建设的领航者

在李宾所带领的各个企业中，以中金国华（北京）投资基金管理有限公司为先锋，公司主营业务覆盖投资银行、资产管理、私募股权基金、国际投资咨询以及高端私人财富管理五大板块。

为促进行业和公司发展，李宾带领中金国华团队不断致力于模式创新，借助其资深的行业经验以及全球化管理方式，为投资人提供最专业的投资服务；借助国际与本土双重优势，提供全方位的全球财富管理服务；结合丰富的国际资本市场经验和广泛的国际支持网络，实现“中国资本的国际化、国际资源的本土化”，全面达到战略发展目标。

李宾深信，企业要发展壮大，一个有能力的管理团队是至关重要的。在他的感召下，公司汇集了一批覆盖全行业的国内外专业精英人士，拥有一批高效专业的管理团队，团队核心成员均来自国内外著名高校及大型金融研究机构，具备国内外领先的资本运作实力和丰富优质的行业资源。

对于企业文化建设，李宾也有着其独到的见解，他认为，建设企业文化能够更好地与创业者建立真正的事业伙伴关系，尽心解决企业遇到的一系列涉及金融领域的问题，开拓全球化的发展视野。要坚持以诚信、稳健、共赢的企业文化宗旨，使企业在金融的商海里发展、成长、壮大，实现多方共赢。

齐鲁制药有限公司总经理

李　燕

李燕：女，41岁，研究生，工商管理硕士，工程师，全国劳动模范，齐鲁制药有限公司总经理。自2009年担任齐鲁制药有限公司总经理以来，她面对国内外市场的严峻形势，在市场竞争继续加剧的大环境下，将所学EMBA优秀的现代企业管理经验与公司实际相结合，在企业规模化发展的同时，实现了在人才培养、药物研发、产品质量、品牌建设、安全环保等各方面的显著竞争优势，持续保持稳定健康发展的势头，多年来主要指标增幅远高于全国和全省医药行业发展速度，2014年集团实现主营业务收入115亿元，成为济南市首家过百亿的民营企业，齐鲁制药有限公司荣列2014年医药工业企业百强榜单主营业务排名12位，总资产排名第10位，利润排名第6位。公司每年研发投入为当年销售收入的5.0%～8.0%，仅2014年投入就达到6.3亿元。齐鲁制药已发展成为国内屈指可数的创新型企业代表，是国家级企业技术中心。

齐鲁制药 卓越发展

自2009年担任齐鲁制药有限公司总经理以来，李燕认真学习贯彻党的路线方针政策，团结带领企业干部员工，不断解放思想更新观念，深化改革力促发展，转方式、调结构，面对国内外市场的严峻形势，持续保持稳定健康发展的势头，发挥了医药龙头企业的引领作用。2014年集团实现主营业务收入115亿元，成为济南市首家过百亿的民营企业；上缴税收10.57亿元，实现出口创汇3.1亿美元。齐鲁制药是中国十大最具影响力制药企业、中国最具品牌力药企20强、制剂国际化先导企业。

以人为本 打造高素质员工队伍

在李燕的带领下，公司面向社会广招人才，实行人才梯队建设和育人责任制，对优秀管理人员、技术人员及各类技工人员分类设立人才库；用人机制上，注重结合个人特点提供施展才能的舞台，真正做到“用人如器，各取所长”，并通过引进竞争机制，实行优胜劣汰；对做出成绩的优秀员工大胆奖励、及时奖励，让每位员工都有实现自我价值、发挥聪明才智的机会和条件，实现了员工与企业的共同成长和发展。齐鲁制药目前人才会聚，建立了一支结构合理、高素质的人才队伍。

打造质量品牌 坚持科技创新

李燕对产品质量常抓不懈，公司在国内首批通过GMP认证，先后通过了美国FDA、欧洲EDQM、英国MHRA等一系列国际认证。公司坚持实施“精品”战略，所有产品以中国药典标准为最低标准，以原研产品及国际标准为目标，共有60多个产品达到欧美药典标准，十多个产品被中国药品生物制品检定所确定为国家药品标准品。李燕重视企业产品力的打造，始终坚持创新发展战略，大力开展高技术内涵药物的研发，在创新程度高、技术壁垒高、临床需求迫切的药物领域超前布局。公司每年研发投入为当年销售收入的 5.0% ~ 8.0%。公司共获得新药证书 120 余个、生产批件 300 余个，获得发明专利授权 134 项，近 30 个药物填补国内空白。

齐鲁制药已发展成国家级企业技术中心，先后被认定为国家级企业技术中心哺乳动物细胞高效表达国家工程实验室，获得三项国家科技进步二等奖，“十一五”以来承担国家重大科技专项有 21 项。齐鲁制药是 2012—2015 年中国创新力十强医药企业、2015 中国医药研发产品线最佳医药工业企业（第 2 位）。

李燕审时度势，2009—2013 年集团先后投资近 30 亿元，分别在海南的海口、德州的临邑和内蒙古呼和浩特开发区建设了海口制剂生产基地（面向高端国际市场）、化学合成生产基地和农兽药抗生素发酵生产基地，2013 年 10 月，作为集团总部、药物研发中心和生物技术药物生产中心的齐鲁制药生物医药产业园开工建设。经过多年的规模化发展，齐鲁制药形成了从药物研发到原料药和制剂的生产销售完整产业价值链。

李燕早在 2004 年初就开始产品走出国门的工作，目前，齐鲁制药已是国内首家美国 FDA、欧盟 EDQM、英国 MHRA 无菌产品认证企业，多条生产线通过了美国、英国、日本等国家官方认证。公司选取优势产品领域，大力开拓国际市场，产品出口至美国、英国、德国、日本等 70 多个国家和地区，在此过程中同世界制药巨头辉瑞、山德士、梯瓦等建立了稳定的合作关系，在近 30 个国家和地区进行了注册。

保护环境　热心公益

李燕在日常生产经营中，坚持以“环保、安全、健康”的理念为指导，废水、废气、废渣等都得到了有效的回收、控制或利用。公司近年先后投入 9000 余万元实施设备改造；充分利用太阳能、LED 等绿色清洁能源，实施余热余温利用工程。自 1995 年起在各生产基地兴建了国内医药行业最先进的污水处理厂。齐鲁制药获得 2012—2013 年度山东省节能先进企业、2012—2014 年度山东省安全生产基层基础工作先进企业。

李燕对员工的生活十分关心，让员工在温馨生活中深刻地感受着“有国有厂才有我们幸福的家”的企业文化理念：连续十几年为全体员工过生日赠送蛋糕、发放节日副食，走访慰问家庭困难职工和生病职工，组织全体员工年度免费健康体检，安排班车接送员工上下班等。一系列举措，让员工切实感受到齐鲁这个大家庭的温暖。李燕是山东省党代表、济南市人大代表，她认真行使人大代表的权力，连续多年撰写提案呼吁公共场所禁烟、旅游景点行车安全、市民出行公交便利等。“5·12”汶川地震、青海玉树地震、“8·12”天津港爆炸等大事件发生时，齐鲁人第一时间行动起来捐资捐物捐药。集团内员工自发成立了“齐心爱”“橙丝带”等多个爱心基金。2008 年年初公司还曾启动了“神经修复剂申捷百万爱心援助工程”，投入价值 400 万元药品在全国各大省市开展大型义诊。

李燕被评为 2014 年中国医药年度经济人物，受邀作为国内医药企业家代表参加了爱尔兰总统访华期间的商务活动、美国药监局局长来访时的会谈活动等。李燕荣获过全国劳动模范、山东省富民兴鲁劳动奖章、山东省非公有制经济人士优秀中国特色社会主义事业建设者等荣誉称号。

北京东方雨虹防水技术股份有限公司董事长

李卫国

李卫国：男，1965 年出生，1995 年下海创业，担任东方雨虹、高能环境两家上市公司董事长，兼任中国建筑防水协会理事会会长、北京湖南企业商会理事会会长、“北京市劳动模范”等荣誉称号。

他带领企业不断推进产品技术创新、市场创新、经营管理创新，调动和发挥各方面积极性，为企业快速扩张、打造全球防水行业最有价值企业奠定了坚实的基础，成为民营企业家的楷模。旗下企业—东方雨虹自 1998 年成立以来年复合增长率达 42.0%，2005 年销售收入跃居行业第一，2008 年上市，2014 年销售收入突破 50 亿元，成为亚洲最大的防水系统服务商。高能环境 2001 年创立，2009 年改制为股份公司，2014 年上交所主板成功上市，年销售近 8 亿元，市值达百亿元。高能环境是环境技术防渗领域的开拓者，也是固废污染防治领域的标杆企业之一。

绚丽的东方雨虹

李卫国1995年在长沙创立湖南长沙长虹防水工程有限公司，历经一年即成为湖南防水行业排头兵；1998年创立北京东方雨虹防水技术股份有限公司，开始全国业务拓展的步伐。李卫国曾获得中华全国工商业联合会科技创新企业家、中国青年企业家、北京市优秀企业家、北京市劳动模范、首都统战系统参与奥运服务奥运先进个人等荣誉称号。

战略导向　管理创新　推动企业健康快速发展

李卫国紧紧围绕市场需求，跟随国家宏观经济发展走向制定企业发展战略。2001年获悉北京承办奥运会的消息，李卫国果断决策从美国引进具有世界先进水平的生产线，使公司得以承揽了85.0%以上的奥运场馆防水工程建设任务；2006年国家发布铁路中长期发展规划，李卫国及时成立铁路事业部，针对铁路市场的特殊需求开发适合对路的产品，目前占据该市场约35%的份额。李卫国推动企业进入资本市场，在2008年成功上市，成为防水行业迄今为止唯一一家主板上市公司。李卫国带领团队建立了覆盖全国县镇级市场和立体化销售服务网络，因地制宜地为客户提供定制化服务，有力地支撑了企业健康快速发展。

李卫国坚持以卓越绩效管理模式为框架，以合法合规经营为基本准则，以过程管理为核心，以两化融合为手段，构建企业一体化管理体系推进企业系统管理。李卫国还成立创新委员会，建立了一系列创新激励政策。李卫国亲自担任技术中心主任，构建了产品研发、工艺装备研究、防水系统设计和工程施工技术四大技术体系并被国家五大部委认定为国家级企业技术中心，公司技术创新能力不断提高。

以人为本　合作共赢　创建独具特色企业文化

李卫国坚持以人为本，维护员工权益，让员工享有同等的发展机会；坚持员工利益优先于股东利益，为员工提供完善的薪酬福利和职业保障计划；制订有吸引力和约束力的股票期权计划等激励机制。李卫国中石油、中石化等国内巨型企业，拜尔、巴斯夫等国际跨国集团结为战略供应合作伙伴，为万科、万达等优质房地产开发企业，中建、中交、中铁等总包单位提供全方位战略服务。

李卫国在企业创立之初即搭建了以楚文化为精髓，以儒家思想为底蕴的雨虹文化体系。2014 年，公司荣获全国建材行业企业文化建设示范单位，李卫国创立的“以文化为魂，以品牌为魂，以创新为剑，打造专行专业公司”管理成果荣获 2014 年全国建材企业文化建设优秀成果一等奖。

经营管理　成绩斐然

东方雨虹开发了八大系列 2000 多个产品，在人民大会堂、国家粮、棉库以及鸟巢、水立方等 85.0% 以上的奥运场馆等国家标志性建筑和大量高铁、地铁等国家重大基础设施建设项目中，东方雨虹的产品均发挥了防水系统优良的应用效果。在民用建筑领域，东方雨虹同诸多关注建筑品质的大中型地产商、建筑企业、家装公司建立了长期战略合作关系，公司生产的优质防水产品也已远销 100 多个国家和地区。

东方雨虹创立 10 年即成功上市，市值从 2008 年上市之初的 10.54 亿元上涨至 100 多亿元，2014 年销售收入突破 50 亿元，缴纳税收 4.29 亿元，是行业 2~10 位企业的总和；在上市公司质量评价中，东方雨虹取得综合评分排名第一的好成绩，也是唯一一家综合评价分超过 80 分的企业；在 2015 年中国品牌价值评价中，东方雨虹以 19.4 亿元的品牌价值处于我国建材行业的领先位置，并成功入围全国质量奖。

2002 年，李卫国收购北京高能衬垫工程有限公司并对其进行股份制改革。2009 年，更名为“北京高能时代环境技术股份有限公司”。2014 年年底上交所成功主板上市，市值达百亿元。高能时代是国内第一家从美国引进 HDPE 膜防渗技术的企业，专注于固体废物、废液等污染物防治技术研发和环境工程技术服务、施工与监测。公司获得了中国市政工程金杯奖、鲁班奖、中国人居环境范例奖、詹天佑奖等国家级最高奖项。

积极履行社会责任 实现企业和谐发展

李卫国积极倡导企业经济价值与社会价值的和谐统一，坚持国家和社会利益至上的原则，自 2009 年起每年发布《企业社会责任报告》，是中国建筑防水行业唯一发布社会责任报告企业。李卫国始终倡导和强调“绿色生产、低碳环保”的企业发展方向，推行标准化管理，推动导入并贯彻 ISO 9001、ISO 14001、OHAS 18001 等体系标准要求。公司累计投资上千万元，实现源头治理和过程消减。公司通过了产品环保认证、环境标志产品认证、欧盟 CE 认证等十几项认证，并荣获中国环境标志优秀企业。

李卫国高度重视企业诚信建设，公司坚持“德才兼备，品质优先”的用人理念，制定企业文化手册，通过正向激励和反向约束等手段监督执行。公司建立廉政管理体系，及时接受员工及相关方在道德行为方面的监督；公司与所有员工及合作伙伴签订《廉政协议》，公开审计监督渠道，确保道德规范要求落地。公司积极参加社会第三方机构信用评价，连续多年获得中国建筑防水协会信用评价 AAA 级企业、北京市纳税信用 A 级企业等荣誉。

李卫国热心支持公益事业，公司无偿维修毛主席纪念堂；投资建设中国第一家建筑防水博物馆；自筹资金开展上千场“服务百姓、拒绝渗漏”主题公益活动；为 400 多个特殊群体家庭提供免费渗漏维修；出资设立“雨虹奖学金”；积极捐赠资金和实物用于抗洪救灾、带头参加义务献血等系列公益活动。李卫国还充分利用协会平台，倡导和推广可持续发展理念，发起成立“促进建筑防水行业健康发展产业联盟”，加快行业质量提升进程。他推动行业协会建立技术培训学校，为行业培养专业的技术人才。

陕西飞机工业（集团）有限公司董事长、总经理

李广兴

李广兴：男，54岁，研究员级高级工程师，2009年，凭借全新理念、超常胆识、雷厉风行以及在不同领导岗位上取得的显著业绩，他被任命为中航工业陕飞董事长、总经理、党委副书记。

执掌企业后，他带领班子成员，挑战落后思想观念和组织行为模式，勇于向阻碍战略实现的管理机制宣战，以超常的胆识和魄力，制定了“航空为本，相关多元，改革创新，超越百亿，建设生态型航空新城”的发展战略，形成了“调结构、增能力、转方式、上水平”的总体发展思路，确定了“主动实施六大变革，着力弥补六大短板，积极争取六大突破”的工作方式。2009—2015年，6年时间，在他的带领下，陕飞公司实现了经济总量快速增长、经济运行质量稳步发展、企业社会影响力进一步提升，2015年实现工业总产值72.4亿元，完成营业总收入73.1亿元，分别比2009年增长243%、298%，年均增长速度为23.0%、26.0%。中航工业陕飞已经成为地区经济快速发展的主力军，为当地经济增长做出了突出贡献。

志存高远　心系蓝天

在李广兴的带领下，陕飞公司实现了经济总量快速增长、经济运行质量稳步发展、员工工作生活环境明显改善、企业社会影响力进一步提升、保军主机企业的地位更加牢固、运输机和特种机基地的定位更加明确，创造了充满激情与活力的企业新局面。公司先后获得高技术武器装备发展建设工程重大贡献奖、全国五一劳动奖状、军工文化建设先进示范单位、建国60周年国庆阅兵保障突出贡献奖、高新工程一期重大贡献奖、国防科技工业武器装备研制金奖等多项殊荣，李广兴也先后被国资委、国防科工局、中航工业等上级机关授予国庆60周年阅兵保障服务先进个人、中央企业劳动模范、总经理特别奖、优秀领导干部、卓越质量领导者、科学技术进步二等奖、中航工业优秀共产党员等荣誉，享受政府特殊津贴，并入选国防科技工业“511人才库”。

新战略　新思路　实现跨越式发展

李广兴和班子成员反复磋商，形成了“航空为本，多元发展，改革创新，超越百亿，建设一流航空产业园”的发展新战略，明确了近几年发展思路：在进行产业链价值分析基础上，重新进行产业链分工，重构核心竞争能力，提升飞机研发、生产能力，融入世界航空产业链和地方经济发展圈，推动建成航空产业园。

李广兴以超常的胆识和魄力，带领班子成员形成了“调结构、增能力、转方式、上水平”的总体发展思路，确定了在“全员观念、人才队伍建设、企业文化转型、拉动式精益生产组织模式”等六方面主动实施变革，着力弥补“员工技能素养、数字化与信息化、高素质人才短缺”等六大短板，争取在“飞机研发能力提升、生产能力提升、精益管理提升”等方面实现突破，全力推动企业实现科学发展。

李广兴在生产管理中，提出创新使用高度交叉并行作业计划管理模式，保障了运–8各型飞机飞上蓝天；管理创新中，他要求遵循“全面、均衡、循序、实效”的原则，整合运用各种管理工具，不断增强员工自主管理和自主改善意识，优化流程；型号研制中，他探索出多项目协同管理方法，通过合理配置资源，落实责任，有效地保证了项目开发进程。企业2015年实现工业总产值72.4亿元，完成营业总收入73.1亿元，分别比2009年增长243%、298%，年均增长速度23.0%、26.0%。其中：工业总产值占汉中地区装备制造业总产值的36.0%，中航工业陕飞已成为地区经济快速发展的主力军，为当地经济增长做出了突出贡献。

锐意改革　开拓市场　融入国际经营圈

调整顶层机构，优化组织结构；拓展人才晋升渠道，打造数字化陕飞，提升基础能力；发挥龙头企业作用，引导社会资源聚集发展，力促航空产业园建设；优化管理流程，推动管理水平提升；把企业文化建设提到了企业战略高度，形成了共进共赢的企业文化。李广兴开展了一系列大刀阔斧的改革，公司综合实力大幅提升。

中航工业陕飞始终立足市场，通过对产品不断改进改型，已形成了三种平台、30余个型号的系列运输机和特种机；经过多年的市场开发与维护，形成了以国内军机为主、外贸机与民机为辅的多元市场结构。2009—2015年，累计合同签订额458亿元，其中，仅2015年合同签订额近160亿元，创历史新高。在国际军贸市场上，不断扩大市场份额，实现了新兴市场的突破。2011—2015年分别向巴基斯坦、委内瑞拉和缅甸出口交付了12余架某型特种机和运–8某型机，实现了中国某型特种机出口零的突破，成功进入南美运输机这一新兴市场。

在遵循中航工业“两融、三新、五化、万亿”的发展战略基础上，公司积极与波音、空客、势必锐等世界航空工业高端企业相继开展合作，成为合格的供应商、签订长期的合作合同。通过转包工作的开展，陕飞公司在不断提升自身能力、缩小行业差距，加快走向市场化的进程，并由此打开了一扇通往世界合作、融入世界航空产业链的大门。

诚信经营　热心公益　积极履行社会责任

公司一贯重视企业形象，以诚信纳税为荣，严格遵守国家法律法规，成为汉中市的纳税大户。作为A级纳税人，为汉中地区的经济发展做了极大的贡献，多次获得主管税务机关表彰。

李广兴秉承“降耗减排、综合治理、持续改进、绿色环保”的环境管理方针，狠抓节能环保目标责任制的落实，推动公司发展向集约高效、资源节约和环境友好转型，2015年节能7244吨标煤，万元增加值单耗比2010年下降45.0%，超额完成陕西省及中航工业下达的节能目标。截至2015年公司共投资1亿多元用于节能减排与环保条件的改善，废气、废水等实现全面达标排放，2015年公司再通过了ISO 14001环境管理体系认证，清洁生产审计通过验收。

几年来，陕飞坚持把企业可持续发展与为职工群众谋福利相结合，职工人均收入增长较快，2015年达到7.5万元/人；企业采取一系列措施改善工作和生活条件，使职工安居乐业，分享企业发展成果。

李广兴主动承担社会责任，在2012年9月云南省彝良县的地震灾区救援中，公司与地方部队共同在灾区上空开辟出一条“空中生命线”；还积极组织职工向玉树、雅安、延安等遭受自然灾害地区捐款。公司对陕西省佛坪县大河坝中心小学的“一对一”帮扶已支持3年，出资10万元为佛坪县大河坝镇沙坪村修建了硬化公路；开展了“为留守儿童圆梦微心愿”“关爱山区贫困小学”等系列志愿服务活动；出资10万元用于校服捐赠专项慈善公益活动。

山东广汇集团有限公司董事长

李凤德

李凤德：男，1962年出生，高级工程师，现任山东广汇集团有限公司董事长，山东山源硅砂有限公司董事长。2012年当选为山东省第十二届人代会代表，先后荣获山东省劳动模范、山东省优秀转业退伍创业军人、2014年度中国十大农村新闻人物等荣誉称号。

他用创新的管理理念和诚实守信的经营思路经营企业，经过多年的发展，他的企业成为全国最大的石英砂加工企业，是石英砂行业的领头羊，个人资产总额达十几亿元，现在每年上缴税收近亿元。2005年当选为南村社区党委书记、居委会主任后，他为南村社区创办集体企业，将一个曾经落后的农村成打造成年集体收入达1.6亿元，居民人均纯收入达28000元的和谐富美新社区。他于2008年带领社区老百姓建设了红嫂家乡旅游区——沂蒙红色影视基地常山庄村景区并建立了“中国红嫂革命纪念馆”。这些年，他以个人名义先后向社会各界累计捐款3500多万元。

弘扬革命传统 引领共同富裕

李凤德艰苦创业、勤劳致富，大力发展集体经济，使全村人民由贫困到富裕，实现了超常发展、跨越式发展。李凤德先后被评选表彰为山东省优秀复员退伍创业军人、山东省劳动模范等荣誉称号。当选2014年度中国农村新闻人物，荣获5个年度单项奖中排位第一的创业富民奖。

艰苦创业 造福一方 传承红色文化

李凤德1985年乘党的改革开放、富民政策的东风，兴办民营企业，发展经济，不断扩大生产规模、搞好技术革新的同时，狠抓企业内部管理，完善经济承包责任制，实行岗位工资和定额工资相结合的方式，使职工获得了较高的收入；同时，公司率先为职工交纳“五险”，免费提供工作餐，各种福利劳保用品发放齐全，上下班专车免费接送，极大地调动了职工的工作积极性和主动性。企业的发展还带动了周边村庄的经济发展。通过加大科技投入、提高企业管理水平，企业经济效益迅速提高。近年来，山东山源硅砂有限公司按照县政府要求，投资4800多万元，建设高标准污水处理设施，做到生产用水零排放，为全县经济发展和环境保护都做出巨大贡献。2004年李凤德被县委、县政府授予“沂南县人民功勋金质奖章”民营企业家，成为远近有名的致富能手。

富起来的李凤德，决定回村发展集体经济，带领乡亲致富。首先，他抓住县城驻地的优势，抓住房地产和建筑业。2005年6月，他自己筹资2000万元，为村集体注册成立了沂南县星港房地产开发有限公司。2006年为集体增加创收160多万元，后更名为山东泰都建筑安装工程公司，注册资本2000万元，升为二级建筑资质企业。沂南县是全国养殖大县，当时却没有大型饲料加工厂。李凤德成立了山东正壮饲料有限公司，建立饲料加工厂，无偿以自己的房产抵押贷款4000万元作为启动资金，之后又为集体垫付过千万的流动资金。2006年10月18日正壮饲料公司正式投产运营，直至10年以后的今天，沂南县正壮饲料公司仍然是全国单厂规模最大的饲料加工企业。之后李凤德又成立了费县正壮饲料有限公司和邦正塑料编织袋厂，既推动了企业的持续发展，又保障和推动了沂南县的养殖业。

沂南是一块红色的热土，李凤德于2008年抓住国家加强生态建设、文化建设和红色旅游开发的良好机遇，成立了山东沂蒙红色影视基地旅游开发有限公司，建设了红嫂家乡旅游区——沂蒙红色影视基地常山庄村景区。通过短短几年的努力，现已将影视基地建成国家4A级旅游景区，建设了全省党员领导干部党性教育基地、中国红嫂革命纪念馆、沂蒙红色影视拍摄基地、沂州古县城、沂蒙红色户外写生基地等景区和影视基地综合服务中心等配套项目。

以人为本　和谐发展　回报社会

李凤德不忘服务民生事业。自2009年开始，社区免费为适龄青年提供120平方米的新楼房，对新中国成立前老党员每月给予500元的生活补贴，年满60周岁的社区老年人每年可享受6000元的老年金，社区居民每人每年分红3000元。此外，社区还投资350万元为老年人活动中心配制健身器材和娱乐用品，投资600万元建成了高标准教学楼和幼儿园一处，还免费为社区村民办理新型农村合作医疗和家庭财产保险。此外，南村社区的发展带动了周边，沂蒙红色影视基地周边农村也受益匪浅，近6年来，周边村居的人均收入增长了3000多元，就业率提高了40.0%。红色旅游和影视拍摄还带动了沂南县物流、餐饮、住宿等行业的发展，推动了全县经济的整体发展，逐步形成影视业、旅游业、休闲业相结合的综合性产业链。实现了社会效益、经济效益全面大幅增长。

李凤德高度重视维护企业员工的利益。他定期召开员工议会，通过自学与培训的方式，营造一种学习沟通与交流的氛围，同时选派优秀员工到外地学习先进技术或到友邻单位学习考察。通过一系列完善的企业管理，增强了企业凝聚力，使企业文化在发展中创新。他始终把职工的冷暖需求摆在心头，充分让职工享受企业发展带来的福祉利益，建设了员工食堂，免费为员工解决就餐问题，每月向员工发放工资福利，免除员工后顾之忧。他在企业推行走访慰问制度，每年利用春节、节假日等时间走访一线职工家庭，发放困难救济金达800多万元。他注重丰富职工的文化生活，定期举办丰富多彩的文化活动，将文化建设寓教于乐，凝聚了职工的向心力。

李凤德时刻不忘感恩社会：他在公司安置36名残疾人就业；长期以来，他踊跃为“希望工程”“春蕾工程”做贡献，先后资助60多名单亲困难家庭学生；连续12年资助孙祖、双堠、界湖三个敬老院现金每年30万元；2008年5月12日四川汶川特大地震发生后，李凤德带头捐款20多万元，成为全县捐款最多的个人；捐款帮助孙祖北匣石村修村村通公路3.5公里；每年都拿出部分资金，来支援国防建设和拥军优属工作；2014年，李凤德个人向沂南县慈善总会捐款100万元。2015年，捐款20万元，用于砖埠镇龙口村修建活动广场；向中国老年事业发展基金会无偿捐款350万元，用于公益事业。多年来，李凤德致富为民，造福一方，在他的带领下，南村社区先后荣获山东省文明社区、山东省和谐社区建设示范点、山东省先进基层党组织等20多项荣誉称号；山东广汇集团有限公司先后荣获省级先进房地产开发企业、省级先进建安企业、房地产AAA级企业、山东省功勋企业、中国文化旅游新地标、乡村特色旅游示范区等荣誉称号。

中韩（武汉）石油化工有限公司董事长、总经理

李成峰

李成峰：男，51岁，高级工程师，现任中韩石化董事长、总经理，先后荣获中国石化集团公司突出贡献专家，中国石化集团公司管理现代化创新成果一等奖，湖北省优秀企业家等荣誉称号。2014年，面对化工产品价格持续走低等严峻挑战，他启动华中地区销售公司的整合工作，实现化工产品从分散销售到集中销售的内外贸一体化发展，整合了化工销售铁路自备车资源，降低了物流成本。通过建立完善武汉石化、沿江兄弟企业与中韩石化的原料保供机制，降低企业生产成本，生产经营取得了新的业绩，公司在湖北省百强企业中排名第8位。他坚持“为客户创造价值”的理念，开展了“精细营销年”“服务效益年”“服务满意年”系列主题活动。牵头研发的系列丙丁共聚聚丙烯“G树脂”新产品具有国际领先水平。实施两化融合试点，被湖北省列为“工业化与信息化”融合典型示范企业，被工信部推荐为“信息化和工业化融合管理体系贯标试点企业”。

把握发展方向　领导企业前进

李成峰任职以来，认真贯彻落实党的十八大及十八届三中、四中、五中全会精神，结合企业中心工作和实际情况，统一思想、凝心聚力，保安全、调结构、稳增长、提质效、促发展，企业蓬勃发展。李成峰是中国石化集团公司突出贡献专家，荣获中国石化集团公司管理现代化创新成果一等奖。

坚持市场导向　提高发展质量和效益

2014 年是公司炼化一体化第一个运行年，面对困难的市场局面，李成峰坚持稳中求进，以发展质量和效益为中心，生产经营取得了新的业绩。2014 年，化工销售公司的经营总量 5306 万吨，自营贸易量 1670 万吨，盈利 16.2 亿元，使其成为“国内领先、国际一流”的贸易商。武汉石化生产任务完成情况创历史最高水平，加工原料油首次突破 800 万吨，同比增长 25.3%；中韩石化投产次年就实现了产能达标，主要指标全部达到设计要求，能耗、劳动生产率、加工损失率均处于领先水平。2014 年，武汉石化模拟合并实现销售收入 637 亿元，同比增长 69.0%；上缴税金 63 亿元，同比增长 39.0%；合并亏损 6.06 亿元。武汉石化暨中韩石化装置达标、专业达标和节能减排指标全部实现达标。

坚持管理创新　不断增强企业综合竞争能力

李成峰 2012 年 5 月正式成立化工销售华中分公司，实现化工产品从分散销售到集中销售的内外贸一体化发展；2010 年与中外运长航南京油运公司合资成立上海长石海运有限公司，提高了对乙烯及其他气体类化工品的综合优化利用能力和效率；成立了化工销售铁路自备车管理中心，提高了使用效率，降低了企业物流成本。李成峰创新服务模式，着力培育开发直销客户、战略大客户，推动“产学研用”四方联动，科研与生产“双轮驱动”，建立了总部、企业和专业规范“三级管理”的快速响应体制。

李成峰建立完善了武汉石化和中韩石化之间的物料互供和炼化一体化优化工作机制，节省天然气用量，降低制氢成本。李成峰开拓思路，开创性地优化乙烯原料供应结构；整合资源，降低乙烯生产成本。在调整产品结构上，李成峰提高高标号汽油、车用柴油、航空煤油的生产比例，在充分满足市场需求的基础上提升了企业效益；不断创新新产品开发，加强“产销研用”的无缝衔接。李成峰建立和完善了武汉石化和中韩石化沟通协调机制，提高了炼化一体化管理效果；加强制度创新工作，2014 年开始全面铺开制度“三化”建设（制度标准化、标准流程化、流程信息化）。

李成峰 2014 年年初，在全公司范围内启动“精益生产、卓越运营”学习行动计划，李成峰参与授课，切实转变了中层干部的观念、理念，提高了精益生产认识；外请麦肯锡专家在“卓越运营”方面授课，外请石油石化行业专家在全流程优化、绩效管理、安全环保管理和竞争力提升等方面授课交流。李成峰提出“抓管理、重运营、出效益”的总体工作思路，打造“三服务三满意”工程，定期将市场和销售信息与企业共享，不仅为客户提供好的产品、技术支持、物流配送服务，而且努力做到“责任关怀”和“共生共荣”。在李成峰主导下，与海尔集团深化 17 个项目合作，提供“专职化服务”，高熔共聚注塑料成功替代海尔集团资源。中韩石化深入开展优化创效活动，通过优化乙烯原料、调整产品结构、优化库存运作，企业价值创造能力不断提高。

2014 年，武汉石化信息门户成功改版，启动制度流程化（BPM）项目建设，被湖北省列为“工业化与信息化”融合典型示范企业，被工信部推荐为 2014 年信息化和工业化融合管理体系贯标试点企业。其主导的“大型化工企业基于落袋价格分析的销售管理”2015 年荣获国家级企业管理现代化创新成果二等奖。

坚持科学发展 实现绿色清洁生产

李成峰领导开展“从严管理年”活动，积极推进长输管线隐患排查、罐区安全等专项检查，完成了省级安全隐患“炼厂至码头输油管廊隐患整改”工作……中韩石化通过了武汉市消防验收和国家安全设施验收，武汉石化炼油改造二期工程完成了消防、安全设施及档案资料验收。公司连续两年荣获中国石化集团公司安全生产先进单位、安全环保先进单位，被评为湖北省、武汉市安全生产先进单位。

公司严格执行国家环保法律规定，全面实现达标排放，并提前完成“十二五”目标。中韩石化实施了社会公众“开放日”，受到各方好评，被评为中国石化集团公司环保先进企业。集团与武汉钢铁集团公司、国电青山热电厂等企业合作，达成“共赢”局面；在石化系统首次采用制氢装置中变气脱碳技术，年回收二氧化碳约 4 万吨、氢气 6000 吨，增加经济效益 3600 万元。公司获得武汉市首批循环经济标杆企业。

2014 年，武汉石化开展质量攻关，并加强质量计量监督管理，顺利实现油品质量升级。接受国家、省市及中石化质量监督抽检共 16 次，抽检合格率 100%；与武汉市质监局联合开展了“质量月”活动。

发挥党建工作优势 筑牢反腐思想防线

李成峰特别重视把国有企业政治优势转化为企业核心竞争力，结合企业发展的实际需要，进一步在广大干部职工中培育“责任文化”“安全文化”和“创新文化”。以武汉市创建全国文明城市为契机，开展文明企业创建和“家文化”建设，促进企业从基础管理向全员、全方位管理转变，从传统企业管理向建立现代企业制度转变。

李成峰坚持“以人为本”，关心帮助困难职工，解决职工生活中的实际问题，投资改造职工生活区，为公司加速发展创造了较好的内部环境。在涉及重要人事变动、重大投资、重大决策、大额资金使用等方面，李成峰坚持集体决策、决定。他严格依法行使权力，严格按照组织规定的程序开展工作，促进企业持续、有效、健康发展。

福建奥华集团有限公司董事长

李国平

李国平：男，1968年出生，中欧国际工商学院EMBA，现任福建奥华集团有限公司董事长、福建广生堂药业股份有限公司等集团下属公司董事长；福建省第十二届人大代表、福建省第十五届优秀企业家、全国卫生产业企业管理协会副会长。

2001年他创办的奥华广告公司与全球最大传播机构WPP集团合资成立奥美（福建）广告有限公司，被列为2004年中国广告业十件大事之首。2001年，在福建宁德市成立福建广生堂药业股份有限公司，注册资金1.4亿元，企业专注研发生产抗乙肝病毒一线用药，2015年超3亿元销售额，在国内肝药市场占有率在内资企业中排名第一。其中，“阿甘定”是福建近年来唯一国家一类新药，企业现已拥有30多项发明专利，为福建制药业在全国药品市场树立了品牌形象。2015年4月，福建广生堂药业凭借强大的科研能力及市场销售业绩，成功登陆深交所A股创业板，成为福建省第一家成功上市的民营制药企业。

以科技兴国药

创业开拓　成绩斐然

1995 年，李国平创立福建奥华广告有限公司，2004 年 6 月，福建奥华广告有限公司与全球最大的传播机构 WPP 集团之奥美国际集团合资成立了奥美（福建）广告有限公司，此举被列为 2004 年中国广告业十件大事之首；奥华集团另一关联企业——福建唐码新奥传媒有限公司，是香港 TOM 集团（为李嘉诚控股的和记黄埔与长江实业旗下的合营企业）与奥华集团在福建的合资公司，是福建最大的户外媒体公司，在福建户外广告市场占有率达 35.0% 以上。集团旗下的生米移动科技有限公司拥有上百万用户，在网络科技领域崭露头角。奥华集团下设多家合资公司及关联企业，现已成为立足福建，跨地区、跨媒体、跨行业的国内知名民营综合性企业。

2001 年，李国平成立福建广生堂药业股份有限公司，现已发展为年产值数亿元、每年纳税数千万的福建药业龙头企业，还是国内唯一同时拥有核苷类抗乙肝病毒三大一线药物原料药及制剂注册批件以及上百项技术专利的医药企业。2015 年 4 月，福建广生堂药业成功登陆深交所 A 股创业板，成为福建省第一家成功上市的民营药业企业。

科技创新　产业运行

李国平率领全体员工秉承“广播仁爱·关注民生”的企业使命，潜心钻研，不断克服技术难关，广生堂三大抗乙肝病毒一线药物阿德福韦酯（阿甘定）、拉米夫定（贺甘定）、恩替卡韦（恩甘定）的推出，改变了以往乙肝患者只能高价选择进口药品的状况。

广生堂生产基地占地100亩，近2万平方米的标准车间2004年通过GMP认证，于2014年全线通过新版GMP认证。公司拥有精良的生产、研发装备，其中关键设备选用了先进的美国、德国生产设备，并建立了完善的技术管理和质量管理体系，具备了自主转化科技成果，研究开发新产品的软件、硬件的条件。

广生堂自从创办以来，获得了大量的荣誉：2004年，广生堂获得“中国最具竞争实力中小企业500强”；2005年，获评“福布斯排行榜中国潜力100强企业”；2008年，阿德福韦酯产业化项目被国家发改委列入“自主创新高新技术产业化扶持项目”；2009年，广生堂核苷酸抗乙肝病毒系列产品产业化项目被国家工信部列入重点扶持项目；2010年，广生堂被评为全国企事业知识产权试点企业；2012年，广生堂药业入选国家火炬计划重点高新技术企业，广生堂研发中心被认定为福建省抗乙肝病毒新药企业工程技术研究中心；2014年，“广生堂”“阿甘定”获得福建省著名商标。

广生堂每年投入大量人力物力进行国内外肝药最新领域产品及工艺研发，远远高出国家对“高新技术企业”的研发投入要求。广生堂先后与多位中国临床领军专家合作开展“十一五”“十二五”重大传染病医学临床治疗课题研究。申报了新一代抗乙肝病毒药物“替诺福韦”的研发项目，启动了全球最领先的首个替诺福韦与恩替卡韦非劣效三期研究，2015年，广生堂恩替卡韦发明专利获得福建省专利二等奖。企业高度重视产品研发及知识产权体系建立，至今已申请了70多项发明专利和PCT专利，并取得29项授权发明专利，其中一项PCT专利已获得美国、加拿大、欧盟、韩国的发明专利授权。专利数居中国肝药领域领先，李国平也被推举为全国知识产权行业领军人物。

2015年，恩替卡韦的固体分散体、其药物组合物及其制备方法和药物应用获国家知识产权局中国专利优秀奖。广生堂恩甘定－恩替卡韦被“艾滋病和病毒性肝炎等重大传染病防治”科技重大专项实施方案和“十二五”实施计划的多个课题组选为实验用药。

广生堂多年来与国内多个高等院校和科研单位进行了不同层次、不同深度的科研合作，在中药、天然药物及化学药品等多个领域与多位知名专家、学者展开广泛而密切的合作，其研发方向都集中于当今世界最前沿中成药及西药的肝药、肿瘤药领域。同时还积极参与中国医药市场协会、中国传染病学会、中国药科大学、沈阳药科大学等单位组织的高端技术论坛和其他先进国家举办的展会。2007 年 11 月，国家一类新药“阿甘定”阿德福韦酯片获批上市，当年销售额即进入同类产品全国前三名。

公司采取经销与直销相结合的营销模式，辅以学术推广、品牌营销等多种营销手段，进行产品推广。在经销模式上，公司根据经销商的信用、企业规模等考核指标，选择实力较强者合作，市场销售区域覆盖全国除港澳台地区外的 31 省、自治区和直辖市。在直销模式上，公司依托内部营销队伍，通过科学的市场调查，详细了解各地区医患用药习惯，开展有针对性学术指导与产品推广。

热心公益　回馈社会

李国平加入了“美疆助学基金会”，自 2007 年以来共领养了十多名维吾尔族孩子，长期资助他们上学；2014 年，李国平带领公司员工与北京美疆基金会联合成立“美疆—广生堂”班，资助数十名维吾尔族学童。2015 年，福建广生堂药业向美疆基金会捐赠 100 万元人民币，用于资助福建贫困山区的中小学学生。2007 年 11 月，广生堂“阿甘定”–阿德福韦酯上市伊始，即在贫困地区举行了“阿甘定百万新药捐赠贫困乙肝患者”活动；2008 年汶川地震，李国平积组织员工仅用三天时间，捐资建设一所“汶川希望小学”。2009 年还向福建青少年基金会捐款 50 万元，2010 年被评选为基金会副理事长。2010 年，企业响应福建省教育系统关工委德育中心号召，捐赠小学、中学爱心图书室，被授予“模范单位”荣誉称号。2011 年 9 月在湖北省十堰市竹山县宝丰镇举行“广生堂支援湖北贫困患者乙肝治疗百万赠药活动”捐赠仪式。2011 年，李国平发起并成立了“广生堂百万柘荣奖学助学基金”，用于帮助扶持贫困地区考上大学的优等贫困生，并在柘荣生物医药学院资助贫困人才专业培养就业。

山东中矿集团有限公司总经理

李建波

李建波：男，50岁，本科文化，高级工程师，现任山东中矿集团有限公司总经理，中矿集团从困境中崛起，连年位居招远地方财政贡献首位，连年跻身烟台市纳税前五强，身为总经理的他，为企业的健康发展做出了突出贡献。他注重科技兴矿，先后研发成功了“厚大破碎矿体安全高效采矿法”“选矿尾矿有价金属回收”等技术，由他主持研发的“黄金矿山生态工业及循环经济关键技术集成”项目使黄金采选氰冶生产实现了“吃干榨净”和清洁生产，年创造经济效益2.2亿元，被评为山东省科技进步一等奖、国家环境保护示范工程、2013年国际矿业大会最佳创新奖。他注重企业多元发展，围绕“地下一半、地上一半”产业布局目标，总投资40亿元，建成了非金产业体系，经营范围覆盖旅游业、服务业、贵金属投资、房地产、新能源汽车、生态农业等领域，使企业摆脱了对矿产资源的过度依赖，保证了企业持续发展。

实在做人　扎实工作

山东中矿集团有限公司自2001年4月份运行以来，连年位居招远地方财政贡献首位，连年跻身烟台市纳税前五强，连年名列山东省纳税百强，连续10年位居全国贵金属采选行业经济效益第一位。身为总经理的李建波，为企业的持续、稳定、健康发展做出了突出贡献。

厉行改革换来发展力

2001年4月，由北截金矿合并经营困难的“招金股份”后成立的中矿金业股份有限公司开始运行。李建波临危受命，精简了招金股份，建立了“一人多职，一职多责”的模式。李建波根据生产现场条件的变化，建立了均衡生产制度，有效地防止了管理者情绪化指挥对生产带来的波动，预见和化解了各类影响安全生产的不利因素。同时，不断调整罗山金矿、玲南金矿和阜山金矿三大金矿的生产结构，加快深部探矿开拓工程施工进度，不仅提高了劳动效率，也实现了设备、设施的物尽其用。2001年4月以来，中矿金业经济效益年增幅超亿元。2014年，面临黄金价格低位徘徊、地质品位急剧下降、生产环境复杂多变等诸多困难，集团公司完成销售收入221.98亿元，同比增长9.99%；实现工业增加值75.82亿元，同比增长23.32%；实现利润10.52亿元，同比增长2.66%；项目建设投入12.38亿元，同比增长56.12%；职工工资收入及各类社会保障金同比增长7.45%；财政贡献11.90亿元，同比增长4.85%。

自主创新赢得竞争力

为充分利用不可再生的矿产资源，减少和杜绝环境污染，李建波直接领导向氰渣多元素回收这个行业前沿技术目标发起了冲刺。2002 年，中国采金史上最早的多元素回收车间——总投资 3500 万元的北截金矿多元素回收车间建成投产，在回收资源方面收到良好效果，年经济效益 8000 多万元。该成果被评为山东省资源综合利用示范项目，2008 年被列为山东省节能减排工程重点推广技术。从 2001 年开始，李建波全面启动了黄金矿山生态工业及循环经济关键技术研究项目，该项目使黄金采选氰冶生产实现了“吃干榨净”和清洁生产，年创造经济效益 2.2 亿元，被评为山东省科技进步一等奖和国家环境保护示范工程。2013 年，该项目又荣获 2013 国际矿业大会最佳创新奖，是国内黄金行业绿色、生态建设领域的唯一的获奖项目。

李建波建立了以专业技术人员为主体、产学研结合的技术创新体系，与高等院校和科研机构开展广泛合作。近几年，中矿集团科技人员先后研发成功了“厚大破碎矿体安全高效采矿法”“选矿尾矿有价金属回收”“贵液自由电泳分离”等新技术，并承担了国家“863”计划——“千米深井地压和高温灾害监控技术与装备”研究课题。为培育自主品牌，李建波果断上马“高效电解精炼”项目，公司生产的“中矿金业”牌国际标准金锭，长期享誉上海黄金交易所，“中矿金业”成为山东省著名商标。“十一五”期间，公司先后获得省部级科技进步奖 7 项，拥有国家实用新型发明专利技术 12 项，科技对效益的贡献率逐年提高。

中矿集团所属矿山情况复杂，安全管理难度极大。李建波在强化全员安全意识、提高安全技能的同时，致力于建设新型现代化矿山，努力为职工创造安全的作业环境。企业先后建成了井下无线通信、人员定位、视频监控等数字化管理系统，本质安全水平实现了新突破。

产业转型培育接续力

李建波立足黄金主业优势，积极推进“调结构、转方式”，努力打造多元化、高端化、具有竞争力的现代产业体系。围绕“地下一半、地上一半”产业布局目标，自 2008 年起，公司总投资 40 亿元，建成了 6 大非金项目，在建非金项目 6 个，经营范围覆盖旅游业、服务业、贵金属投资、房地产、新能源汽车、生态农业等领域，形成了“以金为主，多业并举”的复合产业结构。2013年，李建波再次启动了中矿科技园、中矿工业园、欧洲工业园、金都庄园、生态养殖园、生态农业园六大园区的建设，一个多元化、高端化的现代产业体系，为资源型企业的可持续发展提供了坚实基础。

李建波把资本运作作为调整优化产业结构的重点。继“中矿金业”牌标准金锭成功上市交易后，公司又设立了金都中矿黄金投资有限公司，使集团公司实现了由黄金生产商向资本运营商的转变，年创效益6000多万元，培育了新的经济增长点。

风清气正打造人文理念

为培育统一的价值观，李建波构建了“实实在在做人，扎扎实实工作”“管理就是管自己”“利己、利人、利社会”“产品—人品”“把公事当成私事做”“人生最值得投资的事情就是磨炼自己”等文化理念体系，建立了“岗位责任制、人事动态管理、特殊事项奖惩”三大激励机制和“军事化管理、‘日考核、月评估’、诚信档案管理”三大约束机制。李建波强调领导者的非权力影响力，要求每一名管理者都要做员工的精神导师和行为楷模。李建波清正廉洁，工程发包、物资采购坚持公开招标，公司每月有400多万元的物资采购额，但所有的供应商没有一个与他沾亲带故。他以人为本，关心职工生活，致力于提升职工幸福指数，增强了员工的归属感；把大学生的成长作为人才战略任务来抓，激发了大学生扎根中矿、干事创业的激情和斗志。公司先后被授予山东省依靠职工办企事业先进单位、全国模范职工之家称号。

2001年以来，中矿集团社会公益事业投入累计2亿元，公司先后获得烟台市社会助学先进单位、山东省爱心慈善单位等称号。李建波在全行业率先组建了预备役战备值班分队，完成了许多急险重任务，企业被国防动员委员会树为新时期军企融合发展典型，被济南军区授予“英雄模范单位”称号。

长春奥普光电技术股份有限公司总经理

李俊义

李俊义：男，51岁，研究员，现任长春奥普光电技术股份有限公司总经理、长春市企业家协会副会长。他领导的奥普光电始终以满足国家重大战略需求和服务国防军工建设为己任，他带领奥普光电锐意改革、敢于创新，在承担满足国家战略需求包括“神舟”号载人航天飞船、“天宫”对接等重大科研生产任务的同时，通过向管理要效益和积极的市场开拓，奥普光电经济效益逐年稳步增长，公司已经成为了我国国防军工领域的一面旗帜。奥普光电目前形成了光电一体化设备研发制造、光电子器件研发及产业化和光学材料制造为主的产业布局。公司上市以来通过收购和设立子公司，不断扩大产业布局，随着长光辰芯、禹衡光学、奥立红外等子公司的实力不断增强，奥普光电将迎来又一轮的发展良机。

科技兴企　实业报国

李俊义政治素质过硬，有很强的社会责任感，在他的领导下，奥普光电以满足国家重大战略需求和服务国防军工建设为己任，核心竞争能力和行业影响力不断提升。在地方经济升级转型中，奥普光电发挥了带动作用，形成了产业发展的集群效应；在创造经济价值的同时，带动地方就业，为社会经济稳步发展贡献力量。

领导企业强势发展

在李俊义的带领下，奥普光电已在光电测控领域形成了强大的综合优势，并在技术、生产上处于国内同行业领先地位。公司拥有近 2000 台 / 套先进的精密机械、光学加工设备和检测仪器，在精密机械加工、光学材料生产、光学元器件加工等方面独有几十项关键技术，具有国内一流的光学精密机械与光学材料研发和生产能力。奥普光电始终秉承“顾客至上、精心制造、规范管理、追求卓越”的经营理念，锐意改革、不断创新，目前，已经成为国内光电测控领域重要的生产制造基地，曾参与了包括“神舟”号载人航天飞船在内的许多重大国家工程任务。奥普光电于 2010 年在深交所中小板成功上市，这是公司发展的里程碑事件，2015 年公司股票在二级市场表现抢眼，股价一度突破 100 元。

李俊义领导的公司经营班子带领全体员工以“股东权益最大化和促进公司跨越式发展”为目标，以“抓机遇、转方式、促发展”为主线，突出高端人才引进、突出新市场开拓、突出新产品研发、突出技术和管理创新、突出生产能力的充分发挥、突出职工收入和股东回报的进一步提高，实现公司事业的新发展新辉煌。李俊义始终注重公司核心竞争力的打造，坚守以科技创新带动经济增长的发展理念，公司在资本的推动和助力下，不断完善产业布局。奥普光电成功收购国内编码器行业龙头企业禹衡光学，引进技术团队成立长光辰芯公司，开创了我国高端图像传感器芯片自主创新的新篇章。通过近几年的快速发展，奥普光电的业务领域涵盖光电一体化设备整机制造、光电编码器制造、图像传感器芯片设计及制造和红外系列产品研发制造等业务领域，行业影响力逐年提高。

成立长春长光辰芯光电技术有限公司是奥普光电布局高端图像传感器芯片制造产业的重要举措，长光辰芯专注于高性能 CMOS 图像传感器设计、开发、测试和销售，产品性能达到国际领先水平，业务遍及全球 10 多个国家。2014 年 3 月，长光辰芯光电发布了世界上分辨率最高的 CMOS 图像传感器——1.5 亿像素超高分辨率 CMOS 图像传感器 GMAX3005，2015 年 4 月，发布了世界上第一款背照式、科学级 CMOS 图像传感器 GSENSE 400BSI，引起国内外广泛关注。长光辰芯于 2014 年获得吉林省高新技术企业认定、集成电路设计企业认定和 ISO 9001：2008 质量管理体系认证，连续两年被 EE Times 收录为全球 60 家初创半导体公司（Silicon 60），2015 年年初被 EE Times 评选为 2015 年最值得关注的，专注于模拟、MEMS 和传感器领域的 15 家初创公司。公司在 2013 年使用超募资金成功收购了长春禹衡光学有限公司（简称“禹衡光学”）。禹衡光学是中国最具实力的光电编码器、光学仪器及成套机电设备专业制造商，是中国机床工具工业协会数显分会理事长单位和全国量具量仪标准化技术委员会数显装置分技术委员会（SAC/TC132/SC3）委员单位，拥有超强技术实力，“禹衡”牌光电编码器产品是同行业内唯一的中国名牌产品。禹衡光学的主导产品光电编码器广泛应用于自动化领域，是控制系统构成的重要器件，是数控机床、交流伺服电机、电梯、冶金、重大科研仪器、航空航天、自动化流水线等必不可少的关键传感器件，是装备制造业产业升级的重要部件。产品通过 ISO 9001：2008 质量体系认证，通过欧盟 RoHS 检测及 CE 认证，随着我国自动化程度提高，其市场前景十分广阔，也得到了国家产业政策的重点支持。禹衡光学成为奥普光电的子公司，为其自身快速发展提供了更为广阔的平台。

近年来，随着我国航天事业的飞速发展，奥普光电相继装调完成了留轨传感器等一系列设备；公司为与相关科研单位合作，实现了卫星推进系统的批量化生产，配套生产的相关设备完成了空间飞船的对接任务。奥普光电在航空领域完成了多种型号、大量的机载航空相机光电平台的定型及批量生产任务；在光电测控领域多年来完成了上百台套的大、中、小型电影经纬仪、光电经纬仪以及相关舰船基准传递系统的生产任务；已出厂的高精度经纬仪多次参与国家重大航天、弹道测量任务，多次获得军方高层的通报表扬，并多次获得了国家级重大科研奖项。奥普光电在军工行业影响力逐年提升，已经成为了国防军工行业不可忽视的生力军。

经营管理绩效及社会责任

近年来，李俊义带领奥普光电锐意改革、敢于创新，在承担满足国家战略需求包括“神舟”号载人航天飞船、“天宫”对接等重大科研生产任务的同时，通过向管理要效益和积极的市场开拓，使企业经济效益逐年稳步增长，公司已经成为了我国国防军工领域的一面旗帜。奥普光电目前形成了光电一体化设备研发制造、光电子器件研发及产业化和光学材料制造为主的产业布局。面对新的发展形势，李俊义审时度势积极倡导以科技创新带动效益增长的理念，对医疗类产品进行了前瞻性布局，公司自主研发的“暗适应”“前庭功能检查仪”“特殊视觉检查仪”等已成为空后医疗仪器中的定型产品，机场跑道异物监视系统填补了国内空白。

李俊义心怀实业报国的理想，时刻践行着一个高科技型企业领袖的责任和担当，积极谋划以科技创新带动转型升级，不断为地方转变经济增长方式做贡献。同时，他作为上市公司总经理始终积极履行社会责任，奥普光电上市以来以积极的分红政策回报广大投资者。2010—2015 年，奥普光电累计实现营业收入 12.85 亿元，税收 1.84 亿元，税后净利 2.87 亿元，分红 1.8 亿元。

吉林神华集团有限公司董事长

李彦群

李彦群：男，1970年出生，清华大学EMBA（工商管理硕士）研究生毕业，高级经济师，第十二届全国人大代表、全国工商联常委、省人大常委、省工商联副主席、吉林市人大副主任、吉林市工商联主席、吉林神华集团有限公司董事长。

1998年创建神华集团的他发展思路是，做大做强工业企业，不断优化商业企业，形成工商结合、产业互补、齐头并进的发展态势。目前，集团已发展成为拥有长白山制药、吉神化工、神华车业、万利地产、玖号宾馆等13家子公司，员工2500多人。2011年，神华集团经过考察，决定投资25亿元建设年产30万吨环氧丙烷项目。这个项目是吉林市化工产业迈向国际化取得的重大突破，是化学循环经济和产业链整合的典型案例。本项目2012年4月开工建设，2014年1月下旬投产运行。目前正在建设环氧丙烷产业链下游产品聚醚多元醇项目。

铸造企业辉煌　书写光彩人生

17 年前，一位创业者确立了吉林神华集团“诚信务实，稳步快走”的发展理念。从此，这个企业走上了持续健康发展的快车道，一举成为吉林省百强民营企业，书写了企业神话和人生传奇。他就是李彦群。

1970 年 6 月出生的李彦群，拥有众多的头衔和荣誉。清华大学 EMBA 硕士研究生，高级经济师，民盟成员。现任第十二届全国人大代表、全国工商联常委、省人大常委、省工商联副主席、吉林市人大副主任、市工商联主席、吉林神华集团董事长。曾先后荣获省、市劳动模范、省优秀民营企业家、创业先锋和中华慈善事业突出贡献人物、全国抗震救灾先进个人、中国光彩事业突出贡献奖、全国关爱员工优秀民营企业家、第三届全国非公有制经济人士优秀中国特色社会主义事业建设者、“十一五”期间各民主党派工商联无党派人士为全面建设小康社会做贡献先进个人、全国五一劳动奖章、中国光彩事业 20 周年荣誉证书等。

从士兵到企业家的成功之路

李彦群出生在军人家庭，1989 年从部队复员后，曾南下深圳工作。1998 年 3 月 28 日，由李彦群亲手打造的吉林神华集团在吉林大地宣告诞生。从 1999 年开始，李彦群全力开垦轿车专营这块领地，规模不断扩大，目前，经营 5 大品牌 200 多款车型。在扩大汽车经销业务的同时，李彦群适时调整经营战略，转向科技含量和附加值较高的医药行业，2000 年组建长白山制药股份有限公司，经过快速发展，成为吉林省高新技术企业、百强民营企业。2012 年，长白山制药又以股权转让的方式全资收购了通化玉圣药业，2013 年，长白山制药与通化玉圣药业新建生产线均通过了新版

GMP认证。从2008年开始，李彦群投巨资，先后成立了吉林市玖号宾馆有限公司，吉林万利房地产开发有限公司，吉林神华集团向多元化发展。

2011年，李彦群依托吉林石化人才、资源等优势，成立了吉神化学工业股份有限公司和聚源化学工业股份有限公司。在吉林化学工业循环经济示范区投资25亿元，引进目前世界最先进的德国赢创/伍德的HPPO工艺技术，建成年产30万吨环氧丙烷项目，正在建设年产40万吨聚醚多元醇项目。吉林神华集团的发展思路是，做大做强工业企业，不断优化商业企业，形成工商结合、产业互补、齐头并进的发展态势。

为了使企业具有十足的发展后劲，李彦群先后自学了企业管理、汽车构造、中药制药等知识，获得了药学大专文凭和清华大学EMBA高级管理人员工商管理硕士研究生学历。他多次赴欧美等先进国家访问考察，学习先进的管理经验，引进先进的管理制度。

从商界到政界的责任担当

自从28岁被选为吉林省第九届人大代表以来，李彦群展现出了良好的政治素质，引起了各级有关部门的重视和关注。2006年11月，李彦群当选吉林市工商联主席后，立即和其他领导成员规划蓝图共谋发展，为吉林市经济总量翻番出谋划策。吉林市工商联和劳动保障局、市总工会等单位多次开展“民营企业招聘周”“吉林市创业援助大会”等活动，缓解吉林市就业压力，吉林市工商联还多次为众多下岗职工、农民养殖户举办培训。

2008年1月，李彦群当选第十一届全国人大代表，他经常深入到基层，听取群众的意见和建议，形成了一些有质量的提案。2011年3月14日，十一届全国人大四次会议审议通过了我国“十二五”规划纲要。在审议规划纲要草案时，李彦群注意到纲要中专门有一小节谈到了中医药事业发展问题，就此提出，中国应多培养中医药人才，建立更多中医药医疗机构。

2012年全国“两会”上，李彦群提出了“满足新生代农民工精神文化需要的建议。”2013年2月，李彦群当选第十二届全国人大代表，在以后的全国“两会”上，李彦群把话题聚焦在民生和环保上，提出许多中肯的建议；在预防领导干部职务犯罪方面，李彦群也提出了自己的见解。一是抓好反腐倡廉教育，让领导干部不想犯罪；二是抓好制度建设，让领导干部没机会犯罪；三是抓好权利的监督，让领导干部不敢犯罪。

从企业家到慈善家的光彩人生

李彦群当选吉林市工商联主席后，上任的第一件事就是发起“爱心送温暖，真情促和谐”活动，他带头捐款50万元，几天时间内，吉林市工商界企业家就捐出了100多万元，这项活动一直坚持到现在。2008年四川汶川发生地震后，李彦群决定企业向灾区捐款100万元，全体员工又捐款15万元，由慈善总会汇往灾区。2010年7月末，吉林市部分地区遭受特大洪灾，在吉林市举行的赈灾晚会上，吉林神华集团和他的员工共捐款1080万元。在民营企业中首屈一指。

2012年5月，在吉林市开展的“一下四送”活动中，李彦群一次就捐款1000万元，并为困难低保家庭提供20个就业岗位。2012年8月，吉林神华集团与省慈善总会合作，捐款500万元，用于治疗全省城镇贫困妇女“两癌”患者和重症心脏病患者。同时，还向吉林省老龄事业发展基金会捐款500万元，用于救助省荣军医院伤残军人和老龄事业发展。2013年8月，李彦群捐资50万元，救助50名家庭特困的残疾儿童；2014年9月，又向吉林市特殊教育学校捐赠40台电脑。2015年11月，李彦群向吉林市公安民警优抚基金会捐款100万元，此项救助已连续4年共捐款400万元。2008年，吉林市妇联开展“春蕾计划”助学活动，李彦群连续4年捐资80万元救助吉林市女子职业学校贫困女生；2010年，吉林神华集团与吉林一中签署协议，专门救助“双特生”，目前已经连续6年捐资230多万元。“让每一位员工快乐地工作”是李彦群“以人为本”的企业管理理念。为员工办理“五险一金”，员工患重大疾病，及时看望并给予救助；员工免费享受工作餐；每年组织员工进行夏日游；多次为员工上调工资。

为使慈善事业常态化，规范化，2010年5月，神华集团注资1000万元，成立了吉林省神华社会救助基金会，这是全省第一家由民营企业家创建的非公募基金会。

四川九洲电器集团有限责任公司董事长

杜力平

杜力平：男，1957年出生，高级管理人员工商管理硕士，高级经济师，高级职业经理，享受国务院特殊津贴专家，现任四川九洲电器集团有限责任公司董事长。

他勇于担当，驾驭全局能力强，他实践军民融合发展战略，大力实施资本运作，创造了显著的经济和社会效益，并具有开阔的国际化经营视野，助推公司出口创汇从2005年的仅8000万美元发展到2015年的6.2亿美元，九洲品牌的国际知名度和核心竞争力大大提升。他深入推进企业文化和精神文明建设，为实现九洲持续发展凝心聚力，公司连续四届荣获全国文明单位，连续两次被评为中国工业行业履行社会责任五星级企业。接任董事长后，公司在逆境下仍保持较好的发展势头，2015年实现产值200亿元，回款235亿元，收入204亿元，利润7亿元，公司所有规模指标全面跨越200亿元，实现了历史性突破。

拼搏奉献　富国强军

源于九洲　引领九洲

杜力平以退伍军人进入九洲集团，2009 年 5 月任公司党委书记，2015 年 8 月任董事长。他积极探索传统军工企业的改革发展之路，实践并见证了九洲的“二次创业”。在饱受金融危机煎熬的情势下，他带领团队，逆势而上，抢抓国际化发展的机遇，成功地将九洲从一个内陆企业引领发展成为走向国际经营的高科技企业集团。他助推九洲从一个经营发展面临重大困难的国有军工电子制造企业，成为军民品比翼齐飞的国家核心军工企业和大型高科技企业集团，成为首家军民融合式发展的百亿级电子军工企业。他有思想、讲政治，坚持党管干部、党管人才，以企业党组织建设、企业文化建设和精神文明建设为抓手，构筑企业发展的软实力。

科学管控　创新致远

深化管理创新与产业变革，实践军民融合发展战略。善于变革与创新是杜力平治理企业的制胜法宝，他践行了军民融合式发展的大胆决策，领导九洲从一家地方军工企业，逐步发展形成了以军工电子为基础，以空中交通管制系统、数字电视设备、卫星导航、LED 半导体照明、物联网等五大国家战略性新兴产业为核心的良好产业结构，使九洲未来发展有了强大的产业支撑和雄厚的技术基础。据此主创的《高科技军工企业军民融合发展战略的实施》荣获国家级企业管理创新成果一等奖。

在实施“一手抓产业经营，一手抓资本经营”的企业发展战略中，杜力平组织制定了推进九洲资本经营的第一个资本运营规划，成功完成了四川湖山股份公司（000801）重大资产重组，为数字电视产业三网融合发展资金募集先拔头筹。此后，九洲光电科技公司股份制改造和增资扩股、三网融合产业非公开定向增发融资等系列资本化经营取得显著成效。2015年，在成功实施上市公司重大资产重组，募集13亿元资金的同时，引领集团旗下的上市公司创新发行可交换债券，筹资10亿元，资本市场直接融资取得重大成效，为实现国有资产保值增值做出了突出贡献。

为了实施企业“走出去”的发展战略，杜力平坚持“多点多极”拓展国际业务的发展思路，创新性提出“本土化、平台化、品牌化”的国际经营策略和理念，组织研究制定了《九洲集团国际化经营规划》。他深入研究国际市场发展动态、国际营销策略和国际化品牌塑造，“九洲—JEZETEK”国际商标得到了更为广泛的传播。为加快扩大九洲国际化经营规模，培育提升九洲国际化经营核心能力，杜力平亲自带队开启南美市场，巴西圣保罗办事处的成立及成功运作，为其后实施“多元化＋蓝海”市场战略提供了成功案例，企业先后因时、因地制宜设立了7个海外贸易平台，成功将数字电视设备、LED、通信、光电缆等产品带出国门。公司产品出口100多个国家和地区，2015年出口创汇6.2亿美元。

境界高远　以德治企

杜力平任公司党委书记期间，不断潜心探索钻研新时期党建工作的新路子。在加强党的基层组织建设方面，他始终强调充分发挥党组织的战斗堡垒作用和党员的先锋模范作用。集团公司党委先后荣获中共中央组织部、国务院国资委党委授予的全国国有企业创建“四好”领导班子先进集体、四川省“全省先进基层党组织”称号、“四川省国防科技工业先进基层党组织”称号。

杜力平以爱才惜才的胸怀、智慧和真诚，吸引海内外的优秀人才，为九洲科学发展、可持续发展提供强大的人才保障和智力支撑。他坚持党管干部、党管人才，以开放的心态识别人才，将企业经营战略与人力资源管理相结合，用事业造就人才、用环境凝聚人才、用机制激励人才。公司先后荣获中国人力资源管理杰出企业、四川省兴川战略人才强省示范基地等称号，《高科技企业人才兴企战略的有效实施》荣获国家级企业管理现代化创新成果二等奖。现有国家、省部级和行业专家 58 人，硕士、博士 830 人，各类专业技术人才 6500 人，形成了一支拼搏奉献、勇于进取、敢于亮剑的创新骨干员工队伍。

杜力平始终相信文化的力量，他亲自组织领导制定了九洲集团企业文化建设规划，主创的《军工企业成长中的和谐文化建设》荣获国家企业管理创新成果二等奖，《以“拼搏奉献　富国强军”为核心内涵的企业感恩文化建设》获全国企业文化优秀案例奖，《基于 PDCA 循环法的全国文明单位长效机制建设》获全国企业文化优秀成果奖。集团公司先后荣获中国企业职工文化建设十优单位、中国企业文化建设典范十强。自 2005 年到 2015 年，九洲集团连续四届荣获“全国文明单位”称号；2012 年，荣获由中共中央宣传部、中央文明办、解放军总政治部联合授予的全国军民共建社会主义精神文明先进单位，成为四川省唯一获此殊荣的工业企业。

在企业不断发展壮大的同时，杜力平不忘回报国家和社会。近年来，九洲集团及职工在各类社会公益事业中累计捐赠超过 6000 余万元，履行了“九洲的发展依靠社会，发展的九洲回馈社会”的责任宗旨。2014 年、2015 年公司连续两次荣获中国工业经济联合会、联合国工业发展组织授予的“中国工业行业履行社会责任五星级企业”称号。

心载责任　谋势求进

2015 年是“十二五”收官之年，尽管面临国际国内严峻的经济形势，杜力平依然带领全体干部职工较好地完成了年度经营目标，公司所有规模指标全面跨越 200 亿，实现了历史性的突破。近三年来，公司科研项目获省部级以上科技进步奖 6 项，公司取得国家国防科工局颁发的军工系统安全生产标准化一级单位，成为四川省第一家取得安全生产标准化一级单位的地方军工企业，是四川省内唯一获得国家安监总局颁发的中国企业安全文化建设示范单位的企业。荣获中国军工电子行业最具创新力企业、全国两化融合标杆企业、国家技术创新示范企业，荣列中国电子信息行业创新能力 50 强。2015 年，九洲继续位列中国电子信息百强企业第 24 位、中国制造业 500 强第 295 位。

延吉百货大楼股份有限公司董事长、党委书记

杜友兰

杜友兰:女，62岁，高级经济师，延吉百货大楼股份有限公司董事长，十几年来她坚定办“延边第一店”不动摇，延吉百货大楼现已成为延边经济发展活跃度的一个重要风向标，商品销售总额已连续多年跻身全国百货店前80位，办出了边疆特色和民族特色，实现了由传统百货向现代百货的转变。她始终坚持一个经营原则:不会不做，不熟不做，一心一意做好百货主业，打造“诚信大楼”，启动了“百利城”项目建设，百利城与已有的百货大楼融为一体，总面积超过20万平方米，成为吉林省东部规模最大、业态最全、品质最高、辐射最广的大型体验式购物中心。

在队伍建设上，她舍得下本钱，累计投入780多万元，先后组织420多人次管理人员、营业骨干和技术骨干到韩国、港澳等地考察学习。企业先后被有关部门评为全国五一劳动奖状，她先后被评为全国民族团结进步模范个人和吉林省特等劳动模范等荣誉号。

打造优质企业　心系民族团结

多年以来，杜友兰始终以“办好企业、服务社会、多做贡献”为己任，团结带领全体员工共同努力，使企业的经营管理和各项工作都取得了长足的进步。在努力办好企业的同时，她时刻不忘民族企业的社会责任，为边疆民族地区的商贸繁荣和民族团结进步事业做出了突出的贡献。

做强主业　逐步扩大领先优势

多年来，杜友兰始终坚持“锁定目标、超前半步、一业为主、多元发展”的经营思路，实现了由传统百货向现代百货的转变。

一是锁定目标，坚持办“延边第一店”不动摇。经过十几年的坚持和坚守，延吉百货大楼已经基本形成了区域品牌高地，成为延边经济发展活跃度的一个重要风向标、体现延边独特民族消费文化的重要窗口。二是超前半步，打造学习创新型企业。这些年，杜友兰始终坚持学一线城市看方向，学二线城市改思路，向省会长春学操作，请核心企业朋友解疑惑，与国内知名商业企业密切沟通，无论哪项决策，都是先学习、再定位，稳健行事，基本没有失误。三是一业为主，十年如一日专注百货零售业。这些年，杜友兰始终坚持一心一意做好百货主业，打造“诚信大楼”，稳定了延边的中高端客群，形成了良好的知名度、信誉度和影响力。四是多元发展，向新业态寻求新的经济增长点。2008 年以后，杜友兰提请董事会同意适度调整了经营战略，开始向商业地产和金融服务业等业态扩展，2015 年 9 月末开业的“百利城”与已有的百货大楼融为一体，成为吉林省东部规模最大、业态最全、品质最高、辐射最广的大型体验式购物中心。

杜友兰始终高度重视企业的诚信服务建设，提出了“做诚信就是做未来”的服务理念。

一是提高诚信执行力，巩固竞争优势。杜友兰先后推出了“无理由退换货”“先行赔付”和“商品公开召回”等售后服务承诺，向社会公开承诺“质量问题一次解决”，基本做到了买、退一样自由。现在，“品质”和“放心”成了很多人选择大楼的主要理由。二是推行星级服务，营造亲情微笑服务氛围。十几年来杜友兰坚持推广实施“星级服务规范”，按照五星级宾馆的标准对员工进行培训，同时开办了朝鲜语、俄语学习班，鼓励营业员学用不同语言接待顾客，“诚信”和“服务”已经成为延吉百货大楼的两块金字招牌。

抓好队伍建设　夯实了企业的发展基础

在队伍建设上，杜友兰本着“关键人才一定要在大楼内部长大”的思路，确保有一支特别能战斗的骨干队伍始终活跃在每个经营环节中。

一是不断加大人才培养投入。累计投入780多万元先后组织420多人次管理人员、营业骨干和技术骨干外出考察学习，为670多人次管理人员和4500多人次营业骨干提供了学习培训机会。二是坚持推行“岗位公开竞聘制”。十几年来，杜友兰始终坚持“凡是岗位空缺一律公开竞聘”的人才选聘办法和“岗位靠竞争、收入靠贡献、职务无保险、功不能抵过”的用人理念，为员工打造了一个公平、公正的成长通道。公司85.0%以上的管理人员都是通过公开竞聘走上管理岗位的。

多年来，杜友兰始终按照“共创共享”的办店理念，把“企业发展、员工幸福”作为企业发展的信条，提高了员工的满意度。

一是想方设法提高员工待遇。大楼员工的收入水平高出延吉市同行业的10.0%～15.0%。杜友兰还坚持对中高层管理人员实行两个“100%报销”：即100%报销住院医疗费、100%报销取暖费，并对重要岗位实行职务激励股份，使中高层管理人员更加珍惜岗位，更加努力工作。二是坚持做到像对待亲人一样对待员工。杜友兰十几年来始终坚持为2001年以前的退休人员（其中80.0%是朝鲜族职工）支付社会统筹后不应由企业承担的“统外”工资，还坚持每年慰问特困职工、特困党员。2005年，杜友兰又提议制定了“职工送孩子上大学按出差标准报销差旅费”和“特困职工子女考上大学给予特别补助”的规定。三是加强对朝鲜族员工的培养任用。杜友兰十分重视朝鲜族骨干的培养，坚持返聘退休的朝鲜族管理人员，目前大楼23个中高层岗位上朝鲜族占到了35.0%，至今已留用了12名退休的朝鲜族管理人员。

热心公益事业　树立良好的社会形象

在办好企业的同时，杜友兰始终不忘回报社会、回报民族团结进步事业，积极履行企业社会责任。

一是积极参与社会公益活动，为少数民族困难群众排忧解难。几年来，累计捐款1700多万元，树立了良好的社会形象。二是主动开展帮扶活动，扶持民族文化困难企业走出困境。杜友兰出资100万元扶持延吉市民族乐器厂发展，不仅为他们无偿提供厂房，还将每年的分红所得留在该厂，用于技术改造和扩大产能。在延吉百货大楼的倾力帮扶下，该企业生产条件和经营业绩发生了明显的变化：厂房面积由原来的500平方米增加到1570平方米，生产品种从原来的20种增加到80种，年产量从原来的5000件增加到10000件，年产值从原来的80万元增加到300万元。

加强党的建设　为助推经营增添了动力

杜友兰始终高度重视基层党建工作，注重调动和发挥党员的模范带头作用。她规定中高层管理人员必须是党员，关键岗位必须有党员，党员在参加岗位公开竞聘时都有加分、优先录用。

几年来，在杜友兰的带领下，企业规模和综合实力不断增强，目前已在州内六个县市开办了19家经营网点，其中3家综合百货店、16家直营连锁超市，总营业面积37.3万平方米，安置就业6000人。自2011—2015年10月期间，企业累计实现营业收入83.89亿元，累计实现利润5.36亿元，累计上缴税金4.08亿元。

企业2011年荣获全国五一劳动奖状，先后被有关部门评为全国百城万店无假货活动示范店、全国商业服务业顾客满意企业、全国就业与社会保障先进民营企业、全国商贸流通服务业先进集体。杜友兰本人也先后被评为全国民族团结进步模范个人、吉林省优秀共产党员、吉林省特等劳动模范等。

中广核工程有限公司总经理

束国刚

束国刚：男，51岁，研究员级高工，从2008年9月担任工程公司总经理以来，在推动我国核电工程建设屡创佳绩的同时，带动我国核电产业链，共同促进了我国核电自主化能力与水平的不断提升，6年建成12台核电机组，在建11台机组有序推进；同时承建核电机组数量与装机容量连续八年保持全球第一。我国自主三代核电技术华龙一号成功落地；推动我国核电成功走向英国、罗马尼亚国际市场。

他提出的“三大转变”，即：从单项目单基地单技术路线到多项目多基地多技术路线的转变、从业主到承包商的转变、从单电站建设到批量化建设的转变。结合“三大转变”，实施了“三分改革”，即“分层运作、分权经营、分灶吃饭”。“通过体制机制改革，工程公司建立了“一个AE公司、三类组织、两级矩阵”的组织架构与运作模式，建立了适应多项目、多基地、批量化建设的“项目式、矩阵型、前后台”运作机制，促进了有限资源的有序流动，保障了多项目建设。

树中国自主核电品牌

6年建成12台核电机组，在建11台机组有序推进；同时承建核电机组数量与装机容量连续8年保持全球第一；所有已建成机组工期均处于全球同类机组前1/5水平，其中岭澳二期3号机组57个月工期在全球同类机型中排名第一，岭澳二期4号机组、宁德1号机组以59.5个月工期排名并列第三；设备国产化比例从岭澳一期的30.0%提升至阳江项目的85.0%；自主研发出我国自主三代核电技术华龙一号，并成功落地；推动我国核电成功实现走出去，走向英国、罗马尼亚国际市场。谈到这些辉煌的业绩，有一个人不得不提，他就是中广核AE模式的创造者——中广核工程有限公司（简称“工程公司”）总经理束国刚。

推进体制机制改革　打造核心竞争力

束国刚担任工程公司总经理之初，正值我国核电迎来批量化发展之际，束国刚审时度势，分析总结出了公司在核电批量化发展阶段面临的“三大矛盾”，即：核电快速发展与资源紧缺、能力不足的矛盾，“多项目、多基地”建设和原有项目管理机制之间的矛盾，原有经营管理理念及模式和市场化要求之间的矛盾，进而提出了“三大转变”，即：从单项目单基地单技术路线到多项目多基地多技术路线的转变、从业主到承包商的转变、从单电站建设到批量化建设的转变。结合“三大转变”，实施了“三分改革”，即“分层运作、分权经营、分灶吃饭”。“分层运作”旨在优化管理层级、厘清管理边界，建立以项目为中心的矩阵式组织结构。“分权经营”旨在推动生产责任的落实，让掌握信息的人进行决策，并实现责权利对等。“分灶吃饭”就是建立内部市场化交易机制和激励与约束机制，通过产值分配和绩效量化鼓励价值创造。

束国刚通过调研认为，阻碍公司安全质量管理水平提升的主要因素有三个方面：一是安全质量管理与进度管理没有成为有机统一体，二是安全质量管理缺乏完善的指标体系，三是工程公司与承包商在安全质量管理上没有形成合力。他大力推进安全生产方式转型，并从体系建设、优化管理手段等方面采取了一系列举措，使工程公司安全生产方式实现了革新性的转变。他积极推进国际对标，推动创新工具手段，并狠抓落实。在 2014 年、2015 年实现“零死亡”“零重伤”；各项目安全、质量水平全面达到国际 7 级水平。公司 2015 年先后荣获国家安监总局全国安全文化建设标杆企业，国家核安全局核安全文化建设先进单位等荣誉称号，束国刚本人也荣获国家核安全局核安全文化建设先进个人荣誉称号。

束国刚积极研究国内外先进同行的发展经验，逐步探索出适应多项目管理的核电 AE 模式，并逐步将其打造成为中广核的核心竞争力。他通过一系列举措，引领全体员工及产业链各企业树立起“对工程整体负责、对工程最终结果负责”的当责理念。在公司内部，他大力推进专业化、标准化、信息化建设，打造了集工程设计、设备成套、施工管理、调试启动等业务为一体的专业化核电 AE 公司平台，促进了优质资源的合理流动。同时，他积极推动全产业链的共同进步。工程公司于 2009 年联合国内 58 家重要设备制造企业组建中广核核电设备国产化联合研发中心，目前成员已扩展至 86 家，有力地推动了我国核电装备国产化、自主化进程。AE 模式于 2012 年荣获全国企业管理创新一等奖。

创新驱动　开拓进取

在长期的核电工程建设过程中，束国刚坚持推动核电技术改进，先后形成 CPR1000、CPR1000 +、ACPR1000 技术，并投入工程应用；领导企业成功研发华龙一号，首次形成具有自主知识产权的三代核电技术品牌，华龙一号技术已经成功在防城港二项目落地，并定位为英国布拉德韦尔 B 项目的参考电站。束国刚还推动成功打造出具有完全自主知识产权的核级 DCS 产品平台“和睦系统”（FirmSys），打破了国外垄断；成功研发并实施主管道窄间隙自动焊技术，填补了国内空白……5年来，工程公司共获得省部级及行业级奖项79项；获得专利697项，软件著作权140项；主导和参与编制国家及行业标准444项，企业标准114项。

束国刚全力推动公司实施“走出去”战略，积极探索各种“走出去”的模式。例如，与AREVA合作成立WECAN，将其作为开拓海外市场的重要平台；成立工程公司法国分公司，在欧洲树立起良好的品牌形象，探寻市场机会；与加拿大SNC（兰万灵集团公司）合作推进罗马尼亚核电项目，探索“借船出海”的国际化道路。“华龙一号”研发成功，使中广核具备了“走出去”的技术和产品基础。中广核能够走向英国，敲开发达国家的市场之门，所凭借的正在自主研发的三代核电技术以及多年连续不断的项目建设经验，真正实现了“造船出海”。

中广核集团和法国电力集团在伦敦正式签订了英国新建核电项目的投资协议。中广核牵头的中方团队将参与投资HPC和SZC项目，并在BRB厂址控股开发建设两台我国自主的华龙一号机组。这是我国核电首次在发达国家“落地”，对于提升中国核电的国际品牌、输出产能及后续项目开发意义重大。

以企业文化助力队伍建设

束国刚不断创新干部管理思路，强调干部的表率作用和带队伍能力，积极推进“干部年轻化”和国际化人才培养，积极构建“W模型”职业发展体系，拓宽员工职业发展通道。

束国刚带领工程公司深入践行“一次把事情做好”核心价值观，工程公司在传承中广核优秀文化基因的基础上，形成了以“将士用命、全力以赴”“咬定目标、咬牙坚持”“责任在我、勇于担当”“淡定不浮躁、稳健不冒进”“沧海横流，方显英雄本色”等为代表的独具中广核工程特色的AE文化，安全、协同、担当等优秀基因已融入到工程公司员工的骨髓中，激励着全体员工不懈奋进。

中船重工（重庆）海装风电设备有限公司董事长

杨本新

杨本新：男，1953年出生，上海交通大学本科学历，研究员级高级工程师，现任中国船舶重工集团公司总经理助理、中船重工（重庆）海装风电设备有限公司董事长、国家海上风力发电工程技术研究中心主任。2001年，他入选“国际科技工业511人才工程”名单；曾荣获全国突出贡献中青年专家、全国五一劳动奖章等荣誉。2012年，他提出在“十二五”期间通过实施“一个中心、三大板块”（国家海上风力发电工程技术研究中心+风电装备制造+风电工程技术服务+风电新能源投资开发）战略，实现“集团化、规模化、国际化”战略目标。2014年，海装风电成立10周年，已成长为集团化管控的风电高科技企业，完成“稳做局”战略目标。2015年是海装风电进入“快崛起”战略阶段的标志年，“十二五”期间，企业连年实现主要经营指标高速增长；到2015年年底，企业总资产超过145亿元，年营业收入超过60亿元，实现了“十二五”完美收官。

与风结缘　乘风致远

2004年1月，杨本新一手创立海装风电，制定了随后15年（2004—2020年）的“三步走”（稳做局、快崛起、誓做强）战略部署。2012年，他提出在“十二五”期间通过实施“一个中心、三大板块”（国家海上风力发电工程技术研究中心+风电装备制造+风电工程技术服务+风电新能源投资开发）战略，实现“集团化、规模化、国际化”战略目标。2014年，海装风电成立10周年，已成长为集团化管控的风电高科技企业，完成“稳做局”战略目标。2015年是海装风电进入“快崛起”战略阶段的标志年，“十二五”期间，企业连年实现主要经营指标高速增长；到2015年年底，企业总资产超过145亿元，年营业收入超过60亿元。

高瞻远瞩　结缘风电

2002年3月，杨本新开始担任处于亏损的重庆船舶工业公司总经理。他迅速组织企业领导班子系统分析，提出“翻三番、展两翼、超百亿”的战略规划，确立了以“风电设备与关联产业、大型齿轮箱、铁路车辆与重型铸锻件、船舶及配套产品”四大产业协调推进的战略目标。2010年重庆船舶工业公司工业总产值和销售收入“双超百亿”，成为重庆市“军转民”和装备出口重要示范基地、我国海军舰船配套设备最大的后方供应基地、中国最强的船舶动力配套产品开发生产基地。

2004年1月，杨本新在中船重工支持下，创建海装风电，正式进入中国风电整机行业。2009年，海装风电获得国家科技部唯一授权组建国家海上风力发电工程技术研究中心。在海装风电成立后的第一个10年里，杨本新推动企业自主研制了850千瓦、2兆瓦、2.5兆瓦陆上风电机组和5兆瓦海上风电机组。如今，海装风电已经形成了“一个中心、三大板块”（国家海上风力发电工程技术研究中心 + 风电装备制造 + 风电工程技术服务 + 风电新能源投资开发）的发展格局，成长为中国风电超百亿级整机企业和全球风电整机方案战略合作伙伴。

在中船重工战略指引下，海装风电打造了风电全产业链，积极参与全球风电市场竞争。2014 年，海装风电完成六大总装基地（重庆、内蒙古、新疆、敦煌、江苏、云南）产业布局。2015 年装机超过 1200 台，新增建设项目 40 个，遍布国内近 30 个省（市、自治区）。国际方面，海装风电在美国设立子公司，在丹麦设置欧洲研发中心，2015 年首次在美国实现小批量装机。

在海上市场方面，2009 年开始，海装风电成为国家海上风力发电工程技术研究中心的平台建设单位。2012 年，实现 5 兆瓦海上风电机组下线、安装、调试和满功率并网发电。2014 年 8 月，5 兆瓦海上风电机组项目被选送参加北戴河全国科技专题展，引起党和国家领导人的关注。2015 年，5 兆瓦海上风电机组斩获批量订单。

企业文化　统领发展

杨本新高度重视企业文化建设，形成了较为完善的企业文化开放体系。该体系以中船重工集团文化“兴船报国、创新超越”为“魂”，以海装风电本体文化“海纳百川、装备天下”为“魄”，构建起具有“融合、传承、创新”特点、形式与内容相统一、全员认可的核心价值理念体系。

企业文化发展是与公司经济发展同步向前推进的，并为经济发展提供方向和动力。2010 年 8 月，杨本新推动制定了《海装风电企业文化建设规划》。海装风电企业文化以“六大理念”为基石：企业使命是“造福人类、共享蓝天”；企业精神是“海纳百川、装备天下”；核心价值观是“投身新能源、创造新生活”；经营理念是“为客户创造价值”；质量理念是“责任风电、品质先行”；品牌理念是“树一台风机、立一个标杆，建一座风场，成一个示范”。“六大理念”在各种文娱活动和规章制度中得到深入体现。

企业决策团队是企业实现可持续发展的核心力量。杨本新始终重视企业干部队伍建设，特别是重视公司领导班子建设和党建工作。他提出：

当领导，首先要大气。领导是公众人物，人格魅力决定领导力，要善于听取不同意见，集思广益，加上判断能力，就能形成高水平的决策；讲正气最重要的是为人正直、品德高尚。一个具有正能量的人，一定是具有吸引力的人，或者是有威信的人；心胸宽广、豁达干练、处事公正是豪气的体现。当领导更需要有这种豪气。

态度决定高度，思路决定出路。杨本新认为当领导需要具备三种心态。一是敬业心，这是最重要的，忠于职守；二是敬畏心，懂得尊重，懂得畏惧；三是谦虚心，善于学习，不专横，不拿架子。对市场、客户、配套厂家、合作伙伴、对了解和不了解的人、关心和不关心的人，都要有谦虚态度，才会获得尊重，就会有人帮你。

企业要发展，领导是关键，核心在班子。杨本新认为，要当卓越的领导，还需要三种思维。第一是系统思维，也就是战略思维。这是最重要的，是指全局意识、战略意识。第二是辩证思维，尤其是换位思考、逆向思维。第三是底线思维。干什么事情都应该有底线。

肩负责任　回馈社会

杨本新在担任重庆船舶工业公司总经理期间，始终把军工生产放在首位，为国防建设做出了积极贡献。作为“军民融合”重要领域，风电是国家新能源政策重点支持的战略型新兴产业，一台风机年发电 600 万度，可以供 6000 个家庭一年用电，可以减少二氧化碳排放量 6000 吨，对于节能减排具有重要现实意义。

在汶川地震和玉树地震发生后，杨本新第一时间组织捐款数百万元，并组织志愿者深入地震灾区工作。在抗旱救灾之际，公司第一时间筹款上百万元。在扶贫方面，各企业与 10 余个区县的乡镇结成了扶贫的“对子”，给予大力支持。在保护母亲河、无偿献血、绿化家乡、关心留守儿童、青年志愿者公益行动等一系列社会活动中，海装风电担当了主力军，被评为重庆市文明单位。

九三粮油工业集团有限公司董事长、总经理

杨宝龙

杨宝龙：男，43 岁，博士在读，律师、高级审计师，九三粮油工业集团有限公司董事长、总经理。2014 年被共青团黑龙江省委和黑龙江青年联合会授予黑龙江省青年五四奖章，2015 年被共青团中央和农业部授予第九届全国农村致富带头人称号。近年来，他带领企业在全行业负利润的时代，创造了连续两年利润过亿元的好成绩，2014 年更是创造了实现销售收入 455 亿元的历史最高纪录。

他对农垦改革发展和建设国际大粮商的部分意见和建议，被中共中央和国务院 12 月 1 日下发的《关于进一步推进农垦改革发展的意见》所采纳。在企业改革发展方面，他确定了九三集团“从数量向质量、从规模向效益、从生产推进向营销和资本的双向拉动”的“三个转变”发展战略。经过两年的打拼，集团规模不断扩大，盈利水平稳步提高，在黑龙江企业 100 强排行榜上，九三集团名列第 3 位。

改革闯新路 逆境谋发展

多年来，杨宝龙作为中国大豆产业唯一的民族企业——九三粮油工业集团有限公司的主要领导人，带领企业在全行业负利润的时代，创造了连续两年利润过亿元的好成绩。杨宝龙积极为我国农垦和大豆产业的改革和发展建言献策，为农垦和大豆产业的发展做出了突出贡献。

中国大豆产业的领军人物

作为中国民族大豆加工企业的主要负责人，杨宝龙在带领企业与跨国粮商的竞争中，对大豆行业的金融属性进行了认真的研究，对大豆产业发展提出了很多意见和建议，并被相关部门采用，形成政策。市场竞争中，规则为王，杨宝龙对此深有感触，因而积极推动我国大豆行业国标的制定，九三集团也因此被授予“大豆系列国家标准制修订基地”。由九三集团承办的我国“十三五”大豆国标制修订启动大会，系统地制定和修改了13项大豆系列标准，是大豆产业发展史上划时代的重要举措。

杨宝龙带领团队主动申请中美双边预约定价会谈，这是中国大豆企业首次向美国提出争取税收平等地位的谈判，此项工作不仅可以合理规避驻美公司涉税风险，获得优质的税收环境，更为重要的是，能够为中国“走出去”企业争取国际上的合理纳税认可度和平等的纳税环境，已经引起国家税务总局的高度重视，纳入2016年中美首轮双边会谈计划。

强化战略引领 转型升级促发展

2014年，杨宝龙就确定了九三集团“从数量向质量、从规模向效益、从生产推进向营销和资本的双向拉动”的“三个转变”发展战略，明确了优化发展质量和提高盈利能力的发展目标。2015年，九三集团被评为全国质量和服务诚信优秀企业、中国粮油行业最受尊重企业、中国粮油十佳品牌特别奖。

杨宝龙将销售公司改为营销公司，推动销售人员向营销人员转变，进而又将营销公司拆分为大宗产品公司和食品营销公司，初步建立了产销一体化的运营模式，并从原有的现代渠道、传统渠道延伸至餐饮、特通渠道和海外市场，电商平台不断扩大。集团不断拓展融资渠道，启动非转基因板块上市工作。

杨宝龙利用丰富的资本运营经验，搭建集团的外汇交易团队，并获批成为全国首家非金融机构外汇系统的交易企业，并以九三模式设计开发外汇RCS风险控制系统。九三集团的专业外汇控制体系，不仅降低了企业自身的资金成本、防范了外汇风险，更为国内大豆加工企业实现全球发展时期的产品定价和经营模式起到了积极的引领作用。

在杨宝龙的倡导下，九三集团电子采购平台、人力资源管理系统、在线监测数据分析、手机移动终端等在生产经营管理等各领域得到了广泛应用。2015年7月，在国家工信部公布的全国两化融合管理体系贯标试点企业名单中，九三集团名列其中。

2015年，集团引进职业经理人8人；启动了九三商学院，为打造九三企业家团队提供了有力保障；借助外脑与北森测评公司合作开展了青年管理人员素质测评为打造九三集团企业家团队提供了科学的参考依据。

全年公司开发食用油新品种13个，豆浆粉新品11个，豆乳新品5个，果味饮品4个。通过开展玉米胚芽油稳定性研究等，解决了生产中的难题，取得了良好的经济效益。集团精益检测公司取得了实验室CMA计量认证资质。2015年，九三集团被评为第二届全国粮油优秀科技创新型企业、全国食品安全管理创新案例企业。

公司不断强化生产管理，通过建立质量安全管理标准档案和原辅料内控标准等一系列措施，有效提高了生产管理水平；通过校企互动，提高集团在粮油行业的影响力和技术水平，产品质量和研发水平列同行业前列；深入开展食品安全检查，认真夯实安全生产工作基础。

杨宝龙创造性地确立了“诚信、责任、敬业、忠诚”的企业核心价值观，并倡导以“说到做到、言行一致、立即行动、马上落实”为行动准则的执行文化，以“忠诚、热情、积极、激情”为企业座右铭。通过努力打造“简单、公正、和谐、向上”的文化氛围，塑造高品质的九三集团管理团队。

经营管理成果显著

杨宝龙担任九三集团董事长、总经理以来，九三集团的销售收入连续突破400亿元，2014年更是创造了455亿元的历史最高纪录，在全行业陷入普遍亏损的困境下，企业连续两年利润均突破亿元。在世界品牌实验室评选的“中国最具价值500品牌”中，“九三”的品牌价值2015年达到121.56亿元。

杨宝龙打破九三产品不进山海关的局面，全面布局国内市场，目前，九三集团的产品已逐步覆盖全国各大区和省区，市场占有率不断提升。

2014年杨宝龙获得共青团黑龙江省委和黑龙江青年联合会授予的黑龙江省青年五四奖章。

践行企业社会责任

企业一贯坚持守法经营，未受过各级政府的处罚；九三集团倡导生态文明建设，一直呼吁在黑龙江省建立非转基因保护区；九三集团严格遵守各项环境保护法律法规的规定，废水、废气排放均合乎国家要求；九三集团在发展过程中，吸纳员工就业4400余人；九三集团注重安全生产建设，多年来，从未发生重大安全生产事故。

九三集团在“非典”期间，按照政府要求，保证市场供应。在市场低迷时，按照合同规定收购大豆，向农民让利，2015年杨宝龙被共青团中央和农业部授予第九届全国农村致富带头人称号。九三集团连续两年赞助哈尔滨毅腾足球队，为哈尔滨市人民体育事业的发展做出了贡献。

杨照乾

杨照乾：男，52 岁，在职研究生学历，高级会计师，陕西省劳动模范，2011 年起任陕西煤化集团总经理，现任集团董事长。他提出将集团定位为以煤为主的化石能源和煤炭清洁转化企业，形成集团“十三五”规划；他力主以技术创新带动产业升级，构建了技术创新管理体制，投入资金 172.85 亿元，获省部级以上奖项 114 项，10 项产品技术指标达国际领先水平；他积极推进管理创新，构建了大型集团产业多元化、管理专业化的先进管控模式。在他主导下，打造经济、管理等学习平台培训领导人员，并建立干部考核体系。经营管理绩效连续 8 年成为我国仅有的几个亿吨级企业之一，实现了从采、卖煤向能源综合服务商的转变。他力主国际化经营，分别在吉尔吉斯斯坦、阿根廷、澳大利亚、新加坡投资项目。他坚持回报员工，完成棚户区改造投资 16.6 亿元，投入帮扶资金 3 亿元，员工劳动合同签订率、社保和体检覆盖率达到 100%。

蓬勃发展 乌金闪耀

杨照乾2012年被评为陕西省劳动模范；2013年被评为陕西省重点领域顶尖人才；2013年、2014年他主创的“大型能源化工企业基于混合所有制的转型升级”与“大型能源企业多元互补发展的转型升级管理”分别荣获国家级管理创新成果二等奖；2015年当选陕西省第六届优秀企业家。近年来，在他的领导下，集团先后荣获改革发展优秀国有企业奖、2012年度经营业绩优秀企业奖、陕西省质量管理奖和陕西省履行社会责任先进企业、全国现代大型煤炭企业人力资源管理最佳企业奖等，集团排名2015中国企业500强第89位，并于当年进入财富世界500强企业，位列第416位。

锐意进取 改革创新 成绩斐然

面对“新常态”和产能过剩压力，杨照乾将集团定位为以煤为主的化石能源和煤炭清洁转化企业，做强以煤为核心的主业和主干产业链，实现内涵式集约发展，带领集团进入世界500强企业，“十二五”完美收官。目前集团已完成了煤炭、现代煤化工、钢铁、电力、金融等多条产业链布局，新增优势资源230多亿吨，为未来煤炭产业结构优化、企业持续发展奠定了坚实基础。集团构建了全新的技术创新管理体系，以“煤炭绿色安全高效开采国家地方联合工程中心”和“国家能源煤炭分质清洁转化重点实验室”为核心，“十二五”期间获得省部级以上奖项114项，其中国家级2项，智能化无人开采、甲醇制烯烃二代工业化等技术达到国际领先水平，10项煤炭及化工产品主要技术指标达到国际领先水平。

公司在杨照乾的带领下重组了专业化公司和事业部，构建了大型企业集团产业多元化、管理专业化的先进管控模式。在他的主持下，公司在省属企业中率先瞄准神华等行业领先企业开展对标，构建了对标体系，树立了黄陵矿业、红柳林矿业等一批行业精细化管理标杆，成效显著，受到省政府表扬和奖励；推进卓越绩效管理模式，获得陕西省质量奖，同时获得国家级管理创新成果二等奖3项、煤炭行业管理创新奖17项；在省国资系统管理创新成果评比中，获一、二、三等奖各1项，位列获奖总数第一。2014年陕煤股份成功上市，同时实施了上市企业陕建机资产重组、陕国投增发，开源证券在新三板挂牌；在杨照乾的带领下，积极探索资本运营、风险管控的创新变革，2015年成功发行了50亿元永续中票，是陕西省第一单且在全国单次发行中金额最大；申请取得国开发展基金投资彬长五个采煤沉陷区搬迁资金8亿元，投资蒙西华中铁路等项目共计38亿元。

在杨照乾的主持下，公司打造经济、政治、管理等学习平台，优化班子成员知识结构，荣获全省理论学习先进单位等称号；全面推行“领导班子和领导干部综合研判工作办法”，对领导班子政治表现、运行情况、廉政建设等方面表现进行定期分析研究，实施领导班子成员考核评价和末位淘汰。杨照乾坚持用新文化、新精神统一思想、凝聚人心，在坚持集团母文化“大同”的基础上，逐步形成了一系列具有陕煤化特色的文化理念体系。2011年公司荣获中国企业文化建设先进单位。集团所属黄陵矿业被授予全国企业文化示范基地荣誉称号。

规模大幅提升　影响日益增强

“十二五”期间，杨照乾领导构建了煤炭、化工、电力、钢铁冶炼、建筑施工、装备制造、铁路投资7个实体产业，搭建了科技、金融、现代服务3个共享平台，实现了产业上下关联又多点支撑，集团总资产达4240亿元，位列2015中国煤炭企业产量第5位，排名2015中国企业500强第89位，位列2015世界500强第416位。“十二五”期间累计实现利润214.2亿元，连续4年蝉联中国企业效益200佳；连续5年被省委组织部、省国资委考核评价为A级。杨照乾坚持打造“互联网+”超级平台，做强陕西煤炭交易中心，累计实现网上交易量近2亿吨，探索“专业化+区域化”的销售运行模式，深化与六大电力集团的战略直供合作，实现了华东、华中区域销量稳步增长，华北区域市场份额稳定，西南区域销量实现了翻番增长；以煤炭产品标准化为抓手，实现了向卖特色、卖优势、卖品质、卖服务的转变。杨照乾积极按照“一带一路”的国家战略进行海外产业布局，投资4.5亿美元在吉尔吉斯斯坦建设年产100万吨炼油企业，是自新中国成立以来最大的工业和外商投资项目；在澳大利亚设立合资公司进行煤矿资源勘查。充分利用国际资本市场进行资本运作，收购新加坡上市的中国乳业29.5%股权，成为第二大股东；积极竞标塔吉克斯坦艾尼煤电大项目EPC总承包，有望带动我国煤电过剩产能进入“一带一路”国家。

履行企业社会责任

杨照乾始终坚持国企发展的宗旨是守法经营、奉献社会、回报员工，集团连续5年发布社会责任报告，并受到了中国工经联好评。在他的推动下，集团通过建设瓦斯零排放示范矿井和矿区等实现绿色开采；通过技术创新开辟煤炭清洁高效利用新领域。同时，他积极倡导煤炭分级分质利用，建成首个“国家能源煤炭分质清洁转化重点实验室”。集团目前开展节能重点项目45项，平均万元工业产值综合能耗1.36吨标准煤，达到行业领先水平。2015年，集团化工企业废水处理装置率达100%，煤炭企业污水处理设施建设率达90.0%，电力、钢铁等板块企业实现达标排放。集团棚户区改造投资16.6亿元，新开工建设住宅82.2万平方米，出台困难员工“三项救助”制度，荣获省慈善协会、省总工会“爱心关照、慈善帮困”先进企业；建立员工权益保护制度，员工劳动合同签订率和社保覆盖率均达到100%，员工体检覆盖率达100%，工伤保险实行全覆盖，员工整体薪酬水平处于行业和全省中上水平。杨照乾坚持“安全大于天”的理念，围绕“预防为主、过程控制、严格管理”的思路健全安全管理和监管体系，开发多项技术不断改善安全生产环境。经过努力，特别是2013年安全生产创历史最好水平，煤炭百万吨死亡率0.0078，较行业平均水平低87.0%，目前集团安全生产达到2000天的矿井16对，达到1000天的29对。

中策橡胶集团有限公司董事长

沈金荣

沈金荣：男，58 岁，高级会计师，杭州市第九、十、十一、十二次党代会代表，浙江省第十、十一、十二届人大代表，中国橡胶工业协会轮胎分会理事长、浙江省橡胶协会会长。他 2000 年 7 月起担任公司总经理职务全面负责公司的生产、经营管理，坚持解放思想、实事求是，与时俱进，开拓创新的原则，以敏锐的专业视角，积极运用 ERP 等科学手段组织生产管理，在营销策略上屡出“妙招”和科学决策，化解了国际金融危机、产品出口受阻、欧债危机、美国市场双反案件、经济下行所带来的压力等重大难题，使企业快速做强做优，经 10 余年的拼搏，企业在全球轮胎 75 强中名列第 10 位，成为中国最大的轮胎制造生产企业。由于他工作业绩突出，荣获杭州市突出贡献企业及优秀经营者、浙江省创业企业家、杭州市劳动模范。

伴随太阳前行

沈金荣从事轮胎生产工作20多年，先后担任总会计师、主管营销副总经理、公司董事等职务，具有丰富的橡胶加工制造专业知识和财务管理、营销策划专业知识，对中策的兴旺和发展做出了极大的贡献。2000年起，担任公司董事长、总经理，他深感自己肩上责任的重大。在激烈的市场竞争中，他带领全体班子成员，团结广大干部职工，审时度势，把握机遇，与时俱进，顽强拼搏；在市场经济的大潮中勇于进取，开拓创新，强化管理，坚持科技兴企，实施名牌发展战略，迎接世界新知识、新观念的挑战，敢做时代的弄潮儿。公司产品“朝阳”牌轮胎被评为中国名牌产品，“朝阳”商标被认定为中国驰名商标。公司连续两年被评为市经委先进基层党组织，2001年被授予浙江省文明单位。沈金荣也多次被评为杭州市化工系统优秀党员、企业劳模，光荣当选为杭州市第九次党代会代表，杭州市劳模，浙江省第十届省人大代表，浙江省橡胶协会理事长，并荣获杭州市十大优秀经营者，杭州市功勋企业家，浙江省创业企业家等光荣称号。

近几年来，企业在发展过程中遇到了许多前所未有的困难，轮胎外企的不断涌入使国内市场竞争的矛盾更加突出，再加上原材料价格暴涨，能源吃紧，外贸出口受阻，严重制约了公司的发展。在复杂的形势面前，沈金荣审时度势，适时提出了在“大调整、坚稳固、快发展”的基础上，打造具有规模经济优势的轮胎企业集团，做大做强，努力缩小与世界大轮胎公司的差距。同时制定了深化内部改革，深挖成本潜力，对外拓展市场的三大步骤。

坚持技术创新　拓展增长空间

沈金荣抓住了中国轮胎市场需求的发展机遇，调整产品结构，自主研发子午线高性能绿色环保型轮胎和低噪音、低滚动阻力子午线轮胎，在燃料节省和减少排放方面都为社会做出了贡献。期间，还提出了“以全球最先进的装备、全球最新的技术、最好的原材料、最低的能耗，来生产最适应市场的产品”的“五最”原则指导企业自主创新的战略重点，使企业的技术创新能力不断提升，提高了产品附加值和品牌效应，增强了企业的国际竞争力。

沈金荣根据公司发展战略，寻求新的增长点例：收购了原浙江杭廷顿公牛橡胶有限公司的固定资产以及新安江分公司迁扩建项目，扩大了全钢载重子午胎和斜交载重胎的生产能力；望江门厂区迁扩建项目；在江苏省金坛市建立中策橡胶（金坛）有限公司及泰国罗勇府筹建中策橡胶泰国工厂等以拓展生产增长。

面对出口美国的轮胎实施关税及欧盟 REACH 法规等技术性贸易壁垒，公司在企业设立浙江省橡胶行业对外贸易预警示范点等措施，使公司出口产品比例始终保持在占销售收入的 30.0% 左右，进一步提高了应对复杂经济环境的操控能力。

狠抓成本控制　促进节能减排

一是把好原材料采购关。对大宗原材料实行指标采购。每月主持召开原材料采购平衡会，确保采购的原材料高质量、低价格及计划性，提高了流动资金的周转率，公司原材料价格一直是全国同行业的最低价。二是坚持眼睛向内，苦练内功，全方位、多角度挖掘潜力。确定了“开源节流、降低能耗、利润考核”等新举措，从科学管理和技术改造挖潜、降成本。2015 年万元产值综合能耗为 0.1034 吨标煤 / 万元，与 2014 年同比下降 1.15%，综合能耗 335775 吨标煤，比 2014 年全年 382776 吨标煤下降了 12.2%。公司的节能减排成绩得到杭州市能源监察中心的肯定，获得了杭州市能源计量示范单位的称号，中国石油和化学工业联合会授予公司“2011 年度能效领跑者标杆企业（轮胎）”称号。

树立人才为本　打造科技团队

沈金荣把人才作为企业最宝贵的财富，加大人力资本的投入，公司平均每年引进本科以上学历200余人，还不惜成本引进国外智力，目前公司拥有日本、韩国专家12位。为鼓励与调动全体员工的自主创新积极性，制定了《技术创新奖励办法》，对在专利、标准、科技攻关、技术管理等方面做出贡献的人员予以重奖。公司与浙江大学、哈尔滨工业大学、青岛科技大学等著名大学进行产学研研究；创建了国家企业博士后工作站和浙江省重点创新团队，已形成了良好的科研氛围。

构建和谐企业　担当社会责任

沈金荣"把企业做强、做大、做精和提高职工的满意度、幸福指数为工作的出发点和归宿点。期间，健全了集体合同、工资集体协商及厂务公开等制度，鼓励员工开展合理化建议，积极开展劳动竞赛、小改小革，极大地调动了广大员工的积极性、创造性，为企业的发展奠定了坚实的群众基础。2010年因轮胎特保案等因素受到销售影响时，仍向28000余名职工承诺"不减员、不减薪"，还每年均给职工增加15.0%左右的工资，使职工真切地感受到自己就是企业的主人。积极支持扶贫帮困"送温暖"活动、"春风"行动、以及杭州市绿色出行的倡导等公益活动，承担了一个大企业的社会责任。

由于沈金荣工作业绩突出，曾荣获杭州市突出贡献企业及优秀经营者；浙江省创业企业家、杭州市劳动模范、杭州市工业兴市功勋企业及优秀经营者；杭州市十大突出贡献工业企业优秀经营者；荣获十大浙商风云人物等称号，并当选为杭州市第九、十、十一、十二次党代会代表；浙江省第十、十一、十二届人大代表；中国橡胶工业协会轮胎分会理事长、浙江省橡胶协会会长。

株洲联诚集团有限责任公司董事长、总经理

肖勇民

肖勇民:男，59岁，研究生学历，株洲联诚集团有限责任公司董事长、总经理，全国劳动模范，市人大代表，市企业家协会执行会长，市工商业联合会副主席，湖南省企业联合会和中国铁道企业管理协会常务理事。

他把一个铁路厂办大集体发展成为中国目前最大的轨道交通装备部件制造商和供应商，行业综合实力的领先企业以及省市发展最快最好的民营企业。2014年企业资产规模达到18.5亿元，销售规模从2002年的1亿元增长到2014年的32.8亿元，近五年规模年平均增长率达到19.0%。他担任企业董事长、总经理的15年，企业产品随整车出口和自主出口销售规模由百万元级增长到亿元级，联诚商标系全国驰名商标并成功在欧盟注册，协同海外基地建设正在推进，形成与西门子、庞巴迪、阿尔斯通三大名知企业长期产品供应和战略合作关系，并形成电力机车、城轨车辆、动车组三大市场领域全面进入以及国际和国内二大市场并举的格局。

新业绩 新高度 新境界

肖勇民担任企业董事长、总经理的15年，联诚集团作为一个厂办集体企业不仅生存下来，而且已经发展成为中国目前最大的铁路装备部件制造商和供应商，轨道交通装备部件行业的领先企业和省市发展最快最好的民营企业。2015年4月，肖勇民获得全国劳动模范，还先后获得中国最具社会责任感企业家、省优秀中国特色社会主义事业建设者、省非公有制经济优秀企业家等。

勇于变革 创立集团公司

2001年5月，肖勇民调任株洲电力机车配件总公司总经理，在不到一年时间内就实施完成原大集体企业的整体改制，成立“株洲联诚集团有限责任公司”，成为我国铁路系统第一家成功改制的集经企业。肖勇民从治理结构和组织体系两方面着手，建立健全了由股东代表大会选举产生董事会和监事会，由董事会聘任高级管理人员的法人治理结构，实践了独立董事制度以及董事会各专门委员会的制度创新。在完成“劳动、人事、分配”三项制度改革基础上，实施高中层经营管理者年薪制，坚持中层管理者每年5.0%的强制末位淘汰等激励约束机制。肖勇民提出并建立内部结算体系模拟市场关系，全面实施“权责下移、自主经营、自负盈亏”的经营目标责任制；他全力推动内部经营单位的差异化经营模式创新，实施以建立管控为特点的多元业务组合的企业集团模式，构建了企业集团初步构架。

推陈出新 全面发展

发展方向上，肖勇民积极推动业务发展模式转型，短期构建形成机车和地铁两大主业，中期伺机进入我国高速发展的动车组装备市场。策略上，以高附加值产品全面替代原低值遍布产品，在产品主线和产业主线基本形成以后，通过充分市场化提升参与全面竞争的力度和广度。肖勇民还强化能力引领作用，全面满足“国际国内两大市场”以及“机车、城轨、高速动车和新产业四大领域”向高端发展的战略主线。企业连续获省推进新型工业化一等奖。肖勇民抓住我国铁路机车直流向交流转换和高速铁路发展的重大历史契机，成功实现第一次产品转型和产业升级，联诚集团先后与西门子公司签订了长期产品供应的总协议，以主导产品打入欧洲轨道交通装备市场。企业与国内的高端整车用户均建立了产品供应和协同协作关系，已形成铁路机车、高速动车组和城轨地铁车辆三大轨道交通领域全面进入的新格局。联诚商标已成为中国驰名商标并在欧盟注册，多次获评为西门子和 ABB 的优秀供应商。2014 年企业获得全国五一劳动奖状，系全国首批重合同守信用单位和 3A 级信用企业……

肖勇民把建设联诚文化，确立企业理念和独特人文关怀三者协同并进，理念识别、行为识别、视觉识别构成的企业形象识别系统有序推进。他精准把握集团公司文化内核，形成并确立“诚实、创造、进取”核心价值观，“不断创造轨道交通装备部件新境界”的企业愿景，“健康、快乐、富有”的企业理想。

形成企业能力和竞争优势

肖勇民坚持科技强企、科技兴企的发展理念，联诚集团每年把销售收入 5.0% 以上投入到创新平台建设、基础技术研究及新产品研发上。他按照“市场主导，领先一步”的技术创新战略，形成了支撑技术战略和发展战略实现的技术创新体系和技术创新平台。企业先后承担了铁道部交传重载机车八大关键国产化项目之一、湖南省火炬计划项目“DJ4 油水冷却塔的研制”项目，参与申报国家“863”计划的“国产碳纤维复合材料列车车体设计与制备技术研究”项目……

为推动市场驱动战略的快速实施，肖勇民确定了从直流机车市场延伸到机车、地铁和动车组市场，从单一用户延伸到原南车和北车集团的六大核心整车厂，从装备部件市场延伸到铁路局段市场，从国内市场延伸到国际市场的多元化市场培育策略，企业跃升为我国交流机车最大的产品供应商。到 2008 年，主导产品在国内轨道交通装备所有核心成员企业中均实现产品销售。肖勇民始终坚持高端对接，经历并参与了从国外知名企业获得技术支持到寻求产品合作到实现出口供应的市场历程，海外市场销售成为企业发展的重要增长极。肖勇民积极推动产业链上的资源整合和并购重组，彻底改变简单配套生产，实现多元制造基地协同的建设目标，一方面协同主机厂实现供应链的升级，另一方面推进了企业多元制造格局的形成，推动了与中航工业的航空材料基础研究院组建“轨道交通装备新技术新材料研究中心”，加快企业向产业高端化迈进的步伐。

随着新兴产业制造平台和制造产能的不断发展和提升，如何有效实现“制造资源集聚集约又相对发散多元”的集团制造模式是肖勇民提升制造能力的重点，通过从产业领域分布、制造技术分类、供应链流向等多方面分析，确定了“三大制造基地与多个制造单元协同”的制造能力发展思路，以制造资源、产品资源、供应链资源和人力资源的整合和产业功能合理布局为原则。通过一系列重大举措，企业目前已经形成年产机车和城轨配套部件各 1000 节的制造能力。

全身心践行责任型企业

肖勇民将企业社会责任和企业家责任的具体内涵概括为，“为员工提供福祉，为用户创造价值，为股东增加收益，与合作伙伴共赢，用行动回报社会”五个核心组成部分，按照这样的责任标准和工作目标，他全方位回报，全身心践行作为一家责任型企业的具体所指。

肖勇民关心员工成长、关爱员工健康，关注员工福祉。他非常重视员工合法权益保障，逐步建立了企业与员工共同发展机制。他主导建立了“十百千”人才工程，形成一线工人、工程技术人员、管理者等五类员工发展通道。2006 年肖勇民以制度明确提出要让在岗员工的工资收入每五年翻一番。他主导推动企业的安全生产和绿色制造，把环境安全体系的每一项标准和要求均落实到日常管理当中，企业连续多年是市安全生产和环境保护先进单位。近 5 年来，企业两次获评“全国就业和社会保障先进民营企业”。肖勇民不仅自己倾力参加各种慈善和公益活动，还促成企业与省工商联共同发起成立光彩事业基金会，近 5 年来在抗震救灾、兴学修路、新农村建设、社区建设、帮扶救助等各类公益和光彩事业的参与力度逐年加大。

泰尔重工股份有限公司董事长、总经理

邰正彪

邰正彪：男，1964年出生，清华大学EMBA，经济师，2001年创办泰尔重工股份有限公司并任公司董事长、总经理，现任中钢协冶金设备分会副会长、中国机械通用零部件工业协会副会长、中国金属学会冶金设备分会副主任委员，马鞍山市人大常委会常委、市工商联第六届副主席。

他引领公司自主创新，助推行业技术进步，成为中国冶金行业万向联轴器领域龙头企业，居世界冶金联轴器行业三强，泰尔商标为中国驰名商标。作为国家重点新产品的“中、宽厚板轧机辊端用交错式十字万向接轴”“TJGZ热连轧精轧机组重载鼓形齿式接轴”“中、宽厚板轧机辊端用交错式十字万向接轴”“冷轧主传动十字轴式万向联轴器”已作为替代进口产品全面推向市场，获得客户的一致好评，不仅为国家节约了大量外汇，也提高了冶金产品的国产化水平和国际话语权。

战略转型开创新局　赢时思变跨越发展

郜正彪凭借着过人的胆识和勇于变革的创新意识，以推动行业发展为己任，努力突破传统，将现代企业管理理念与公司经营充分融合，以“战略转型”为企业发展主线，成功实现了由民营小厂到上市公司的华丽锐变，并发展成为行业龙头企业。先后荣获安徽省质量管理先进工作者、安徽省第二届优秀中国特色社会主义事业建设者、省机械行业优秀企业家等荣誉称号。2014 年在十一届中国工业论坛及首届海峡两岸工业发展论坛被评为中国工业十大影响力人物。

十五载创业不停步　战略转型新高度

2001 年，郜正彪创办了马鞍山市泰尔重工有限公司，2007 年，改制成立了“安徽泰尔重工股份有限公司”，并于 2010 年在深交所成功上市。2013 年，郜正彪为实现走出安徽，冲向世界的目标，将公司更名为“泰尔重工股份有限公司”。目前，泰尔重工是一家集工业万向轴、齿轮联轴器、剪刃、滑板、卷取轴、包装机器人、汽车传动轴及汽车零部件等产品的设计、研发、制造、销售与服务为一体的企业。

作为泰尔重工的灵魂性创始人，郜正彪早在创业初期就提出了“百年泰尔、国际泰尔”的企业定位，带领企业成长为目前拥有职工 800 多人的上市公司、行业龙头企业、世界冶金联轴器行业前三强；从粗放的管理模式到引进专业的职位薪资评估法——美世薪酬体系；直至当前正在进行的精益管理、利润中心并向信息化、智能化方向转型。截至 2015 年 11 月 30 日，公司总市值 44.46 亿元。

2012 年年底，郜正彪预见性地提出了战略转型的发展方向，实现了从简单营销向服务型营销转型；在技术上形成了完善的冶金行业产品产业链，逐步向智能化产品体系方向发展；在产品上由单一产品零部件向系统解决方案转型；在管理上由传统粗放式管理向精益化、全员参与经营的利润中心管理模式转型……

2015年，泰尔重工启动了再制造、管理信息化和智能制造等项目。与机械产品再制造国家工程研究中心签订共建“冶金装备再制造技术研究中心”，明确提出共建冶金行业再制造产业基地的定位是引领冶金行业再制造产业科学发展，进行冶金行业再制造规划论证、再制造关键技术攻关及设备的研发，推动冶金装备再制造技术发展和应用，培养冶金行业再制造工程技术研究和管理的高层次人才，使循环经济、绿色制造经济迈向新台阶。

牢把自主创新关　助力行业新发展

泰尔重工自成立以来就始终承担推动行业发展及民族工业发展的责任，以市场为导向、客户需求为目标，坚持自主创新的品牌战略，引领和推动行业技术进步。荣膺国家火炬计划重点高新技术企业，“泰尔TAIER及图”商标认定为中国驰名商标。

公司建立了以国家级企业技术中心、国家级博士后科研工作站等为载体的创新平台；联合多家高等院校和科研院所进行产品和技术的研究与合作，坚持自主创新的产学研体制；内部以技术中心为技术创新的主体，实行以产品为主线的项目负责制的运行机制，通过对技术人员的能力评估，建立技术人员的晋升通道和激励机制，充分调动技术人员的创造性和积极性。

在技术上公司已经形成了以产品标准（包括国家标准、行业标准、企业标准）、共性技术平台（包括材料、热处理、焊接、检测、试验等）及基础标准（包括Q/TE系列技术标准及作业指导书等）为一体的标准体系。其中，在产品标准方面主持或参与起草国家、行业标准16项，其中国家标准5项，拥有专利（著作权）50项，其中发明专利7项；多次承担国家、省、市科技计划（科技攻关）项目，并屡获省市科技进步奖。

公司产品行销国内外市场，其中主导产品“超重载型十字轴式万向轴联轴器”和“硬齿面精轧机鼓形齿联轴器”在国内市场占有率超过50.0%。多个国家重点新产品如“中、宽厚板轧机辊端用交错式十字万向接轴”“TJGZ

热连轧精轧机组重载鼓形齿式接轴”等已作为替代进口产品全面推向市场。

立足冶金有新招　全局规划转智能

邰正彪敏锐捕捉到了企业发展的全新思路，立足冶金行业，深化现有产品的信息化和智能化运行能力；积极布局智能制造，稳步跨入3D打印、工业智能等前沿领域，以前沿科技和技术改变中国智能化水平，为人类提供智能产品、倡导智能化生活方式，以产品影响世界、改造世界。

自成为行业龙头及公司成功上市后，邰正彪就开始系统谋划转型发展工作，目前已与3D打印行业的领军人物、中国工程院院士卢秉恒先生合资成立南京增材（3D打印）研究院发展有限公司；成立上海锐聪智能机器人有限公司，与上海交大机器人重点实验室进行深度合作；2013年成立上海桑泰智能设备有限公司；2015年筹建马鞍山泰尔智能产业园。积极布局工业智能和3D打印行业，并加快研发生产进度，发挥经济效益。

文化融入有特色　价值观驱动筑蓝图

在所有泰尔人眼中，最引以自傲的莫过于泰尔价值观——满足客户需求、实现员工价值、满足投资回报、实现社会责任。这个由邰正彪主导的价值观推动与融入活动已成为每个泰尔人的日常行为准则与工作标准。公司十分重视人的价值，以事业合作伙伴的模式引入人力资源部管理，实行个性化与集体化结合、公司和个人共同发展的商业模式。同时，公司高度注重“引智”“引才”，制定完善的员工发展通道与能力模型。开展基层员工职业化团队打造，进行后备梯队人才建设。2015年，公司完成第一期员工持股计划，邰正彪用个人资金给予职工两倍配股，并承诺一年锁定期满后，盈利将全部由职工受益，亏损将保证职工本金。

邰正彪认为，企业的发展壮大离不开社会各界的大力帮助和支持，他每年常态化向遭受自然灾害的地区、希望工程、慈善协会、有关院校等单位进行捐赠，资助社会困难群众、福利院老人、孤儿院儿童，组织员工无偿献血。三年间为马鞍山市群众见义勇为基金会、安徽省希望工程、马鞍山市慈善总会、送温暖、献爱心、慈善一日捐、四川振灾共计捐款1000余万元。泰尔重工自成立以来，年年被评为劳动关系和谐企业、市纳税大户。

邱光和

邱光和：男，64岁，高级经济师，森马集团有限公司董事长，全国劳动模范，第十二届全国人大代表，中国服装协会副会长，浙江省服装行业协会副会长，温州市工商联副主席。

1996年他白手起家，创办了森马，通过资源整合、品牌创建、渠道开拓，创新管理，采取虚拟经营的商业模式，迅速将企业做大做强。近年来，他带领森马企业大力推动转型升级，在多品牌发展、全渠道开拓、数字化信息建设、跨产业延伸等多个领域做出积极有益的实践和探索，将森马打造成为了中国服装行业的领军企业。在他的带领下，森马公司连续多年被评为中国服装行业销售、利润双百强，中国民营企业500强，中国服装行业竞争力10强，在全部80多家服装上市类公司中市值稳居前三位。

独辟蹊径 逆势扬帆

2015年是中国经济迈入“新常态”后的第一年，服装作为高度市场化的行业，面临着严峻的考验。森马坚持“立足主业，立足品牌，立足市场”的发展方针，通过大力推动企业的变革与创新，赢得了良好的发展态势。2015年，森马终端销售收入突破200亿元，利税继续保持两位数增长，纳税规模位居温州企业榜首。森马历经多年奋斗，已经成为浙江乃至全国民营企业发展的一面旗帜。

创立虚拟经营 践行资源整合

邱光和于1996年注册成立森马集团有限公司，确立了在休闲装市场开创一番事业的想法。1997年前后，中国的休闲服市场开始了“爆发式”的成长，邱光和大胆采用先进的“虚拟经营”模式，把资金密集的生产和销售环节外包，将所有资金集中投入到附加值最高的品牌运营和研发设计环节，走出了一条社会化大生产、专业化分工协作的路子。近年来，森马进一步通过在供应链上游大力推广全面质量管理（TQM）和精益生产计划，有力增进了产业链协同，保障了产品的生产质量和货期；在销售渠道体系的建设上，借助类似的特许经营和连锁专卖策略，推动了终端经营网络的快速布局。从2008年开始，邱光和再次创新商业模式，将原有的“配补制”改革为“订货制”，进一步提高了森马产业链的快速反应能力。

创建品牌服饰 逐鹿时尚潮流

邱光和积极带领团队研究和捕捉休闲服和童装的国际流行趋势，通过打通产学研合作的通道，设立企业自主研发中心，采用国际领先的设计理念，大力开发符合市场审美取向的时尚产品。与此同时，他大力引进国内外领先的研发设计人才，不断充实产品研发队伍。近年来，森马创造性地提出了“虚拟设计”的研发理念，通过与社会化的创意设计机构展开合作，以 ODM 供款等创意资源整合形式，实现了智力层面的活水引入，企业牢牢占据了休闲服和童装行业的龙头位置。

早在 2002 年，森马就进行了第一次品牌延伸，创立了童装品牌巴拉巴拉“balabala”。2008 年，又启动多品牌发展战略，以森马成人装为核心发展了 GLM 中高档休闲男装、源自法国的 minetee 少女装、开拓了以巴拉巴拉品牌为核心的马卡乐 Marclor 童装、mongdodo 儿童配饰和 sarabanda 入门级奢侈童装。目前，森马正在推进企业从品牌经营向品牌集群式经营的转变。

邱光和坚持带领团队在品牌传播上进行积极有益的探索。自 2003 年聘请明星代言人谢霆锋、TWINS 组合开始，不断创新品牌营销方式：与腾讯合作推广森马专属 QQ 秀；通过与浙江卫视、湖南卫视等知名媒体栏目紧密合作，迅速提高森马品牌在传统媒体渠道的影响力；通过在线上线下创建巴拉巴拉潮童节，不断提升森马儿童品牌的号召力和影响力……

创新管理模式　效率助推升级

为了迎接“互联网 +”带来的挑战，森马在 2012 年 8 月成立了电商公司，通过引进优秀的营销、技术、管理人才，电商公司在上线当年即实现了销售 1.05 亿元，2015 年销售突破 18 亿元。森马将产业发展平台的数字化管理、信息化经营上升到了战略的高度。在与供应商的沟通协作上，森马启动了 PLM 产品全生命周期管理项目，通过网络化的沟通协作方式实现了与供应商的研发设计互动；通过整合 SAP\WMS 等系统管理软件，森马对产品物流的管控迈上新的台阶；通过 ERP 道讯 2.0 软件的系统升级，森马实现了对终端销售网点的精准化、动态化、信息化把控；通过内部沟通社交软件的移动端转移，整个企业内部的沟通交流更加扁平和高效。

创造和谐企业　实践共赢发展

邱光和对“以人为本”有着深刻的理解，他说：“崇德尚贤，和谐共赢。

大家好才是真的好。”邱光和带领团队坚持研究终端消费市场和产能供应体系的变化，有针对性提出有利于合作双方的发展政策，努力为合作伙伴创造最优越的发展条件。2014 年开始，他又提出要让最核心的合作伙伴成为森马股东，共同打造企业发展的命运共同体。邱光和认为，企业持续发展的前提就是要实现员工的自身发展。自企业创建以来，森马坚持每年一次的年度薪资普调和工资特调，坚持企业人才发展的“二八原则”，努力创建制度完备、路径清晰的人才发展体系。从 2012 年起，森马开始在管理上大力推进阿米巴项目，通过更加扁平化的组织管理，全力推进全员管理的经营实践。2014 年，森马进一步推出针对 450 多位骨干员工的股权激励计划（占比 1/4）、新品牌发展的股权改制计划……进一步明确了新事业部采用合伙人创业机制的发展模式，将“平台创业、合伙经营”的思想确立为森马实现二次创业的核心理念，为员工搭建更大更好的发展平台。

创意慈善公益　履行社会责任

邱光和认为，合法经营、依法纳税、创造就业就是最基本的社会责任。在企业发展过程中，森马不仅专注于企业自身的经营和管理，也始终积极主动的推进下游代理商的公司化运作，上游供应商的合规性经营，努力构建清正廉明、公正透明的商业生态。森马用 19 年的时间逐步构建了一个公益慈善体系，特别是最近 10 年，森马将慈善当成了一项规范化、常态化的工作来抓，2006 年森马斥资 2000 万元建立温州首家企业慈善分会——瓯海区慈善总会森马分会；2008 年先后为汶川地震灾区捐赠 2200 多万元……2015 年又着手启动专注于教育公益事业的专项基金。创业 19 年来，森马已累计向社会捐款捐物 1.8 亿元。

森马先后荣获全国五一劳动奖状、全国“双爱双评”先进企业、全国模范劳动关系和谐企业、全国模范职工之家、中华慈善奖、全国文明单位等荣誉。邱光和董事长个人也荣获全国“抗震救灾”先进个人、全国“各民主党派工商联无党派人士为全面建设小康社会做贡献先进个人”、中华慈善突出贡献奖等荣誉。

天津房地产集团有限公司董事长、党委书记

邸　达

邸达：男，56岁，高级经济师，天津房地产集团有限公司党委书记、董事长，曾任天津市房地产信托集团有限公司党委副书记、总经理、董事长，天津市房地产开发经营集团有限公司党委副书记、总经理。

自2014年1月担任天房集团主要领导以来，他积极推动企业改革，与天津市大型房地产国企房信集团整合重组，新组建的房地产集团着力抓好“完善治理结构、加强制度建设、强化运营管控”三项重点工作，并重点提高发展的科技含量，不断形成企业的核心优势。在深化国际合作方面，他注重“请进来”与“走出去”相结合，围绕“一带一路”、天津自贸区建设等国家战略，立足集团产业特色和资源优势，带领企业积极投身国际化发展，借力、借智、借势推进多领域、全方位、深层次的国际交流与务实合作。

倡树五大发展理念　引领天房改革创新

邸达自2014年1月主政天房集团以来，向深化改革要效益、向资源储备要后劲、向科学管理要质量，推动各项重点工作实现更大突破。集团以党的十八届五中全会提出创新、协调、绿色、开放、共享“五大发展理念”，为方针，遵循天津市委、市政府关于天房集团“在保障房建设中发挥排头兵作用、在推进建筑节能中发挥引领作用、在建设美丽天津中发挥突出作用”的定位要求，拓宽主战场、打赢主动仗、当好主力军的生动写照。近两年集团多项指标的显著增长，企业首次进入中国企业500强、连续11届位居中国房地产百强前列。

推动企业改革　加强统筹布局

2014年5月，以邸达和集团领导班子积极推进与房信集团的整合重组工作，仅用短短50天后，新组建的房地产集团便正式成立，成为全市深化国企改革的重要标志。邸达着力抓好“完善治理结构、加强制度建设、强化运营管控”三项重点工作，使企业迅速走上正轨。邸达高度重视在房地产开发、管理中应用信息化技术，他组织专业部门和技术人员，潜心研发三维可视化模型、大数据协同的BIM技术，目前已成功应用在实际工作中。他指导集团旗下的“国家高新技术企业”和“新三板”上市企业——天房科技公司，积极开展“三网融合”技术应用和“智慧社区”提升改造，集团多个项目被授予全国建筑科技创新最高奖——詹天佑奖、全国建设工程质量最高奖——鲁班奖。

在邸达的有力推动下，集团发行了多个全国示范性的融资产品，2014年，集团与上百家金融机构建立了合作关系，信贷种类近20个。2015年以来，邸达带领集团率先发行了全国首支限价房资产支持证券，完成了全市首笔“商票保贴”和集团首笔“内保内贷”业务，小额贷款、融资租赁业务也呈现竞相发展的良好态势。

邸达还指导集团博士后工作站推进理论创新，申报了多项创新性科研课题，他撰写的《浅议 PPP 模式在我国公租房项目资金运作中的应用》《我国房地产企业多元化融资之路初探》等专业论文发表于国内知名核心期刊。

邸达以提高集团发展的整体性、平衡性、协调性为目标，统筹产品和产业布局，强调房地产开发板块是集团的“重头戏”，他带领集团瞄准土地资源的主战场，斥资 260 多亿元，在中心城区、热点区县和相关外埠省市连续摘得 20 个优质地块。集团统筹领域和区域竞争，加快推动外埠项目投资开发，为持续进军长三角等沿海发达地区市场提供了战略支撑。集团在巩固主业发展的基础上，延伸产业链条，以统筹多元发展“分担”运营风险，高端酒店项目，近年来的平均房价和住房率等指标始终保持两位数增长；监理公司的经营业绩在全国 5000 多家同行企业中跻身前列。土地整理、建筑施工、建材贸易等板块占集团营业收入的比重不断提高，基础设施、软件研发、物业服务、公产房经营等业态的创效能力也持续提升。

集团积极稳妥地拓展持有型商业规模，不断实现经济效益多样化，还拓展“轻资产”运营模式，进一步实现直接销售型、物业持有型、后期服务型、运营增值型等模式的统筹协调和同步发展。邸达按照新一轮国企改革的要求，统筹国资经营与混合发展，引入外部资本放开搞活所属企业。

构建“开放发展”的良好环境

邸达注重“请进来”与“走出去”相结合，按照国家“一带一路”发展战略，带领集团瞄准战略沿线国家，加快推进蒙古国商品房、保障房项目建设，加快拓展老挝矿产资源开发项目，加快实施优质酒店资产在新加坡上市工作。他亲赴南非驻华使馆、夏季达沃斯论坛、津洽会、融洽会、PECC 国际贸易投资博览会现场，向境内外各界宾朋，宣传集团发展成就，倾力推荐优质项目。与 IBM 公司、美国万豪集团等国际知名企业高管深入洽谈，就共享成功经验和优质资源、汲取借鉴生态文明先进理念、合作开发大型高端项目等反复磋商，努力提升集团的国际化经营水平。

注重生态建设　打造“绿色发展”的崭新亮点

集团在项目开发中，将低排放、低消耗和资源循环利用技术不断融入项目开发全过程，在利用 BIM 技术实现施工高效化、管理精细化、资源集约化的基础上，有效降低建筑资源消耗。同时，集团加快新型环保建材——“泡沫水泥保温板材料”的工厂化生产，并投入使用，该材料已获得国家专利认证、长城 ISO 9000 质量管理体系认证。集团近年来还投资开发了占地规模 5300 亩的光合谷生态文化园，获批“国家 4A 级旅游景区”。集团以绿色建筑技术为支撑，在中新天津生态城开发的天和园项目，被国家住建部评为天津市首个“绿色建筑示范工程”，天津湾天房发展大厦成为全市首个取得“绿色建筑三星设计标志”的 5A 级写字楼，光合谷温泉度假酒店、普吉家园、美域新城等多个项目均取得“绿色建筑设计标志”。

勇担民生责任

集团注重提升人居品质，满足百姓的多层次需求；按照以人为本、产城融合的思路，以居住区、产业区、功能区“三区联动”为支撑，全面增强区域承载能力；集团在帮扶结对的 6 个困难村完成了近 30 项民生工程；集团扎实做好产业帮扶，振兴集体经济。2015 年“8·12”天津港特别重大火灾爆炸事故发生后，邸达立即赶赴滨海新区参加灾后重建专题会议，提议成立“国有企业社会责任联盟”，迅速得到积极响应，各家企业郑重宣示，“自愿为在事故中住房受损的群众排忧解难，按照市场原则，对居民愿意出售的受损严重房屋进行回购。”面对回购工作资金保障的核心难题，邸达创造性地提出发起“天津生态家园建设发展股权投资基金”的建议，并由集团等责任联盟国企作为基石投资者率先认购基金。集团近年来先后获得中国企业社会责任 500 强第三名、中国企业社会责任特别大奖、中华慈善突出贡献（单位）奖等一大批殊荣，邸达也获得中国社会责任优秀企业家、中国房地产 20 年社会责任突出贡献人物等称号。

江西钨业集团有限公司总经理

邹汾生

邹汾生：男，53 岁，教授级高级工程师，现任江西钨业集团有限公司总经理、党委副书记，第十一届江西省政协委员、中国有色金属工业协会常务理事、中国钨业协会主席团主席。

他是一位在有色行业颇有建树的企业家，在省内乃至国内具有一定的社会影响。他思想超前、务实进取，既有敢为人先、勇于创新的勇气和魄力，又兼具思维缜密、求新务实的作风和风格，2014 年为打造江西第四个“千亿产业——锂电产业”，集团公司成立以来投资额（3.3 亿元）最大的宜春钽铌矿扩能改造工程被正式列为宜春市发展规划重要项目，使钽铌矿产能得到大幅度提升；2015 年集团公司遇到了自成立以来最为严峻的困难和挑战，在一季度主体企业因故停产，他迎难而上，以降本增效为突破口，外拓市场，内抓管理，在挑战中抢抓机遇，于逆境中奋力前行，仅用 3 个季度的时间完成了全年钨精矿生产计划，自产钨精矿单位制造成本同比下降 22.1%，全年实现扭亏为盈，受到业界的高度赞扬。

奋发有为　勇攀高峰

邹汾生秉承“钨业报国、产业强国”的宗旨，全力打造责任卓越和谐新江钨。在江西省政府调度的10户工业集团中，营业收入、工业增加值、利税总额三项指标始终稳居前四、五位，综合实力排名“江西企业100强”前10位，并跻身于中国制造业企业500强行列。在有色行业普遍不景气的背景下，集团公司连续10年钨精矿产量超万吨；连续10年保持盈利，国有资产保值增值率609.03%。集团公司连续获得江西工业崛起年度贡献奖、江西省优秀企业、江西工业三年翻番全面先进单位、江西省产业经济“十百千亿工程”突出贡献奖，邹汾生被江西省政府授予江西省优秀企业家。

经营业绩不断攀升

邹汾生任总经理以来，大力实施资源扩充和投资兴业战略，积极策应原中央苏区振兴发展等国家战略，全力契合和实施“百亿工程”“工业三年强攻计划”及“国民经济和社会发展‘十二五’规划”，致力实现企地经济共繁荣。2010年，集团公司实现营业收入115.5亿元，利税总额8.57亿元，顺利实现“百亿工程”目标；2011年实现营业收入167.9亿元，利税总额17.7亿元，提前一年完成“工业三年强攻计划”目标，用良好业绩宣告“十一五”精彩收官；2012年再一次刷新江西省委省政府下达的“工业三年强攻计划”目标，实现营业收入174万元，利税总额11.89亿元；2013年实施“稳中求进”的经营策略，突出管理提升，全年实现营业收入191.7亿元，创历史新高；2014年为打造江西第四个“千亿产业——锂电产业”，集团公司成立以来投资额（3.3亿元）最大的宜春钽铌矿扩能改造工程被正式列为宜春市发展规划重要项目，使钽铌矿产能得到大幅度提升；2015 年在一季度主体企业因故停产，利润总额亏损近亿元的情况下，邹汾生以降本增效为突破口，外拓市场，内抓管理，仅用 3 个季度的时间完成了全年钨精矿生产计划，全年实现扭亏为盈。

产业发展开创新篇

实现“世界一流、国内领先、资源型、精深加工型”的现代企业，是邹汾生的梦想与追求，他坚持以科学发展观为指导，牢牢把握“稳中求进”的总基调，提出“巩固矿业、提升冶炼、发展加工、工贸并举”的发展思路，正确处理规模扩张和风险管控的关系、短期增长与长远发展的关系。

矿业方面，着力抓钨矿山深边部探矿、接替资源找矿和对外找矿，着力抓宜春钽铌矿扩能改造，抓钨资源综合利用示范基地建设。冶炼方面，重点实施了华茂钨材料公司钨粉碳化钨粉项目、华京稀土公司钕铁硼项目、九冶公司钽铌碳化物项目等。加工方面，大力推进自主研发的国家发明三等奖产品立环脉动高梯度磁选机的产业化和发展铜材加工。近年来，集团公司形成了钨、稀土、钽铌、机械制造、冶金化工等五大产业板块 136 个产品品种；长石粉等矿产品产能 96.7 万吨 / 年；冶炼、加工产品产能 2.33 万吨 / 年。邹汾生提出“高端发展、创新发展、绿色发展、和谐发展”的理念，在确保安全的前提下，对历史上遗留下来的边角矿块、短小矿脉及赋存条件复杂的矿脉进行了有效回收；广泛开展提高钨细泥回收、共伴生有价金属回收技术攻关，大力提高资源利用水平；盘活钨资源储量金属量（WO3）近 10 万吨，回收铜、铅、铋等附产品精矿约 1900 吨，钨细泥金属量近 50 吨，创造了钨矿山生产正常消耗资源同时保有储量不减略增的良好局面。2011 年，集团公司被国土资源部、财政部确定为“江西赣南钨矿资源综合利用示范基地”建设单位，获得财政部一次性政策支持资金 4.7 亿元，被中国有色金属工业协会授予有色金属矿产资源开发利用先进单位称号。邹汾生严格按国家配额组织钨精矿生产，强化钨精矿及冶炼产品统一营销，积极维护中国钨初、中级产品市场秩序，被中国钨业协会确定为国内钨精矿报价单位。

邹汾生以赣州有色冶金研究院为平台，大力实施“江钨科技工业园”功能建设；围绕提高核心竞争力，着力开发具有自主知识产权的技术与产品；围绕主营三大产业的生产技术瓶颈，突出抓好工艺技术及新产品研发攻关。2011—2015年，集团公司获国家科技进步二等奖1项；江西省科技进步二等奖1项，江西省技术发明二等奖1项；中国有色金属工业协会科学技术奖一等奖1项，二等奖4项；中国有色金属标准化委员会技术标准优秀奖一等奖2项，二等奖2项。特别是由集团公司所属企业完成的"弱磁性矿石高效强磁选技术及装备"项目荣获江西省2014年推荐的唯一"国家号"科技二等奖，这也是集团公司成立以来作为承担主体获得的级别最高的科技成果。集团公司技术中心被国家发改委等5部委认定为国家认定企业技术中心，集团依托技术中心获批组建国家博士后科研工作站，实施科技成果转移转化项目44项，4人入选江西省百千万人才……

邹汾生坚持以管理创新为抓手，积极探索建立人财物与产供销科学管理的新机制、新模式，提出"规范管理，控制风险，集中采购，统一营销，完善监督，量化考核"的思路，施行全面预算管理、全面风险管理、营销统一管理、资金集中管理、六西格玛质量管理、行业对标管理、融合·致胜管理等十大管理工程。公司"钨冶炼企业基于自我进化型的7S管理""以创建绿色矿山为契机的资源综合利用管理"及"集中统一的集团采购平台打造"等多项管理创新成果荣获中国有色金属工业协会、江西省企业联合会管理创新成果奖。邹汾生力抓安全环保，扎实推进企业安全标准化和HSE职业健康体系建设，全力打造安全稳定型和环境友好型企业。矿山企业大部通过江西省安全生产标准化验收，宜春钽铌矿成为国内钽铌矿山第一家基本实现无尾矿生产矿山，3家矿山被确定为"国家级绿色矿山试点单位"，1家矿山被评为"全国安全文化建设示范企业"；所有出口企业全部通过ISO 14001：2004环境管理体系认证。

履行责任彰显形象

邹汾生热心公益事业，认真履行社会责任，积极助力江西贫困乡镇发展经济，先后提供扶贫资金1570多万元。2011年，被江西省委省政府授予"十一五"定点扶贫先进单位称号。邹汾生带领干部员工先后向四川汶川、青海玉树、四川雅安等地震灾区捐款近千万元。邹汾生以人为本，维护员工合法权益，改善员工工作、生活条件，实现员工收入与企业发展增长、劳动报酬与劳动生产率增长"两个同步"。

邹远东

邹远东：男，64岁，高级工程师，武汉九生堂生物科技股份有限公司、湖北古隆中演义酒业有公司（原襄樊三九酿酒厂）党委书记、董事长，他带领武汉九生堂生物科技股份有限公司自主发明和生产了“三九蛋白肽口服液”等55项“酶法多肽”系列专利产品并畅销海内外，2005年国企襄樊三九酿酒厂股权转让和改制后，酒厂扭亏为盈，产值、销售收入、上缴税收以20.0%～25.0%的速度逐年递增，并获得“湖北名牌产品”、比利时布鲁塞尔国际烈性酒大奖赛银奖。2014年7月4日，邹远东用他的发明并生产的酶法多肽系列产品带领武汉九生堂在北京新三板正式挂牌，仅用两年时间使企业的资产增长了100倍，净利润平均增长率超过150.0%。

他兼任中国发明协会副理事长、中国保健协会副理事长、湖北省企业联合会、企业家协会常务副会长，先后获得中国企业十大杰出创新人物、湖北十大经济风云人物等百余项国际国内荣誉称号和奖励。

多才多艺 改制创新 时代英雄

邹远东因自主创新发明并生产了“三九蛋白肽口服液”等“酶法多肽”系列产品，创立了“酶法多肽学说”，打造了酶法多肽绿色环保点金大产业，被称为“酶法多肽之父”“酶法多肽泰斗”和集科学家、发明家、企业家、科普作家四位一体的“时代英雄”。他是高级工程师、高级营养师、高级经济师、高级经营师、高级政工师，在中共湖北省委党校和湖北省行政学院兼职教授，担任众多社会职务，并兼任世界多家研究机构和技术团体专家、教授、研究员、高级工程师、高级技术顾问、高级评估师等。

发明酶法多肽系列产品 创立“酶法多肽学说”

1996年，邹远东为了寻找企业核心竞争力，无意中发现了“肽”，在中科院上海药物研究所的两位离退休研究员科研成果的基础上，发明了酶法多肽，并成功地研究和生产出我国乃至世界第一个用生物酶催化蛋白质获得的生物活性肽产品——三九蛋白肽口服液。之后，他先后申报了55项酶法多肽系列发明专利，实现了成果转化11项，其中6项实现了工业化和产业化。他发明并生产的三九蛋白肽口服液等酶法多肽系列产品还给人类创造并奉献了一种新型肽类免疫剂，具有众多优势。邹远东对人类的杰出贡献，是对肽的“十三大新发现”，特别是“人体吸收蛋白质主要是以小肽的形式吸收的”以及“多肽的十大吸收机制”等重大发现，引发了21世纪蛋白质营养革命，为我国争得了20个世界第一。

在2003年4月全球谈“非典”色变的时刻，面对产品供不应求的局面，公司降价销售产品，为抗击“非典”建立了卓越功勋。

邹远东发明的酶法多肽先后荣获第四、第六届“国际发明展览会金奖”“中国国际专利与名牌博览会特别金奖”等百余项国际国内大奖，被中国科学院和中国工程院院士评审推荐列为“新中国60年重大发明”和“中国发明协会成立25年重大发明”之一。邹远东先后获得联合国“和平使者”、英国“世界最佳发明家”“中国当代发明家”等百余项荣誉称号，他的事迹被多家权威媒体报道。

邹远东创立和奠定了“酶法多肽”的理论基础，是多肽理论创新的先行者、呐喊者和耕耘者，他众多相关著作在世界上产生了重大而深远影响，独树一帜的“酶法多肽学说”，影响和指引着当今世界肽的研究方向，邹远东的酶法多肽理论正指引和影响着世界众多肽企业及研究机构的研究、开发、生产、销售、经营和发展方向。

倾心打造了绿色环保点金大产业

创造“酶法多肽大产业”，是邹远东最倾心做的事，他下功夫最多的是要将“酶法多肽”变成10亿农民的“点金大产业”。为此，他除了著书立说，撰写了大量论文和科普文章外，还采取各种形式，通过各种途径进行“酶法多肽”科普讲座。邹远东发明创造的酶法多肽项目投资小、工艺简易、投产见效快、经济效益高，是“绿色环保型”“资源节约型”“综合利用型”“循环经济型”的项目。目前我国有1万多家企业进入这一行业，在国内形成了一个酶法多肽大产业。2014年7月4日，邹远东用他发明并生产的酶法多肽系列产品带领武汉九生堂在北京新三板正式挂牌，被业内人士称为“中国生物活性肽第一股”，仅用两年时间使企业的资产增长了100倍，净利润平均增长率超过150.0%。

大胆创建了中国首家地方民用航空公司

1984年，邹远东担任武汉市经委交通处处长，时值武汉市被国务院作为中国经济体制综合改革试点城市，“两通起飞”是武汉市经济体制综合改革的发展战略。“两通起飞”即一个是流通，一个是交通，流通容易，交通难。邹远东认为，武汉市历来有“九省通衢”之称，铁路、公路、水路没有问题，难就难在航空，经过协商，租用空军退役的运输机和在武汉的王家墩机场组建了中国第一个地方航空公司——武汉航空公司，开辟了中国航空第三航线。当时的美国《纽约时报》评价这一壮举是“给中国的计划经济打破了一个缺口”。

率先实施兼并重组战略　创造国企改制成功经验

1996 年 10 月，邹远东响应党中央、国务院的号召，率先在中南五省二市掀起了一股兼并狂潮。他采取先盘活，再靠大联强，进行资产重组等战略，盘活了一批国有企业，成为当时国家盘活国有企业的典型范例，为国家主导的“国有企业三年脱困”做出了贡献。

邹远东领导的三九长江实业公司，仅湖北兼并的 8 家企业共享受国家挂账停息政策 4.5 亿元，等于为湖北向国家争取了 4.5 亿元的投资，总共为湖北兼并的企业引进投资近 5 亿元，为湖北的壮大和发展做出了贡献。

邹远东于 2005 年在领导对原三九集团所辖的襄樊三九酿酒厂实施股权转让和改制过程中，为国家挽回损失 3.3 亿元，带头并号召高管层共同举债 2600 万元，按企业实际标准的三倍安置职工；并承债 3000 多万元解决原企业的遗留问题；在股权分配时，他倡导按工龄多少分配股权，使企业职工特别是老职工真正成为了企业的主人。在整个改制过程中，邹远东严格按照有关法律和政策规定办事，基本上达到了平稳、安全、顺利的要求，他的企业改制经验受到了上级领导和各方面的高度赞扬和充分肯定。通过此次改制，使酒厂扭亏为盈，并获得“湖北名牌产品”、比利时布鲁塞尔国际烈性酒大奖赛银奖、“2015 湖北省劳动关系和谐企业”等殊荣。

忠实践行了社会主义核心价值观

邹远东具有坚强党性和对信仰的忠诚，在个人利益与党和人民的利益发生冲突时，他总是毫不犹豫地舍弃个人利益。他把构建和谐劳动关系纳入企业管理体系和发展战略，并作为提升企业核心竞争力的重要内容，进一步完善与职工切身利益相关的各项管理制度，建立积极健康的企业文化。

邹远东在湖北省启动“大别山革命老区经济社会发展试验区”建设，先后投资 5000 余万元，在大别山革命老区麻城市木子店镇创办了九生堂生物酶法葛根肽饮品产业基地，让酶法多肽产业成为大别山革命老区经济增长和转型升级的引擎。邹远东领导的企业累计向国家上缴利润 11 亿元，在各项公益活动中累计捐献和赞助金额达 2000 多万元。

中国国储能源化工集团董事长、党委书记

陈义和

陈义和：男，52岁，高级经济师，自2001年开始担任集团董事长、总经理，在他的领导下，集团由初创的8个人从事天然气汽车研发到2004年年初扩展成中油新兴能源产业集团，2010年按照国家相关政策重组成立了中国国储能源化工集团股份公司。到目前，集团业务覆盖全国多个省市及海外，有100多个分、子公司，员工1.2万人，总资产近500亿元。

在集团发展的过程中，他始终坚持以能源产业为主业，极力推进产业链一体化纵向延伸、横向扩张战略。在国内外拓展石油天然气资源勘探、开发业务，组织油气进口、建立油气储备、储运体系，进行区域性石油天然气终端市场开发、搭建贸易平台、承担能源贸易、天然气销售等业务。在确保民生能源供应、保障国家能源安全上做出了较大贡献。

他多年来一直担任《中国能源发展报告》能源蓝皮书主编，还曾担任《天然气战争》主编；担任中国能源协会会长。

艰苦创业 励精图治 创新开拓 激情奉献

在陈义和的领导下，由初创的十几个人从事天然气汽车研发的中油鸿力西北投资公司起步，2004年年初公司扩展成中油新兴能源产业集团，2010年进行股改成立了中油金鸿能源集团并于2012年经证监会批准在深交所上市，同时重组成立中国国储能源化工集团。到目前，集团业务覆盖全国10多个省市区及海外、境内外企业100多家，总资产近500亿，成为了一个以能源为主体多元化开发的大型能源企业集团。

高屋建瓴 引领企业全面进步

在集团发展的过程中，始终坚持了以能源产业为主业，努力提升产业链掌控力。陈义和积极组织集团在国内外拓展石油天然气资源勘探、开发业务，提高石油商业储备和承担国家战略储备能力；搭建多元化贸易平台，牢固的占领区域市场；实现了能源产业链的整体强化、结构的优化升级、创效能力明显提升、物流向现金流良性转化的目标。

陈义和紧紧围绕创造实际效益、加快转变发展方式，不断完善集团的经营管理机制，特别是按照资本市场的一系列法规，整体推进了上市公司的规范化管理，完善了跨地区、跨行业、跨所有制、多元化的专业管理体系；突出完善了全面风险管理，强力推行了全面预算管理体制；完善了以效益审计为基本目标的全程跟踪审计制度，进一步完善和规范化了内控体系的运行，增强了对合法、合规经营管理的自我管控能力。陈义和始终引导集团和各分子公司坚持采用先进的工艺流程、设备仪表，完善自控信息系统，努力提高运营效率，提升安全、节能、环保效能和经济效益。在新的形势下，他利用各种有利条件，以资本为纽带，成立高新科技公司，构建产业技术创新联盟，推动跨领域、跨行业协同创新，促进科技与经济深度融合。他巧妙地利用国家加大金融支持、税收优惠和高科技企业资本化的一系列政策，促进科技成果向资本转化。陈义和以极大的勇气，引领集团坚持“资本支持产业、产业支撑资本”的改革路线，实施金融产业建设、多向性资本运营和资产证券化三大战略，建立资产市场化管理体系，组织资本运作，建立集团财务与资本的新型融合机制，使金融产业成为了集团的一个支柱产业。在陈义和的领导下，集团多年来实施了一条“点线开发——板块扩张——区域协调——外向延伸”的战略演化进程。党的十八大以来，紧跟中央部署，进一步开发了东北、华南、西北的市场和一系列建设项目，持续推进空间战略创新；特别乘国家推行“一带一路”战略的东风，进一步推进油气资源外向型战略，构建能源储备、储运体系和以能源为核心的多元化贸易体系。与此同时，陈义和又领导成立“国储西南投资有限公司”，把集团各种产业引导进去，创建一个既是沿海、又是沿边的多元化战略接续带，开辟面向东南亚的战略延伸新领域。

推进生态文明　重视安全生产

陈义和发挥能源和资本的优势，向以能源为依托的资源开发类、产品加工类产业拓展，建立多种资本结构、多种合作类型的战略联盟，促进能源相关的替代产业共同发展，在成果共享中，为集团的后续发展开辟了新的前景。在集团介入能源产业之初，陈义和就要求各种建设项目从开发前期到竣工的全过程都必须按照国家和属地的规定，加强环保工作。项目建成必须搞好环境保护专项验收，不留任何隐患，为以后的长期绿色运营创造条件。党的十八大后遵循中央部署，陈义和组织力量深入研究了能源生产、储运、消费、能源企业改革与生态文明建设的关系。认真贯彻国家“节约、清洁、安全”的能源战略方针，实施一系列绿色发展计划。直接组织修订集团制度体系，把环保纳入制度化、常态化、规范化管理的轨道。适应新型城镇化战略，他组织气化城镇的民生工程，并引导集团稳妥进军新能源领域，努力开发天然气发电为主的分布式能源项目，向多形态能源运销和能源综合供应服务转型，拓展清洁、低碳能源覆盖空间。陈义和引导集团主动承担起民生能源安全供应和国家能源安全的社会责任，建立能源合理利用和社会效益最大化的运行机制，拓展集团能源安全体系建设；陈义和以改革创新精神，进一步完善与社会密切融合的安全管控机制，防止社会上包括恐怖事件在内的诸多危险因素对企业的干扰和影响，还利用多种保险产品建立社会化的安全事故补偿机制。陈义和利用党和国家实施养老制度改革，开拓养老智能化、产业化的大好时机，发融入智能化养老产业领域。

抓好党建工作　提升企业文化

陈义和努力使董事会的工作与党委工作密切结合，完善“三重一大”决策机制，创造性的坚持党管干部的原则。他认真的将群众路线教育实践活动、三严三实教育活动与集团持续开展的“统一思想、统一认识、统一行动，提高核心竞争力”的教育活动有机结合，建设一支团结奋进，富有创造性、凝聚力和战斗力的基层党组织。他努力使党员树立正确的世界观、人生观、价值观，自觉践行社会主义核心价值体系，建设一支经得起困难和风险考验，发挥先锋模范作用的党员队伍。通过集团创业、发展实践的总结，在形成“民众为天、诚信为地、德才为人、天地人和成大业”核心理念的基础上，陈义和进一步完善了包括企业宗旨、企业作风、核心理念、企业价值观的企业文化体系。这个文化体系的核心是“和合文化”，充分发挥了组织作用，对人与人、人与事和部门之间的关系进行有序协调和动态调节，带动集团的体制与产业结构调整相适应，最大限度地发挥了人、财、物、信息、技术作用，增强集团内部良性互动、协调发展的合力。这个文化体系蕴含了“诚信文化”的丰富内涵。在外，支持集团各分子公司建立完整的诚信服务体系，以为广大用户服务为天职，确保能源足额、安全供应，天然气公司的企业形象得到了各属地民众的共同认可。在与政府的交往中，诚心诚意地接受帮助和监督。在寻求企业合作中诚实守信，利益共享、互补多赢，建立了稳定的战略联盟。在内，他诚实地履行了“集团发展成果全员共享、推进人的全面发展”的庄严承诺，通过薪酬制度改革和多种激励机制的建立，调动了全体员工的积极性，提高了凝聚力。

陈卫东

陈卫东：男，54岁，副研究员，中国烟草总公司贵州省公司总经理，2007年任职后迅速理清工作思路，明确发展战略，带领企业扭亏为盈，走上了持续健康发展的道路，尤其是“十二五”以来，各项工作成绩显著。一是企业实力显著增强。“十二五”期间，累计实现主营业务收入2253亿元、实现税金363亿元，与“十一五”时期相比均实现翻番增长，企业综合实力显著增强，连续5年居贵州企业100强第2位，2015年在全国烟草省级公司中排第9位，稳步进入“第一阵营”。二是发展质量明显提升。“珍珠项链式”现代烟草农业建设模式走在全国前列，构建符合贵州山区特色的卷烟营销模式，品牌培育、市场把控和服务能力显著增强。三是积极履行社会责任。通过产业加大扶贫力度，“十二五”期间，实现全省烟农种烟总收入395亿元，种烟收入成为烟区农民增收致富的重要来源，他还开展烟草扶贫新村建设项目300余个，着力帮助烟农改善居住环境，协调帮扶项目177个、筹措扶贫资金1.9亿元。

烟草行业 建功立业

经营管理显真功

2007年履新中国烟草总公司贵州省公司总经理后，陈卫东深刻吸取历史教训，开展“二次创业”，明确提出了“打牢四个基础”（即理清发展思路，打牢战略思想基础；立足科技创新，打牢发展基础；加强内部管理，打牢管理基础；抓好队伍建设，打牢人才基础）和“构建四个体系”（即构建科技研发体系，构建烟叶生产专业化服务体系，构建卷烟营销体系，构建资产营运调控体系）的战略思想，深入开展企业管理活动。2008年全面消化了历史包袱，扭转了亏损的局面。“十二五”期间，陈卫东将烟叶作为企业发展的动态优势，将“转变方式、优化结构、全面提升、增比进位”作为企业发展主基调，大力实施特色烟叶、特色网建、成本领先、人才强企、科技兴烟“五大战略”，为贵州经济社会跨越发展做贡献。

陈卫东领导构建了以省公司职能部门—省烟草科学研究院—市级技术中心—县级技术推广站为主线的四级创新体系。建成了包括省烟草科学研究院为核心的自主知识创新平台、以技术中心为核心的成果转化平台、与知名高校的合作创新平台、以省烟草质监站为中心的质量监控平台等“四个创新平台”。形成了由高素质研发人才、技术推广人才和技能人才组成的“三支创新人才队伍”。形成了经费投入、奖励措施、人才成长“三大创新机制”，有效保障和激励创新活动的开展。“十二五”以来，累计投入科技研发资金9.46亿元，立项1500余项。累计获得省部级科技成果27项，获授权专利392项，获得地厅级以上科技成果75项，发表科技论文1290篇，出版科技专著19部。井窖式移栽、专业化分级散叶收购、预算管理模式、专卖管理“APCD工作法”等一批创新成果在全国推广运用。参与制定《烟草及烟草制品箱内片烟密度偏差率无损检测电离辐射法》，实现行业制定国际标准“零”突破。陈卫东牵头制定的《出口烤烟分级》行业标准填补了国内空白。

陈卫东始终把国有资产保值增值作为国企“一把手”的重要职责和使命，“十二五”以来，企业所有者权益从2010年年底的124亿元增加到2015年年底的250.4亿元，增加126.4亿元，增长101.89%，年均增长15.09%。货币资金收益从2784万元增长到29001万元，增加26217万元，年均增长率为59.79%，“十二五”期间累计实现货币资金收益71236万元。

陈卫东始终重视团队建设，实施“人才强企”战略，形成了职工多渠道成长的有效机制。陈卫东始终重视文化的力量，注重用企业文化凝聚人心、推动发展。始终把“国家利益至上，消费者利益至上”作为企业的价值追求，始终把关心烟农、零售户和职工作为价值取向；“博思笃行、合智共创”的企业精神深入人心。

行业发展见实效

“十二五”时期是中国烟草总公司贵州省公司发展最快、质量最优、效益最好的时期，是转变发展方式成效最明显、对全省经济社会发展和产业扶贫做出贡献最大、烟农及零售户得实惠最多的5年。烟草产业支柱地位进一步彰显，上交税金接近全省财政总收入的1/6，是贵州省的纳税第一产业。公司创新了生产和营销模式，品牌培育、市场把控和服务能力显著增强。

“十二五”期间，全省烟叶生产规模保持在600万担左右，占全国总量的15.0%，是全国第二大烟叶主产省；累计收购烟叶3166万担，国内销售烟叶2882万担，分别与云南中烟、湖南中烟、广东中烟等重点卷烟企业签订战略合作协议；累计销售卷烟698万箱，年均增长5.08%。单箱均价从15877元提高到30027元，年均增长17.8%，比全国平均水平高1461元；公司不断开拓海外市场，出口烟叶245万担，创造性地制定了出口烟叶分级标准，打破出口烟叶完全由买方说了算的被动局面，实现了中国出口烟叶从初级原料向高附加值产品的转变，极大提高了出口烟叶产品价值。“十二五”期间，公司累计实现主营业务收入2253亿元、实现税金

363亿元，与“十一五”时期相比均实现翻番增长，企业综合实力显著增强。在抓好主营业务的同时，公司积极拓展经营范围，开展多元化投资，“十二五”期间，累计实现多元化营业收入15.13亿元，实现利润5.02亿元。

社会责任献真情

陈卫东始终把烟叶产业定位为贫困地区农民脱贫致富的重要依托产业，在产业扶贫中用好资源条件、找准扶持措施。一是通过发展生产和解决就业，扶持一批贫困人口。“十二五”期间全省烟农种烟总收入达到395亿元，种烟收入成为贫困地区农民现金收入的重要来源之一。坚持“特殊群体特别关注”的原则，在办理卷烟零售许可证过程中，优先倾斜下岗职工、残疾人、低保户等特殊困难群体，实施精准扶贫。二是构建烟农增收综合支撑体系。“十二五”期间，累计投入肥料、地膜、农药等产前物资扶持补贴资金33.2亿元；投入产中专业化服务补贴资金43.7亿元；全面开展烟叶种植保险工作，累计投入保险资金1.08亿元。2011年和2013年，在全省遭受特大旱灾时，公司投入巨额专项救助资金，帮助烟农渡过难关。三是加大投入力度，助推贫困地区发展。“十二五”期间投入80.4亿元，建设基础设施，修建机耕路，购置专用设备，完成土地整理，极大提高了烟区农业综合生产能力，改善了烟区生产生活条件，被喻为烟农的“致富金桥”。四是开展烟草扶贫新村建设，改善烟农生活环境，获得政府和烟农的广泛赞誉。五是积极参与社会事业。累计捐赠0.97亿元用于社会公益、教育事业等，共协调项目177个、筹措扶贫资金1.9亿元。

陈卫东始终坚持“安全至上，生命至上”原则，从安全标准化、信息化和安全文化建设等方面着手，建立安全责任制、提升安全设施水平、强化安全队伍建设。“十二五”期间，安全生产形势总体平稳，连续5年实现了安全生产“六零一降”总体控制目标任务，未发生重大以上安全生产责任事故。针对企业特点，陈卫东长期致力于资源节约型和环境友好型企业的构建，推进节能减排；减少白色污染，保护耕地；积极探索太阳能、生物质能等新型能源烘烤设备研究与应用；综合利用农业防治、物理防治、生物防治等措施；积极推广生物农药，降低化学农药施用量，推广烟蚜茧蜂防治蚜虫技术，构建绿色防控技术体系。

上海国际港务（集团）股份有限公司董事长、党委书记

陈戌源

陈戌源：男，59 岁，高级经济师，上海国际港务（集团）股份有限公司董事长、党委书记，第十一届、十二届全国人大代表，中国港口协会会长。

他在上海港辛勤耕耘了 40 多年，早日把上海港建设成为世界强港，是他以及海港人孜孜以求的目标，经过几代人的拼搏，如今的上港集团成为国内最大综合性港口和股份制集团，在全球港航界具有重要影响。

他围绕国际航运中心建设的战略目标，优先发展集装箱优势产业、优先发展洋山枢纽港、优先推进长江战略、优先改善上海港口岸环境、优先发展现代物流、现代航运服务业等，取得了重要进展和突破，在他的力推下，集团以创新模式完成了洋山港区的资产收购，他还推动了混合所有制改革，形成了企业与员工之间紧密利益共同体关系，掀开了共担责任、共享成果、共创未来的历史新篇章。

老海港人的情怀

作为中国港口协会会长，一个名副其实的“老海港人”，陈戌源已经在上海港辛勤耕耘了40多年，早日把上海港建设成为世界强港，是陈戌源以及一代又一代海港人孜孜以求的目标。

情系上海港　奉献光和热

陈戌源带领集团上下围绕加快推进上海国际航运中心建设的战略目标，突出重点，奋发有为，取得了重要进展和突破。上海港集装箱吞吐量连续6年保持世界第一。洋山港区开港10年来，累计完成集装箱吞吐量1.08亿标准箱，年均增长近20.0%，国际航运枢纽港地位稳固，为实现在2020年基本建成上海国际航运中心的目标做出了重要的贡献。

陈戌源注重提升港口的综合竞争力，组织制定集团“十二五”“十三五”规划，明确集团战略发展目标，他积极倡导并带头践行“承接历史，承载使命”的集团核心价值观，带领广大干部职工为实现将集团建成全球卓越的码头运营商和港口物流服务商的愿景目标而不懈努力。

陈戌源先后荣获中国百强杰出企业家、中国（上海）上市公司企业社会责任峰会“杰出企业家”等荣誉称号；在他的带领下，集团先后荣获金牛上市公司百强、中国上市公司资本品牌百强、全国交通运输企业文化建设卓越单位、全国交通运输行业节能减排先进企业、全国企业文化建设优秀成果奖、“中国标准创新贡献奖”一等奖等荣誉称号。

紧抓生产主业　推动转型升级

集装箱装卸，是上海港的优势产业，也是集团发展的基础支撑。陈戌源领导企业大力发展集装箱业务和水中中转业务，进一步完善长三角和长江流域集疏运体系，不断提高港口生产效率，持续推动口岸环境优化，为客户提供优质的港口服务，提高市场竞争力；以全面预算管理为龙头，提高企业经济运行质量。在陈戌源的力推下，集团以“股权、债权、现金”三合一的创新模式，完成了洋山港区的资产收购，形成了洋山港区的规模效应。

陈戌源始终把推进长江、东北亚、国际化三大战略作为支撑强港目标顺利实现的关键战略举措，并在他的主持下，集团全面推进长江战略，全力推动东北亚战略，积极谋划推进国际化战略，各方面工作成效显著。

5 年来，集团生产经营稳步发展，一直保持世界第一大集装箱港口地位，主要经济指标连创新高，位居行业前列，取得了突出的经营业绩。

为推动集团转型发展，适应经济发展牵手“互联网 +”，陈戌源领导集团以“大客户、大项目、大平台”为切入点，大力推动跨境电商、拼箱中心等港口物流服务平台建设，积极推进冷链物流中心、空箱服务中心、汽车物流中心建设，汽车滚装业务连续 5 年保持全国第一；推进商务地产开发，推动港口与金融业务融合发展，大力开拓融资租赁、航运保险、股权投资等多元业态。

坚持改革创新　释放发展活力

陈戌源把“四大突破”作为企业改革的重点任务，即：

一是推动混合所有制改革。二是推进激励机制的改革。三是深化结构调整和资源整合。四是推进科技创新和业务创新。在他的重视下，集团不断深化科技体制改革，加强技术中心建设，推动科技成果推广应用，5 年共完成科技创新项目 201 项，获得国家发明专利 61 项，获得省部级科技创新奖项 16 项。同时，集团进一步完善市场营销机制，实行集中受理、统一结算的一站式服务，进一步提高了上海港的对外服务水平。

陈戌源紧紧围绕企业改革和发展这两大主题，积极推动完善现代企业制度，优化法人治理结构。提升企业管理水平，注重推进财务管理创新，集团实现了境外融资的历史性突破；开展国际信用评级工作，分别获得标准普尔和穆迪两大权威评级机构“A+”和“A1”的信用评级，是目前唯一获得该等级的国内港口企业。

构建和谐上港　提升企业形象

陈戌源认真落实中央“八项规定”，纠正“四风”，带头推动党的群众路线教育实践活动和“三严三实”专题教育。陈戌源强调，领导人员和人才队伍是推动集团发展的宝贵财富和中坚力量，必须发挥好关键少数的作用。他认真贯彻党管干部和党管人才方针，始终坚持正确的选人用人导向。开展了两届“上海港十大劳动功臣”评选活动，集团涌现了一批先进集体和先进个人，形成弘扬先进的良好氛围。

安全是企业的生命线，陈戌源对此高度重视。他深入实际，落实安全生产责任制，推进安全生产标准化建设。他建立了与企业经营效益相挂钩的职工收入增长机制，持续实施职工福利计划和效益激励计划，2015 年职工平均收入比 2010 年翻了一番。

陈戌源始终把发展企业、回报社会作为从事企业经营管理的重要准则和动力源泉，把依法经营、诚信经营作为企业的首要担当，2011—2015 年集团累计上缴税金总额达到 132 亿元。陈戌源大力推动绿色港口建设，要求集团主动调整能源结构，加大节能减排投资力度。陈戌源积极推动国际港口合作，与新加坡港务集团共同牵头主办了三届“环球港口领导人峰会”，与全球主要港口和船公司建立了友好合作关系。

陈戌源积极支持社会事业发展，完成了北外滩滨江绿地改造并对社会公众开放，深入推进结对帮困、定向帮扶以及多种形式的志愿服务活动；连续 19 年组织开展了集团“8·15”爱心捐献活动；集团在收购东亚足球俱乐部第一年，上港足球队便获得 2015 年中超足球联赛亚军，首次取得亚冠参赛资格，主场氛围引领“申城正能量”，进一步扩大了集团社会影响力。

海南昌茂企业（集团）有限公司董事长

陈权中

陈权中：男，59岁，大学文化，经济师，海南昌茂企业（集团）有限公司董事长、海南昌茂教育产业集团投资有限公司董事长、海南昌茂花园学校董事长。

他勤勉敬业，1992年，开发建设的海口“昌茂花园”住宅小区，为海南的房地产业的复苏做出了突出的贡献。之后的25年来，昌茂集团在他的带领下，一路高歌猛进，在企业规模、经营业绩、管理水平等各方面都取得了巨大的进步，先后投资兴建了昌茂澳洲园、昌茂润德广场、昌茂中润温泉水城、昌茂城邦、昌茂水木清华等几十个房地产项目，连续多年营业额与利润总额都实现了较大的增长。如今，昌茂集团已发展成为一个拥有管理、工程、教育等各类专业人才900多人，以房地产、教育业为龙头产业，以物业管理为附属产业的现代化企业集团，自1997年至今累计投资5亿多元创办了昌茂花园学校和昌茂幼儿园，现有在校学生人数已突破5000多人，已经成为海南民办教育行业的佼佼者。

创业兴业　造福社会

陈权中胸怀创业兴国、实业兴邦之理想，立足于海南大特区，放眼全国，乘着改革开放的东风，在这块创业的热土上努力拼搏，积极进取，逐步发展成为了海南房地产业的一面旗帜，客户心目中的理想品牌。他始终如一地积极主动参与地方经济、文化建设，配合国家建设和谐社会的总要求开展各项工作，先后被授予中国改革开放30年企业改革十大功勋企业家、新世纪中国改革优秀人物、海南省优秀企业家、海南省杰出私营企业家等殊荣。

出奇制胜创辉煌

海南昌茂企业（集团）有限公司是由陈权中出资于1992年创办的，是一家以房地产、教育业为龙头产业，以建筑业、现代物流、酒店、商业和物业管理为附属产业的现代化企业集团，在1992年海南房地产处于最低迷的时期进军房地产业，先后开发建成的项目有几十个住宅小区以及“昌茂西雅图丽湾”高档别墅等项目。昌茂集团秉承“品质建筑美好生活”的理念，自成立以来，一直致力于促进城市居住文明的发展，与城市共同成长，以创业创新为使命，用心专注建筑优质住宅物业，为城市生活带来全新的居住模式。从昌茂花园率先打造海口最成熟、配套最完善的大型花园社区，到开启昌茂·西雅图丽湾西海岸高尚居住时代；从昌茂澳洲园异国风情人居到昌茂·花漾湖生态旅游医疗教育产业园，目前，昌茂集团已开发完成和正在开发建设的项目遍布海南各市县，并已经走向全国。2009年，昌茂集团与海南省定安县政府签订了20平方公里土地合作开发协议，开发定安新城“十里长廊”项目；2013年成立了福建七星海投资有限公司，在福建厦门投资近20亿元建设度假酒店及水上乐园等旅游项目，为企业的可持续发展奠定了坚实的基础。2014年，昌茂集团在南丽湖片区创建以生态养老、休闲度假、运动健康为主题的生态养生休闲运动度假区；成立了中美合资仕福威超市管理有限公司，启动仕福威（美国）物流超市项目，将先进的管理理念和优质的进口商品和服务引入中国；与美国西雅图大学合作创办海南南海学院，推进产业结构调整。海南昌茂绿城物业服务有限公司成立于1996年，是具有国家一级资质的物业服务企业，管理的昌茂花园小区和昌茂澳洲园小区先后荣获“海南省城市物业管理优秀示范住宅小区”“全国城市物业管理优秀示范住宅小区”“海口市园林花园式先进单位”等多项荣誉称号。

昌茂集团先后荣获中国改革开放30年最具影响力行业领袖企业、中国住宅100强、全国用户满意服务单位、中国改革开放30年最具影响力行业领袖企业、建国60年——最受消费者喜爱的海南标志性企业、中国房地产诚信企业、全国房地产AAA信用等级企业等诸多荣誉。昌茂集团一直致力于企业品牌建设，获得了政府、社会各界及广大消费者的认同，连续多年入选海南省企业100强、中国房地产开发企业500强、海南房地产开发20强企业等荣誉榜单。

尊师重教　心系民生

陈权中一贯重视企业文化建设，时刻关心和关注员工成长，不断提高员工福利待遇，完善工资薪酬制度，自企业创建以来，员工的流失率在同行业中一直处于较低的水平，无论是房地产经营开发、教育产业，还是其他附属产业从未发生过重大环境污染、质量、安全事故，也从未发生过劳资冲突事件。陈权中获得“全国关爱员工优秀民营企业家”荣誉称号，企业也多次获得“海南省企业文化建设示范单位”的荣誉称号。在企业能力允许的情况下，陈权中不馈余力地回报社会，积极关注社会公益事业，参与各项社会公益活动，个人捐款捐物累计达2000多万元。他曾捐赠两所希望小学，并多次资助各类学校教育经费；在2008年汶川大地震、2010年青海玉树地震、海南水灾、2014年“威马逊”台风中，分别捐款160万元、80万元、370万元和150万元，昌茂企业被授予“汶川地震抗震救灾奉献奖”“抗震救灾功勋企业”“海南省公益事业突出贡献奖”等荣誉称号；向海南国际旅游论坛捐资500万元，受到了政府的嘉奖。陈权中先后获得“中国改革开放30年企业改革十大功勋企业家”“全国关爱员工优秀民营企业家”等几十项荣誉。

陈权中不仅是叱咤风云的商海精英，更是秉承客家人热爱文化、尊师重教优良传统的楷模，累计教育投资超过了10亿多元人民币，并成立了昌茂教育产业集团，如今的昌茂教育已经发展为集幼儿园、小学、初中、高中为一体的全日制现代化民办教育机构，在校生人数已经突破了5000人。办学十几年来连续获得国家级、省、市级基础教育先进单位，多年来以“校风好、教风正、学风浓、管理规范、教学质量高”而深受社会各界的好评，已经成为海南民办教育行业的佼佼者。

陈权中作为海口市政协常委和定安县人大常委，坚持把履行委员职责与做好本职工作结合起来，积极参政议政，致力于美好家园建设，关注社会民生；在平时的工作、生活中陈权中注意搜集群众关注的难点问题并积极展开调研，深入了解社情民情；受邀担任海南省经济发展与环境保护基金会理事，关注生态文明建设、资源节约和环境保护，以实际行动参与环境保护工作，资助与环境保护有关的活动和项目，促进环境保护领域的交流与合作。

浙江华海药业股份有限公司总经理

陈保华

陈保华：男，1962 年出生，浙江华海药业股份有限公司创始人，现任公司总经理、第十二届全国人大代表，全国劳动模范。

华海药业以制剂出口为切入点，从市场、产品、装备、人才和管理五大方面入手，实施全面转型升级发展战略。自 2004 年在美国设立华海（美国）公司以来，经过 10 余年的努力，华海药业成为中国第一家制剂通过美国 FDA 认证、第一家制剂获得美国药品批准文号、唯一一家制剂规模化出口美国市场的制药企业。截至目前，华海已有 22 个产品获得 ANDA 文号并全部出口美国市场，华海的销售网络已覆盖美国全部大中型药品采购商。他积极投入和谐社会的"大环境" 建设，先后个人捐资1200 多万元，企业捐资 5000 多万元，积极投身扶贫帮困、捐资助学、支持新农村建设等社会公益事业，积极响应省委省政府 "五水共治" 战略部署，为打造社会主义和谐社会做出重大的贡献。

医药领域创佳绩

近年来，面对全球经济增长趋缓以及国际医药行业竞争激烈的复杂形势，华海药业在公司创始人陈保华的带领下，始终坚守医药主业不动摇，坚持“创新驱动”和差异化发展策略，走出了一条独具特色的国际化发展路径，为中国制药行业“走出去”创造了许多成功经验。同时，身为企业家，陈保华深知社会责任的重大，始终以“打造负责任的企业”为公司品牌目标，致力于打造生态环保型企业和劳动关系和谐企业，为构建生态文明城市和和谐社会做出了重要贡献。陈保华先后被评为浙江省优秀共产党员、浙江省劳动模范、浙江经济年度人物、浙江省功勋企业家、全国劳动模范、中华慈善突出贡献人物、中国医药经济年度人物。

引航国际　争做中国制药国际化的先行者

华海的国际化发展、尤其是制剂出口已经走在了中国制药行业的前列，截至目前，华海已有 22 个产品获得 ANDA 文号并全部出口美国市场。同时，华海也在行业内赢得了三张“金名片”：中国首家制剂通过美国 FDA 认证、首家制剂获得美国药品批准文号、唯一一家实现制剂规模化出口美国市场。2004 年，当同行在为原料药如何进入欧美高端市场而努力时，陈保华已经在谋划制剂的国际化之路。面对周遭的质疑以及变化难测的发展前景，陈保华以置之死地而后生的勇气，投下 500 万美元，聘请有 20 多年从业经验的专家牵头组建华海（美国）公司，开始了美国 FDA 的认证之路。2007 年 6 月 25 日，华海收到了来自美国 FDA 的官方函件，确认公司抗艾滋病药奈韦拉平制剂产品及生产线以零缺陷通过美国 FDA 认证。2009 年，华海第一个制剂产品氯沙坦钾成功打入美国市场，填补了中国制药产品出口美国的空白。2012 年，华海收购美国知名药品流通企业 SOLCO，开始销售自主品牌的仿制药产品。目前，华海销售网络已基本覆盖美国全部大中型药品采购商，抗高血压产品氯沙坦钾制剂已进入美国第 1 连锁店 Walgreen，公司自主销售的罗匹尼罗、多奈哌齐和厄贝沙坦制剂产品已进入美国第 3 大零售连锁店的 Rite Aid。

立足高端　抢占全球制药行业发展制高点

为了进军国际医药高端市场，华海建立了符合国际标准的研发体系、先进的 GMP 生产设备和强大的原料药生产能力，以美国公司为基础，引进了一批具有国际化视野的研发人才，在公司总部、上海张江高科技园区以及美国三地，构建起以美国研发为先导、上海研发为核心、临海研发为生产支持的完善的研发体系，形成以国家认定企业技术中心、国家级博士后科研工作站和省级企业研究院为基石的多层次创新平台，在高端新剂型研发、绿色合成、工业结晶、杂质分析及处方工艺优化等方面形成了强大的创新实力。公司以国际一流的制药装备为保障，以通过国际权威认证的原料药和进口辅料为源头保证，从研发、注册到采购、生产，从检测、包装到仓储、流通，每一个环节都按照国际顶尖的 cGMP 标准，打造高品质的产品。在美国第三方对华海产品的随机检测中，华海产品的生物等效性试验一次性成功率远超美国行业平均水平。

绿色发展　打造资源节约型生态环保企业

华海药业在以制剂出口带动国际化发展、实现原料药向制剂转型发展的同时，高度重视原料药产业的升级突破，将“实现污染物零排放”作为目标，实施“源头控制为重点、过程管理为手段、末端处理为把关”的管理模式，通过转型升级，逐渐走向科技含量高、资源消耗低、环境污染少、经济效益高的绿色化发展道路。公司先后荣获“国家环境友好企业”“浙江省首届绿色低碳经济标兵企业”“浙江省首批五星级环保信用企业”“浙江省环境教育示范基地”等荣誉称号。

陈保华意识到通过产品结构调整，从低附加值、高污染的中间体、原料药生产转向高附加值、低能耗的制剂生产，是突破环保瓶颈的出路所在。通过产品转型升级、市场转型升级和管理转型升级的统一协调发展，公司产业转型取得了重大突破，截至目前，公司制剂的比重达到40.0%左右，“十三五”期间，制剂比重将逐步超过原料药。同时，公司大力推进清洁生产、绿色生产，通过工艺改进和技术创新，降低污染物的产生；投入巨资引进高端制药设备，优化工程设计，在节能降耗和减污增效等方面取得了显著成效。公司还将环保基础设施提升列入发展专项，大力提升“三废”处理能力。

以人为本　和谐共生　争做优秀的“社会公民”

近年来，华海药业将员企和谐发展作为公司战略目标实现的重要基础，积极构建新时期规范有序、和谐稳定的劳动关系。公司建立起员工参与管理的有效沟通渠道，创建多元化培养方式，促进了员工的职业成长；建立完善的EHS管理体系，为员工安全作业、健康工作创造了良好的环境，并提供齐备的安全防护用品。公司建立了规范的用工机制和具有竞争力的薪酬福利保障，为员工提供设施齐备的公寓式住房，建设员工活动中心；开展丰富多彩的活动，大大增强了企业文化活力。2010年，公司被评为浙江省创建和谐劳动关系先进企业。

华海药业争做优秀的“社会公民”，积极投身扶贫帮困、捐资助学、支持新农村建设等社会公益事业。2007年，华海药业捐助2500万元设立冠名救助基金，用于救助社会弱势群体；2008年，陈保华个人向汶川地震灾区捐赠现金150万元，公司捐赠100万元现金和价值100万元的药品；2011年，陈保华个人捐资630万元帮助永丰镇修桥铺路；2014年，华海积极响应省委省政府“五水共治”战略部署，捐资300万元用于农村生活污水治理；2015年，陈保华个人捐资150万元给永丰镇下蔡村建造老年活动中心……

作为全国人大代表，陈保华也非常关注社会民生问题，尤其在关注社会弱势群体方面，提交相关议案，希望通过立法的手段，保障弱势群体的利益。同时，他努力提高代表议案质量的经验在《中国人大》杂志和《中国人大网》上公开发表。

中国华录集团有限公司董事长、党委书记

陈润生

陈润生：男，1957 年出生，硕士研究生学历，研究员级高级工程师，享受国务院政府特殊津贴，现任中国华录集团有限公司董事长、党委书记，辽宁省第十一届政协委员。

“十二五”期间，他努力克服国内外市场环境急剧变化带来的不利影响，规范法人治理结构，强化目标考核，深化“双层经营”，加强集团经营管控，通过并购重组改善集团资本结构，并不断拓展海外市场。5 年间，实现了集团所属易华录和华录百纳 2 家公司的成功上市，国有资产增值 14.45 倍；组织承担 79 项国家级、省、市重大产业化创新项目。集团累计获得授权专利 493 项，发明专利 41 项，集团商业模式逐渐从 B2C 向 B2B、B2G、B2C 多模式协同发展转变创新。集团相继荣获中国高清第一品牌、中国智能交通领先品牌，以及国家文化出口重点企业、民族文化品牌“中国唱片（CRC）”等。

开拓进取　企业全面发展

陈润生积极推动华录集团党委政治核心作用，注重团结协作。华录集团在他的领导下，科学发展，努力克服国内外市场环境急剧变化带来的不利影响，经过“十一五”“十二五”期间的务实工作，通过转型发展和产业升级，形成了以信息产业为基础的新型文化产业集团。

陈润生享受国务院政府特殊津贴，曾荣获国防科技有突出贡献中青年专家、中央企业优秀共产党员、中华电子企业十大年度功勋企业家等称号。

勇于改革，创新驱动提高企业核心竞争力

在陈润生带领下，2007—2010 年，集团营业收入中制造业的收入持续保持在 80 亿元左右，达到成立以来最好水平。“十二五”期间，集团产值保持了较快发展，利润总额实现了快速增长，2015 年 1—11 月就实现利润总额 7.02 亿元。

陈润生不断深化企业“双层经营”，实施集团经营管控。大力推进集团与分子公司的“双层经营”体制，建立更加适合市场化、集约化集团管控体系。一是深化实施集团“战略管控”；二是推进分子公司从事专业经营；三是 2013 年在合资企业合资到期，中日关系恶化不利情况下，推动了合资企业续约 20 年，使松下技术、华录渠道与制造能力的进一步融合，带动了华录集团制造板块向高端服务制造升级。组织承担 79 项国家级、省、市重大产业化创新项目。集团专利申请总数大幅提升。截至 2014 年年底，集团累计获得授权专利共 493 项。

集团组织实现了中国数字音频标准（DRA）纳入国际标准的重大突破，开发多项先进技术，打破了国外的技术垄断，填补了国内空白，并完成了

一批国家级重大科研项目的产业化。

集团以 B2C 为主的商业模式逐渐向 B2B、B2G、B2C 多模式协同发展转变。抓住有利时机，构建了在国内音视频领域里最完整的产业链，发挥自身优势，搭建了集团核心竞争力。信息服务、文化内容产业与终端制造产业初步形成相互促进、协同发展的产业格局，产业结构日趋合理。

推进管理创新，探索在完全竞争性国有企业实现现代企业制度的实现形式。一是规范法人治理结构，拓展企业影响力。通过组织召开董事会，审议通过董事会议案，召开党政联席会审议议案，确保治理规范。推进集团各级公司董事会建设和规章制度体系的建设，规范组织机构及其工作流程。品牌价值到 2014 年达到了 153.45 亿元。二是加强班子建设，强化目标考核。班子整体坚持重大事项集体决策，决策质量支撑了集团的转型发展，有效规避了重大经营风险发生。三是改善公司资本结构，提高董事会工作效率。2013 年中国唱片总公司整体划转到集团，国资委主导控股地位形成，根本改善了董事会决策效率。四是重大投资决策规范决策程序，强化风险管控。加强董事会决策和党政联席会决策能力建设。重点落实全面预算管理、三重一大等管理制度的执行。充分发挥国资委监事会的监督职能。五是实施产业经营基础上的资本投资。近年来，华录集团实施重大投资涉及产业基地建设、重点子公司资本支持、新产业布局等各个方面，总投资 10 亿元以上，完善了集团产业布局，促进集团产业从产业链低端向价值链高端转变升级。六是投资建设北京、大连产业基地。2010 年华录集团北京基地建设完成，为公司在人才“高地”发展提供了可能。2013 年完成大连总部大楼建设，改变了集团企业对外形象和品牌载体显著改善。

2005 年以来，为配合产业结构调整，集团逐步开展无效、低效投资资产清理，盘活股权资产、变现投资收益，进一步退出不符合集团整体产业链发展的资本投资，对于一些产业发展方向不符合主业、没有控制力、长期亏损的公司，坚决进行退出和清理。

善于经营　企业效益逆势增长

面对行业市场竞争激烈、发展新产业不确定因素大等问题，陈润生带领华录集团坚持走市场化发展道路，寻求现代企业制度在国有大型企业中的实现形式，大力推进产权制度和经营机制改革。探索实践产权多元化与混合所有制；推行下属企业股份制改革和股票发行上市，实现了国有资本、社会资本和管理层资本的融合共赢。

2006—2014 年间，平均净资产收益率为 6.0%。企业资产流动性、带息负债率以及成本费用利润率等反映企业经济运行质量指标均表现良性水平。尤其是近三年来，华录集团净利率分别为 7.45%、8.44%、9.08%；成本费用利润率分别为 9.69%、10.33%、10.65%；平均资产负债率分别为 36.94%、36.07%、32.96%。三项反映经营质量的指标在国资委管理的央企电子行业中，连续三年排名第一。

2014 年集团实现了双“10.0%”的增长，2015 年实现了双“30.0%”以上的增长。截至 2015 年 9 月，集团公司的资本金为 15.4 亿元，集团合并资产总额 156.5 亿元，每股总资产为 10.2 元，放大了 9 倍。上市公司股本为 10.78 亿元，账面总资产 88.8 亿元放大了 7.2 倍；市值 350 亿元，放大了 31.5 倍。应收、存货占资产总额 35.0%。

2006—2014 年期间，华录集团以良好的业绩完成了国资委下达的绩效考核任务，6 年获得 B 级。2009 年在国资委直接管理的央企企业财务指标考核中，被评为唯一优秀电子企业；2010 年荣获国资委“2007—2009 年任期效益进步特别奖”。

坚持守法经营　切实履行企业社会责任

陈润生把抓好领导班子廉政建设放在突出位置。他严格执行各项财经纪律和公司规章制度，认真遵守领导人员职务消费的相关规定。他坚持守法经营，始终心系员工，坚持企业发展成果同员工共享，维护了职工权益。2013 年，公司推进定点扶贫，以项目带动河南上蔡发展，先后投资 3000 多万元，完成上蔡县天网工程的技防工程、数字电视和光纤网络建设项目。陈润生在任至今华录集团没有发生劳资冲突事件，环境污染、质量、安全生产事故，很好地履行国有企业的社会责任。

四川鑫电电缆有限公司总经理

陈素清

陈素清：女，51 岁，1992 年投身于企业经营和管理，从一名普通的人民教师，到目前年产值数亿元的中型电缆企业总经理，走出了一条成功的创业之路。她还担任了中国科协第八次全国代表大会代表、政协四川省委员会特邀委员、四川省工商联常委、四川省科协第八届委员会委员等社会职务。

她实施的三次重大技改，实现了企业技术改造、转型升级和可持续发展，“XINDIAN 鑫电及图”被国家工商总局商标局认定为中国驰名商标，在管理上，她有一种创新精神，她改变了过去的传统管理方式，建立了“行为”和“运作”两个规范新模式，把企业的经营管理工作全部内容纳入规范之中，全方位、高标准地规范全体员工的思想、道德和工作行为。

公司成立至今已捐资累计 584 万多元，公司所体现的高度责任感得到政府领导和社会各界的认同，荣获成都市金牛区慈善企业、抗震救灾先进个人称号。

致力创新　履行责任

从教10年后，陈素清于1992年投身于企业经营和管理，从一名普通的人民教师，到目前年产值数亿元的中型电缆企业总经理，走出了一条成功的创业之路。公司经过24年的发展，现占地80余亩，工业总产值、实现利税高速增长。她作为民主党派成员，政治素质好，有较强的政治思想觉悟和政策理论水平，拥护中国共产党的领导，开拓进取，无私奉献，模范遵守党和国家的方针政策和法律法规，爱国敬业。她始终坚持诚信、责任的做人原则，本着“诚信务实、创新兴业”的企业经营理念，对经济发展和社会做出卓越贡献。她担任了中国科协第八次全国代表大会代表、中国西部企业家理事会常务理事、世界杰出华商协会副理事长等职务，并获得2011—2012年度全国“讲理想、比贡献”活动优秀组织者、2013年第二届四川十大杰出民营企业家优秀管理奖、四川省优秀创业企业家等荣誉。

经营管理得力　绩效显著

1998年，国家实施西部大开发，大力进行城乡两网改造，陈素清毅然抓住这次机遇，以战略家的眼光和魄力，果断进行企业整体技术升级改造，购置了先进的成套设备，自主开发了适销对路的新产品，极大地满足了西部地区“两网”改造的需求。2003年，陈素清再一次以深刻的洞察力和战略眼光，带领公司股东和管理层，克服了土地、资金、技术、人才等重重困难，在四川地区行业中率先引进了具有国际先进水平的中高压电缆生产线，并进行企业全面技术升级。2008年公司实施最大规模的技改，建设80亩新厂，2011年4月正式搬迁至新厂并全面投产，公司目前拥有国内外先进的电线电缆生产和检测设备300余套，年生产能力达到20亿元以上。公司与科研院所建立了多层次的产学研合作机制，在海上风电电缆、光伏电缆等领域进行合作研发；投资1500万元，并建成材料试验室、燃烧试验室、低温扭转试验室各一个，保证研发工作的有效进行，使产品先进性、安全性、稳定性等进一步提高。

在实现公司快速、稳定发展的同时，陈素清还提出构筑以“家文化”为本的鑫电家园的企业文化核心，主张“快乐工作，幸福生活”的企业精神。2014年公司进一步加强了企业文化建设，系统梳理并提炼出以“创造卓越品牌，铸就百年鑫电”的企业愿景、“为社会提供优质、环保的电缆产品与服务”的企业使命及“诚信、品质、责任、共赢”的企业核心价值观等。围绕对企业文化建设工作的精神，以党、团、工三级组织为载体，开展一系列主题活动，通过多种方法宣传人生与工作哲理、公司的企业文化理念以及任何能良好体现公司企业文化理念的故事、哲言等，推动了公司各项事业蓬勃发展，提高了公司的凝聚力、影响力和号召力，增强了公司的综合竞争力，实现了公司的既定目标，促进了企业和谐平稳发展。

陈素清改变了过去的传统管理方式，建立了“行为”和“运作”两个规范新模式，把企业的经营管理工作全部内容纳入规范之中，全方位、高标准地规范全体员工的思想、道德和工作行为。不断加强团队建设，使人才的力量在企业建设发展中发挥最大的作用。

在陈素清的带领下，公司历年来荣获“国家高新技术企业”“四川省企业技术中心”“四川名牌产品”“四川省著名商标”“全国用户满意产品”等荣誉；2015年“鑫电XINDIAN及图”商标被国家工商总局商标局认定为“中国驰名商标”；2008年被市经委等部门评为改革开放三十年突出贡献企业；并荣获四川工业企业最大规模200强；2013年被省政府评为“四川优秀民营企业”等称号。截至2014年成功研发了48项新产品成果并实现产业化。具有国际先进水平和国内领先水平5项。国内先进水平21项，填补四川省空白4项。获得发明专利证书2项，实用新型专利证书36项。

心系公益　尽力承担社会责任

陈素清承担社会责任上尽心尽力，在公共责任上，2013年企业获得三体系认证并持续通过审核，通过评估和确定环境、安全影响，系统识别影响和风险，确定主要的影响因素，建立测量方法和目标体系，制定并实施控制措施，保障公共安全；预见公众隐忧并主动应对，针对突发事件制定针对性措施，并定期演练，提升应急管理能力，把控风险。在道德行为上，创建廉洁诚信企业活动领导小组，开展廉洁诚信企业活动。开展道德观的宣传工作，营造企业诚信建设的良好氛围，始终坚持守法经营。近三年累计纳税 2000 万元。公司目前提供就业岗位 400 余个，吸纳了大量本地农村富余劳动力和国企下岗工人，每年对职工都坚持进行健康医疗检查，注射人体预防疫苗；员工生日，会送上生日礼物和庆生费；生病住院，会一次性地将派发慰问金。公司成立至今已捐资累计 584 万余元。公司所体现的高度责任感得到政府领导和社会各界的认同，荣获省科协技术协会“抗震救灾先进个人”“成都市金牛区慈善企业”等称号。

充分履行职责　为社会发展献言献策

陈素清自 1998 年 11 月加入中国民主建国会以来，认真学习了中央精神，学习统一战线和多党合作的基本理论和政策，弘扬该会在长期实践中形成的优良传统。认真履行参政议政职能，反映社情民意，尽力为社会服务，共写提案 20 余件，并得到了有关部门的采纳，提高了参政议政的水平。作为民建金牛一支副主任以及政协金牛区常委，积极组织开展支部工作，搞好支部建设，组织支部会员学习有关文件，提高了会员的政治思想素质，充分发挥了经济界会员的作用；同时依靠行业组织，加强纵向沟通；依靠有关部门，加强横向合作；依靠民建活动，加强情感交流的工作平台。

陈素清在鑫电电缆工作 20 余个春秋，虽为民主党派人士，但一直以一名共产党员的标准严格要求自己，以全心全意为人民服务的公仆意识为企业的发展忘我的工作。她勤业敬业、无私奉献，一心扑在自己所热爱的事业上；她严于律己、以身作则，处处为公司员工做出榜样，她更是一位具有强烈事业心和责任感、思想解放、开拓创新，为鑫电付出了全部的好带头人。

江苏法尔胜泓昇集团有限公司董事长、总裁、党委书记

周　江

周江：男，1970 年出生，EMBA 学历，工程师，高级经济师，现任江苏法尔胜泓昇集团有限公司董事长、党委书记、总裁。

他主持开发的“超高强度开放式输送带用钢丝绳”曾获江苏省高新技术产品称号。他重奖科技人才，企业每年投入的科研经费高达 3000 多万元，并创立了初始盘子为 3000 万元的“法尔胜创新风险投资基金”，确立了“科研项目立项跟踪负责制”的创新模式，倡导并建立了“国家级技术中心”“国家级工程研究中心”等一系列创新平台，导入了国际先进的“事业部制”“子集团制”等管理模式。

他在推动企业转型升级、完善创新驱动体系、倡导企业卓越管理、引育核心人才队伍等方面做出了大量努力和重要贡献。法尔胜已发展成为以金属制品为主，产业涉及光通信、精工机械、金融投资、资产管理等领域的多元化企业集团，综合实力连续 25 年保持国内金属制品行业第一并进入全球前三强。

以世界眼光　做民族企业

周江1998年加入法尔胜，2002年，借助法尔胜的品牌效应，周江创建并成功运营了江苏法尔胜特钢制品有限公司，占领了国内胶带绳80.0%的市场份额。由周江主持开发的“超高强度开放式输送带用钢丝绳”曾获“江苏省高新技术产品”称号。近两年来，周江提出了“集团多元化、事业部专业化”的战略思路，收购了法国摩通公司，开启了国际并购的步伐。成立了PE股权投资基金、承接了银行不良资产的处置业务、收购商业保理公司、参与了多座大跨度桥梁的BOT投资业务，在金融领域大展拳脚，开启了产融结合的新篇章。先后被评为全国钢铁工业劳动模范，长三角杰出青商、中国最具社会责任企业家等荣誉。

法尔胜入库税金一直位列江阴市前三甲，是首批国家创新型企业和国家技术创新示范企业。公司先后获得国家科技进步一等奖和二等奖；10多个产品国内市场占有率第一；全球前十大斜拉桥和前十大悬索桥一半以上的桥梁缆索由公司提供；在光通信领域，公司承担多项国家科技计划，率先开发出光纤预制棒和惯性制导用保偏光纤，打破了发达国家垄断。

推动企业转型升级

在周江的带领下，法尔胜在金属制品和光通信产业领域持续创新和不断进步，企业转型也步入了传统制造业和现代服务业深度融合新的发展模式。企业制造业服务化推进，企业创建的国家金属线材制品工程技术研究中心，2014年荣获全国专业技术人才先进集体，下属法尔胜金属材料检测中心，为行业的技术进步、产品研发提供了全方位服务。

周江最关注的就是如何推动制造业与金融、互联网的有机融合。他成立了金融投资事业部和信息中心，从集团层面全力推动主产业与金融、产

业 + 互联网的融合；带领企业大力拓展金融、互联网领域的业务，促进了传统制造业、金融服务、互联网经济的良性互动。在商业保理、融资租赁、小额贷款、量化基金、资产管理等方面都开展了良好的业务。

完善创新驱动体系

周江设立了以他牵头，集团总工程师、技术副总裁负责的专门技术委员会，作为实施创新的决策机构。2013 年他带领公司成功组建行业唯一的国家金属线材制品工程技术研究中心，公司下属检测中心具备国家实验室认可（CNAS）资格，可以出具世界上 64 个国家和地区互认的 CNAS 检测报告；公司技术中心下属中试分厂（厂房面积 19000 平方米），建成了包括热处理线、拉拔、镀锌和捻制等中试线，形成了相对完整的和合理的新技术、新产品、新工艺和新装备的中试平台。

公司先后承担众多国家、省、市级科研项目，荣获国家科技进步一等奖 1 项、二等奖 2 项、省部级科技进步奖 10 多项。2008 年公司被国家科技部、国务院国资委和中华全国总工会确认为全国首批创新型企业，2015 年被国家工信部评为国家技术创新示范企业。

倡导企业卓越管理

周江大力推动企业信息化、智能化建设，建立从生产到销售等业务链端到端的标准流程，实现管理效能、经济效益和服务效率的全面提升。

周江高度重视产品质量，建立了涉及各个环节的质量监管体系。公司是全国质量管理先进企业，获得“中国质量诚信会员企业”。

企业建立了包括技术标准、管理标准和工作标准在内的企业标准化体系，并获得“国家 AAAA 级标准化良好行为企业”确认。法尔胜还先后承担了全国钢标委钢丝绳分技术委员会（ISO/TC183/SC12）秘书处和国际标准化组织钢丝绳技术委员会（ISO/TC105）秘书处，负责全球钢丝绳领域标准化管理工作，赢得全球竞争的话语权。到目前为止，法尔胜已经主持制定国家、行业标准 27 项。承担 ISO/TC105 秘书处以来，公司管理新制订国际标准两项，复评国际标准 20 项。

周江提出以“建设国家级创新型企业、打造中国世界名牌和实现企业百年长兴”为公司愿景，以“向用户提供具有国际先进水平的金属制品、光通信和新材料产品，实现企业、社会、职工同步发展和进步”为公司使命，法尔胜牌钢丝绳系全国冶金领域首批中国名牌产品，“法尔胜”牌输送带用钢丝绳系国家出口免验产品，“法尔胜”商标系中国驰名商标。

引育核心人才队伍

周江始终坚信“引进一个人才，培育一个团队，振兴一个产业”。法尔胜成功引入了我国桥梁缆索制造产业创始人之一——宁世伟，使法尔胜拥有了当前世界最先进的斜拉索和悬索主缆 PPWS 索股的设计、生产、安装技术，一跃成为目前全球规模最大、技术最先进的缆索研发与生产基地。

2014 年，公司从英国成功引进一名金属材料领域的专家张丽娟，展开核工业用新材料领域研究和开发工作。公司还设立了“海外工程师工作室”，把它打造成为吸引海外人才的重要平台，进一步拓宽“招才引智”渠道。周江坚持公司要不断完善“人才发现机制、人才培育机制、人才激励机制”。企业通过多种渠道，发现和选聘优秀人才。在企业内部，通过岗位竞聘、员工评优、重点培训、后备干部结对等形式发现人才。

企业社会责任

法尔胜坚持履行纳税义务，长期热心慈善及社会公益事业，公司用于企业困难职工补助、社会公益慈善的资金超过 5000 万元，认捐了政府 2000 万元的慈善冠名基金，在无锡企业界中第一个成立了政府慈善协会企业分会。在汶川、芦山大地震等重大灾害发生后，在第一时间就捐助数百万元。

公司把节能降耗与加速装备更新、技术改造和工艺创新结合起来，万元产值能耗仅为 0.1679 吨标准煤。利用国家工程中心的平台技术优势，大力开发新工艺和新技术，提高能源效率，并且将有关节能环保技术向行业推广。企业“三废”全部达标排放，并且回用率高达 80.0%。

周江将“和谐”定为法尔胜文化的核心，他要求公司必须坚持不懈地开展以“艰苦创业、励志创新、奋力创优”为核心内容的“三创”专题教育活动，引领、带动企业文化生根落地。法尔胜长期坚持诚信守法经营，公司荣获了“全国守合同重信用企业”。

海信集团有限公司董事长

周厚健

周厚健：男，58岁，毕业于山东大学电子系，本科学历，海信集团有限公司董事长兼党委书记，第九届、第十届、第十一届全国人大代表，第十一届全国政协委员，第十二届全国人大代表。周厚健以出众的经营业绩被评为全国劳动模范，两度被评为CCTV中国经济年度人物，2006年获中国管理学界的最高奖项袁宝华企业管理金奖。

他一直强调技术立企、稳健经营的战略，海信电视机在国内销量已经连续12年居第1位，全球出货量位于第三；冰箱在国内排在第2位；空调排在第4位；光通信器件产业居全球第5位，其三领域之一的接入网器件全球第一，国内市场占有率超过50.0%。

为实现世界范围内把海信打造成为国际名牌这个目标，经过多年努力，海信的品牌形象和市场份额明显提升。在全球，海信电视全球出货额份额仅次于三星、LG和索尼。海信冰箱冷柜产品在南非和澳洲均已进入前三；澳洲第三方评价海信电视为满意度最高的品牌。

致力产业报国 打造世界名牌

在周厚健的带领下，海信发展形成以数字多媒体技术、智能信息系统技术、绿色节能制冷技术、城市智能交通技术、光通信技术、医疗电子技术为支撑，涵盖多媒体、家电、智能信息系统和房地产服务业的产业格局。2005 年海信成功收购科龙公司后，海信成为国内唯一一家拥有“海信”“科龙”“容声”三个驰名商标的企业，同时海信拥有在沪深港三地的上市公司。海信连续 26 年稳居中国电子信息百强企业前列；两次被中共中央宣传部和国务院国资委推荐为十大国有企业典型。

周厚健被评为全国劳动模范、全国优秀青年企业家，荣获“环球杯”世界青年企业家大奖赛经营才能特别奖、中国杰出青年科技创新奖、全国五一劳动奖章，全国劳动模范，当选全国质量管理先进工作者、中国质量管理突出贡献者……2000 年、2005 年，两度被评为 CCTV 中国经济年度人物，2005 年荣获十大中国杰出质量人，2006 年获中国管理学界的最高奖项袁宝华企业管理金奖。

技术立企的发展战略 以人为本的人才战略

为克服大多数关键技术被国外企业垄断的被动局面，周厚健创建了自己的技术创新体系。这个体系第一保障了技术创新在企业中的定位和技术创新必需的资源投入；第二通过有竞争力的薪酬机制和建立内部公平的研发评价与考核机制，激励着一支充满活力的研发队伍。第三创新体系保障了预研技术和应市产品的均衡投入，避免了只顾眼前，忽视长远的短期行为；第四通过对项目各里程碑规范描述的要求及对其严格评审的规定，保证了开发产品的质量和进度。海信严格保证研发投入，坚持“技术孵化产业”，每涉足一个新的领域，首先占据技术优势，进行技术研发和人才储备，待时机充分成熟后，再正式进入这个产业，海信一直在行业里确保了“原创优势”。海信建立了有竞争力的分配机制，设立了专家升迁通道，发挥股权激励的长效作用，不仅促进了内部人才的成长，还吸引了大量外部高水平人才的加盟。截至目前，海信电视机在国内销量已经连续12年第一，全球出货量位于第三；冰箱在国内排在第二；空调排在第四；光通信器件产业居全球第五，接入网器件全球第一，国内市场占有率超过50.0%；在新兴的智能交通领域中，海信市场份额连续7年蝉联第一。在2016年国际消费类电子产品展览会上，海信激光影院荣获全球最具竞争力未来电视奖。

海信是国家首批创新型企业，国家创新体系企业研发中心试点单位，全国唯一一家两获全国质量奖的企业，拥有国家级技术中心，还拥有二个在专业领域唯一设在企业的研发机构：数字多媒体技术国家多重点实验室、国家城市道路交通装备智能化工程技术研究中心。

海信建立了以“品德筑基”“业绩成器”的全员绩效管理体系以及独特的骨干员工股权激励机制，形成了员工收入能增能减、管理人员能上能下、股权能进能出的管理机制。海信集团一直以来极为重视产学研结合，已经与国内70多所知名高校的重点院系建立长期稳定的联系，并引进了大批优秀的科研人才来企业服务。海信除财务公司外，其他子公司均已实施股权激励，持股员工总数近千人。近几年来，海信通过收购数据通信、软件及芯片等业务，引进了数十名技术带头人。此外，海信美国麻省理工大学媒体实验室、佐治亚理工大学在智能技术、人工智能、人机对话等技术上全面进行人才、项目的培养与联合开发合作。

视质量为生命

海信十分重视产品的质量，在全体员工心目中牢牢树立了质量和市场意识。2011年海信电视荣获“亚洲质量卓越奖”，这是中国企业首次荣获这一亚洲质量最高奖项。

海信将质量提升设定为各公司经营业绩评价的关键指标，只要质量指标完不成，无论经营业绩如何，经营者的年薪都要被否决。海信不断提升研发水平和对供应链的管理能力，提供更新制造设备，完善实验环境，建立适应世界各市场区域使用要求的实验手段和主要市场区域的场测条件，注意培养业务水平高、深谙海信文化，又能与世界接轨的人力资源队伍。公司还细化了研发过程质量控制内容和管理标准，明确规定研发项目进展各个里程碑阶段的质量要求。2013年海信成功将NPS理论转化为管理体系，并将其融入到质量管理体系中，驱动集团各公司强化用户意识、追求良性利润、保证企业可持续发展。

坚持国际化的市场战略　积极开拓海外市场

为实现“打造国际名牌”这个目标，公司制定了海信特色的品牌发展战略：坚决摒弃“低质低价”策略，改为“高质中价”。目前海信在北美、欧洲建有研发机构，在南非、埃及、阿尔及利亚、捷克、墨西哥等地建有工厂。在美国，海信是唯一以自有品牌进入主流销售渠道的中国品牌；在欧洲，海信的销售收入3年增长7倍；在全球，海信电视全球出货额份额仅次于三星、LG和索尼，已达到第四。2015年，海信成功收购夏普墨西哥电视工厂，并全面接手夏普美洲的电视业务，不仅有效解决了海信美洲的电视产能问题，而且有效拓展了海信北美渠道资源。目前，海信已在海外拥有分布于美国、德国、加拿大等地的七大研发中心，截至2012年，海信电视海外自有品牌占比已经达到50.0%以上，并与全球的主要渠道建立了广泛的品牌业务合作关系。海信海外销售规模2015年达32亿美元，其中自主品牌海外收入达到5.2亿美元。在中国外文局对外发布的《中国国家形象全球调查报告2014》中，海信成为海外民众最熟悉的排名前七位的中国品牌。

积极履行社会责任

海信产品数次荣获中国环境标志产品认证、中国环境标志产品贡献奖和开拓奖、中国绿色制造推进奖等。在长达10年时间，海信设立千万以上专项教育基金支持青岛教育事业。2008年汶川大地震发生后，公司第一时间捐助600万元定向用于北川陈家坝小学的恢复重建，同时号召集团员工为灾区人民捐款200余万元。海信每年开展“一日捐”活动，将所筹集的爱心款项捐给慈善总会。10余年来，海信已向贫困和受灾地区累计援建、支持了2000余所小学。

中车株洲电力机车有限公司董事长、总经理

周清和

周清和：男，51 岁，高级工程师，现任中车株洲电力机车有限公司董事长、总经理。

他带领公司取得快速发展，销售收入牢牢站稳 200 亿元平台，在当地形成千亿级轨道交通产业园，带动了湖南省内 20 多个配套产业迅速成长。他在国内外市场布局独到、多点开花，国际化经营引领业内拓展，被李克强总理赞誉为中国装备走出去的代表作。中低速磁浮系统、储能式有轨/无轨电车成功研制，成为中国轨道交通装备领域的创新典范。

他主导的世界首列超级电容储能式有轨电车、世界最高速米轨动车组、中国首列出口欧洲动车组等新产品的系列推出，引起全球业界广泛关注；大功率交流传动系统集成国家重点实验室、轨道交通车辆系统集成国家工程实验室分别获国家发改委和科技部批复。总投资 4 亿元构建先进、完备、系统的轨道电力牵引装备试验验证基地，可进一步提升公司的试验水平和研发能力。

株机公司　全速向前

在周清和的带领下，公司经营业绩实现跨越发展，自2012年以来，牢牢站稳200亿平台，带动了湖南省内20多个配套产业的成长壮大；国内外市场布局独到、多点开花，国际化经营引领业内拓展，中低速磁浮系统、储能式有轨/无轨电车成功研制，成为中国轨道交通装备领域的创新典范；通过定岗定编、全员绩效、应知应会、任职资格、行为规范提升等基础管理项目，企业和员工形象焕然一新。公司的快速发展得到了上级领导的高度肯定和社会的高度关注，仅2015年中央电视台多个栏目对公司的专题报道已达8次。周清和是中国南车劳动模范、湖南省优秀企业家、中华铁路总工会火车头奖章获得者、株洲市轨道交通千亿产业园领军人物。

为企业快速健康发展蓄势储能

周清和借其深厚管理功底和专业技术知识积淀，以及内外部形势的精确研判，为公司闯出了一条快速发展、健康发展的道路。经过近几年的发展，公司实现了“3+X”的产业格局和“1+Y”的区域布局，“3+X”即在坚守和发展机车、城轨、城际动车组三大产业之外，确定了新产业发展的三大方向：以维保为代表的服务延伸产业，以超级电容为代表的产品链延伸产业，以磁悬浮为代表的系列整车产业；“1+Y”即以公司为总部，以广州、洛阳、宁波、昆明以及吉隆坡、伊斯坦布尔、约翰内斯堡等子公司为分部的区域布局。周清和不辞劳苦，甚至用不到4天的时间往返株洲与南非约翰内斯堡，提出了海外市场开拓的具体思路，成就了公司中国装备走出去的代表作。他将全球市场划分为重要区域市场、密切关注区域市场和关注区域市场三类，采取不同的拓展策略，配置不同的资源。

周清和坚持“创新领跑未来的理念”，积极推动创新成果和市场的结合，以市场实际需求推动创新，储能式现代无轨电车就是主动创新和客户需求创新的一个典范。公司先后研制了全球最大功率货运电力机车和客运电力机车，占据了世界行业技术的制高点。周清和主导一系列科研成果推出，引领中国电力机车由普载向重载、由低速向高速、由直流传动向交流传动的转变，进一步巩固了公司在行业中的龙头地位。在城轨和动车组方面，公司积极响应客户需求，瞄准世界先进水平，先后为国内外 17 个城市研制出各具特色的轨道交通车辆。公司“基于自主技术平台的系列化大功率交流传动电力机车研发及应用”项目荣获 2014 年度国家科学技术进步二等奖；安卡拉不锈钢地铁获中国创新设计红星奖金奖，公司成为唯一一家连续 3 年获此奖项的企业；“时速 160 公里 HXD1D 型交流传动六轴快速客运电力机车”项目，被授予 2013 年度中国铁道学会科学技术特等奖。

周清和提出企业管理效率和效益是管理者第一要务，他将 2013 年确定为企业基础管理提升元年，先后启动了 23 个管理提升项目，涉及企业多个方面，定岗定编项目实现了“人、岗、事”三者之间的合理匹配，人均劳动生产率大幅提升；全员绩效项目以发展战略为导向，建立三类四级绩效指标体系，真正发挥出了绩效管理传递经营压力、强化责任意识、提高工作效率、促进业绩改善的作用；任职资格体系以构建牵引人才发展的能力阶梯为导向，推动公司实现人力资源由职位管理向职位、能力和职业发展三位一体的人才资本管理转型；应知应会项目通过制度化、常态化开展全员应知应会培训与考试，极大提升了整体管理水平和运转效率；国际化人才培养项目通过建立完善的培养机制和多渠道培养模式，培养和储备了一支素质优良、数量充足、结构合理的人才队伍；工艺质量项目通过执规考核、现场会、质量大会、绩效发布会等途径强力推动标准作业执行，公司近两年产品运行机破率、零修率大幅降低，产品可靠性大幅提升。公司大力实施创新驱动战略和管理提升的实践项目——《轨道交通装备企业突破发展瓶颈的创新驱动战略实施》获第二十一届全国企业管理现代化创新成果一等奖，是轨道交通装备制造企业唯一一等奖获奖单位。

周清和坚信文化是更高层次的生产力。他大力推行企业 VI、BI、MI

建设，让公司员工有了共同的行为印记。他在各种场合向公司管理及一线员工反复灌输经过多年体悟和思考形成的独特文化理念，现已成为员工的价值信条，极大地丰富了企业文化内涵。周清和十分重视人才队伍的建设，推动公司搭建了“纵横交错”的国际化人才立体培养网络，基本建立了一支层次清晰、梯队合理、结构优化、年富力强、充满活力的人才队伍。

实现国有资产保值增值

中车株机公司是国内轨道交通行业领军企业，全球最大的电力机车研制基地，被誉为“中国电力机车之都”。拥有全球最大的电力机车生产能力、与欧洲标准接轨的城市交通装备研发制造能力，以及分布在业主城市能快速响应的造修基地。建有国家级企业技术中心和检测试验中心，掌握了多项前沿技术。电力机车占国内市场份额的 60.0% 以上，国际市场 20.0% 以上，海外销售业绩在国内轨道交通领域稳居第一。目前，公司总资产近 300 亿元，员工 1 万余人，在国内外设有 20 余家分子公司。近年来，公司展现出了强劲的发展势头，销售收入、利税分别从 2011 年的 140.6 亿元、9.92 亿元，增长到 2014 年的 221.9 亿元、29.3 亿元。先后获得全国文明单位、全国模范劳动关系和谐企业、全国先进基层党组织、中国质量诚信企业等荣誉。

积极履行社会责任

公司致力于研制绿色环保、节能高效、优质可靠的轨道交通装备，在推进企业完成节能减排目标任务、保持良好经营效益、落实央企社会责任方面做出了积极贡献。近 3 年来，公司销售收入连续突破 200 亿元，带动了湖南省内 20 多个配套产业的成长和近 8 万人的就业。

周清和将“大安全”观念贯穿经营管理全过程，将设备、产品、现场等物的因素当成生命来看待，打造安全型企业。近几年，株机公司无轻伤以上安全事故发生。周清和积极推进社区棚户区改造，为新进大学生和住房困难户提供经济适用房；完成田心社区医院的移交，实现田心医保卡与市医保卡接轨；大力提升田心社区的环境质量，为社区增加文体设施和休闲娱乐场所，美化、亮化社区道路，规范公共区域管理。

莆田市永丰鞋业有限公司总经理

林建肯

林建肯：男，49 岁，福建莆田市永丰鞋业有限公司总经理，莆田市劳模、莆田市人大代表、莆田市十大经济人物，公司年产出口数量 6000 万双，位列全国第一，是世界百强企业沃尔玛最大的供应商。

创业十几年来，他秉持“以人才为企业发展之根本、以科技为企业发展之基础、以质量为企业发展之保证、以市场为企业发展之导向”的经营理念，坚持打造专业化规模发展的现代鞋企这一发展目标，先后成立 6 个研发团队，每年投入研发费用近千万元，用于科技创新，改造设备、升级技术及后续研发力度的持续加强，加快了完整的产业链转型升级，提升了产品竞争力。在当前实体经济低迷，实体经济下行压力巨大的形势下，他决定启动“科技创新 · 机器换人”发展计划。2015 年年底，公司营业收入已达 22.4 亿元，利润总额达 1.1 亿元，缴纳税收超 5000 万元，鞋业出口数量继续位列全省第一。

永丰鞋业　勇攀高峰

林建肯秉持“以人才为企业发展之根本、以科技为企业发展之基础、以质量为企业发展之保证、以市场为企业发展之导向”的经营理念，坚持“打造专业化规模发展的现代鞋企”这一发展目标，领导公司致力于具有自主知识产权的鞋材、辅料及制鞋核心技术的研发应用，同时，他高度重视公司的业务拓展，带领公司进行产业链延伸发展，形成从外贸鞋业加工向纺织加工、纸业包装生产、鞋革加工同步并行的产业发展模式。企业重组并购上扬纸业公司、圣威尔体育用品公司、恒昌鞋材公司，新建新永丰鞋业公司，永丰鞋业有限公司（平海分公司），从而延伸企业价值链和产业链。

狠抓技术管理创新　助推企业加速发展

一是完善公司技术创新体系。公司建有自主研发中心 1 个，拥有由国内外知名专家领衔的专业研发团队 6 支，有效实现了成本控制、周期缩短、效率提升，市场竞争力日趋增强。二是加大科技创新投入。公司十分重视与行业前沿技术和新兴市场需求的对接，以现代化、自动化的生产设备推促传统制造业发展、以产业转型升级推动公司提档升级、以技术进步和劳动力素质提升推动工业发展方式转变。2015 年，公司正式启动“科技创新 · 机器换人”发展计划，在 2015 年年底之前投资 2000 多万元，并加快完成产业转型升级。经过不懈努力，永丰鞋业有限公司在行业上实现了由鞋业制造向鞋业研发的转变，公司已加快进军国际市场，实现产品市场、技术市场、资本市场与国际全方位接轨的步伐。

林建肯认为提升企业竞争力的根本问题是管理问题。他通过“塑造企业文化”“强化团队建设”“提升管理能力”“完善风险管控”以及“规范岗位流程”等创新模式，全方位、高标准地规范全体员工的思想和工作行为。一是在企业内部塑造了“全员参与，强化管理，精益求精，铸造精品”的企业文化精神，形成上下合力、共谋发展的良好局面。二是公司以员工需求为导向，倡导差异化培训和管理使用，健全激励约束机制，拓展职业发展通道。三是提高管理层的决策能力、管理能力以及执行能力，在对下属企业的管理中，强化扶持、服务和监管力度。四是完善以成本控制为核心，以资金管理为抓手，以财务监督、多元化融资为保障的风险管控体系，保证企业健康、可持续的发展。五是企业内部通过岗位工作标准化、定量化的管理实现管理成本的减负。

10 多年来，林建肯带领全体员工艰苦创业，使企业得到了飞速发展。永丰鞋业有限公司从 10 年前一家年产值不到 1000 万元的企业发展成拥有 5 家分公司、总资产超 5 亿元、旗下员工达 10000 多人的大企业。

公司主要从事欧美知名品牌运动鞋、注塑鞋，EVA 类拖鞋等鞋类的研发制造，设备先进，通过了 ISO 9001 质量体系认证、欧盟 BSCI 认证；为 WALMART、TARGET、TOMS、KMART、SEARS 等世界百强企业提供优质产品，是世界百强企业——沃尔玛最大的供应商，产品畅销 50 多个国家。截至 2015 年，公司总资产 5.8 亿元，营业收入 22.4 亿元，利润总额 1.1 亿元，净资产 5.1 亿元，上缴税收 5300 多万元。2014 年被中共莆田市委、莆田人民政府评为“纳税大户”；2009—2013 年连续被评为“莆田市荔城区纳税大户一等奖”；2014 年被中共荔城区委、荔城区人民政府评为纳税大户特等奖。

承担企业社会责任　积极投身公益事业

林建肯坚信只有遵纪守法诚信经营理念，企业才能可持续健康发展。公司倡导企业决策者要建立法治意识，不断提高依法决策、依法治企的能力和水平，公司在员工中深入开展了法律知识和诚信教育，促推企业全体员工争做社会主义道德的示范者、诚信风尚的引领者、公平正义的维护者。公司始终把企业信誉建设摆在首位，在商业活动中坚持“诚信为本”。

公司依法建立严格、完整、系统的财会管理制度，坚持以市场为中心，把客户是否满意作为衡量企业工作的唯一标准。2013 年被中华全国总工会授予“工人先锋号”称号。2015 年被评为“福建省重质量守信誉优秀单位”。

公司大力推广节能、环保、高效的新工艺、新设备、新技术和新理念，在增加企业经济效益的同时，兼顾社会效益的提升，切实做到绿色发展，循环发展，低碳发展。公司深入开展生态文明宣传工作，提高企业员工生态环境的忧患意识和主体意识，进一步提升生态文明的认知水平。以企业对外服务为窗口，传播生态文明建设的正能量，在完成企业社会职能的同时，利用自身对公众的影响力为区域生态文明共建做出贡献。

公司将为社会创造就业机会当成企业的社会职责，带动更多劳动力就业，实现更多家庭收入增加，从而拉动当地经济发展。近 5 年，企业员工人数逐年增加，从 0.78 万人增加至近 1.1 万人，增长近 41.0%。

公司一直严格遵守劳动保障法律法规，努力构建和谐稳定的劳动关系。建立健全劳动合同制度，依法保护广大职工的合法权益；针对各部门、各工种、各岗位不同特点，制定科学的薪酬分配；工资每月按时发放，从未出现拖欠现象，并为加班员工安排调休或轮休，保证员工劳逸结合；足额缴纳基本养老保险费、工伤保险，失业保险，意外伤害保险等，为职工的正常工作和生活提供了有力的保障；加强法制宣传教育力度，强化员工依法维护自身权益的意识；建立劳动争议调解制度，及时做好劳动争议的预测、预警、预报和调解工作，从而构建和谐的劳动关系。2010 年荣获“福建省劳动关系和谐企业”称号。

作为一名企业家，林建肯把企业发展的最高目标定位于“报效国家、奉献社会”，坚信“人的价值通过贡献来体现”的信念，在发展企业的同时，积极投身慈善公益事业。多年累计捐赠物资 500 多万元，积极致力于助学、扶残、救灾、济困等公益活动，树立了良好的公司形象和社会信誉。2015 年 12 月 3 日，公司捐赠荔城区助残资金 100 万元并向肢体重度残疾人捐赠 80 部轮椅的善举引起了重大的社会反响，引领了社会各界热心公益的风气。公司先后获得“莆田市第十二届文明单位”“梦圆 2013 捐资助学公益活动爱心单位”等荣誉称号。

新疆金风科技股份有限公司董事长

武　钢

武钢：男，57 岁，教授级高工，全国人大代表，中国资源综合利用协会可再生能源专业委员会副主任委员，享受国务院特殊津贴专家，全国劳动模范，现任金风科技公司党委书记、董事长。

公司成立 18 年来，他立足大理念，坚持大发展，团结全体员工，踏踏实实的创新、进取，成为国内风力发电机组制造行业优秀的系统开发和集成商及国内行业领先企业。他以超前的理念、成功收购国外优秀企业，拥有完全自主知识产权的直驱永磁技术优势，开发形成了适用于高低温、高海拔、低风速、沿海等不同运行环境的 7 大系列风力发电机组，成立了 5 个海外子公司和 6 个海外办事处，产品销往全国 23 个省份，出口 6 大洲 17 个国家，全球装机超过 20415 台，连续 5 年保持国内市场占有率第一，成为国内最大的风电整体解决方案提供商。

追风的人

武钢，中国资源综合利用协会可再生能源专业委员会副主任委员；享受国务院特殊津贴专家。工作32年来，武钢始终以党和人民的利益为重，一步一个脚印，取得了一个又一个辉煌的成绩。2004年2月入围“新世纪百万人才工程”国家级人选；2004年7月获国家水利部“水利青年科技英才”奖；2006年11月6日荣获2006年度世界风能协会荣誉奖；2008年作为奥运火炬手，还作为新能源代表在北京天安门受阅；2009年12月2日，中国能源环境科技协会授予武钢中国能源科技进步杰出贡献个人，同年获自治区优秀企业家;2010年全国总工会授予武钢“2010年度全国劳动模范”光荣称号；2015年10月26—28日，在以色列耶路撒冷举行的第十四届世界风能大会上，武钢当选WWEA副主席，成为理事会中的首位中国企业家。

填补国内风力发电行业多项空白

武钢多年耕耘在生产和科研第一线，为中国风电发展做出卓越贡献。1999年12月，他所承担的国家科委“九五”重点攻关项目“600千瓦国产化风力发电机研制”，通过国家科委鉴定验收，填补了国内空白，属国内领先水平。该项目先后荣获自治区科技进步一等奖、国家优秀科技进步奖、国家科学技术进步二等奖。2004年获自治区机电行业技术创新贡献奖特等奖。他率先提出在全国范围内实行专业化协作模式，用创新精神探索风电产业的发展，把科研与商业运作有机结合起来，实现了风机国产化，使风电技术在市场上不断发展。在公司管理实践过程中，武钢努力摸索，科学管理、勇于创新、不断建立健全现代企业管理制度，培养出一批优秀的企业管理人才和技术人才，使企业高速发展。他立足大理念，坚持大发展，确定了“积极开拓国际市场，成为国内风力发电机组制造行业优秀的系统开发和集成商及国内行业领先企业”的发展战略；凭借国家政策的大力扶持，坚持开放的企业文化和以人为本的机制，取得了连续15年超过100%增长的市场业绩，连续5年保持国内市场占有率第一，世界排名第二、目前已成为国内最大的风力发电机组整机制造商。

2002年，武钢承担国家863计划课题，自主开发MW级失速型风力发电机组及关键零部件，2005年，具有世界先进水平的第一台兆瓦风力直驱型发电机组在达坂城风电场投入运行，并通过国家科技部组织专家评审验收。武钢刻苦钻研，攻坚克难，从最初引进国外技术到现在充分消化并创新关键核心技术，引导开发了超低风速、高海拔系列化机组；低温低风速兆瓦级直驱永磁系列新产品；搭载智能场群协调控制系统的1.5VP产品等，实现了智能制造及服务模式布局；建立开放的研发平台，鼓励智能技术创新成果的应用，推进新一代信息技术风电制造业的推广普及。

2008年，武钢带领金风团队成功收购具有18年直驱技术研发经验的德国Vensys AG70.0%的股份，拥有了完全自主知识产权的直驱永磁技术，实现了金风科技核心技术的关键跨越，相继建立了国内外五个研发基地，拥有一支1000余人，来自不同国家的研发队伍，开发出600千兆、750千兆、1.2兆瓦、1.5兆瓦、2.5兆瓦、3兆瓦、6兆瓦的风电机组。2011年2.5兆瓦直驱永磁风力发电机组获国家能源科技进步奖一等奖，公司也凭借先进的生产技术获得2013年度全球新能源世界500强，武钢获得“2013全球新能源商业领袖”奖。

管理创新　开拓进取

在推动企业现代化进程中，武钢率先提出在全国范围内实行专业化协作模式，自主创新探索风电产业发展，把科研与商业运作有机结合起来，实现风机国产化并在市场中使风电技术得到不断发展；在公司定位方面，创造性地提出成为全球风电整体解决方案的领先供应商，瞄准和把握风能产业未来发展趋势，开拓性提出了对储能技术、智能电网、分布式发电、风能海水淡化、风光互补等风能高级应用的积极探索。他始终坚持推进风电产业信息化与工业化融合，通过智能制造技术的发展，提高风电制造业创新能力和附加值，实现自动、柔性和敏捷制造目标，提升传统制造水平；利用智能风机和智慧风场管理平台，结合物联网、云计算技术，风场一切数据和运转情况全部实现远程监控；智能风机采用一体化的解决方案将所有的电气控制都由一体化的设计来完成，可以增加用户收益，提高可靠性和可用率、增加电量产出，降低成本。

武钢一直将“走出去”作为金风科技的长期企业战略，2008 年成功并购德国 Vensys AG70.0% 的股份后，陆续在美国、澳大利亚和非洲等重点市场设立公司，海外拓展稳步推进，成为中国风电企业“走出去”的标杆。迄今为止，金风科技已在海外六大洲十七个国家成立了十多家分子公司，实现了品牌走出去，产品走出去，资本走出去，技术走出去，管理走出去。2011 年 5 月 23 日，金风科技盛装亮相在美国举办的 2011 国际风能大会暨展览会，被国外同行评论为最具“国际化”风范的中国风电企业。金风科技以产品和技术国际化；市场国际化，人力资源国际化，资本国际化四个维度，努力实现“世界的金风”的愿景。

做有责任的企业带头人

多年来，金风科技通过在疆内外大量投资及带动产业集群建设，有力推动着地方增长方式的转变和跨越式发展，并为社会提供了大量就业岗位和税收。在武钢的号召和影响下，金风科技及员工多次捐款捐物用于灾区重建、贫困地区救助。武钢十分关注教育事业，积极募捐善款用于新疆地区教育事业的发展；与全国 24 所院校联合办学，开设风电工程教育课程；在青少年中积极推广可持续发展理念。发展绿色经济，促进清洁能源的发展和环境保护一直是金风追求的目标，截至 2015 年 9 月，金风科技在全球累计装机台数超过 19000 台，装机容量超过 24000 兆瓦，社会、经济和环境效益显著。武钢十分注重企业文化建设，他认为：只有用先进企业文化理念管理的企业，才能真正凸显企业的核心价值，塑造整体企业品牌，凝聚品牌的忠诚合力，实现品牌的持续提升。武钢始终把关心员工放在第一位，他积极提倡开展体育活动，主张用高雅干净的音乐来陶冶情操，提升素质增强团队的凝聚力。

武华太

武华太：男，56岁，教授级高工，山西焦煤集团公司董事长、党委书记。

自任职以来，他强化全面对标管理、全面预算管理和全面风险防控，产品成本明显下降，管理质量进一步提升。企业发展方面，狠抓重点工程项目建设，企业的规模实力明显提升，原煤产量保持年产亿吨以上，销售收入和资产总额突破2500亿元，保持山西百强企业榜首地位，位居2015年世界500强企业第264位。他坚持以市场为中心不断创新营销工作，深入实施“五保”营销策略，坚持煤焦联动、销贸一体，逆势实现了产运销基本平衡。他坚定践行“奉献社会、造福员工”办企宗旨，持续不断改善民生，积极推进保障性住房建设，努力确保职工工资的基本稳定和正常发放，按时足额缴纳社保基金并加大提取使用力度，强化对困难职工的帮扶。

做强主业　创新促发展

武华太自任现职以来，认真落实上级各项工作部署，紧密结合企业实际，科学研判，审时度势，全面统筹谋划企业发展战略规划，不断提升企业技术创新、经营管理、企业文化建设等水平。武华太曾先后荣获山西省杰出企业家、山西省五一劳动奖章等。

全面建设创新型企业

武华太坚信战略规划是企业的发展方向，在深入调研和科学研判的基础上，制定了企业未来几年的“11236”发展战略和目标。“1”即坚持“以煤为基、多元发展”的发展路径；“1”即实施“做大做强焦煤主业，加快推进转型升级，大力发展循环经济，开放合作五大领域”一个转型战略；“2”即坚守“安全生产”和“经济稳定运行”两条发展底线；“3”即提升“基层建设、基础管理、基本素质”三基工作水平；“6”即先行快速推进古交、兴县、临县、古县四个“煤电材”和洪洞“煤焦化”、运城“无机盐”六大循环经济园区的建设。他根据企业发展战略修订完善形成企业五年滚动发展规划，在此基础上，制订年度具体行动计划，具体指导企业各项工作的开展。武华太坚持“科技兴企”战略，加快推进山西焦煤低碳技术研发中心建立，紧紧围绕煤炭的安全绿色生产和清洁高效利用，对事关企业长远发展的关键性技术组织专项科研攻关，一批促进企业清洁低碳、生态环保发展的新技术得到推广使用。武华太主动适应经济新常态和煤炭市场新格局，全面实施降本、提质、增效策略，建立矿井、洗选、焦化、电力等九大领域对标体系；深化全面预算管理，调整优化融资结构，进一步规范交通补贴费用，集团领导带头降薪；全力降低人力成本，大力推进富余人员转岗分流安置；全面推进减亏增效，制定针对性措施止亏减亏扭亏；全面推进企业内控体系建设，相继出台销贸板块经营风险控制管理、重大经营决策合法性审查等办法。

武华太坚持走“大集团”发展道路，努力传播“焦煤一家”的发展理念，不断强化文化传播、文化落地、文化评价等重点工作；加强文化平台建设，强化形势任务宣传教育，发挥榜样带动作用；切实加强以形象文化、制度文化建设为重点的企业文化体系建设，逐步形成“文化管企”的氛围。武华太坚持“人才立企”，着力强化管理、技术、操作三支人才队伍建设，切实提升管理人员岗位履职能力、技术人员科技研发能力和操作人员的实操培训；进一步匡正用人风气，坚持新时期好干部标准，让真正能干事、想干事、干成事的领导干部在重要岗位上发挥作用；坚持以身作则，用自己的实际行动和过硬作风，努力践行“三严三实”，努力做到“守正出新”，谋划开展好企业各项工作。

企业发展成效显著

武华太抢抓发展机遇，以重点工程项目建设为抓手，全面增强企业发展动力，推进企业规模实力提升。两年来，重点工程项目投资200亿元以上，一批重大项目进展顺利；全面强化项目管理，切实提升发展质量。两年来，企业的规模实力得到明显提升，原煤产量保持在年产亿吨以上，精煤产量接近5000万吨，焦炭产量突破1000万吨，位居2015年世界500强第264位。武华太树立以市场和客户为中心的营销理念，强化内部煤焦联动和销贸一体化发展；坚持一户一策，强化定制化生产、菜单式供应和点对点服务；集团领导带头加强市场走访，切实强化对市场的把握和对客户的服务，积极推进煤焦电子商务平台建设和焦煤期货业务的运作。

武华太牢固树立安全“红线”意识，按照“三必管”“党政同责、一岗双责、齐抓共管”原则，进一步明晰了各层级安全责任体系以及各级各类人员的安全岗位责任制；创造性开展并不断强化动态检查、五人小组、系统会诊、挂牌督导、专项整治、谈心对话、知责履责等措施，对重大隐患进行挂牌督办和整改销号；变追查事故为追查隐患，针对安全“短板”进行投入，确保不形成新的安全欠账。

武华太坚持新建、技改、重组、合作四轮驱动，以循环经济园区建设为抓手，围绕“焦化联营、煤电一体、煤机联合、物流贸易、新兴产业”五大领域开放合作做文章，全面推进企业的转型升级发展。积极推进现代农业和旅游业发展；大力发展瓦斯发电、光伏发电等项目，推进金融产业发展；充分利用内部市场和空间，推进节能环保产业和房地产产业的发展。武华太深入落实全面深化国企改革的要求，全面推进企业体制机制改革；引进外部管理咨询公司，对集团管控模式进一步优化，完善企业法人治理结构，突出总部五大中心职能作用发挥；按照省政府要求，制订信息公开实施方案；全面推进薪酬分配制度改革，积极推进机构改革；稳妥推进人事制度改革，实现信息化与制度化两化融合。

企业社会责任

武华太积极推进依法治企，实现各项决策和工作的制度化、规范化和程序化。从集团层面开始，实现责任到人，进一步强化制度的执行和落实；进一步健全依法决策机制，强化合法性审查把关，研究建立重大决策终身责任追究及责任倒查机制，加大对权力运行的监督。牢固树立“生态红线”意识，武华太进一步规范企业环境行为，健全完善了环保违法责任追究制，坚决杜绝较大环境污染事件发生。积极推进大气污染防治，按省政府要求进行集中供热改造和清洁能源替代；大力推广节能环保新技术、新工艺，提高煤矸石、粉煤灰、矿井水等大宗废弃资源和余热余气的再利用水平；积极推进生态复垦和荒山造林，促进了矿区的净化、绿化和美化。

武华太坚持民生优先，努力确保职工福利，为职工打造宜居环境；严格执行工资集体合同，按期足额缴纳职工各类社会保险，大力开展扶贫帮困和送温暖活动；把文明创建作为培育企业软实力的重要途径，大力弘扬社会主义核心价值观和“团结奉献、求实进取”的企业精神，深化党风廉政建设，健全完善社会稳定风险评估机制和矛盾纠纷预警处置机制，加强社会治安综合治理，巩固了企业平安和谐的环境氛围；在加快企业发展的同时，向矿区所在地贫困户无偿供应冬季取暖，研制高热量低污染的“绿炭”产品，两年投入 30 亿元以上资助产业扶贫开发兴县综合示范工程顺利落地。

中铁十五局集团有限公司董事长

武宪功

武宪功：男，51 岁，教授级高级工程师，现任中铁十五局集团有限公司董事长、党委书记。

上任以来，他提出了“深化改革，规范管理，苦练内功，提升品质，行稳致远，科学发展”的发展理念，大力深化企业改革、优化产业结构、完善规章制度、加强项目管控、提升企业效益，走出一条专业、高效、平稳发展的新路子。他坚持改革创新，在全集团范围内开展了以规范企业管理体制、经营机制、用人机制、经济运行规则为内容的全面改革，整肃和规范企业运行秩序。他倡导“经济效益永远第一”的管理思维，通过加强财务全面预算管理和共享中心流程卡控，企业经济状态得到质的提升。通过几年的积极运作与全体员工的共同努力，企业规模得到不断壮大，自主经营和管理能力得到快速提升。几年来累计承揽任务 1500 亿元，完成企业总产值 1016.9 亿元，企业的储备、后备能力和盈利能力不断增强。企业先后获得全国文明单位、全国五一劳动奖状。

宝剑锋从磨砺出　梅花香自苦寒来

武宪功团结带领广大职工，将十五局集团公司打造成了国内领先、国际知名的企业集团。先后荣获全国优秀施工企业、全国质量效益型现金企业、全国精神文明建设工作先进单位、中央企业先进集体、全国五一劳动奖状、国家级守合同重信用单位，连续14年荣获全国安康杯竞赛优胜企业，7次打破中国企业新记录。

信誉立企　诚信至上

上任伊始，武宪功响亮地提出“诚实做人、诚信经营”的根本经营理念，带领广大员工立足基础，苦练内功，重塑企业形象。主持重新修订集团公司发展战略与规划，系统推行管理规定200多项，进一步明晰了集团公司、工程公司专业定位和发展方向，打响了以规范企业管理体制、经营机制、用人机制、经济运行规则，不断提升企业信誉为内容的攻坚战。2014年铁路信用评价两次历史性地突破进入A类，公路、水利信用评价也均创历史最好水平，公路AA评价增至13个以上，水利信用评价连续3年均保持AAA级。集团公司始终保持“全国模范职工之家”荣誉，连续10年保持“全国守合同重信用企业”荣誉称号，连续14年荣获全国“安康杯”竞赛优胜奖。

勇于创新　深化改革　打造优势

武宪功把经营工作放在极端重要的位置，健全经营网络，加密经营布局，创新设立了10个全国性区域经营指挥部、1个海外工程指挥部和34个省市经营部，形成了覆盖全国的经营网络体系；他创新奖罚制度，充分挖掘全员积极性，为集团长远发展奠定了基础；他以身作则，敬业奉献，每年近300天在外跑市场，带动了集团经营承揽成效，每年均保持在400亿元以上。武宪功紧跟“一带一路”战略，在滚动发展我国澳门地区和坦桑尼亚、沙特三个既有市场的基础上，联合大企业集团开发南美和安哥拉两个新市场，同时加大政府合作框架下海外重大项目的追踪和运作力度，集团海外项目已经发展到11个，取得了历史性突破。

武宪功创新管理模式并迅速推广见效，制定出台了200多项规范性文件，及时考核奖罚兑现。集团公司首次成功申报并获得铁路、公路工程施工总承包特级，首次建立“财务共享中心”；先后涌现出了一大批效益好、质量优的工程项目。京沪高铁、南京长江隧道等荣获鲁班奖；深圳地铁2号线、邯郸东环路立交桥、武吉九岭山隧道、天津海滨大道子牙新河特大桥等获得国家优质工程奖……武宪功深入推进科技开发、工法研究、技术发明，培育科技创新人才，他专门设立了科技设计部，每年投入科技开发资金4亿元，进行产品自主研发和工艺优化创新。武宪功建立了创新科技奖罚机制，制定完善了选拔培养科技拔尖人才办法，打造了一支具备雄厚实力的专业研发队伍。集团公司技术中心升级为国家级技术中心，承担的科研项目——“绿色高性能混凝土材料性能和品质提升技术”成为国家科技支撑计划项目。集团公司获得国家科技进步奖3项，获评河南省高新技术企业、上海市高新技术企业。武宪功创新提出了“出资人认可、市场认可、群众认可、组织认可”的“四个认可”用人标准，使凭业绩选人用人成为常态。他打破常规，出台了《关于加强工程公司领导班子建设的决定》，真正实现了干部能上能下，能进能出。他首次实行劳务队伍许可证等一系列制度，定期对劳务队伍进行信用评级，实行优胜劣汰。在优秀大学生培养上，他聘请人才测试专家开展人才测评，为人才成长进步创造了良好环境。

武宪功2013年在全集团全面实施了组织再造、机制再造、流程再造，建立了集团公司以揽为主兼管干，工程公司以干促揽、滚动发展的管理体制，有效地提升了机关的统筹能力和服务水准。武宪功构建了工程公司、区域性经营指挥部、工程项目部三大主要考核单元，形成了责权明晰、精干高效、监管有力的管理体系；建立健全了以合同为纽带、以目标责任书为抓手、以绩效考核为重点的经济管理运行体系；在不增加成本的基础上，将企业薪酬体系改革为基本薪酬和绩效薪酬并举，构建了三个要素两级考核的薪酬体系，薪酬管理更加规范。

集团以工程承包板块为核心，完善产业链条，勘察设计板块、资本经营板块、运营维护板块、物流贸易板块、房地产板块、工业制造板块、海外板块，目前共有在建项目206个，合同总额630.77亿元。集团通过重组、调整、优化，积极培育工程公司专业化优势，强力打造专业化工程公司，获得了铁路电务工程专业承包一级资质、公路工程施工总承包特级资质、公路行业设计甲级资质，企业竞争优势更加明显。同时，变革工程公司对项目的组织管控模式，撤销了工程公司所属分公司，由工程公司按照“法人管项目”模式对项目进行管理；集团公司在任务承揽与分配上有方向地引导工程公司走专业化发展道路，逐渐实现做强做优目标。

2014 年 11 月，集团机关总部从河南洛阳迁到上海，使企业零距离贴近中国经济最发达、基础设施容量最大的长三角地区，对企业告别人才引进的地域瓶颈、加快摆脱困境实现跨越式发展有着重大而深远的意义。

以人为本　和谐建企　积极承担社会责任

武宪功把和谐建企放在突出位置，大力支持工会、共青团开展工作，投入资金用于“送温暖”“三不让”“建线建家”等活动的深入开展，并带领班子成员与困难职工结对帮扶。他积极倡导并履行企业社会责任，集团公司参加了“希望工程”“春蕾行动”“母亲水窖”以及对外捐赠等公益活动，对外捐赠额达500多万元；自行设计开展了“杨金山爱心团队”和以“走近你，温暖我”为主题的献爱心活动、“保护三江源从我做起”青年志愿者等各种社会公益活动；成立节能减排领导小组，推广高效节能低碳技术和产品，倡导勤俭节约的生产方式、消费模式和生活习惯；每年开展校园招聘，积极增加社会就业；积极为农民工创造就业岗位，每年带动 30 万农民工就业，为缓解社会就业压力做出了积极贡献；主动请缨，积极参加深圳“12・20”山体滑坡、抗洪抢险等突发事故的救援处理，组织人、财、物等不计成本抢救被困人员，充分展示了央企敢于担当、勇于奉献的良好形象。

东风实业有限公司总经理

罗元红

罗元红：男，1961 年出生，湖北枣阳人，在职研究生学历，高级经济师，东风实业有限公司总经理兼东风特种商用车有限公司总经理，湖北省人大代表。

公司作为东风汽车公司的厂办大集体企业，发展举步维艰，长期亏损且发展前景不明朗，在实业公司生死存亡的关键时刻，他接任公司总经理，他带领全体员工克服了历史包袱沉重、新旧矛盾交织、资源严重匮乏、企业大面积亏损、稳定压力增大等一系列困难，解放思想、激情奋进、倍道兼行，打破一厂一策、分兵突围、谋求生存的原有模式，由“游击队”式的“散打”向“集团军”分兵种按“战略地图”作战转型，上任第二年实现扭亏为盈后连续 5 年实现盈利性跨越式增长。

2014 年 10 月东风汽车公司成立东风特种商用车有限公司，总经理由他兼任，经济型商用车、专用车、客车、驾驶室整体划入东风特商，2015 年开局之年实现整车销售 39402 辆，专用车销售 21500 辆，实现销售收入 80.5 亿元。

激情奋进　倍道兼行　谱写企业改革发展新篇章

罗元红带领东风实业有限公司（简称“实业公司”）荣获2013年东风汽车公司管理现代化创新成果二等奖、2014年东风汽车公司管理提升优秀单位、2015年度湖北省优秀企业（金鹤奖）。个人荣获2011年、2012年东风汽车公司优秀经营管理者、湖北省经济建设领军人物、第十七届、十九届湖北省优秀企业家（金牛奖）、湖北省劳动模范、十堰市有突出贡献专家（英才奖）。2013年1月被选为湖北省人大代表，2013年7月，经考核被评为东风汽车公司2010—2012年度优秀高级管理人员。

迎难而上　浴火重生

实业公司基础薄弱，发展艰难。2006—2009年更是跌入低谷期，连续4年亏损。长期亏损且发展前景不明朗，14000多名员工收入长期偏低且与东风汽车公司兄弟板块差距逐年增大，让实业公司成为一个影响十堰市和东风汽车公司和谐的“潜在风险”。

在实业公司生死存亡的关键时刻，时任公司常务副总经理的罗元红接任公司总经理。面对严峻形势，他带领全体员工克服了历史包袱沉重、新旧矛盾交织、资源严重匮乏、企业大面积亏损等一系列困难，解放思想、激情奋进、倍道兼行。上任第二年实现扭亏为盈后连续5年实现盈利性跨越式增长，连续5年高质量达成东风汽车公司下达的KPI。2014年10月东风汽车公司成立东风特种商用车有限公司，总经理由罗元红兼任，经济型商用车、专用车、客车、驾驶室整体划入东风特商，2015年开局之年实现整车销售39402辆，专用车销售21500辆，实现销售收入80.5亿元。

带领企业全面进步

5年来，实业公司在罗元红的带领下走出困境，实现了良性发展；新事业快速推进，实现了持续发展；员工队伍积极向上，实现了和谐发展。

上任伊始，罗元红就深刻认识到明晰发展战略、找准战略定位是企业健康可持续发展的当务之急。为此，罗元红提出了“两轮驱动”的发展战略，明确了“整车带动零部件发展，零部件促进整车做优做强”的事业布局；构建了经济型商用车、专用车、客车、特种车全系列整车平台，积极争取在东风汽车公司建设“三个东风”的整体战略中通过“差异化、特色化”赢得发展机遇；战略性收缩部分低端市场、拓展具有发展前景和具有比较优势的潜力市场，坚持乘商并举，加快向乘用车配套转变，形成了以车身部件、底盘部件、发动机部件、汽车电器、橡塑制品为核心的五大类零部件产品谱系。通过坚定不移地推进上述战略方针，实业公司一举扭转了多年来的亏损局面，在保持持续盈利的同时，销售收入实现“五连增”，年均增幅7.44%，步入了发展的快车道，净资产保值增值率为110%。

罗元红通过积极主动与国资委、人社部等国家相关部委及东风汽车公司总部、十堰市政府多方沟通，实业公司厂办大集体改革方案于2014年得到批准。2015年改革进入实施阶段，战略型资源整车“4+1”（经济型商用车、专用车、客车及驾驶室）平稳划入东风特种商用车有限公司；实业公司内部重组、混合所有制改造和关闭退出企业共13家；推进大集体改制人员安置工作共计分流减员5750人，厂办大集体改革将在2016年全面完成。在罗元红的大力推动下，在成功与美国李尔、德国采埃孚、韩国三立合资合作的基础上，企业又先后实现与美国康明斯、日本东海理化、天汽模、浙江银轮等9家国内外知名企业合资合作，2015年合资公司销售收入占比超过60.0%。

5年来，罗元红坚持加大科技投入，大力实施重大科技攻关，累计投入近10亿元；科技创新成果丰硕，“东密”“正翔”“赛斯”“盖特”等一批湖北省著名商标广泛获得认可。罗元红带领两级领导班子加快产品结构、市场结构和业务结构调整。整车突出差异化，零部件业务加快产品技术升级和装备升级，乘用车零部件配套实现质的突破，乘用车零部件与商用车零部件结构比日趋合理。在巩固提升与东风内部板块配套关系的同时，积极开拓非东风市场，先后开发了一汽、重汽、北汽、长安、金龙、广汽、玉柴等客户。按照“突出主业、相关多元”的发展战略，企业产业布局由单一汽车零部件经营向环保领域延伸，环保业务由医疗废弃物拓宽到餐厨垃圾和工业废弃物的处置，积极参与“南水北调”水源区环境治理，打造循环经济产业园。5年来，罗元红一直着力于解决大集体企业工业布局“散、乱、差”的问题，坚定“企业集中、产业聚集”的发展战略，集中优势资源加快业务升级，持续导入管理新工具，实现全范围覆盖，全过程渗透，全价值链改善，管理的效率和效益日益显现。

罗元红注重构建良好企业文化，传承东风“和”文化基因，形成了“激情挑战、追求卓越”的干事创业氛围。罗元红始终坚持服务东风的大局观，以高度的使命感积极主动地履行社会责任。他坚定不移地承担职工子女家属就业、工厂建设占地招工的安置任务，以强烈的责任感承担“稳定是第一责任”的历史使命；实施工资集体协商制度，构建了工资正常增长机制；筹集6900多万元资金，彻底解决“五险两金”长期拖欠问题，全员加入特困医疗救助和企业年金计划；加大困难员工帮扶，主动参与“东风化雨　润泽四方”社会公益活动；承担东风“碳平衡”生态林十堰基地项目；投资援建十堰市花果街办上河村“东风实业希望小学”。

肩负“打造东风商用车第三极、创建东风商用车新品牌、成为东风专用车主力军”的新使命，2014年10月罗元红兼任东风特种商用车有限公司总经理以来，带领广大干部职工定战略，强管理，推新品，保增长，促改革，增协同，抓党建，实现特种商用车事业稳健开局。在中国人民抗日战争暨世界反法西斯战争胜利70周年大阅兵活动中，完成了87台猛士装备“零误差、零失误、零故障”顺利通过天安门的受阅任务。响应中央绿色发展的精神，向新能源事业转型升级，目前纯电动汽车已发布整车公告34个、底盘公告13个及免征公告14个，形成了纯电动汽车的研发制造能力，并实现批量生产和销售。特种商用车公司2015年实现整车销售39402辆，专用车销售21500辆，实现销售收入80.5亿元。

江苏新海石化有限公司董事长、总经理、党委书记

范建民

范建民：男，49岁，高级经济师，新海石化党委书记兼总经理，后又任新海石化董事长、总经理、党委书记。江苏省山东商会会长，连云港市工商联合会副会长。

2007他辞去县委宣传部副部长开始创业生涯，加入山东东明石化集团，来到连云港筹备建设江苏新海石化有限公司，呕心沥血，日夜操劳，一期工程2008年10月正式投产，填补了连云港市无石化企业的行业空白。2010年10月，新海石化二期工程实现生产运营，同年即成长为江苏省百强民营企业、江苏省百亿规模企业。任职以来，他率领新海石化经过几年的实践，新海石化走出了一条“安全新海、效益新海、绿色新海、和谐新海、形象新海”的发展之路，逐渐成为同行业的佼佼者，规模越来越大。2010—2015年，新海石化连续6年入围全国民营企业500强，2015年，位列中国民营企业500强第178位，位列中国民营企业制造业500强第107位，中国化工企业500强第38位，荣获全国五一劳动奖状。

九年一梦　用真情打造一流石化企业

“我们一定要把公司打造成一个社会认可、政府青睐、股东满意、员工自豪、客户赞佩的大型现代化能源化工企业集团”，这是范建民的履职心语，更是他的责任宣言。自 2007 年进入企业高管团队，9 年来，他用不变的真情，坚韧的毅力、务实的作风，带领全体员工攻坚克难，不断将企业发展推向新的高峰。

艰苦创业　辛勤付出结硕果

2007 年 3 月，范建民加入山东东明石化集团“走出去”战略先锋队，到连云港市赣榆区柘汪临港产业区，筹备建设江苏新海石化有限公司（简称“新海石化”）。面对无工业用水、无工业用电、无工业用气的“三无”荒地，先锋队以“三个没有、三个打破”迎接各种困难和挑战，他们没有节假日、没有礼拜天、没有探亲假；也打破了白天黑夜的界限、打破了一天工作八小时的界限，打破了一天三顿饭的界限。范建民身兼数职，带病超负荷工作，始终坚持“要求别人做到的自己首先做到”。在创业团队的辛勤付出下，新海石化一期工程 2008 年 10 月正式投产，一举填补连云港市无石化企业的行业空白。2010 年 10 月，新海石化二期工程实现生产运营，当年即成长为江苏省百强民营企业、江苏省百亿规模企业。

范建民率领新海石化领导班子，围绕安全、生产、质量、环保、项目建设等核心目标，以科学发展为指导，深化管理，安全生产，稳健经营，生产规模逐步扩大，销售收入逐年迈上新台阶，走出了一条“安全新海、效益新海、绿色新海、和谐新海、形象新海”的发展之路，成为同行业的佼佼者。2012 年，新海石化实现销售收入 157 亿元。2013 年 6 月，三期项目建成投产，当年实现销售收入 203 亿元。2014 年，实现销售收入 241 亿元。

2010—2015 年，新海石化连续 6 年入围中国民营企业 500 强，相继荣获“全国五一劳动奖状”“全国石油和化学工业先进集体”“中国民营石油和化工优秀创新企业”“首批中国绿色新标杆品牌企业”“中国民营企业十大碧水环保先锋”“AAA 级资信企业”等多项荣誉称号。

范建民是江苏省第十二届人大代表、江苏省第十届工商联合会常委、江苏省山东商会会长等职务；荣获“江苏省优秀中国特色社会主义事业建设者”“江苏省第四届优秀企业家”等多项荣誉称号。

技术领先　以优质产品抢占高端市场

面对产能过剩、油品质量升级等多重压力，范建民组织领导班子分析市场，研究对策，提出了“加快企业转型升级步伐，推动企业由资本密集型向技术密集型企业转变，依托先进的生产工艺技术，生产优质产品抢占高端市场”的发展路线。二期项目的 120 万吨 / 年重油制烯烃装置，引进中石化洛阳设计院国内第一套 FDFCC- Ⅲ专利技术的装置；100 万吨 / 年汽油加氢装置是采用抚顺石油研究院的先进工艺技术；三期项目 80 万吨 / 年柴油加氢改质装置采用了国际最先进的美国雅宝柴油加氢改质工艺包和催化剂，可将原料预处理装置和催化装置生产的半成品一次性加工成高品质清洁柴油。2014 年，新海石化投入 3.2 亿元对三套加氢装置进行了技术改造，提前 3 年完成了汽、柴油质量升级工作，其国Ⅴ系列产品畅销山东、江苏、浙江、安徽以及长江沿江一带。

精细管理　打造现代高效企业

新海石化在加快转型升级的过程中，坚定不移地推行标准化精细管理，对产品质量、职业健康安全、环境、能源等实施标准化建设；加强信息化管理系统建设，将相关业务管理进行有效连接，提高了业务运转效率。2012 年，被江苏省经信委评为“江苏省第一批两化融合示范企业”。

在范建民的倡导下，新海石化深入开展“学齐鲁，管理提升”活动，结合公司实际，实施“三台阶”目标管理，积极推进企业管理创新工作。

节能减排 走绿色发展之路

新海石化重点从能源系统优化、生产用水回收利用等方面着手，循环利用有限资源，降低装置能耗。近年来，累计能耗低于装置能耗设计值，低于同行业同类装置的能耗指标。在减排方面，先后投入 4.2 亿元建设了多套环保装置，废水、废气排放均达到或优于国家排放标准、固体废弃物均得到妥善处理。2015 年，投入 7000 万元建设了催化烟气脱硫除尘系统，推动了环保工作再上新台阶。

关爱员工 构建和谐企业文化

范建民以品德凝聚人心，以行动感化员工，“勤奋工作，率先垂范”，他倡导企业与员工共同成长，把“以人为本”作为工作的出发点，出台了许多关爱员工的工作措施。

新海石化借鉴国企管理的一些好做法，成立了党委、团委，健全了工会等群团组织，构建了和谐的劳动关系；建立了“面对面、心连心”帮扶疏导体系，让员工生活开心、工作顺心；还定期举办多种文体娱乐活动，培养员工团队精神和集体荣誉感；以《心海》报和内部网站为载体，宣贯管理思想、展现员工风采，增进员工交流，丰富员工文化生活，培育优良企业文化。

范建民把“感恩”作为新海石化核心价值观的重要内容，积极投身社会公益事业。近年来，先后拿出 3200 余万元修建产业区道路和花园，捐资助学，资助灾区，慰问敬老院，捐助见义勇为基金，力所能及地履行社会责任，受到了当地政府及社会各界的一致好评。

福建省金纶高纤股份有限公司董事长

郑宝佑

郑宝佑：男，66岁，高级经济师，福建省金纶高纤股份有限公司董事长。

自2014年以来，郑宝佑积极发挥龙头企业的引领作用，召集有经营往来的300余家上下游企业共商在困难时期增强信心，抱团取暖，形成新一轮产业链条，还邀请政府以及20家金融部门与企业联动，同时，又以人大代表的身份，对纺织行业的运行状况做深入调研，将当前企业、尤其是纺织企业存在的问题和遇到的困难，多次向省委书记、常务副省长、福州市长等领导作了客观汇报，力陈对面临严峻形势下的企业要“挽狂澜于既倒”必须由政府与金融等部门联手企业共同应对，在经济不景气的状况下，他坚持在生产经营上注重社会效果，淡化利润追求，以自己的生产来促进社会经济平稳运行，从而维护了社会和谐稳定，2015年他领导的金纶高纤股份有限公司产值仍然保持在140亿元。他还坚持让利共赢，在资金的流通上给中小企业更大的便利，帮助提携下游中下企业共渡难关，在众多企业中起到了表率与引领作用。

推动行业发展　促进社会和谐

郑宝佑全面贯彻党委和政府的部署，围绕中心，服务大局，主动适应经济发展新常态，利用自己长期坚持在经济运行第一线的有利条件，积极为党委、政府宏观调控献计献策，以绵薄之力聚集地方积极因素，促进福州地区经济向良性发展、可持续发展，取得成效。

深入调研　为政府部门献计献策

近两年来，社会经济呈下行态势。长乐是纺织业集中区，有纺织企业数百家，整个社会的经济走势与每一个企业休戚相关，下行态势已经影响到个别企业，生产经营难以为继。郑宝佑经营的公司是长乐地区产能最大的纺织上游企业，他又是福州市人大代表，因此他对社会经济形势全身心关注，并竭尽全力作深入的调研。在省委书记尤权召集全省 10 大企业座谈，以及省委常委、常务副省长张志南、福州市市长杨益民等领导分别来航调研时，他都客观汇报当前社会经济运行过程中存在的问题和企业遇到的困难，力陈面临严峻形势下的企业要"挽狂澜于既倒"必须由政府、金融等部门与企业联手应对，尤其要金融部门调整服务策略，化解企业风险。在他和诸多大型企业负责人再三呼吁、建议与请求下，福建省人民政府于 2015 年 7 月 31 日发出《福建省人民政府关于进一步加强金融服务加快化解企业信贷风险十条措施的通知》内部明电，随之，福州市也于 9 月 30 日作出了《福州市人民政府关于金融支持长乐纺织行业发展的八条措施的批复》。新政策的出台，加大了对企业生产经营的支持力度，无疑给长乐及周边纺织企业注入了生机，使整个经济运行有了新的转机。

凝聚同仁　为经济发展尽心尽力

与金纶高纤公司经营往来的企业有三、四百家。在整个经济形势还不尽如人意的情况下，作为龙头企业的负责人，作为人大代表，他始终认为自己有责任联络广大企业同仁，共商在困难时期如何应对，抱团取暖，增强发展信心。于是，在纪念金纶高纤公司开工十周年之日，他召集一场有近 300 家企业参加的大型联谊会，与上下游客户探讨长期合作、以期形成新一轮产业链条、共同应对下滑的经济趋势的发展新路。同时，还邀请政府以及近 20 家金融部门与企业联动，增进对企业的了解与理解，携手促进福州地区经济健康稳步发展。在他的鼓舞下，民营企业老总们普遍认识到，困难只是暂时的，党和政府以及金融等部门，是企业发展的坚强后盾，只要我们在国家政策的指导下，严格守法经营，诚信经营，企业之间团结共赢，形成新一轮产业链，齐心协力排除发展道路上的障碍，那么，福州地区必将形成集群共进、共创辉煌的良好态势。郑宝佑举办的这一活动，在社会上引起较大反响，不但受到党委、政府的肯定，还受到专家的好评。中国纺织工业联合会、《中国纺织》杂志社联合对他进行考察，评定他："通过郑宝佑的努力，福州及周边的纺织企业呈现出新的发展势头"，郑宝佑被评选为 2014 年中国纺织年度创新人物。

关注社会　为创和谐促稳定身体力行

郑宝佑认为，努力让经济平稳运行，促进社会和谐稳定，是龙头企业的社会责任，更是有良知的企业家义不容辞的职责。在经济不景气的状况下，郑宝佑对之更是以力所能及而身体力行。首先，在生产经营上注重社会效果，淡化利润追求。虽然一时间以来化纤生产利润空间十分狭小，但是他考虑更多的是以自己的生产来维持社会经济运转的稳定，如果因为利润未能达到预期而减缩产能，势必影响下游众多企业，更因为蝴蝶效应，可能引发区域性的工人就业问题，给社会和政府增加负荷。于是，在一时期以来，坚持不唯求利润，不停产减产，稳定员工队伍，使上下游企业运转链条始终平稳和谐。2015 年金纶高纤公司年产值比上一年还略有增加，达到 140 亿元。其次，帮助提携下游中小企业共渡难关。坚持让利共赢，大河之水尽可能滋润沟渠，在资金的流通上给中小企业更大的便利。即便遇到极个别企业，困难时候寻求帮助，事后失却诚信恶意逃废债务，他对下游百多家企业仍然给予尽可能的照顾和帮助，也因此受到广大企业家的拥戴。最后，一如既往地关注民生，在坚持诚信经营的同时更坚持诚信对待员工，在众多企业中作出表率。无论企业遇到多大困难，他对员工的待遇不但不减少，而且为员工加薪加酬，稳定员工队伍，把和谐创建工作落到实处。

合肥百货大楼集团股份有限公司董事长

郑晓燕

郑晓燕：女，57岁，高级经济师，全国劳动模范、全国三八红旗手、合肥百大集团董事长、党委书记，第十一、十二届全国人大代表，安徽省第九次党代会代表，中国百货商业协会副会长，中国女企业家协会副会长、安徽省女企业家协会会长等社会职务。

她大力推动企业改革发展，建立现代企业制度，相继兼备重组11家国有商业企业，接纳安置下岗职工、商嫂4000余人，带领百大集团由一家单体百货店，发展成为安徽省规模最大、在行业内具有较强影响力的综合型商贸企业集团，经营网点遍及安徽14个市，业务覆盖零售业、农产品流通、金融类金融战略投资三大板块，成为引领安徽商业发展的领头羊。她着力推进技术和管理创新，大力发展O2O、跨境电商、拓展国际贸易业务，迈出了新时期企业转型发展的新步伐。百大集团在安徽省率先推行合同能源管理，连续多年被评为省节能先进企业。旗下大兴农产品物流园建设了全国最大屋顶光伏电站，年发电量可达800万千瓦时。

大发展的领军人物

自1978年到合肥百货大楼工作以来，郑晓燕为企业改革、成长和壮大倾注了所有心血，成功将合肥百货大楼从一个中型商场缔造成安徽商业龙头。

郑晓燕先后获得全国劳动模范、全国三八红旗手、全国巾帼建功标兵、引领中国商业改革发展功勋企业家、首届中国商业创业企业家、第二届、第三届中国连锁业突出成就奖、2011—2012年中国零售业年度人物、2014年中国杰出创业女性、商业职业优秀经理人终身成就奖等多项荣誉。

高屋建瓴 引领企业稳健发展

1996年3月，在合肥百货大楼成功改制、初步建立现代企业制度的基础上，经市政府申请，省政府同意推荐合肥百货大楼上市。郑晓燕以安徽省最快的速度完成相关工作，获得国家证监会批准，“合肥百货”A股在深圳成功上市。打开资本市场大门的合肥百货大楼如虎添翼，这正是归功于郑晓燕提出的多角融合发展战略。上市同一年，郑晓燕带领35人，利用募集来的资金创办了合肥鼓楼商厦，次年接收关闭一年多的四方商厦，改造后与鼓楼连通经营，该商厦目前已成为年销售突破15亿元的现代时尚精品百货购物中心，先后荣获全国金鼎百货店和中国好门店等百余项荣誉称号。1998年郑晓燕又兼并重组了合肥商业大厦，形成了“三位一体”联动发展的格局。

2000年9月、10月郑晓燕先后投资成立了合家福连锁超市公司、拓基房地产开发公司，实施房地产开发与合家福超市建设互动发展。同年还成立了百大电器连锁分公司，实施专业化、规范化的采购、配送管理；2002年4月成立合鑫商贸公司，成为宝洁产品安徽总代理、批发分销业务已覆盖安徽10个地市。2002年9月，投资控股周谷堆农产品批发市场，现已成为全国第七大农产品交易市场。

2003年起，郑晓燕将工作重点放在零售网点，尤其是异地网络拓展上；2003年下半年，先后兼并重组铜陵百货商厦、蚌埠百货大楼、屯溪商业大厦，现三家企业均已成为当地商业龙头企业。2004年通过特许加盟方式开设六安金商都商厦，2006年年初又成功打造了安徽首席百货——百大CBD中央购物中心。自2008年以来，百大集团先后在合肥、淮南、六安、巢湖、蚌埠、芜湖新开逾10家大型综合百货购物中心。与此同时，百大合家福超市、百大电器连锁网络迅速铺开，初步形成百货、超市、家电专营三大连锁齐头并进的态势。

在郑晓燕的带领下，合肥百大集团已由一家单体百货店，发展成为安徽省规模最大、在行业内具有较强影响力的综合型商贸企业集团。2010年投资建设皖北最大农产品集散中心（宿州百大农产品市场）、2013年成立合家康农产品加工配送公司、2015年成立安徽百大农产品检测科技有限公司，同时参股徽商银行、合肥科技农村商业银行等金融企业，形成了覆盖零售业、农产品流通、金融类金融战略投资三大板块的多业态、全品类、全渠道的产业体系。

推进管理创新　加快企业转型升级

郑晓燕坚持健全现代企业制度，形成决策层、管理层和监督层各司其职、相互制衡的内在运行机制；强化企业内控体系建设，重视发挥企业内部审计监督职能，公司连续三次（9年）被评为全国内审先进集体。她坚持集团框架下的高度集中管控体系建设，不断督导管理层深化改革管理机制，百大集团旗下多家企业获得安徽省卓越绩效奖、合肥市及企业所在地的“市政府质量奖”。

郑晓燕努力打造百大集团特色的标准化服务体系，建立健全现代人力资源管理体系，大力推进公司信息化建设，有力支撑了企业经营发展。

当前，面对经济发展“新常态”、行业发展“新常态”，郑晓燕及时转变经营思路，以“质量和效益”为先，大力推进转型升级战略。持续优化供应链，有效改善了企业经营质量。推进商业模式转型，百大集团旗下百货店稳步向多层次、多角度的经营转变；推进盈利模式转型，大力推动实体经营与虚拟金融互动发展，有效提升了企业新型投资收益。郑晓燕紧跟互联网时代发展步伐，2011年上线网上购物平台——百大易商城，"安徽网上第一超市"的影响力不断增强；积极探索发展跨境电商、拓展国际贸易业务，推进合肥空港水果进境口岸在旗下周谷堆市场落地，迈出了新时期企业转型发展的新步伐。

塑造科学创新团队　履行企业社会责任

郑晓燕十分重视团队建设，除招聘外，实行管理岗位全员竞聘上岗，与中国人民大学联合开办MBA班，以"双百"班培养企业后备人才队伍。企业领导班子集体获得了安徽省国有企业四好班子先进集体称号。郑晓燕大力推进企业文化建设，不断丰富职工文化生活，关心职工生活，以自身的实际行动传递企业对员工的关怀，营造了幸福和谐企业氛围。

郑晓燕始终坚持把节能环保作为建设节约型企业的一个重要举措，百大集团在安徽省率先推行合同能源管理，连续多年被评为安徽省节能先进企业，主营业务收入能耗累计完成节能量7067.92吨标准煤。

郑晓燕在2008年百年一遇的雪灾中，努力确保市场供应；在"三鹿奶粉"等社会公共突发事件中，顾全大局，主动承担损失，化解社会矛盾；四川汶川发生特大地震，立即组织公司及员工捐款捐物、缴纳特殊党费，入冬又再次捐赠800余床棉被。2006年起，郑晓燕启动"百年百大，百所小学"援建工程，每年援建一所百大小学；2010年百大集团发布了安徽省首份《企业公民建设白皮书》，成为公司自觉履行和承担社会责任的里程碑。

企业先后荣获全国文明单位、全国五一劳动奖状、全国守合同重信用企业、全国精神文明单位、中国改革开放30周年功勋企业、全国商业服务业十佳企业、全国和谐商业企业以及众多省市荣誉称号。

侯少藩

侯少藩：男，44 岁，湖南大学、中南财经政法大学工商管理学双硕士研究生，深圳市人大代表，广东省优秀企业家、深圳市中小企业金融服务协会名誉会长。

历经十余的发展，集团现已成为拥有电气、金融和日常食用品三大产业的多元化大型集团公司。他先后举办十二届“心感力量”大讲堂和六届“心感力量”演讲班与员工和社会各界人士进行分享，赢得了广泛的认同和赞誉。

集团电气产业发展重在技术研发，目前集团电气产业旗下核心企业——深圳市奔达康电缆股份有限公司已获得立案受理的专利近百项，被认定为“国家高新技术企业”，连续多年荣获广东省企业 500 强、广东省制造业百强和深圳工业百强殊荣。

集团金融产业，创建信贷、担保、参股三位一体的有效经营模式，服务于中小企业融资问题，旗下核心子公司荣获最具潜力深圳品牌、2013 中国小额贷款公司竞争力百强等殊荣。

品牌兴企　文化治企

走品牌化之路　振兴民族工业

从 1997 年创办奔达康开始，侯少藩就在心中描绘了一个“专业化电缆品牌”的初步轮廓，并明确提出了“走品牌道路”的战略方针，虽然优质产品的价位一下难以让用户接受。但奔达康仍在逆境中坚持着，最终以质取胜又信誉良好的“奔达康”牌产品赢得了客户，逐渐在业界竖立了良好的口碑，“奔达康”品牌很快占据了深圳电线电缆市场的一定份额，现已成为深圳电线电缆市场的领导品牌。集团获得由深圳市企业新纪录审定委员会颁发的“深圳企业新纪录”荣誉证书。2005 年，奔达康集团被深圳市龙岗民营企业协会授予“突出贡献企业”称号。侯少藩获得 2013 年广东企业文化十大标杆人物。

侯少藩坚持用科学的管理模式和先进的经营理念治理企业，创建了行业内独树一帜且运行有效的财务管理体系，在业内率先利用互联网建立了公司网站并实现了电子商务，率先采用国际标准，并通过了 ISO 9001 质量管理体系认证、ISO 14001 环境管理体系认证和 OHSAS 18001 职业健康安全管理体系认证。奔达康集团电气产业在人才队伍、技术、设备方面均堪称一流，具有超强的供货能力；集团旗下核心企业——深圳市奔达康电缆股份有限公司被认定为“国家高新技术企业”，连续多年荣获“广东省企业 500 强”“广东省制造业百强”和“深圳工业百强”殊荣；“奔达康”牌电线电缆成为国家电网、南方电网供应商，产品远销东南亚、大洋洲、非洲、美洲和欧洲的 60 多个国家和地区。

寻求多元发展　涉足金融服务业

2009年，侯少藩带领奔达康集团涉足金融服务业，今天，奔达康金融已成为集团第二大产业，共计注册资本超过10亿元；拥有小额贷款、融资担保、融资租赁等多个金融服务营业牌照，正逐步崛起为具有一流竞争力的中国领先的综合金融服务平台。

侯少藩为奔达康金融确立了以小额贷款为主的信贷业务，以融资担保为主的担保业务。在“互联网+”的大环境背景下，他又为奔达康金融适时引入O2O的互联网理念，推出了互联网金融服务平台——小康资本，为广大投资者打造一个安全稳健、专业高效的金融服务平台。侯少藩本人荣膺2015年度杰出金融人物，奔达康金融也荣获了一系列行业殊荣（全国小贷100强、2015年度最佳金融创新大奖、2015年度互联网金融大奖等），更取得了员工的信赖与认可，2014年、2015年蝉联金融行业最佳雇主企业。

打造优秀企业文化　热心公益事业

侯少藩衷心拥护党的领导，热爱祖国，是全心全意为人民服务的企业家，他与众不同的人格理念在企业发展过程中起着不可低估的影响作用，品牌战略成就了奔达康的电线电缆事业，但有一样东西却超越了品牌，那就是建立在品牌管理之上的企业文化。侯少藩创立了中国企业界独树一帜的一套思想文献——丰满成功心法“心感力量”，使奔达康集团不仅成为一个学习型组织，更成为所有员工真心向往、共同维护的一个“爱国、爱家、团结、进取”的事业共同体。

作为企业决策者，侯少藩将“心感力量”深深根植于企业文化建设之中，使其真正融入广大员工的思想意识中，真正做到了企业文化的落地开花，他本人被评为“2009年度广东省优秀企业文化领导”。由他本人作词的奔达康之歌——《心感力量》则荣获“广东省企业之歌大赛——十大优秀企业之歌”称号。2010年6月于广州举行的“第五届中国企业文化国际论坛”上，奔达康集团被论坛组委会授予“中国企业文化建设示范基地”

称号。

侯少藩以强烈的社会责任感和使命感，践行着一个民族企业家的庄严承诺：为营造和谐社会尽心、为繁荣地方经济竭力。奔达康创办至今，已累计为社会提供就业机会万余个，集团从未与员工发生过劳资纠纷；侯少藩主张市场良性竞争，反对打价格战，即使有人盗用“奔达康”商标，他也不主张诉诸法律，而是告诉对方不良竞争的危害。多年来，奔达康没有和任何单位或个人打过官司，创造了又一个奇迹。

2008 年，席卷全球的金融危机来势汹汹，奔达康集团稳健经营、灵活应对，企业运营平稳、业务有增无减，不仅没有裁员减薪，而且在合理规划集团未来十年发展战略的基础上，确定了向第二、第三产业拓展的宏伟目标，于 2009 年新春过后举办了数场大型人才招聘会，敞开大门吸引各类人才加盟。

在飞速发展的同时，奔达康集团还不忘回报社会：侯少藩 2005 年 5 月为家乡建路建学校捐款 80 多万元人民币；自 2004 年开始在梅县、揭阳、深圳等地多次资助贫困大学生和为一些疾病患者资助手术费及医疗费；2005 年 10 月向深圳龙岗同乐社区残疾人和老人捐款 20 万元人民币；2006 年 7 月在支持洪涝灾区重建家园活动中捐款数万元人民币，获深圳同乐社区赠予的“乐善好施，贡献社会”的光荣企业称号。“5・12”汶川大地震发生后，侯少藩第一时间号召全体奔达康员工开展募捐，并且派出一个专门的援助小组赶赴灾区。此举赢得了深圳市龙岗区红十字会的高度评价，并为此向奔达康集团颁发了荣誉证书。此后的玉树地震、雅安地震中，他本人和奔达康集团也分别向灾区人民捐资捐物数十万元。

2012 年由当时出资最多的奔达康集团命名的“深圳市奔达康慈善基金会”正式注册成立，该基金会在深圳大学、广东金融学院等多所高等院校设立奖学金捐资助学，走进社区关爱孤寡老人和弱势群体，深入贫困山区扶贫助教。

修正药业集团股份有限公司董事长

修涞贵

修涞贵：男，60岁，高级经济师，投身医药健康事业20余年，至2015年他所管理的修正药业集团发展到下辖127个子公司，有员工10万余人，资产总额170亿元。在国家工信部召开的“2014年（第32届）全国医药工业信息年会”上发布的“2014年度中国医药工业百强榜单”中，修正药业集团位列第3名。他先后荣获全国劳动模范、全国五一劳动奖章、中华慈善奖等数十项荣誉。从2003年启动GAP中草药种植示范基地项目，累计投入30亿元，建立了8个标准化基地，种植面积1100多公顷，带动5000余农户脱贫致富。他在抗洪、抗震救灾扶贫济困慈善捐赠光彩事业中累计捐款物10亿余元，2015年被中国光彩会授予中国光彩事业二十年突出贡献奖；在中国光彩事业促进会第五次会员代表大会上当选为中国光彩事业促进会副会长。

肩负起做药人的责任

修涞贵带领修正药业从小到大，由弱到强，至2015年集团发展到下辖127个全资和控股子公司，资产总额170亿元；拥有4个中国驰名商标（修正、通药、斯达舒、唯达宁），形成15个销售平台、33家生产基地（含药品和保健品、食品）的集群式发展格局，生产“斯达舒”“消糜栓”“唯达宁”“益气养血口服液”等24种剂型、一千多种药品、近千种保健品和化妆品，拥有全国最大的OTC市场网络。2014年度实现产值501.6亿元，销售收入500.9亿元，利税34.8亿元。在《2015中国企业500强榜单》中，修正药业集团股份有限公司位列第252位；在“2014年度中国医药工业百强榜单”中，修正药业集团位列第3名。

修涞贵先后荣获全国优秀社会主义事业建设者、全国劳动模范、中华慈善奖等数十项荣誉。他所领航的修正药业集团先后获得国家商标战略示范企业、国家技术创新示范企业、全国守合同重信用企业、国家火炬计划重点高新技术企业等百余项荣誉。

超前谋划实现企业跨越式发展

修涞贵在创业初期便面临企业严峻的生存考验。他坚持讲诚信，用优质“天麻丸”获得市场认可，仅半年多时间企业便扭亏为盈。之后他又与北京一位老医药专家合作开发生产治肝良药“太和圣肝”胶囊，不到两年时间就连续推出两个重磅产品。1997年修涞贵确定在大力开发市场的同时抓“制造”，2000年新厂在吉林省首家通过GMP认证，并在吉林省会长春市建设新的企业总部和制药生产子公司。

2003年修正并购北京欣洛维制药公司，随后将营销公司总部机关移师北京，以此作为营销指挥基地。2007—2008 年并购重组十多个药厂形成全国集群式发展格局，完善了自身的医药主业产业链。2012 年成立修正健康集团，实行“三修”战略，高调进入大健康领域，在杭州与浙报集团合作成立养安享股份公司，成立养安享养老基金。

依靠创新不断推动企业发展

通过多年的摸索，目前修正已建立了以市场为导向的开放型和内部创业型的营销机制，为营销员工设置了终端经理节，把员工利益与企业利益，个人发展愿景和企业发展愿景密切结合起来。开展以产品为载体，以服务为重点，以宣传为辅助，以消费者满意度为检验的标准的诚信营销，依靠品牌实力参与市场竞争。形成了独具修正特色的营销方式，企业年销售额从 2000 年的不足 5 亿元超常规跨越式提高到 2014 年的 500 亿元。

修涞贵十分注重培养企业全员质量文化。从“天麻丸”开始，他就把疗效和品质放在经营的第一位。从销毁仅外包装出现轻度发霉的“太和圣肝”到在原料药纷纷涨价的情况下决定即使蒙受损失，也要保证市场急需的防治“非典”药品不减料、不提价、不脱销，决不发国难财，修涞贵一直把视角放在患者方面。他坚持医药企业不能把利润放在第一位，药品的品质和疗效才是第一位。通过多年的经营，修涞贵借助我国传统道德和医药传统的沃土，结合修正药业的特点，创建了与修正事业发展相适应的以“修元正本，造福苍生”为终极目标和核心理念的企业文化。

修涞贵多年来依据传统中医理论和儒家思想，结合企业经营理论创立了“修正哲学”“企业学习型组织”。2003 年“中国成长企业的修正型组织”课题研究荣获中国企业文化创新奖；修涞贵获中国企业文化管理创新奖和中国企业哲学奠基人奖。2007 年，首部阐述“修正哲学”的著作《修正力》与《修涞贵与修正哲学》的出版，在国内理论界、企业界引起热烈反响，被誉为“中国企业界向洋管理发出的第一声呐喊”“开创中国企业思维新路”。2010 年修正文化研究会在吉林省成立。

2000 年修涞贵投资 6000 万元在总部大厦成立企业技术中心。2006 年修正技术中心被国家科技部、财政部等五部委认定为国家级企业研发中心。2009年修正在京动工建设国内医药企业最大规模的研发中心，2013年基本建成投入使用。经过多年的发展，原有的技术中心在整合了集团长春、北京、杭州等实验室和科研机构后升级为修正药业集团科技创新中心。

修正科技创新中心截止到2015年11月研发投产上市的新药品种有80个，独家品种及独家规格32个；共获国家授权专利252项，其中发明专利58项、实用新型6项。先后承担62项国家级、省部级科技创新项目，对100多个老品种重新核定了更加严格的质量标准。人参新品种选育与规范化栽培“肺宁”颗粒二次开发分别获得国家科技进步二等奖和全国工商联颁发的科技进步优秀奖。企业先后被认定为国家中药质量控制技术工程实验室、国家认定企业技术中心、博士后科研工作站、全国企事业知识产权试点单位、专利工作交流站，在国内企业技术中心中位于领先地位。2011年修正被国家工信部、财政部认定为全国首批50户“国家技术创新示范企业”。

出色履行社会责任

集团从2003年启动GAP中草药栽培示范基地项目。12年来累计投入资金30亿元，采取公司基地+合作单位+农户的运行模式，由修正提供技术指导，带动5000余户农民发展中药材生产。

集团2000年就投资建造吉林省白山市苇沙河修正希望小学；2001年在延安、井冈山、西柏坡、遵义等地同时举办百万药品赠老区社会公益活动；2008年在四川汶川地震中捐赠价值3500万元药品，2013年捐助四川雅安地震灾区；此外还支持国家人口计生委组织的“新农村新家庭”三下乡慰问活动，参加国家人口福利基金会捐赠等。

除集团统一捐赠外，所属各事业部每年在各地自行安排用于光彩扶贫捐款捐物折合人民币2000万元以上，2015年修涞贵被中国光彩会授予中国光彩事业二十年突出贡献奖。集团近5年新进员工13270人，其中吸纳大学毕业生4190人，被吉林省有关部门评为促进就业 保障权益 创建和谐企业先进单位、吉林省劳动关系和谐企业。

美锦能源集团有限公司总裁

姚俊杰

姚俊杰：男，58岁，煤炭开采中级职称，任美锦能源集团有限公司总裁，太原市人大代表，山西省劳动模范。

他始终把企业文化建设当做企业发展改革的大事来抓，把企业文化融入生产经营之中，以企业文化“软实力”打造发展硬道理，有力地促进企业“三个文明”建设协调发展。他努力开辟一条清洁生产的发展道路，建立起农艺园、育苗基地、循环经济产业园、物流基地等项目。此外，位于清徐县和交城县交界处的美锦循环经济产业园区，由北向南铺开了煤、焦、气、化、矸石、热电、冶金、建材等循环产业链。集团以争做百年企业为目标，以提升核心竞争力产业为重点，用高新技术，文化产业替代传统产业，以医疗，教育，文化，旅游，养生，养老，金融服务业等新型产业为未来依托，全面推动集团可持续发展的战略目标，集团公司拥有一家A股主板上市公司：美锦能源。集团拥有总资产560亿元，职工16800余人。

美锦集团　前程似锦

姚俊杰因经营业绩突出，曾获“全国优秀诚信企业家”“山西省功勋企业家”“山西省劳动模范”“山西省诚信经营企业家”“太原市模范共产党员”“太原市特级劳模”“太原市优秀企业家”“太原市功勋企业家”等荣誉称号。

开创民营企业“循环经济”先河

姚俊杰始终把企业文化建设当作企业发展改革的大事来抓，确立了“团结奋进、争创一流、励精图治、再铸辉煌”的企业理念。随着城镇化、工业化进程加快，减少废弃物排放，解决固体废弃物污染环境等问题成为当今工业化生产的重要指标。作为山西省循环经济试点企业、太原市循环经济试点企业的领导者，虽然清洁生产项目不仅投资成本大，资金回收期长，而且技术难度系数高，但姚俊杰仍本着“非循环，不投资，非绿色，不上马”的理念，相继建立起农艺园、育苗基地、循环经济产业园、物流基地等项目。近 10 年，美锦集团用于节能降耗、污染物减排、清洁生产的投入已超 10 亿元。

不断壮大民营企业经济规模

美锦集团是以煤炭为基、焦炭为主、多元并举、循环经济发展的大型非国有制企业，是国内最大的商品焦生产销售企业，是山西省规模较大、潜力巨大、实力雄厚的煤炭开发、加工和综合利用的企业。公司下设 35 个全资和控股公司，16 个参股公司，集团公司拥有一家 A 股主板上市公司：美锦能源。集团拥有总资产 560 亿元，职工 16800 余人。业务涉及煤炭开采、洗选煤、炼焦、煤化工、城市煤气供应、冶金、镁合金、旅游地产、热电联产、新型建材和公路铁路运输物流、村镇银行、小额贷款公司等领域。2012年公司通过非公开性定向增发的方式全资收购了美锦集团旗下的的锦富煤业82.11%股权、东于煤业100%股权、汾西太岳76.96%股权，山西美锦煤焦化有限公司100%股权、天津美锦国际贸易有限公司100%股权、美锦能源集团大连有限公司100%股权、证号为“清国用（2001）字第00048号”的国有土地使用权。2015年6月29日，已获得证监会核准重大资产重组，不久公司将实现整体上市的宏伟目标。

美锦能源集团有限公司到如今实现了资产产值超百亿，跨入中国企业500强之列！美锦集团被中国合作贸易企业协会、中国企业改革与发展研究会和中国企业信用评价中心评为全国文明诚信示范单位、中国AAA级信用企业；位居中国制造业500强第356位、山西省工业企业30强第15位……多年来先后被国家、省、市授予全国最佳经济效益乡镇企业、首批国家级乡镇企业集团、山西省十佳民营企业、山西省循环经济试点企业、扶贫帮助新农村建设先进单位；被国有四大银行及民生招商等银行评为AAA级信用企业，被工商行政管理部门命名为守合同重信用企业；集团2015年居中国民营企业500强第234位。

尽力为社会和百姓贡献力量

1993年，美锦集团投资4500万元，为清徐县免费铺设煤气管道，从1996年至今，连续20年免费向县城居民供应煤气；1996年，投资3500万元铺设供暖管道，于1999年正式向县城居民供暖，目前，每年免费供应清徐县城市煤气0.5亿平方米、采暖蒸汽7.2万吨，总值达6100万元。美锦集团为了造福当地百姓，推进新农村建设，还在清徐县组建了美锦贯中艺术团，经常为清徐各地村民举办各种文艺演出活动，经过不断地发展，贯中艺术团成为改革开放后中国第一个诞生的民营剧团典范。

美锦集团向清徐县文源路建设、水塔修建、抗击“非典”等公益活动及希望工程出资、捐款共8286余万元；向太行山革命老区的榆社和吕梁山革命老区的交城、石楼等地捐助扶贫帮困基金305万元；出资8400万元完成了清徐县 800 万立方米清泉西湖水库改造和方山河下游段治理工程；2007 年，向慈善总会捐款 1000 万元；2008 年南方雪灾捐款 30 万元；汶川地震中，向红十字会等部门捐款达 475.6 万元；为社会解决就业岗位 1 万余个。据不完全统计，多年来，美锦集团赞助城市煤气、供热、基础建设、道路工程、河道治理、新农村建设和学校建设等方面的累计投资已达 3.8 亿，用于开发扶贫开发项目投资逾 20 亿元，资助贫困户、贫困生、养车户 1500 多人，资金 900 余万，投资 6000 多万购买 300 多辆汽车，交给下岗职工和农户运营，集团的帮扶带出了 300 多个 10 万元户，集团还多次向慈善公益事业直接捐款捐物 8200 多万元。

美锦集团先后被太原市委、市人民政府授予“抗非典献爱心先进企业”和“扶残助学优秀企业”等荣誉称号，使美锦集团取得了经济效益和社会效益的同步提升，树立了企业良好的社会形象。

中国通用技术（集团）控股有限公司董事长、党组书记

贺同新

贺同新：男，62岁，高级国际商务师，2007年5月从湖南省副省长调任中国通用技术集团公司党组书记、董事长。

任职8年以来，他以“卧薪尝胆、奋发有为”的精神状态谋划和推进企业改革发展，推动通用技术集团实现了从百亿级企业到千亿级企业、从央企考核B级企业到连续6年A级企业、从中国500强企业到世界500强企业的跨越式发展。他组织制定并不断完善转型升级战略，引领集团发展方向，确立了“建设具有国际竞争力的科工贸一体化大型企业集团”的战略愿景和“五个发展”的战略思路，提出“稳中求好、好中求进”的年度工作基调，引领企业在复杂严峻的经济形势和市场环境中实现了持续平稳健康发展。他具有强烈的社会责任感，高度重视、大力推动企业社会责任的履行，督导集团各层面坚持守法经营、诚信经营；积极参与社会公益事业。

团结奋斗创佳绩

贺同新于2007年5月任中国通用技术集团公司党组书记、董事长以来，以履行国有企业“三个重要使命”为己任，通过制定实施转型升级战略，推动通用技术集团实现了从百亿级企业到千亿级企业、从央企考核B级企业到连续6年A级企业、从中国500强企业到世界500强企业的跨越。

集团营业收入从2006年的127亿元增长到2014年的1705亿元，利润总额从8.7亿元增长到48.3亿元；2015年排名世界500强第426位，年末资产总额1450亿元，同比增长9.25%。国际化经营取得重大进展。截至2015年年底，集团在电力能源、轨道交通、轻工建材、基础设施等领域累计完成重大海外工程项目33个，合同总金额73亿美元。集团在2015年度ENR250家国际承包商中名列第93位，在上榜的中国企业中列第20位。

集团科技实力不断增长。截至2014年年底，集团在数控机床与功能部件、新能源汽车、纺织新材料新装备、生物医药等领域拥有国家级研发机构10家，国家级检测、计量机构5个，博士后工作站6个，省部级研发机构23家；累计拥有有效专利973件，其中发明专利286项，在中央企业中居于中上游水平。

完善转型升级　推进产业整合

贺同新到任之初，面对困难局面，制定了以推进转型升级为核心的发展战略，2010年9月根据实际情况又提出了实现转型升级新跨越、跻身世界500强的战略目标，引领企业有效应对国际金融危机冲击，实现了持续平稳健康发展。党的十八大以来，贺同新认真学习领会经济发展新常态的论述，对集团面临的环境和发展策略进行了深入思考，强调要以转型升级、提质增效为中心，以解放思想、改革创新为动力做好各项工作，推动集团实现了新的发展。集团转型升级战略实施之时，正值中央和国资委大力推动央企重组、各地积极推进国有经济布局结构调整，贺同新带领领导班子全力谋求与相关央企和地方国企进行重组联合，不仅大幅提升了集团经济总量，而且促进了集团经营结构的优化。随后贺同新又及时提出要抓好重组联合进程中的产业整合、业务协同、管理对接、文化融合，领导集团先后完成了大宗商品贸易、医药、地产等业务的整合。

大力推进创新　建立健全适应转型升级的体制机制

实施转型升级战略以来，贺同新积极推动实施科技兴企战略，使集团科技成果实现了从无到有、从少到多的历史性突破。贺同新不遗余力引导推动集团贸易企业创新商业模式、加强能力建设，从简单代理服务商向专业化国际工程承包商、专业化工程项目管理商、专业化商品供应链集成服务商转型。

审慎把控投资，贺同新要求集团投资务必做好前期基础工作，确保摸清、看透、投准；推动建立并不断完善运营调度制度，及时发现并研究解决问题；推动健全集团全面风险管理体系，把控住重大重要风险，保障了集团健康发展；推动集团大力压缩管理层级、清理处置低效非主业资产；认真贯彻中央八项规定精神，从严控制各项费用支出，集团重点监控的七项可控费用连年下降。

按照国资委相关部署，贺同新推动完善集团公司法人治理结构，在董事会运作中加强与外部董事的沟通，提出建设规范、务实、和谐的董事会，形成了良好氛围；积极推进所属企业改制上市。贺同新坚持党管干部、党管人才原则，组织领导班子认真学习贯彻党的十八届三中全会精神和党中央、国务院《关于深化国有企业改革的指导意见》，做好集团深化改革的顶层设计，研究制定了集团深化改革“十三五”规划，明确了一系列重要改革措施。

从严治党　加强领导团队建设

贺同新坚持把党建工作与经营管理工作同谋划、同部署、同检查、同考核，推动集团各级党组织加强思想建设、组织建设、作风建设、反腐倡廉建设、制度建设。特别是在思想建设方面，提出建设学习型集团；在作风建设方面，提出弘扬“正和实廉”作风；在反腐倡廉建设方面，提出“三策”“三线”“三项工程”的工作思路和“上发条、加力度、全覆盖、真问责”的要求，推动了党建工作的全面加强。同时，以社会主义核心价值观为指导，提出并推动践行“创新进取、和谐共赢”的企业核心价值观和“团结拼搏、勤奋耕耘、坚韧执著”的企业精神。贺同新在班子建设中能够以身作则，认真贯彻民主集中制和“三重一大”决策制度，努力做到对班子成员充分信任、全力支持、严格要求、真心关怀。

企业社会责任

贺同新高度重视企业社会责任的履行，督导集团各层面坚持守法经营、诚信经营，支持集团法律工作机制建设和法律顾问队伍建设，企业规章制度、经济合同和重要决策的法律审核把关率一直保持在100%；切实做好节能减排、环境保护工作，任职期间企业未发生重大环境污染事故，集团每年均顺利完成国资委下达的年度节能减排主要检测指标，并获得了“十一五”中央企业节能减排优秀企业；高度重视安全生产工作，健全完善安全生产责任体系，积极推进安全生产标准化建设，任职期间集团未发生较大及以上安全生产事故；2010—2015年，集团共接收高校毕业生6700余人，2014年被教育部评为首次“大学生就业最佳企业”百强企业；坚持以人为本，推进职工民主管理，维护员工合法权益，促进员工与企业共成长；按照中央部署积极参与、认真做好援疆和定点扶贫工作，连年受到新疆维吾尔自治区、呼和浩特市的表彰，2014年被国务院扶贫开发领导小组授予“中央国家机关等单位定点扶贫先进集体”称号；积极参与社会公益事业，以多种方式支援有关地方抗震救灾、抗洪救灾、抗击重大疫情等，积极参与有关地方保障房建设，为保障民生做出了力所能及的贡献。

中铝国际工程股份有限公司总裁

贺志辉

贺志辉：男，教授级高级工程师，国家有突出贡献专家，享受国务院政府特殊津贴。2010年任中铝国际总裁，现任中铝国际党委书记、总裁。

他任职6年来，公司资产增长了2.23倍，净资产增加了36亿元，平均每年实现利润近15亿元。在美国《工程新闻纪录》2015年度设计双榜中，中铝国际荣列全球150强工程设计企业第119位；在财富中文网发布的2015年中国500强企业排行榜中荣列第213位，较2014年度排名提高了54位；他2012年当选中国有色金属行业“最有影响力人物”。

他抓住国家“新型城镇化建设”等战略机遇，强化政企合作、银企合作，积极拓展民用建筑市场。年新签国内业务合同总额从2010年的55亿元到2014年的520亿元，实现了每年100亿元的高速增长。

他大力实施国际化经营战略，经营触角伸向亚洲、美洲、非洲，传统市场份额得到巩固和扩大。2011—2015年，中铝国际新签海外业务合同30.35亿美元，海外收入80.6亿元人民币，利润18.3亿元人民币。

打造最具国际影响力的一流企业

贺志辉自 2010 年 4 月担任中铝国际工程股份有限公司总裁以来，致力于将公司打造成最具国际影响力、以技术为先导、以设计为龙头、以工程建设为纽带、以装备制造和新兴产业为延伸产业链的有色金属工业建设集团。5 年来（未计入 2015 年数字），公司资产总额增长了 2.33 倍，营业收入增长 2.08 倍，累计实现利税 91.3 亿元；中铝国际企业效益、资产规模连年增长，成为中铝公司各板块中发展最快、质量最优、效果最好、最具活力和创新力的板块之一，成为“有色行业工程技术第一股”；企业核心竞争力不断增强。在美国《工程新闻纪录》（ENR）2015 年度设计双榜中，中铝国际荣列全球 150 强工程设计企业第 119 位，荣列国际 225 强工程设计企业第 189 位；在财富中文网发布的 2015 年中国 500 强企业排行榜中荣列第 213 位。贺志辉 2012 年当选中国有色金属行业第八届最有影响力人物。

推进战略转型　挺进国际资本市场

进入 2010 年，有色行业陷入低迷，贺志辉认为必须通过战略转型和结构调整来寻找新的发展机会。他抓住国家“新型城镇化建设”“京津冀一体化”等政策出台的机遇，通过强化政企合作、银企合作和上下游的合作，强力进军城镇化建设市场，实现了经营领域的转型。

从 2011 年起，在贺志辉国际化战略的引领下，公司的国际业务步入了快速发展的轨道，向市场开发的最前沿和客户靠近，适应世界有色金属工业向资源、能源富集地区转移的大趋势，中铝国际进一步加快了市场布局和重点跟踪的节奏，传统市场份额得到巩固和扩大，跟踪并成功签署了一系列国际项目合同，2012 年公司成功获得阿塞拜疆铝业 5 万吨 / 年铝板带项目EPC合同，实现了中国首次向海外出口全套铝加工技术和生产线。同年底，中铝国际成功签订土耳其ETI公司电解铝技术改造技术转让合同，实现了中国首次按照欧洲标准提供电解铝技术和装备。

2015年下半年，为积极响应国家“一带一路”和国际产能合作的战略，中铝国际成立了9个“一带一路”工作组，对沿线重点国家和重点客户进行了项目跟踪和市场开发，签订了一批合作意向协议和后续项目合作备忘录，强化了公司海外业务开发与国家战略相结合的海外市场开发战略。

在对公司核心竞争力要素进行分析的基础上，贺志辉提出要把装备制造作为企业的主营业务之一加大培育力度。之后，公司一方面将自主研发的技术与装备转化为产品，通过工程总承包或市场营销渠道产生效益，另一方面积极拓展新兴产业，选择有广阔市场开发前景的高新技术产品实施产业化。长沙华楚落户长株潭工业园，中色科技的装备制造早已蜚声海外，长城建设的产品远销冰岛供不应求……

从2011年开始，中铝国际开始了艰苦的上市历程，克服重重困难，最终确保了公司股票发行销售的圆满成功。2012年7月6日，中铝国际在香港联交所成功上市，成为中国有色工程技术第一股。通过上市，中铝国际大大增加了无形资产，取得了资本运作的成功经验。

建立技术创新组织模式和适应行业特点的管理模式

公司先后完善了各级科研组织结构，搭建了科技创新平台；同时，立足企业的主营业务，开展技术研发和技术推广，对技术研发团队和市场开拓团队通过风险抵押和绩效奖励的方式运作。5年来，中铝国际在科技领域取得累累硕果。国家“863”计划重点项目600kA超大容量铝电解槽技术顺利通过了国家验收和鉴定；铝电解槽带电焊接技术属世界首创；矿山安全在线监测预警技术被工信部评为国家重点推进项目。公司累计获得国家和省部级科学技术奖40余项，累计申报专利1700余项。

从2013年始，中铝国际从运营体系、组织架构、理念和能力等多方面展开全面诊断，分析出企业利润偏低的关键原因，并提出了改进路径。提出了以结果为导向的管理模式，在注重过程管理的同时，坚持管理目标的责任落实，把战略、目标、决策、计划、过程和结果结合起来，使每个团队都能明确自己的奋斗目标。为实现项目的信息化管理，中铝国际在完善了《中铝国际工程股份有限公司项目管理制度汇编》的基础上，又下大力气实现了项目管理信息化系统的全覆盖。电子商务平台的打造，实现了公司及各成员企业采购工作的全过程标准化管理，实现了采购业务的阳光操作、廉洁操作和高效操作。

打造阳光企业文化　积极履行社会责任

中铝国际的总部建设一直定位在服务型总部层面，中铝国际总部牢固树立“各分子公司是中铝国际生存的基础和根本”的理念，不断提高公司总部的执行力、办事效率以及处理复杂问题的能力。同时，中铝国际提倡“终身学习，健康生活”的理念，通过提炼共同的价值观，使企业上下产生一种认同感，进而提升企业的凝聚力。

在贺志辉带领下，公司从2011年以来，坚持廉洁教育形式多样，拒腐防变警钟长鸣；坚持每年更新主题，组织开展反腐倡廉宣传教育活动；除组织党员干部参观监狱、预防职务犯罪等警示教育外，贺志辉带头给员工上“三严三实”党课，实现了教育活动的常态化。

公司肩负“产业报国、回报股东、成就员工”的企业使命，积极履行社会责任。从2012—2014年，上市公司累计分红达到11.45亿元，平均年分红比例为33.54%，远高于上市时承诺的20.0%；在北京，公司主动捐物并慰问关爱四季青镇敬老院老人；在越南，中铝国际项目部向当地的幼儿园和学校捐献了课桌和座椅；在加拉加斯，中铝国际分公司为当地的学生买来了书包；在南宁，中铝国际贵阳分公司为更新校舍送来了赞助金……在2015年“中国证券金紫荆奖颁奖典礼”上，中铝国际首次荣获最佳公司治理上市公司奖，这也是中国证券针对两地上市公司层次最高、最具公信力的奖项；公司还荣获2012—2014年度首都精神文明创建工作先进单位、中国铝业公司2012—2014年度社会责任工作先进集体。

天津渤海化工集团有限责任公司董事长

赵立志

赵立志：男，57 岁，正高级工程师，渤化集团党委书记、董事长。

自上任以来，作为企业的领航人，他带领集团广大员工真抓实干，在本职岗位上做出了不平凡的业绩。渤化集团 2013 年荣获全国石油和化学工业先进集体荣誉称号，2014 年经济规模增加到 1000 亿元，位居 2015 中国企业 500 强 144 位，制造业 500 强 60 位，他 2015 年荣获天津市劳动模范称号。

“十二五”期间，渤化集团确立了优化提升渤化园和精细基地、启动建设南港基地和开发建设内蒙古能源化工综合基地三大历史任务，5 年累计完成固定资产投资 175.8 亿元，投资项目 93 项，项目达产新增销售收入 158 亿元；与科莱恩、法液空、威立雅、孚宝、LG 等多家世界 500 强和著名专业公司合资建设了一批世界级的化工装置和基础设施，5 年累计协议外资额 10.8 亿美元。通过实施节能减排治理项目化，5 年节能 35.3 万吨标煤，节约 6.4 万吨标煤，在集团生产增长翻番情况下，减排总量下降了 20.0%，实现了环境友好循环发展。

抢抓机遇 真抓实干 加快建设现代化工企业集团

自任职以来，赵立志在思想上政治上行动上与党中央保持高度一致，认真落实“三严三实”要求，不断提高党性修养，改进工作作风，在重大问题上旗帜鲜明、立场坚定。他勇于开拓创新，敢于抢抓机遇，带领集团广大员工真抓实干，在本职岗位上做出了不平凡的业绩。渤化集团2013年荣获全国石油和化学工业先进集体荣誉称号，2014年经济规模增加到1000亿元，位居2015中国企业500强144位，制造业500强60位，赵立志本人2015年荣获天津市劳动模范称号。

战略引领企业发展

多年来，赵立志带领集团领导班子和广大员工，面对错综复杂的国内外经济形势，坚持以科学发展为主题，以转变发展方式为主线，以提高质量效益为中心，以加快推进产品、产业、资本、组织、人才五大结构调整为抓手，实现了产业升级和跨越发展。

为解决集团企业布局分散、后劲不足的突出问题，赵立志提出了“集中、集约、集合”的布局结构调整原则，坚定不移走聚集发展之路，规划建设了占地5平方公里的渤海化工园和占地近1平方公里的精细化工基地，形成了布局基地化的集中生产格局。赵立志审时度势，抓住天碱搬迁改造和天津百万吨大乙烯提供的有利时机，坚持以市场为导向，建成投产了近20套具有世界先进水平的装置，全力打造高端化高质化高新化的产业结构，大大提升了渤化集团的整体竞争力和抗风险能力。为解决天津市长期能源战略问题和集团战略性结构调整，他抢抓“津蒙战略合作”的历史机遇，为天津的能源和化工原料基地建设开辟了新的路径。

自主创新　注重品牌建设

在赵立志带领下，“十二五”期间，渤化集团确立了优化提升渤化园和精细基地，启动建设南港基地和开发建设内蒙古能源化工综合基地三大历史任务，通过渤化人的努力拼搏，实现了布局基地化、港化一体、三化一体的发展格局。5年累计完成固定资产投资175.8亿元，投资项目93项，项目达产新增销售收入158亿元，有效拉动集团经济增长。

赵立志坚持开放式的科技创新，亲自带队走访科研院所和大专院校，积极推进产学研合作，并取得一大批重大联合攻关成果，众多技术在生产上转化应用，有效促进结构调整和转型升级。渤化集团5年累计投入科技资金66.3亿元，鉴定验收科技成果65项，荣获国家或市级科技奖励42项，5年来共授权专利554项。农业子午线轮胎、墨粉树脂和顺酐3个产品被列为天津市“杀手锏”产品。赵立志坚持以科技进步为支撑，加大知名品牌创建力度。渤化集团现有“红三角”“海王星”等5个中国名牌，26个天津市名牌，形成了“核心品牌＋行业知名品牌”的品牌模式，大大提升了渤化集团在市场的信誉度和美誉度。为加快国际化发展步伐，赵立志坚持全方位、深层次、宽领域的对外开放合资合作，在亲自主持与英力士、科莱恩、法液空、威立雅、孚宝、LG等多家世界500强和著名专业公司合资建设了一批世界级的化工装置和基础设施，形成一批战略合作伙伴。5年累计协议外资额10.8亿美元，对外签署融资合同、协议等188项，有效促进集团的经济发展。

以人为本　勇担责任

赵立志坚持安全环保源头把关、一票否决，确保低碳绿色发展；坚持党政同责、一岗双责、齐抓共管抓好安全环保工作。渤化集团2015年组织3.8万名职工参加了新安全法知识答题，深入开展安全大排查大检查活动。“8·12”爆炸事故发生后，赵立志亲临现场指导渤化集团抢险人员参与救援，并组织相关企业投入人力、物力、财力全力抢险，确保任务圆满完成。渤化集团5年投资7.86亿元，先后完成超净排放、炉烟气治理、异味整治等项目，提前一年完成了国家环保重点项目——铬渣治理任务，实施了全部无害化物综合利用。通过实施节能减排治理项目化，5年节能35.3万吨标煤，节约6.4万吨标煤，在集团生产增长翻番情况下，减排总量下降了20.0%，实现了环境友好循环发展。

赵立志坚持把做实集团作为加快建立现代企业制度的有力抓手，渤化集团注册资本增加到70亿元；坚持用创新的思路、创新的招法抓改革，不断增强企业的发展活力和动力，组建了重点产品事业部制，下放管理权限，明确权责，有效解决了生产稳定运行和科技开发的难题；积极稳妥地实施了困难企业的平稳退出，近4万名职工得到妥善安置。赵立志重视知识、重视人才，集团加大经营管理人才建设，每年对集团直管班子及领导干部进行考核和经济效益审计，建立了班子人才库。按照技能人才培训福利计划要求，集团出台了专项奖励办法，还先后引进了56名高层次紧缺人才。在人才机制建设方面，赵立志主持推动完善了企业首席专家、专业带头人和技术能手等多层次人才梯次建设，每年设立300万元人才培养基金，用于引进、培养、奖励，极大地调动了各类人才的积极性和创造性。

赵立志坚持以人为本、和谐发展，把认真解决好职工最关心最直接最现实的利益问题，渤化集团从业人员人均劳动报酬连续保持两位数增长，5年累计创造就业岗位11741个，安置下岗职工1987名。通过坚持实施生活救助、节日救助、学业救助、医疗救助、岗位救助“五大救助机制”，使集团困难职工生活质量不断提升，集团5年共筹措资金上亿元，帮扶救助困难职工24752人次。赵立志积极推动营造让职工舒心、安心、放心的工作环境，渤化集团先后投入770万元改造职工食堂和浴室，添置了50部班车，投入1460万元绿化新增厂区。

中国石油化工股份有限公司洛阳分公司总经理

赵振辉

赵振辉：男，1962年出生，博士研究生，教授级高级工程师，第十二届全国人大代表，“新世纪百千万人才工程”国家级人选，中国石化集团公司突出贡献专家，国家科技进步一等奖获得者，中国石化洛阳分公司总经理、党委副书记。

近年来，他主持、参加的技术项目先后获得省级及以上科技进步奖14项，其中“70万吨/年石脑油连续重整成套技术应用开发”攻关项目达到了国外同类技术水平，形成了我国具有自主知识产权的连续重整技术，获得国家科技进步奖一等奖。他还先后主持开发生产了90号、93号、97号乙醇汽油调和组分油、97号高标号汽油清洁汽油、98号汽油、−20号柴油、−35号柴油、车用液化气、正丁烷等新产品，积极推进企业技术进步和市场开拓工作。为不断增强企业规模实力和核心竞争力，1800万吨/年炼油扩能改造项目环评报告已获国家环保部批复、河南省发改委核准，项目前期工作已展开，目前进入了实施阶段，配套设施鲁豫原油管道和商业储备库已开工建设。

从追随到领跑强企之路

大学毕业后，赵振辉投身石化工业，从一名一线职工成长为企业高管，先后发表学术论文20余篇，获得8项发明专利授权，所主持、参加的项目先后获得省级及以上科技进步奖14项，其中“70万吨/年石脑油连续重整成套技术应用开发”攻关项目，达到国外同类技术水平，形成了我国具有自主知识产权的连续重整技术，2010年1月11日，中共中央、国务院在人民大会堂隆重举行国家科学技术奖励大会，该成果获得国家科技进步一等奖。他还先后荣获中国石化集团公司突出贡献专家、中国石化集团公司学术技术带头人、河南省十佳科技型创新企业家、河南省经济年度人物、河南省劳动模范等荣誉称号。

刻苦攻关硕果累累

石油，是工业的血液。把黑色的石油转变成人们日常需要的成品油和各种化工产品，需要经过一系列复杂的化学过程。在这一过程中，科技承担着尤为重要的作用。由于我国现代石化工业起步较晚，很多技术都是从国外引进，要付出昂贵的成本。

连续催化重整是重要的炼油化工生产装置，多年来国内建设连续重整装置一直靠引进美国UOP公司或法国IFP的技术。2003年中石化决定，开发连续重整成套技术，选定在洛阳石化实施，组成由生产、科研、设计参加的攻关组，赵振辉任组长。经过两年多的努力，2005年7月改造后的装置投产，初步运转及标定结果表明，达到了国外同类技术水平和攻关目标。该技术是我国具有自主知识产权的连续重整技术，2007年获得了中国石化集团公司科技进步一等奖，2010年获得国家科技进步一等奖。

此外，赵振辉还先后主持开发生产了90号、93号、97号乙醇汽油调和组分油、97号高标号汽油清洁汽油、98号汽油、–20号柴油、–35号柴油、车用液化气、正丁烷等新产品，积极推进企业技术进步和科技创新工作，使洛阳石化在激烈的市场竞争环境中不断发展壮大，为促进中国石化和地方经济做出了突出贡献。

精益求精优化创效

进入“十二五”之后，国家把调整结构、转变方式作为经济发展的重点，坚持走内涵发展之路。赵振辉提出在企业内部全面开展生产经营优化工作，强调“优化是实现提升的路径，是方法，是利器”。

洛阳石化成立了以赵振辉牵头的优化工作领导小组，形成了公司和基层单位两级优化工作组织体系。他们抓住制约经济效益提升的关键点和生产经营管理的潜力点，精心研究、确定优化课题。同时，根据市场变化和生产运行状况及时研究新课题，做到实时优化、动态优化。对每项优化课题都明确了量化目标、具体措施、时间统筹和责任单位，定期检查督促，定期对优化项目取得的效果进行评估、评审和表彰奖励。同时，注重固化成果和总结提升，及时将好的经验、做法补充完善到操作规程和管理制度中。

自2011年以来，洛阳石化先后实施公司级优化课题58项，制定并落实优化措施666项，累计增效超过10亿元，优化的领域从生产运行延伸到了企业经营管理各个方面，追赶的对象从同规模的青岛炼化上升到了国内一流的镇海炼化，多项经济技术指标不断刷新纪录，在中国石化同类装置竞赛中的排名不断上升。

实现企业转型升级

当今世界正处在大发展大变革大调整时期，以低碳、生态和可持续发展为核心的绿色经济已成为时代的最强音。作为洛阳石化的总经理，赵振辉深知，推动企业的转型升级，是自己义不容辞的责任。

在不断地探索实践中，赵振辉的思路越来越清晰，目标越来越明确。

几年来，面对原油劣质化和油品质量升级的双重压力，洛阳石化始终坚持规模发展与内涵发展并重，4 万吨 / 年硫黄回收装置、14 万吨 / 年聚丙烯装置、150 万吨 / 年催化汽油吸附脱硫装置相继建成投产，一批又一批的技术改造项目相继完成，装置结构、工艺流程、产品结构日臻完善、合理，市场竞争力不断增强。

项目建设是科学发展观的具体实践，也是加快经济转型步伐、推进新型工业化为主导的中原经济区建设的重要抓手。为满足区域成品油市场增长需要，赵振辉正带领企业积极推动炼油扩能改造项目。目前，1800 万吨 / 年炼油扩能改造项目环评报告获得了国家环保部批复、河南省发改委核准，项目前期工作已展开，项目进入了实施阶段，配套设施鲁豫原油管道和商业储备库也已开工建设。同时，借力中原经济区和郑州航空港综合实验区国家战略的实施，还将建设洛阳石化至郑州机场航煤管线，保障郑州机场航空煤油的稳定、充足供应，大幅降低航空煤油运输成本，提高效益。

积极推动项目建设同时，洛阳石化还投资 6 亿元实施“碧水蓝天”计划，通过改造电站烟气脱硫脱硝、催化再生烟气脱硫、污水提标、污水处理场异味治理等 14 个项目，进一步降低污染物排放浓度，为改善区域环境质量和生态文明建设做出贡献。

此外，洛阳石化认真履行社会责任，按照洛阳市委市政府安排，定点帮扶洛宁县小界乡苇山村，争取石化捐资、财政出资，修建村主干道路 3.35 公里、通村组道路 5.4 公里。搭建产业发展平台，帮助成立洛宁县金鸡种植专业合作社、扶贫互助金分会，争取财政扶持信贷 160 万元，落实到户增收核桃种植项目财政补贴 20 万元，有效解决了村民资金难题。另外，洛阳石化为地方解决协解再就业人员 331 人，不断推动经济社会和谐稳定和可持续发展。

从追随到领跑。在这条强企之路上，赵振辉正在不停跋涉。

郝志兰

郝志兰：女，57岁，高级经济师，北京市政路桥集团有限公司党委书记、董事长，第十一届中共北京市委委员，北京市第十四届人大代表。

她在把握企业发展方向上具有前瞻性和战略性。在“十一五”期间确立了“资产重组业务整合、深化改革破解难题、调整结构优化布局、加快发展择机上市”的整体工作思路。在“十二五”期间制定了以上市和上市运作为工作重点，构建投融资和科技创新两个体系，搭建资金管理、资产管理和项目管理三个平台，实现由传统国企向现代国企、由市场机会型向内生驱动型、由经营规模型向规模效益型、由施工拉动型向投资拉动和科技带动型的转变，为企业持续健康发展提供了保证。截至2014年年底，企业总资产393亿元，净资产47亿元，年综合经营额412亿元，实现营业收入330亿元，利润总额5.89亿元，始终保持了持续健康发展的良好势头。

为企业发展铺路搭桥

近十年来，作为企业掌舵人，郝志兰带领公司领导班子和广大干部职工，认真贯彻中央、市委的工作部署，公司生产经营、企业管理、改革发展、和谐稳定等各项工作取得了突出成绩，综合实力稳步提升，成为了在国内拥有较高知名度和较强市场竞争力的基础设施建设、养护综合服务商，始终稳居中国企业500强之列。

引领发展方向　深化企业改革

郝志兰在“十二五”期间确定以上市和上市运作为工作重点，构建投融资和科技创新两个体系，搭建资金管理、资产管理和项目管理三个平台，实现由传统国企向现代国企、由市场机会型向内生驱动型、由经营规模型向规模效益型、由施工拉动型向投资拉动和科技带动型的转变，发展设计咨询、工程建设、建材生产、设施养护与运营、资产经营与投资五个业务板块的12345转型发展思路，为企业持续健康发展指明了方向、提供了保证。截至2014年年底，企业总资产393亿元，净资产47亿元，年综合经营额412亿元，实现营业收入330亿元，利润总额5.89亿元。

郝志兰紧紧抓住体制机制改革不动摇，坚持以主业改制上市为核心，推动企业向现代企业制度转变。在2007—2009年自筹巨额资金，解决历史遗留问题的基础上，2010年启动了主业整体改制上市工作，2011年增量引入3家战略投资者，引资4.5亿元，将原北京市政路桥建设控股（集团）有限公司变更设立北京市政路桥股份公司作为上市平台，同时经上级批准在股份公司之上，新设北京市政路桥集团有限公司作为未来持有上市公司股权主体，搭建出市政路桥集团/股份体制架构，初步建立现代企业体制。以扁平化管理、集约化经营为目标，大力推进企业内部结构优化改革，实现传统国有企业由管理型向经营型转变。

科技创新　集约管控　开拓市场

郝志兰坚持科研与生产、引进吸收与自主创新相结合，构建并形成具有自身特点的科技创新机制。截至2014年年底，获得专利160个，其中发明专利37个；主编国家及行业标准规范21个，主编地方标准27个；获得国家级工法18个，省部级工法76个；获得国家科学技术二等奖1项，北京市科学技术一等奖1项，二等奖1项，三等奖3项。温拌沥青关键技术研究与推广应用、北京市路网数据三位平台建设与研究等几十项创新技术得到了推广应用。

郝志兰坚持做好顶层设计，领导制定了公司章程、党委常委会议事规则、董事会议事规则等公司基本制度；注重加强制度建设，制定出台、修改完善了工程评审、财务核算、质量监督等数十项制度性文件，进一步强化企业基础管理体系。持续深化内部管理，借助信息化手段，建立各类管理平台；注重防范经营风险，维护企业资金安全；加大对外参股投资清理规范力度，实现国有资产保值增值；高度重视安全生产，加强质量安全体系建设，加大工程安全质量检查力度，抓好安全生产规章制度落实。

郝志兰坚持把市场开拓摆在首要位置，坚持通过优化服务的理念来维护市场。在大力巩固和扩大北京市场的同时，积极开拓外埠市场，稳妥拓展海外市场，连续多年新签合同额在300亿元以上。坚持通过质量至上的理念来赢得市场，建立健全工程建设质量管控体系，截至目前，企业共获得詹天佑奖、鲁班奖、国家银质奖等国家级工程质量奖50多项。坚持通过投资拉动的理念来抢占市场，加大BT、PPP等融资建造项目推进实施力度，截至目前已实施投资项目近40项，投资金额100多亿元，确保了产业发展和整体经营目标的实现。

率先垂范　加强队伍建设

郝志兰从严要求自己，按照“提高素质、优化结构”的总体要求狠抓班子建设，认真落实民主集中制原则，不断提高集体决策力和执行力，增强班子的凝聚力和企业的向心力。她注重将生产经营与党建工作相结合、将企业法人治理结构的作用与企业党组织的作用相结合，充分发挥党组织的政治核心作用、战斗堡垒作用和共产党员的先锋模范作用；深入开展了各类主题教育、创先争优、社会主义核心价值观等活动，不断推进党务公开，提炼形成企业价值理念，建立了良好企业文化氛围；深入推进企业人事制度改革，建立了公开、公正、公平竞争上岗的选人用人机制。加强人才结构优化调整，经营管理、项目管理、专业技术和技术工人“四支队伍”建设成果显著，基本实现了企业由劳动密集型向技术和管理密集型的转变。

积极履行企业社会责任

通过信息化、机械化保障首都路网安全运营，道路养护水平多年来位居全国先进行列；圆满完成了国庆60周年长安街改造，奥运期间、国庆60周年庆典活动交通基础设施保障养护，2012年北京遭遇300年一遇暴雨的救灾等任务，企业被授予北京市抗击“7·21”特大自然灾害先进集体荣誉称号。

公司圆满完成了北京对口援建什邡20项灾后重建任务，承担达到北京援建玉树灾后重建任务一半以上的工作量。援建工程获得国家优质工程奖、北京市长城杯等一系列奖项，援建队伍获得2个全国五一劳动奖状和国家四部委表彰。公司不断研发并推广使用道路节能环保新材料，这些绿色环保新产品、新技术的产量目前已占据北京同类市场90.0%的份额。

郝志兰帮助职工解决实际困难，持续推进和加强企业文化建设，建立了较科学的薪酬机制；设立了爱心帮扶基金，保障了200多户困难职工的正常生活；严格落实有关规定办法，保障了每年上万名农民工工资收入按时到位；带头建立了领导干部与困难职工结对子制度，职工保险投保率和集体合同签订率均达100%，企业的凝聚力和向心力不断提升。

青海省水利水电（集团）有限责任公司董事长、党委书记

唐增科

唐增科：男，1957 年出生，大学本科学历，高级工程师，国家高级职业经理、一级建造师。现任青海水电集团董事长、党委书记，获评青海省劳动模范。

多年来，他坚持发展为第一要务，面对企业经营规模小、资产质量差、技术装备落后、经济严重亏损、冗员负担沉重等问题，大刀阔斧推进企业内部改革，强化管理创新，不断理顺体制机制，加强内控体系建设，强化财务资产监管，严格目标责任考核，提高了依法治理、集团管控和精细管理水平，增强了风险防控能力，实现了国有资产保值增值，积极推进产业多元化进程，相继建成了年产 8000 吨 EB 炉钛及钛合金熔铸项目和省属唯一年产 200 兆瓦太阳能电池片及组件生产线项目，大力发展光伏、风力发电项目建设，使集团清洁能源装机规模达 150 兆瓦，2016 年新能源开发项目装机达 300 兆瓦，新能源、新材料产业夯实了支撑企业可持续发展的基础。

求真务实勇担当　创新进取促发展

追求卓越　引领企业科学发展

青海水电集团系省属重点国有企业，1999 年 12 月正式组建时企业经营规模小、资产质量差、严重亏损，面临的形势异常严峻。唐增科牢牢把握西部大开发、国家支持青海等省藏区发展以及我省加快水利电力等基础设施建设的重大战略机遇，就企业发展不断做出科学定位并形成战略规划，采取一系列措施，带领企业迈上科学发展的崭新之路。

唐增科坚持以发展为第一要务，把强固基础与扩大主业规模相结合，通过自主投资开发和收购等举措，不断扩大集团水电装机总量，夯实发展基础和产业支撑能力，集团投产电站超过 30 座。同时，积极参与玉树地区电力事业建设，进一步提高当地电源保电供电能力。

集团成立初期，完善法人治理结构、规范运营体制机制、实现管理科学化是企业面临和亟待解决的首要问题。唐增科着力推动股东会、董事会、监事会、经营管理班子的各项运作机制，建立了以产权为纽带的母子公司体制，形成了各负其责、协调运转、有效制衡的法人治理结构。唐增科坚持正确处理改革发展与稳定的关系，积极推进国有资本调整，优化了资本和人员结构。他始终坚持推进管理创新，加强内控体系建设，强化财务资产监管，严格目标责任考核，提高了依法治理、集团管控和精细管理水平，增强了风险防控能力，实现了国有资产保值增值。

作为青海水电集团党政主要负责人，唐增科始终坚持“两手抓、两手硬”，高度重视加强企业党建和党风廉政建设，切实发挥党组织的政治核心作用和党员的先锋模范作用，保证了企业经营管理和改革发展的正确方向。

着眼未来　加快产业结构调整

唐增科认识到，集团要发展、要壮大，必须要走转型发展、多元发展、绿色发展之路。他提出并积极推行开发新能源、新材料产业；已建成EB炉熔铸钛及钛合金年产能8000吨，位列全国第一，拥有亚洲最大功率的双功位EB炉，填补了国内空白；他敏锐捕捉国家大力发展光伏产业和青海省打造光伏发电基地的历史机遇，相继建成了青海省首家年产200兆瓦太阳能电池片和组件生产线项目，产品广泛应用于省内光伏发电项目。

唐增科高度重视科技创新工作，以创新为驱动，引导和鼓励新能源、新材料产业开展科技攻关和技术研发，集团先后有近20项新型技术获得国家专利授权，部分研发项目处于行业领先地位，两企业被认定为国家高新技术企业。聚能钛业有限公司还承担着国家某新型耐高温钛合金材料研发任务，成为青海省首家承担国家工业转型升级强基任务的企业。

唐增科积极推进现有发电站的升级改造工作，不遗余力挖掘增效潜能，水力发电效益逐年提升。在他的大力倡导和推进下，集团产业结构调整近年来取得了突破性进展，运营效益和综合实力明显增强，为适应未来的竞争发展打下了坚实基础。

牢记使命　积极履行国企责任

作为省属国有企业负责人，唐增科始终坚持奉献社会、服务民生的经营理念，认真履行政治责任和社会责任，坚决执行省委、省政府的决策部署，为青海地方经济和社会发展做了不懈努力。青海水电集团于2015年年底实现了青海省一号水利工程——“引大济湟”工程跨流域调水的目标。集团连续3年高效实施“百企联百村”“党政军企共建示范村”和美丽乡村任务，实施了玉树、果洛无电地区电力建设任务，用实际行动推动了民族团结进步先进区的建设。集团系统10年来陆续招录职工近500名，转正临时用工近200名，各下属企业为社会提供劳务岗位4000多个，减轻了驻地政府的就业压力，促进了社会和谐。

唐增科始终践行安全发展理念，严格执行“管生产必须管安全”原则，健全组织领导机构，推进安全制度建设，严格奖惩措施办法，重视安全文化建设，强化日常宣传教育、监督管理和防护保障；摸索总结高寒高海拔条件下水电站运行规律，积极运用现代信息技术手段，强化设备设施排障消缺和检查维护工作，防范了各类事故的发生。

在唐增科和其他领导成员，以及广大干部职工的共同努力下，截至2015年年底，青海水电集团资产总额近78亿元，净资产约15亿元，拥有在建和投产发电装机容量约550兆瓦，年发电量约13亿度，规划发电装机容量2000兆瓦；建成省内唯一钛及钛合金熔铸企业和省属唯一国有生产太阳能电池片及组件生产企业。公司自成立以来累计发电140亿度，累计完成基建投资约85亿元，实现销售收入约60亿元、利税总额近10亿元。青海水电集团从2004年开始进入青海企业50强行列，连续多年被评为“青海省优秀企业”“全国优秀水利企业”、全省“安全生产先进企业”，2011年获“全国五一劳动奖状”。

以人为本　打造优秀企业文化

唐增科在多年的企业管理中始终坚持以人为本的经营理念，让发展的成果惠及广大职工和群众。2003年以来，集团逐步建立了职工薪酬与企业经营绩效协调稳定增长的机制，集团及成员企业职工基本养老、医疗、年金、失业保险费及住房公积金上缴率均达到100%；积极改善职工的生活、工作环境，企业出资美化、绿化庭院和厂区，建成一批文体娱乐设施；高度重视维护职工群众合法权益，完善矛盾纠纷协调化解机制，强化职工劳动安全和职业卫生保护，提升了全员安全健康水平。坚持全心全意依靠工人阶级的方针不动摇，支持工会等群团组织充分发挥职能和作用，落实职代会制度，推行厂务公开、“两个普遍”和工资集体协商，提升职工队伍素质，促进了劳动关系和谐。

牡丹江恒丰纸业集团有限责任公司董事长

徐　祥

徐祥：男，53 岁，研究员级高级工程师，全国劳动模范，牡丹江恒丰纸业集团有限责任公司党委书记、董事长。

他 1986 年进入原牡丹江造纸厂工作，2003 年任董事长后，把经济发展作为恒丰持续成长和履行社会责任的基础，他带领企业不断深化落实国际化战略目标，坚持技术改造与研发并举，通过大项目建设实现了规模扩张；坚持自有技术的拓展及培育，形成了完善一代、开发一代、储备一代、构思一代的新产品开发机制；坚持以客户需求为市场导向，建立了以亚洲为主，辐射欧美的国际营销网络。早在 10 余年前投资 4000 余万元建立 3 万吨 / 日污水处理场，实现了达标排放，被国家工信部确定为“资源节约型、环境友好型”企业试点单位。面对 2015 年全球经济下滑的不利形势，恒丰逆势而上，继续保持了效益提升的增长势头。

恒远兴业　诚信求丰

徐祥认真贯彻执行党的路线、方针、政策，落实科学发展观，带领恒丰走和谐持续健康的发展道路。在他的带领下，恒丰用不到十年时间，由国内三甲企业，成长为牡丹江市工业立市标兵单位，黑龙江省百强企业，全国最大、世界第三的卷烟配套用纸供应商。徐祥获得全国优秀党务工作者、全国劳动模范、全国企业文化建设领军人物等荣誉称号。

以经济发展为基础　增强企业创造价值的能力

徐祥把经济发展作为恒丰持续成长和履行社会责任的基础，通过大项目建设实现了规模扩张，坚持自有技术的拓展及培育，形成了完善一代、开发一代、储备一代、构思一代的新产品开发机制；坚持以客户需求为导向，实现了产品质量的持续提高……截至目前，公司拥有机制纸总产能 16 万吨，机制纸生产线增加到 18 条，公司产品占据中国市场份额的近 1/3，同时建立了以亚洲为主，辐射欧美的国际营销网络；公司技术中心是黑龙江省省级技术中心、黑龙江省特种纸中试基地，拥有以“省级重点专业带头人梯队”为核心的技术创新人才队伍，建有博士后科研工作站。

2014 年，恒丰在同行业效益普遍下滑的形势下实现逆势上扬，企业资产总额增长到 33 亿元，相当于在十年内再造了两个新恒丰。

以创新发展为动力　在新常态下实现新作为

早在 2004 年，徐祥就提出“打造世界上最好的林浆纸综合利用开发公司”的恒丰愿景，确立了“客户满意、员工满意、股东满意、社会满意”的办企宗旨，明确了依托战略建立最优秀的团队、机制和文化，打造最具有恒丰特色发展道路的理念。在他的倡导和带领下，恒丰以战略领航发展，搭建了“一年计划、三年规划、五年目标、十年谋划”的循环式战略管理体系，形成了当期效益与长远发展结合、管理创新与文化建设同步、市场引领与质量提升互动的发展模式。

徐祥直面经济下行压力和烟草行业拐点的不利环境，主张向改革要红利，带领企业成功实施了一系列改革：自 2004 年起，以每三年为一个周期，持续推进组织结构、管理流程、薪酬及绩效考核体系、人力资源结构等改革；他把国有企业改革纳入到战略管理的高度进行筹划、推进，持续增强恒丰抗风险能力和盈利能力；他把管理创新作为提升企业竞争力的重要手段，确立了“以效益为核心，以同心多元一体化为主”的战略定位，形成了在企业内实施“全员、全方位、全过程”低成本策略的发展共识；他在全体员工中不断强化“以做精促做强”的管理思想，倡导和建立“做精”的常态机制，企业逐步形成了制度化、规范化、标准化、数字化的管理模式，各项基础管理水平和运营效率得到大幅度提升……

以和谐发展为保障　深化员工满意办企宗旨

继 2004 年确定员工满意的办企宗旨后，徐祥提出了构建战略性人力资源管理体系的目标，以及一系列以“人文管理”为核心的选人、用人、育人理念，着眼于国际化发展战略，构建、完善全方位多层面的战略性人力资源管理体系。在人才的培养、选拔上，他注重在实践中发现人才。在员工素质的提升上，他确定了创建学习型创新型企业的目标，培养终身学习、团队学习、快乐学习的理念。在员工的薪酬待遇上，在确保员工收入年年有增长的同时，十年间累计为员工新建住宅楼及动迁安置楼 29 栋和其他福利设施。在落实员工满意办企宗旨方面，他坚持落实“一帮一”“多帮一”对接帮扶，从各方面关心员工生活，并坚持在企业内部开展为员工办好事、办实事的“暖心工程”……

企业与员工间的和谐发展，不断激发出员工的自豪感和归属感，公司先后有 9 人次获得全国劳动模范等国家级荣誉，企业获得黑龙江省劳动关系和谐企业标兵称号。

以健康发展为根本　营造风清气正发展环境

在徐祥带领下，恒丰一直严格遵循《公司法》及国家对企业的各项法规要求。在企业内部，徐祥更是积极推进党风廉政建设，努力形成风清气正的发展环境；积极落实学习实践科学发展观、党组织分类定级、生活会旁听制度，开展“三岗、三满意、三无”等创先争优主题实践，保证了“组织加强、班子坚强、队伍过硬、作用突出、效益提高”。

近年来，徐祥先后组织开展了以提高党风建设、作风建设为中心的“抓‘两风’促发展活动”，将健康发展提到与效益发展并重的高度；立足“作风、服务、责任、执行、高效”这个主题，着力解决干部作风、执行力和危机意识、责任意识、干事意识、服务意识等方面存在的问题，构建起“职责明确、工作规范、行动迅速、运转协调、执行有力”的运行机制；根据中央、省、市部署，聚焦“四风”问题开展党的群众路线教育实践活动。目前，徐祥根据中央、省、市要求，积极推进和深化“三严三实”专题教育，扎扎实实把公司改革发展任务和做强做大的目标落到实处。

以绿色发展为指引　承担企业社会责任

徐祥积极担负起了企业对员工成长、对社会发展、对自然和谐的责任。投资 4000 余万元建立 3 万吨 / 日污水处理场，实现了达标排放，恒丰被国家工信部确定为“资源节约型、环境友好型”企业试点单位；努力以自身发展带动地方经济增长，10 年来累计上缴税金 14 亿余元；坚持开展爱心捐款、一帮一爱心助学等活动，启动教育奖励基金、捐建恒丰路、实施城乡帮扶共建、组织员工奔赴受灾现场参加救助……恒丰先后获得全国五一劳动奖状、全国企业文化建设“百家重诚信单位”。

徐文卫

徐文卫:男，1966年出生，毕业于清华大学水电系水电工程建筑专业，教授级高级工程师，中国建筑业协会专家委员会委员，浙江省建筑业行业协会常务副会长，浙江省建筑业企业家协会副会长，宁波市建筑业协会会长，宁波市企业联合会、企业家协会、工业经济联合会常务副会长，宁波市商会副会长，现任宁波建工股份有限公司董事长。

他自2004年担任公司总经理职务以来，企业发展迅速，产值规模从2004年的10多亿元增长到2015年的137亿元。特别是2011年8月公司登陆上海证券交易所以来，积极推进实业经营和投资经营“双轮驱动”战略，先后投资收购南非安兰证券公司等国内外企业，依托上市公司的优势资源，持续推进实施结构调整、转型升级。近几年，公司各项管理工作也取得了明显成绩：工程质量合格率保持100%，获鲁班奖4项、国家优质工程奖4项、国家安装奖4项。

宁波建工　走向卓越

徐文卫自2004年担任公司主要领导职务以来，企业累计上缴国家税金20多亿元，捐赠社会公益、慈善事业2500万元，进行公益性投资8000万元，每年创造了几万个就业岗位。徐文卫先后获得全国优秀施工企业家、优秀中国特色社会主义事业建设者、浙江省建筑业十大杰出企业家、浙江省优秀企业家、浙江省优秀建筑业企业经理等。

不断增强驾驭市场的能力

徐文卫在做好生产经营管理工作的同时，他积极参加省市学术活动和专家咨询活动，组织参加了镇明路地下车库等宁波市一大批深基坑支护论证、火车南站广场等新技术新材料新工艺的评审和鉴定以及难度较大工程专项施工方案的论证等工作。他参与主持的绿色超流态结构混凝土的应用技术研究项目成果获得宁波市科学技术进步奖、浙江省高等学校科研成果奖。此外，他撰写的一批专业技术论文相继在国内较有影响力的学术刊物上发表。

徐文卫坚持走规模经营、品牌经营、资质经营之路；完善企业产业链，构建企业核心竞争力，提升企业管理水平，强化内部风险控制，抓好科技工作，加强人才队伍建设。企业产值2015年达到137亿元。近几年，宁波建工各项管理工作也取得了明显成绩：工程质量合格率保持100%，获鲁班奖4项、国家优质工程奖4项、国家安装奖4项，房屋建筑工程施工总承包特级，省级企业技术中心挂牌，企业信息化平台建设并开始运行；主编国家标准3项，参编国家标准、行业标准3项；获专利72项，其中发明专利16项；国家级工法7项、省级工法39项。宁波建工品牌影响不断扩大，企业立足宁波、走向全省，并已辐射到北京、上海、重庆、江苏、东北等地区，逐步拓展卡塔尔、美国关岛、南非等海外市场。

以人为本　企业呈现健康发展新局面

徐文卫积极实施“人才兴企”“文化强企”战略，努力建设高素质、高技能、复合型的人才队伍。目前，公司拥有各类管理人员 3000 余人，其中本科以上学历 1269 余人；拥有各类专业注册资格证书 986 人，其中建造师 596 人（一级建造师 235 名，二级建造师 361 名）。生产一线高技能人才队伍建设取得明显成效，已有近千名生产一线工人，经过培训鉴定获得职业资格证书。

多年来，企业注重培育全体员工共同的理念、行为和价值观，使“通情达理、守信讲义、服务社会、关爱员工、回报股东”的企业宗旨更加深入人心。徐文卫按照现代股份制企业的要求进行规范化、制度化建设，企业率先在全省建设施工企业中通过 ISO 9001 质量管理体系。徐文卫参与制订并推动了投资管理、资产管理、财务结算、审计监察、劳务用工和党工团组织建设与管理的规定等制度的出台与实施。通过制度建设，进一步规范了企业内部运作程序，有效地保持了企业的指令畅通，大大增强了整个企业的管理势能。

饮水思源　积极参与社会公益事业

2008 年汶川大地震发生后，徐文卫积极投入抗震救灾和灾后援建工作，派遣由施工管理骨干组成的青川灾后重建队伍，作为宁波市所有援建企业中任务最重、工期最紧的企业，公司共承建了 6 个援建项目。徐文卫多次亲赴青川，对援建项目的施工进展和现场建设情况进行视察，最终全体援建人员高标准、高质量、高效率地完成了援建任务。企业荣获了 7 个省级集体荣誉，3 个四川省天府杯优质工程，5 个青川杯荣誉，公司是浙江省唯一荣获全国五一劳动奖状的建筑施工企业。

近几年来在徐文卫的带动下，公司先后资助宁波、贵州等地区贫困生上大学。2006 年，集团公司在偏远的象山县高塘岛投资 8000 万元兴建了浙江广天船舶配件有限公司，目前生产经营效益良好。2007 年 11 月，企业出资 2000 万元设立了浙江广天日月科教基金会，用于奖励建设科技领域的创新创效活动。2008 年，公司向四川汶川地震捐助冬衣被 22000 余件，捐款 135 万余元，出资 25 万元建造贵州三穗甬报希望小学，参加“甬黔携手、万人助学”活动捐款 20 万元，向台湾受灾同胞捐款、向舟曲灾区捐款，向低收入农户送温暖，多次资助困难职工、重病职工。企业每年都带领各子分公司开展“慈善一日捐”活动。2011 年 2 月，公司接过援建新疆这一重任，冲锋在前，不辱使命，充分发挥了“亮剑”精神。2011 年 12 月公司与江东区慈善总会签约，建立慈善帮困基金 500 万元，用于各种扶贫帮困的需要。

作为市人大代表，徐文卫积极参政议政，他提出的《关于进一步加大城市环境综合整治，提升城市品位的建议》，被市人大常委会确定为重点建议;《关于加强玻璃幕墙竣工后监管的建议》，对建筑行业的安全问题进行了分析并提出建议，对市城乡建设事业做出了积极的贡献。

改革创新　带领企业勇攀高峰

自徐文卫担任董事长以来，表现出高度的责任感、良好的敬业精神和较高的质量技术管理水平，企业充分吸收民营企业灵活经营机制，积极探索现代企业制度规范运作；不断进行管理体制调整和经营机制创新，推动企业从生产管理、产品经营向资产管理、资本经营转轨变型；通过实施建筑业规模经营、品牌经营和资质经营、通过不断优化资本、产业、队伍结构，企业规模有效拓展，品牌形象有力提升，企业效益显著提高。在徐文卫的带领下，公司形成决策、执行与监督相制衡，激励与约束相结合的经营机制，构筑了一个以共同利益为基础，以资本、产业、党群组织、企业文化为纽带的利益共同体。自 2011 年 8 月 16 日宁波建工在上海证券交易所股票上市以来，积极推进实业经营和投资经营“双轮驱动”战略，先后投资收购南非安兰证券公司等国内外企业，依托上市公司的优势资源，持续推进实施结构调整、转型升级，企业的发展历程又翻开了崭新的一页。

中国电力建设集团有限公司董事长、总经理

晏志勇

晏志勇：男，57岁，教授级高级工程师，享受政府特殊津贴，在水利电力规划、设计、建设领域拥有30余年工作经验，不仅在集团内部，而且在国际国内同行业中具有良好的专业形象、社会形象。多次作为行业代表，随同国家领导出访或出席重要的国际国内活动。他担任国家能源专家咨询委员会委员，获全国优秀科技工作者荣誉称号，主持完成了全国水力资源复查和数条大江大河的水电开发规划研究，完成了多项国家水电发展规划和政策研究，完成了水电开发环境保护和移民有关重大问题研究，完成了多项大型、特大型水电站和抽水蓄能电站的技术审查。

他富于创业激情、强烈的责任感，思路超前，有很强的决策能力和组织领导能力，特别是大集团的战略管理、经营管理能力十分突出，工作业绩显著，为中国电力建设集团的发展做出了重大贡献。

中国电建　迅猛发展

晏志勇富于创业激情、强烈的责任感，思路超前，有很强的决策能力和组织领导能力，特别是大集团的战略管理、经营管理能力十分突出，工作业绩显著，为中国电力建设集团的发展做出了重大贡献。晏志勇不仅在集团内部，而且在国际国内同行业中具有良好的专业形象、社会形象，多次作为行业代表，随同国家领导出访，或出席重要的国际国内活动，享受国务院政府特殊津贴。

激发企业内生活力动力　提高企业运营质量效益

晏志勇积极推进集团整体改制上市和内部治理结构改造，股份公司获得 2015 年香港大公报金紫荆奖“最佳上市公司”等重要奖项；强力推进集团两层级三总部的整合，有效提升了集团管控力和决策执行效率；通过重组整合，形成一批优势企业和领军企业，支撑集团转型升级发展并带领其他所属企业共同发展；通过多种方法，有力推动了各企业加快调结构、转方式、提质效；根据中央简政放权精神，在保障“权责对等、授权与能力相适应、强化监督、对决策事项后评价、问责追责一体化”的前提下，按照一企一策原则授予不同层级的子企业以一定的自主管理权限，2014 年完成了对成员企业的分级并下放了第一批 5 大项、20 小项审批权限，激发发展成员企业自主经营活力、压力和动力；充分利用国家政策，坚持市场化、法治化导向，逐步解决企业历史遗留问题，使企业成为真正的市场主体。

晏志勇通过以集团化建设为抓手，促使成员企业服从集团整体利益，统筹协调集团国内外两个市场，使企业整体竞争实力得到显著增强。集团系统梳理、制订、优化和发布了基本管理制度体系，初步建立了权利和责任、成本和收益、业绩和激励相匹配的项目经营管理机制，项目管理中存在的问题得到有效改善。集团初步形成了全面风险管控体系，把能力是否可及、风险是否可控、目标利润和现金流是否有保障，作为控制规模的标准。集团建立相对科学完备的评审体系，努力做到重大经营和投资决策科学、规范、有序、受控、高效。集团始终坚持安全发展理念，构建安全生产的长效机制，在经营规模大幅增长的情况下，安全生产形势实现总体受控。集团充分发挥国家级技术中心等平台作用，形成基础研究、应用创新、市场转化、产业形成、效益创造及良性再循环机制。2011—2015 年，集团共荣获“鲁班奖”23 项（其中国际工程 10 项），国家优质工程金奖、国家优质工程奖共 55 项、国家科技进步奖 103 项……

加强队伍建设　支撑企业改革发展

晏志勇担任集团主要领导期间，始终把抓队伍建设尤其是能力建设作为各项工作的重中之重和主要抓手，通过内部竞争选拔和市场化选聘的方式，将一批能够带领企业健康发展的人员选拔到重要领导岗位上；积极探索“一司两制”“一企两制”的人才配置模式，创新吸纳集团急需的紧缺人才，实行灵活的薪酬分配制度，构建能够有效吸引高端人才、紧缺人才，特别是国际化人才的“政策高地”。集团通过严格的干部考核制度，强化领导人员退出机制，研究构建专业技术人员和技能人员的职级岗级和薪酬升降通道。集团通过组织班子成员加强理论学习，提升领导人员适应市场和处理复杂问题的能力；通过不断加大员工培训投入，提升全体员工专业技能和业务水平，建立起集团人才队伍。

2011—2015 年，累计实现营业收入 11597.48 亿元，累计实现利润 447.56 亿元。总体来看，在国外经济形势复杂严峻的情势下，中国电建的主要经营指标连创历史新高，所属成员企业绝大多数朝着健康可持续的方向发展。中国电建 2013 年、2014 年均被评为中央企业负责人经营业绩考核 A 级企业，2014 年、2015 年被国务院国资委授予中央企业经营业绩考核工作先进单位荣誉称号；2015 年位居《财富》世界 500 强企业第 253 位，在中国企业 500 强中排名第 46 位，中国跨国公司 100 大企业排名第 14 位。

2015年，集团国际业务完成营业收入722亿元，实现利润37.28亿元。集团已形成了以水利电力建设为核心，涉及公路和轨道交通、市政、房建、水处理等领域综合发展的“大土木、大建筑”多元化业务结构。

履行社会责任

晏志勇将合规管理、守法经营放在首位，将“诚实守诺”作为经营理念，获得穆迪A3、标普A–、惠誉A–信用评级，是目前全球建筑类企业的最高评级。公司注重完善法人治理，优化发展战略，增强市场竞争能力；进一步优化了内部组织结构。集团致力于“科技兴企”，建成以两级技术中心为主导核心，以各子企业科研设计力量为骨干力量，全体科技人员积极参与的企业科技创新体系。公司建立了技术创新机制，着力突破产业和行业关键技术，公司重点推广新技术，促进了成果转化。公司视产品质量为企业的生命，健全了质量管理体系。截至2015年年底，中国电建所属成员企业已经获得77项鲁班奖，集团设计承建的四项工程入选改革开放35年百项经典暨精品工程。

公司强化安全生产的“红线意识”，正确处理安全与生产、经营、利润的关系；坚持开展安全生产教育和培训工作，全面扎实推进标准化建设及达标工作。中国电建贯彻“以人为本”理念，不断改善职工劳动条件和福利待遇，加强职工素质的提高，尊重和保护职工的各项合法权益。集团秉承“客户至上”的经营理念，努力建设与客户共赢关系，注重加强上下游供应链管理，有效防范产业链质量风险。

公司秉承资源节约和环境保护的理念，强化节能减排工作力度。作为中国电力和水利工程行业的龙头企业，集团积极履行社会责任，促进工程建设及水电开发与生态环境保护的协调和可持续发展。中国电建积极参加国内外社会公益事业：推进西藏无电、缺电地区电源建设；积极投身青海玉树、四川芦山、云南鲁甸等地的抗震救灾和灾区恢复重建工作；扎实开展扶贫开发工作。中国电建在海外坚持本土化管理，关心和支持当地社会民生事业，帮助培养人才，创造就业机会，谋求共同发展。

陕西汽车控股集团有限公司董事长、党委书记

袁宏明

袁宏明：男，1965 年出生，清华大学汽车工程专业毕业，高级工程师，现任陕西汽车控股集团有限公司董事长、党委书记。

2008 年全球金融危机爆发，他深入思考国内外汽车行业的发展历程和经验教训，提出了“做强重卡，做大商用车，培育新的增长点，实现可持续发展”的发展战略。他培育并全面传播陕汽“德”文化，积极推动企业向服务型制造模式转型，使陕汽成为汽车后市场服务整合的先行者。他带领陕汽推进产业结构调整，延伸产业链，打造高度战略协同的重卡黄金供应链，构建了覆盖重卡、中卡、轻卡、微型车、大客车、新能源汽车等全系列商用汽车、关键零部件及后市场服务的强大汽车产业集群，而且使中国重卡以世界一流的技术水平走出国门，驶向全球。2015 年，在异常艰难的市场环境中，陕汽保持了生产经营的稳定，重卡市场行业排名由年初第 5 位上升至第 4 位，企业市场竞争能力有所提升。

陕汽驶入快车道

1987年从清华大学毕业进入陕汽，袁宏明就以百倍的热情投入到研发设计中，承担了我国第二代军车的总布置任务，很快从技术员成长为陕汽的总工程师。2008年，袁宏明出任陕汽集团总经理，面临经济危机的冲击，他着力转变企业发展方式，实行服务型制造，企业整体实力逐步增强，运营效益稳步提升。“十二五”期间，陕汽汽车产销总量为50.96万辆，销售收入166.5亿元。企业连续多年进入中国企业500强，2015年在中国机械500强中位居第20位，荣获全国五一劳动奖状、全国先进基层党组织和全国文明单位等荣誉称号。

经营管理见真功

2008年全球金融危机爆发，袁宏明积极落实公司确定的“做强重卡、做大商用车、培育新的增长点，实现可持续发展”的发展战略，明确提出陕汽从传统制造企业向服务型制造企业的转型发展战略，领导陕汽在做强重卡的同时，积极寻求和把握在中卡、客车、微型车、专用车以及关键零部件制造等方面的全方位发展，增强防范和抵御经营风险的能力，同时加大自主创新力度，培育企业发展软实力。

在袁宏明的带领下，陕汽建立了国家级企业技术中心、博士后科研工作站、陕西省院士专家工作站和重卡新能源研究开发与应用实验室，成功推出具有自主知识产权的重卡换代新产品和LNG、CNG、纯电动码头牵引车等新产品。2012年，陕汽新能源汽车双燃料技术填补国内空白，继CNG、LNG项目之后，混合动力及纯电动技术成功跻身国家863项目。在袁宏明的推动下，陕汽初步搭建起了以产品战略研究、应用性技术研究、平台产品开发、应用工程为主的正向研发体系，开发了 M3000、X3000 系列产品平台，针对区域市场特色开发了罐式车、环卫车、冷藏车等系列产品，有效提升了公司产品的市场竞争力。2009 年袁宏明在汽车行业内率先确立了服务型制造的发展理念，陕汽开始了转型升级之路。袁宏明通过整合内外部资源，建成了覆盖全产业链以及产品全生命周期的产品自主研发平台和高效服务平台。为了促使企业经营模式由粗放型向集约型转变，袁宏明直接领导陕汽构建了运营计划和绩效管理互为一体的运行机制，建立起动态联动闭环式的全面预算管控体系，使公司的年度经营计划落到了实处。袁宏明不断创新生产管理模式，加强生产准备全过程控制。同时，他推行资源核对平台和三级预警机制，针对重点车型从设计、资源储备、装配、质量等环节入手，进行合理的资源储备，上线计划按序执行率提升至 99.0%。袁宏明面对激烈的市场竞争，对公司营销体系、模式及市场结构进行了大刀阔斧的改革和调整，构建了产品 + 服务的服务型商业模式，以“产品全生命周期”“客户经营全过程”“一站式的整体解决方案”为支撑的全新营销模式，为客户提供全面、高效、精准的价值服务。2014 年陕汽实现逆势增长，全年销售汽车 10.7 万辆，同比增长 2.3%；实现销售收入 400 亿元，同比增长 17.6%。袁宏明大力推进陕汽的国际化战略，陕汽是国内重卡行业最早开始国际市场网络布局的企业，实现了主销市场的全覆盖。在袁宏明的领导下，陕汽加快在国际市场的一般贸易向本地化的合作转型，使陕汽本地化战略布局覆盖非洲、中东、东南亚、东欧独联体、中南美区域；大力开发个性化服务产品，采取一国一策的市场策略，通过细化区域市场产品定位，提高市场响应速度，开拓国际市场。

在袁宏明的领导下，陕汽以项目为契机，在各军兵种市场取得了重大突破，实现了列装和选型的全面开花。陕汽充分发挥在国内军车市场有效集成销售、服务、配件的优势，推行“主动保障服务管理”“联合保障服务”模式，赢得了部队赞誉，巩固了军品市场领导者的地位。

袁宏明结合企业的发展历史和文化沉淀，将传统文化与现代管理思想融会贯通，形成了富有陕汽特色、充满竞争力的德文化体系，为推动企业发展提供了强大的精神动力。在高管团队建设方面，袁宏明通过班子集体学习、集中培训等形式，着力打造一支思想观念新、科学决策力强，想事、干事、干成事的企业领导干部队伍。公司建立完善了“双向选择、竞争上岗”干部选拔机制，推行后备干部管理制度。袁宏明推动管理下基层、交叉任职制度，使干部的工作水平和工作能力得到了明显提升。

在袁宏明领导下，陕汽有了巨大发展。企业综合实力在中国机械 500 强企业中位居第 20 位，实施服务型制造战略以来，陕汽的综合实力不断提升，工业总产值从 2008 年的 200 多亿元增长到 2014 年的 536 亿元。2014 年，陕汽实现了从单一的产品提供商向整体解决方案提供商的完美蜕变，企业利润结构更加优化，与重卡行业第一阵营的差距进一步收窄。2015 年，虽然陕汽整车产销量受市场大势影响同比下滑，但企业主营业务重型卡车市场份额较年初增加 0.5 个百分点，行业排名由年初第 5 位上升至第 4 位。

企业社会责任

陕汽以创建资源节约型和环境友好型社会为己任，截至 2014 年陕汽综合节约能耗 20065 吨标煤，超额完成“十二五”承担的节约指标。陕汽 2007 年通过环境 / 职业健康安全管理体系认证，工业废水实现“零排放”、零污染和循环利用，对新、改、扩建项目做到“三同时”管理，多次受到省市政府的表彰奖励。陕汽在袁宏明的推动下通过加大对成熟人才、高端人才的引进和储备，突破企业发展的人才瓶颈。公司坚持按劳分配、同工同酬，采用多种工资制度，依法为员工及时足额缴纳各类社会保险。

陕汽还致力于公益与慈善事业，积极参与社区建设，鼓励职工志愿服务社会，关心支持教育、文化、卫生等公共福利事业，在发生重大自然灾害和突发事件的情况下，陕汽还积极提供财力、物力和人力等方面的支持和援助，2008 年至今，为汶川、玉树灾区和延安红十字会等捐款近千万。袁宏明要求全集团坚持安全第一，不断提高应急管理水平和应对突发事件能力，加大安全生产投入，促进了公司生产的安全、平稳运行。

钱月宝

钱月宝：女，1949 年出生，高级经济师，连续当选第九届、第十届、第十一届、第十二届全国人大代表，先后荣获全国道德模范、全国劳动模范，江苏梦兰集团有限公司董事长、总裁。

她勇立潮头，坚定实施品牌发展和创新驱动战略，引进卓越绩效管理模式，从手工绣花小作坊起步，将企业发展成为集家纺产业、电子信息、跨境能源、环保科技等多元发展的现代企业集团。在她带领下，梦兰品牌创出中国家纺行业第一个“中国驰名商标”、第一批“中国名牌”，取得了全国床品行业首个也是唯一的“国家认定企业技术中心”，梦兰在中国纺织服装企业竞争力 500 强的排名跃升为第 34 名，在家纺行业竞争力 10 强企业中位列第 5 位（床品企业第 1 位）。她投资的中俄跨境油品项目被列入 2015 国家“一带一路”建设优先推进项目，开创了中国民营企业开展跨国能源合作的先河。

永飘兰香的追梦人

1989年，“梦兰”商标诞生了。发展至今，梦兰先后成为全国家纺行业第一个“中国驰名商标”，第一批“中国名牌”。“梦兰”被世界品牌实验室评为中国500最具影响力、最具价值品牌，品牌价值达225.84亿元，企业综合竞争力跃居国内行业之首。

营造品牌 创新驱动

钱月宝建立了完善的质量/环境管理体系，在严格执行国家强制性标准和家纺产品行业标准的基础上，采用国际生态纺织品标准（Oeko-Tex Standary 100），制定了高于国家标准的“生态纺织品床上用品”企业标准。凭着近乎苛刻的质量评估标准和牢不可破的品牌信用，梦兰获得了负责国家、行业标准制修订工作的资质。2013年，企业在家纺行业竞争力10强企业中名列第5位，在床上用品行业位居榜首。品牌的优质内涵，使梦兰成功走向国际市场，进军沃尔玛、TARGET（塔捷特）、日本NITORY等国际连锁市场网络。在沃尔玛超级市场，率先实现了“零退货”，连续多年销量排名第一。

钱月宝带领梦兰企业技术中心与产业链上游企业合作，累计完成30余项涉及家纺新技术、新工艺、新产品等多个领域的技术创新项目，成功开发了系列低碳、环保的生态家用纺织品，各类产品累计荣获国际家纺博览会优质产品金奖、设计金榜奖180余项，获国家发明专利、实用新型专利700多件，产品畅销全国近30个省市和地区，国内主要市场占有率达到11.8%，新产品产值占总产值比例达到40.0%以上。

钱月宝将诚信作为企业文化的重要内容，严格遵守市场经济规则，重信誉，重承诺。钱月宝着力健全企业的信用管理体系，倡导优质服务，强化监督保障，梦兰成为全国质量效益型先进企业、全国守合同重信用企业、全国诚信守法乡镇企业、中国纺织行业AAA级信用企业。2013年11月，经江苏省质量管理协会统计，企业的产品顾客满意度综合得分达到85.75分，售后服务的满意度得分达到92.99分。

在钱月宝的主持推动下，形成了从理论研究、产品市场化开发、试验到产品标准制定的链条式创新载体。梦兰以掌握国际领先的家纺产品设计开发和先进制造技术为目标，加强床上用品产品设计开发、先进制造和检验检测三方面能力建设，全面提升企业技术研发水平和科技创新能力。梦兰都走在了全国家纺行业的前列，在开展跨界合作，研发生产绿色家纺产品方面，更是起到了引领作用。2013年，梦兰家纺创新能力建设项目被国家发改委列入国家高技术产业发展项目计划。钱月宝围绕产业发展重点引进培养和造就了一批优秀的创新领军人才。梦兰建成了国家级企业技术中心、博士后科研工作站和院士工作站，与多家科研院校联合成立合作研发设计机构，在多所高校设立“联合开放实验室”，不断拓宽青年技术骨干的创新视野，集聚高层次人才500多名，为提高自主创新能力提供了强大智力支持。

钱月宝积极改善创新环境，开展学习型企业建设，与大专院校结对挂钩，携手搭建员工教育培训平台，制定学习晋升激励机制，营造健康积极向上的精神文化氛围；解除职工后顾之忧，在金融危机的持续影响下，公司率先“不减薪、不裁员”，而且员工平均工资增幅在15.0%以上，梦兰也因此被评为江苏省民营企业就业先进单位和全国发展县域经济突出贡献乡镇企业。

钱月宝在加快科技创新中对产业结构进行战略性调整，依托梦兰品牌的优势，与各行业的优势企业、强势企业强强联合，一是向家纺的其他产品拓展，实现了大家纺的生产营销格局；二是跨行业，多领域的发展，向高科技的新兴产业、能源产业、服务业转型，使“梦兰”品牌得以在更高平台上不断提升。

2006年10月6日第一代由中国人自主研发、自主设计、自主制造的低成本电脑在梦兰龙芯产业化基地问世，立即引起了国际社会的高度关注，华盛顿著名智囊机构哈德森研究所将此事件列为当年“中国向前跳了一大步”的经典案例。2010年成立梦兰星河能源股份有限公司，并与俄罗斯罗斯国际石油公司共同成立阿穆尔能源公司，合力推进总投资100多亿的阿穆尔—黑河边境油品储运与炼化综合体项目，2015年，被列入国家“一带一路”建设优先推进项目。

勇担企业社会责任

公司持续通过《梦兰报》、专题报告、培训等途径，提升全体职工的社会责任理念，促进共识；积极倡导企业及员工积极参与、组织扶贫帮困、抗震救灾、捐资助学、志愿服务等社会公益活动，以强烈的企业公民意识，坚定不移地履行社会责任。在2014年9月召开的中国纺织服装行业社会责任年会上，以江苏梦兰集团有限公司为首代表中国家纺行业首次进行企业社会责任报告发布。梦兰获评2014年度中国纺织服装行业社会责任信息披露实践优秀奖和中国家纺行业社会责任报告先导企业。梦兰还荣获首届中国最佳企业公民，蝉联四届全国文明单位称号。

作为梦兰村党委书记，钱月宝义不容辞地把“壮大集体经济、致富一方百姓”作为毕生追求。她用责任与担当率先践行“中国梦”，把贫穷落后的小村庄发展成首批中国十佳小康村。

钱月宝和她的企业累计在支持新农村建设、抗震救灾、扶危济困、爱心助学等社会公益慈善活动中捐款捐物2.2亿元，其中她个人捐资捐物达2212.96万元。

钱月宝带领企业长期与常熟73619部队、市人武部、消防大队等长期结对共建，在节日拥军、实事拥军、优抚拥军等方面为部队建设做了很多实事。急部队之所急，帮部队之所需，被部队官兵亲切地称呼为“钱妈妈”。

钱月宝曾荣获第四届全国道德模范、首届中华慈善奖、中国大陆十大慈善家、中国好人、全国军民共建社会主义精神文明先进个人、江苏省“创业创新创优，争先领先率先”重大典型、江苏省优秀共产党员等荣誉称号。

菲尼克斯（中国）投资有限公司总裁

顾建党

顾建党：男，45岁，高级工程师，菲尼克斯（中国）投资有限公司总裁。

1993年年底，德国菲尼克斯电气与南瑞集团公司合资成立南京菲尼克斯电气有限公司，作为创业团队成员之一加入菲尼克斯，从此开始20余年的创业之旅。1998年，担任销售部经理，他坚持业务创新，用两年时间把业务规模从5000万元拓展至上亿元；2005年，接任公司总经理。他坚持不断创新的管理模式，屡创佳绩；2011年，接任公司总裁后，制定了公司新10年的战略规划和发展方向——2020战略。2014年，确立了公司面向未来的智能战略，积极推动工业4.0与智能制造从概念到现实的转变。

20余年的实践中，他不断用创新演绎成长动力，用追求卓越实现自我超越；先后担任上海电力学院兼职教授、南京大学商学院客座教授、中国仪器仪表学会常务理事，获得2015年度中国MBA十大精英人物、2015年度中国自动化领域十大风云人物、2015国际跨国公司领袖奖等荣誉。

做最值得信赖的全球和本土品牌

1993年年底，德国菲尼克斯电气与南瑞集团公司合资成立南京菲尼克斯电气有限公司，顾建党作为创业团队成员之一加入菲尼克斯，此后20余年的实践中，他用不断用创新演绎成长动力，用追求卓越实现自我超越：获得2012中国商界年度影响力人物、中国MBA成就奖、工控行业经营管理奖、2015年度中国MBA十大精英人物、2015年度中国自动化领域十大风云人物、2015国际跨国公司领袖奖等荣誉。

扎根中国　本土创新

2011年，接过总裁的接力棒，顾建党继续带领中国菲尼克斯团队，秉承“德国制造”的品质，激情创新，在自身所在的领域深耕细作，以专注成就行业最高品质产品及技术创新领袖。

作为全球创新的驱动者，顾建党坚持“信任=责任”的理念，致力于通过持续创新创造和卓越运营，将中国菲尼克斯打造成为最值得信任的全球和本土品牌。在持续创新的22年里，顾建党积极推动菲尼克斯扎根本土，服务中国，为将中国菲尼克斯打造成为一个全球化的本土公司，一个本土化的跨国公司而不懈努力：2009年注册成立菲尼克斯（中国）投资有限公司，打造菲尼克斯电气中国地区业务总部和亚太竞争力中心；2011年确立面向未来的中国菲尼克斯2020战略，资源倒逼机制下实现新的跨越和发展；2014年发布菲尼克斯智能战略，新常态下为实现制造业的转型不断探索……来自德国的“隐形冠军”，在中国本土生根发芽，发展壮大。

公司先后通过ISO 9002质量体系认证，ISO 9001质量体系认证，ISO 14000环境体系认证和OHSA 1800认证；获得江苏省创新型企业、高新技术企业、中国电气工业100强/创新力10强；被评为南京市及中国工控行业最佳雇主、全国模范劳动关系和谐企业、全国企业文化示范基地、中国社会责任优秀企业等称号。

回报社会　做最佳社会责任品牌

多年来，顾建党秉承“振奋民族精神、服务社会大众、共建和谐社会”这一扎根中国持续发展的核心价值观，始终关注和践行社会责任。从援建8所希望小学，到资助西藏偏远地区贫困学校，在10余所大中院校设立了菲尼克斯奖学金以及建立实验室、2006年独立加入联合国全球契约，十余年来累计投入资金超过1000万元。

顾建党作为公司的领导者，他坚持以人为本，关爱员工，保护员工，始终注重吸引人才、培养人才、留住人才，实现员工和企业的共同发展；顾建党始终秉持可持续发展的理念，将绿色经营、绿色营销理念纳入企业经营战略、经营决策、经营过程和管理当中，从节能减排、废弃物排放、节约用水用电、到包装材料应用、员工环保意识的提升等方面来关注环境保护。公司获得绿色等级企业、中国社会责任优秀企业等荣誉。

他积极推动中国电气与自动化产业升级，将菲尼克斯作为推动中德之间交流与合作的桥梁，树立起中外合作的典范。从参加“德中同行”系列活动，到接待国际劳工组织、英国职工大会等代表团；从连续6年承办中德职业教育年会，到连续3年举办EduNet亚洲年会和组织中国的十余所高校参加EduNet全球年会……

追求卓越　资源倒逼机制下的可持续发展

为了打开未来十年的发展空间，实现新的跨越和发展，顾建党实施了面向未来的中国菲尼克斯2020战略——以客户/市场为导向、高品质产品和服务为基础、RBU本土创新为驱动，建立全面的人才发展战略，通过“自动化成就梦想”、战略合作/联盟/并购等举措，为客户提供完善的器件和系统解决方案，实现50亿元以上的规模，成为中国市场和客户最值得信赖的全球和本土品牌。

制造业是国民经济的主体，是立国之本、兴国之器、强国之基。在“中国制造 2025”战略和江苏省智能制造战略的推动下，中国制造业智能化转型已势不可阻挡。2014 年，上海工博会上，中国菲尼克斯对外发布以“连接智能的世界 Connecting Smart World”为主题，面向未来的智能战略，软硬结合、虚实相映；成立智能战略推进联盟，打造国家级智能制造创新平台，共建生态，携手共赢；并结合中国产业特点，提出实现工业 4.0 战略的四部曲方案：生产制造自动化、流程管理数字化、企业信息网络化、智能制造云端化；依托菲尼克斯电气在工业 4.0 研究领域创新的自动化技术，为智能制造、智能机器人、智慧工厂、智慧城市等提供全方位的解决方案。

在智能战略的部署下，他驱动中国菲尼克斯不仅在内部运作体系、营销架构、创新机制等方面进行了一系列的变革，以“E 之道”全面践行转型发展；在外部，践行智能教育，与同济大学合作成立国内首家“工业 4.0——智能工厂实验室”，努力成为中国生产制造业构建数字化智能工厂的应用示范工程；在他的规划下，更多的工业 4.0 实验室将在中国生根发芽。

继 2014 年智能战略发布后，2015 年 11 月 3 日，在上海工博会开幕之际，顾建党以“工业 4.0 在行动”为主题，正式对外发布了面向未来的智能战略 2.0 及中国战略 2025，并分享了在不断探索和实践中形成的菲尼克斯电气的“智”造观。本次会上，菲尼克斯电气智能教育联盟成立，开创中国产学研合作新篇章；菲尼克斯电气携手本土隐形冠军利驰软件，软硬结合，共塑电气制造业的未来；作为德国工业 4.0 的重要参与者，菲尼克斯电气智能战略推进联盟联合江苏省经济和信息化研究院、江苏省苏商发展促进会共同发起成立“江苏省智能制造研究院”，为区域产业转型升级提供支撑；菲尼克斯（南京）新能源汽车技术有限公司成立，全力助跑绿色产业；经过一年的发展，菲尼克斯电气智能战略推进联盟再添新军，新成员的加入将进一步完善“智”造生态圈，更高效地推动工业 4.0 和中国制造 2025 的全面落地，加速推动中国“智”造进程……

河北常山生化药业股份有限公司董事长

高树华

高树华：男，68岁，高级工程师，河北常山生化药业股份有限公司创始人，现任公司董事长。

他从小作坊起步，本着“要做就做最好”的创业理念，走上创业之路。多年来秉承“先做精、再做强最后做大”的发展理念，把公司从只有肝素钠一种产品，发展成拥有肝素系列产品、硫酸软骨素、透明质酸钠等多种高科技产品的企业，走出了一条自主研发和借力高校研发的创新之路。现拥有蛋白共沉、分子切割等多项独到的技术，取得了“一种低分子量肝素钙生产工艺”的发明专利。2010年公司的“肝素原料药技术改造项目”获得国家“十二五”规划“重大新药创制”重大专项项目支持。2013年3月公司和美国ConjuChemLLC公司签订了技术合作协议，共同出资成立“常山凯捷健生物药物研发（河北）有限公司”，研究开发生物制药领域新产品，合资公司研发的国际领先水平的新药艾本那肽2015年4月取得了国家局Ⅰ、Ⅱ、Ⅲ临床大批件。

企业发展的掌舵人

高树华政治立场坚定，带领公司全体干部员工深入开展群众路线，努力把学习实践科学发展观转化为具体的经济成果。面对复杂的国内外经济环境，高树华引领企业稳中有进，取得了经济、文化双发展和销售、效益双提高。2015 年 1—11 月主营业务收入 80644.4 万元，利润 15107 万元，利税 16430 万元。2002 年度高树华获石家庄市优秀企业家“金球奖”，2003 年度当选石家庄市拔尖人才，2014 年被评为河北省科技型企业家。

技术创新　提升管理水平　创建国际一流企业

1992 年，高树华开始创业，1993 年 8 月，肝素钠在中国火炬计划成果及高新技术产品展交会上荣获最佳火炬计划产品奖。高树华带领工人攻克了溶酶回收再利用技术，节约了资源杜绝了溶酶污染，累计为公司降低成本超过 2 亿元。1997 年 12 月，被河北省科委授予高新企业荣誉称号，公司开发研究的多项新产品在省市获得多项奖励，2000 年公司销售收入突破 1000 万元，出口创汇 110 万美元。2003 年 12 月，公司开发的“透明质酸钠新工艺研究”项目生产工艺达到国内领先水平。在之后的十几年中，公司不断发展创新，“硫酸软骨素（注射级）新工艺研究”项目、“超低分子肝素钠”项目都达到了国际先进水平；公司的肝素钠、肝素钙、低抗凝肝素钠也在 2003 年被评为中国著名品牌。除此之外，公司还荣获省高技术产业化重点示范项目、河北省出口名牌、河北省创新型试点企业、国家火炬计划重点高新技术企业，获评国家地方工程实验室等。

公司于 2006 年拿到了国内首仿的低分子肝素钙注射液的新药证书，并创立了高于国家标准的 YBH 03832006 企业标准，到目前为止依然处于国际领先水平，该产品享受国家发改委单独定价这一鼓励性政策，到2014年年底该产品连续5年国内市场占有率第一。2014年5月公司拿到了达肝素国内首仿的新药证书，目前国内市场占有率达到了80.0%，公司在肝素领域已经达到国际一流水准。在做好肝素核心产品的同时，公司在多糖领域另一个重量级产品注射级透明质酸也已经完成注册申报，公司注册的企业标准部分关键指标不仅高于国家标准，也高于欧美国家的标准，还高于该产品的原研厂家日本生化学工业株式会社的企业标准，也为该产品占领国内和国际高端市场奠定了良好的基础。

多年来公司严格依据药品GMP生产质量管理规范，建立了完善的质量管理体系，2008年美国“百特事件”中常山药业是国内唯一没有受到影响的肝素企业。公司的原料药车间、小容量注射剂车间、片剂硬胶囊车间已先后通过了国家GMP认证。公司肝素钠原料药等多种产品已通过了欧盟EDQM认证和法国、德国GMP认证，零缺陷通过了美国FDA的现场检查并取得证书。公司拥有功能齐全的测试室，配备先进仪器设备。通过完善的制度，严格的管理打造了公司高品质的产品。近年来企业先后获得中国质量诚信企业、河北省质量效益型先进企业、石家庄市政府质量奖等。

借助资本市场实现快速发展　吸引高端人才助力公司成长

2011年公司在深圳证券交易所成功上市，2012年1月收购常州泰康药业有限公司成立常山药业江苏分公司，进一步完善了公司在肝素领域的产品布局。公司与清华大学、山东大学及英国剑桥大学建立了密切的协作关系，和美国ConjuChemLLC公司共同出资成立“常山凯捷健生物药物研发（河北）有限公司”，在美国洛杉矶设立联合实验室。合资公司研发的具有国际领先水平的治疗糖尿病的新药艾苯那肽2015年3月同时获得国家Ⅰ、Ⅱ、Ⅲ期临床证大批件，目前已经进入Ⅰ期临床试验。

2008年国内知名肝素专家、山东大学知名教授姬胜利受聘为公司总经理。为了吸引和留住人才，公司于2012专门对高端人才和公司骨干成员实施股权激励，建设了一栋专家公寓，配备完善的生活设施。2013年美国ConjuChemLLC公司11名博士研发团队和美籍华人丁毅力博士团队的加盟，使公司部分新产品的研发速度迅速得到了提升。公司和山东大学、清华大学等知名大学的生化与生物技术药物研究所、药学院建立了良好的合作关系，和美国 ConjuChemLLC 在美国共同出资建立了药物研究所。

以人为本　注重企业文化建设和社会公益事业

随着经济全球化的发展，高树华更加重视企业文化的塑造，进一步增强企业的凝聚力、执行力、创造力，发挥企业综合优势与各部门的整体协同效应。企业的文化精髓确定为诚信、创新、合作、凝聚、精质、卓越。诚信，是常山药业的立身之本和经营哲学。高树华要求企业在经营活动中自觉维护国家的荣誉和企业的信誉，明确提出信誉是公司的生命，诚信体现了常山生化最核心的价值观。公司多次荣获银行颁发的黄金客户及 AAA 信用客户，荣获省市各局评定的重合同守信用单位及信用优良企业；2010 年荣获中国诚信万里行颁发的诚信建设示范单位；2015 年荣获中国出口信用保险公司颁发的 AA 级客户。创新，是常山生化发展的不竭动力和优势所在。常山药业多次被认定为省年度创新型企业，被评为国家火炬计划高新技术企业。合作，是企业的发展之道。公司同国内的大学以及国外优秀公司的合作都是在整合外部优势资源，实践证明这也是公司近年来快速发展的成功经验。凝聚，是企业的力量源泉和整体竞争力的重要体现。高树华要求在员工中大力弘扬和培育精诚合作的精神，依靠团结的力量和企业整体协同效应去战胜前进道路上的各种困难。卓越，高树华要求广大员工不甘平庸，志存高远，在发展中追求更高的目标、更佳的品质、更好的效益；不断超越自我，超越他人，努力实现新的跨越和突破。

高树华积极支持企业建立党支部、成立工会，尽最大能力吸纳下岗工人，公司被正定县总工会命名为“就业基地”。近年来公司每年都拿出数十万元捐赠社会公益事业，每年都向残疾事业捐款捐物；连续三届赞助正定围棋大赛，为正中累计捐款 200 多万元，支持正定文化教育事业发展，支持革命老区建设；为困难职工及妇女、儿童献爱心等。高树华被评为最具社会责任企业家、正定道德模范、河北省优秀民营企业家等。

白山市喜丰塑料（集团）股份有限公司董事长、总经理

曹志强

曹志强：男，59岁，高级经济师，当选第十届全国人大代表、全国青年企业家协会副会长、中国塑协农用薄膜专业委员会理事长。

他领导一家长白山脚下的手工作坊，一步步发展成为目前亚洲最大的农用薄膜生产企业——吉林省白山市喜丰塑料（集团）股份有限公司。他兴企之策是广揽人才，吸引科技人员来企业工作，派科技人员到大专院校和科研部门培训，定期请外国专家来厂讲学，并送高级科技人员出国学习，对科技人员实行重奖并创造宽松工作环境，先后完成了50多项重大技术改造和新产品开发，开发的人参专用膜，无滴蔬菜大棚膜等均处于全国同行业领先水平。公司还开发了年产4000吨农用节水器材生产线，自主研发的节水滴灌系列产品“内镶式扁平滴头滴灌带”被评为吉林省名牌产品，滴灌设备通过省级农机鉴定，列入国家农机补贴推广目录。他先后荣获全国五一劳动奖章、全国劳动模范。

艰苦奋斗　企业腾飞

从1985年起，在曹志强的带领下，企业一步步发展成为拥有白山喜丰塑业、山东喜丰塑业等11家下属子公司和河北、沈阳、吉林、山东等12个驻外办事处，产品包括农用薄膜、汽车工程塑料、化工制品等七大类、200多个品种，年塑料制品生产能力12万吨，拥有员工1350人的集团式企业，连续多年农膜产销量全国第一；总资产由292.3万元增加到5.9亿元；年产值由不足3000万元增加到超过10亿元，是目前亚洲最大的农用薄膜生产企业，列入全国1000家和吉林省50家重点企业。公司先后荣获全国五一劳动奖状、全国精神文明先进单位、全国守合同重信用企业等荣誉称号，喜丰牌商标荣获中国驰名商标，喜丰农膜成为中国名牌、吉林省产品。曹志强先后荣获全国五一劳动奖章、全国优秀青年企业家、全国劳动模范、省特等劳动模范、团中央第五届全国十大杰出青年企业家等荣誉称号，享受国务院特殊津贴。

创业艰难百战多

1985年，曹志强当选面临困境的浑江市第一塑料厂厂长，他调研市场，内引外联，引进人参专用膜，无滴防老化大棚膜等专利产品，产品享誉东北、西北、华北“三北”市场，当年创利税204万元，被轻工部定为农膜生产定点厂家。

公司先后与20多家大专院校的科研单位联姻，把科学技术转化为生产力，使产品的科技水平一跃成为国内农膜行业第一流。人参专用膜，无滴蔬菜大棚膜这两个产品荣获国家飞龙奖及轻工业部优秀产品奖，被同行业称为“无滴膜开发鼻祖”。公司研发的PVC压延拉幅农膜，更新换代产品 PVC 防雾无滴膜、PE 三层复合多功能防雾棚膜、PVC 涂层防尘膜、HPO 涂覆农膜、农膜用防雾剂生产技术，均处于全国同行业领先水平。从 20 世纪 80 年代末至今，公司先后完成了 50 多项重大技术改造和新产品开发，其中十几项新产品当年开发、当年投产、当年见效。

勇于改革立潮头

1992 年，曹志强对企业进行了股份制改造，成立白山市喜丰塑料股份有限公司。通过转换股份制经营机制，将员工个人利益同企业长远的利益结合在一起。当年筹集资金 2000 万元，建设了三米 PVC 防尘膜生产线、PVC 四米压延拉幅无滴膜生产线，当年实现利润 1020 万元，为喜丰未来的持续发展奠定了基础。

2000 年，曹志强提出了“做强主业、多元经营、提升效益、快速发展”的企业指导方针。他适时地提出了“三星”发展战略，建成东北、华北、西北三个生产基地，实现低成本扩张。销售网络进一步扩大，市场占有率提高、销量增加，同时为用户提供了快捷优质的售后服务。企业在做强农膜主业的基础上，向农用节水器材、汽车工程塑料领域发展。2003 年公司开发了年产 4000 吨农用节水器材生产线，产品自投放市场以来，深受广大农户欢迎。喜丰公司自主研发的节水滴灌系列产品“内镶式扁平滴头滴灌带”被评为吉林省名牌产品。8W（B）–5 型、8W（B）15 型滴灌设备通过省级农机鉴定，列入国家农机补贴推广目录。

坚持创新促发展

曹志强在喜丰公司全面实施技术创新工程，向国际水平看齐，实施人平我优、人优我新、人新我奇的差异化开发战略。公司根据市场需求，开发出 PVC 防雾膜、PVC 高效无滴膜、EVA 高效保温膜、防尘膜、可控双降解地膜、除草地膜、紫光膜、流滴地膜、果树专用膜、西瓜专用膜、HPO 涂覆农膜等一系列农膜产品，争得了行业科技开发的先导地位。尤其是 HPO 涂覆农膜，克服了普通农膜使用寿命短、流滴持效期只有 3 ~ 6 个月的缺点，使用寿命及流滴持效期均达到两年以上。

曹志强创造性地实施“极限成本管理”新模式；对岗位实行定编定额；对低值易耗品实行归位管理。随着企业的发展，曹志强又在喜丰公司导入卓越绩效管理模式，通过现代化的管理手段，持续改进，追求卓越。喜丰公司始终把企业文化建设、品牌建设与企业管理工作有机结合，在企业各级管理干部中开展了具有企业特色的“三讲”活动，坚持从严依法治理企业，完成了企业制度汇编。投资130万元建立了企业信息化管理系统，通过对集团公司内的财务、人力资源、原材料、产成品库存、经销商等进行统一管理，大大提高了公司的综合管理水平以及资源利用效率。

勇担企业社会责任

曹志强时刻牢记社会责任，带头遵守国家的法律法规，企业始终坚持以诚为本，以信迎客，多年来通过加强合同管理的组织机构建设、各项制度得到不断完善。在生产过程中，企业各项排放指标均远远达到并优于国家环保要求，公司充分利用好各种资源、能源，不产生或少产生废弃物。曹志强组织开发的新型可降解保水地膜，2015年在吉林省“节水增粮”工程中，大田应用面积超过2万亩。本着“安全第一，预防为主”的安全生产方针，公司逐步推行现代安全管理，把安全工作列入头等议事日程，实行安全一票否决；每月组织一次大的安全检查，公司安全管理部门按季、月、周周期，实施有重点的安全巡查。汛期、节假日期间，组织专项安全检查。

公司严格遵守、全面贯彻《中华人民共和国劳动合同法》等法律法规，制定了公平合理的薪酬制度，为员工按时足额缴纳“五险一金”。公司依法建立健全工会组织，维护员工权益，并成立由党支部、工会和员工代表三方组成的劳动纠纷调解委员会，建立劳动纠纷调解的处理程序。多年来曹志强及公司、企业员工向灾区、各级各类学校、白山市青山湖养老院等处捐赠款物累计达150多万元，公司工会每年都走访慰问老红军、老战士。

威胜集团有限公司首席执行官

曹朝辉

曹朝辉：女，1968 年生，高级经济师，威胜集团控股有限公司董事、CEO，兼任威胜电气有限公司董事长。

作为集团 CEO，她把威胜打造成为了国际智能电网、智能计量领域中的主要供应商之一，威胜品牌成为世界名牌。威胜集团成于专注，研发、生产、销售，产品与服务专注应用于大型用能单位及居民用户，在计量高端产品的国内市场占有率超过 20.0%，为国内领先。

她在长期的企业管理实践中，认为企业创新须从思想上创新，继而落实到企业制度上创新，制度管理则决定了企业发展的高度和跨度。她主张营销业务团队和产品团队并行工作模式，又强调运营与服务是威胜电气业务成功的基石，提出要以生产无可挑剔的产品和协同高效、快速反应的服务应对市场和客户需求，实现零缺陷交付。这些经营思想影响并引领了整个公司的健康发展。

朝霞辉映　气象万千

曹朝辉，作为威胜集团的领导者之一，在威胜服务18载，创造并见证了威胜集团快速发展成为中国智能计量、智能配用电与能效管理整体解决方案领先供应商的奋斗历程，尤其是自公司于2005年在香港主板上市以来的10年间，作为集团CEO，曹朝辉女士发挥她特有的女性领导人格魅力、正直勇毅品格、开阔的眼界及灵活务实的工作作风，兼具敏锐洞察和果敢决断的领导力，培养和锻造出优秀的人才队伍，带领公司不论从业务市场还是从资本市场均获得客户和股东的一致好评，创造出一系列的佳绩。面对中国及全球在能源生产与能源消费模式上正在发生的重大变革，面对节能减排的巨大社会责任和发展机遇，面对智能电网的新需求，曹朝辉与威胜集团领导班子始终不忘初心，牢记“能源计量与能效管理专家”的企业使命，坚持“至诚致精、义利共生”的核心价值观，持续创新，永不停步，努力要把威胜打造成为中国智能电网、智能计量领域的领先企业，成为国际智能电网、智能计量领域中的主要供应商之一，把威胜品牌打造成为不分国界的世界名牌。

力主创新见成效

曹朝辉认为企业创新首先必须从思想上创新，再落实到企业制度上的创新。制度管理决定了企业发展的高度和跨度，同时需要坚定、系统地践行“市场与销售、技术与产品、机制与管理、运营与服务”四个方面的创新。曹朝辉成功组织了对一系列行业知名企业的并购重组工作，以合理代价和最短时间获得产品资质、销售业绩、行业人才及基本的生产能力，初步形成“威胜电气”面向智能配用电业务领域的企业品牌雏形；积极拓展一二次技术融合的路线设计，同时在系统能效工程、电力电子领域不断探索新机，带领新兴的威胜电气板块与威胜计量板块齐头并进，呈现出中低压电气成套的业务整合和快速成长的局面。

在长期的企业管理实践中，曹朝辉摸索出一套独特的经营方式，主张营销业务团队和产品团队并行工作模式，影响并引领整个公司的健康发展。曹朝辉始终把营销视做集团的龙头，积极推动以市场为导向，以客户需求为导向，积极响应市场变化；全面提升营销人员综合素养、培养勇于承担开源任务的责任；同时她也深入了解不同业务板块的特点，鼓励营销团队有步骤、有重点、有层次地巩固重点市场、积极拓展新市场，全面推进营销模式和服务流程的创新；与此同时，不断对标行业一流电气标杆企业，打造“威胜电气”面向智能配用电业务领域的企业品牌，不断提升市场占有率，保证业务和市场的增长和突破。

曹朝辉非常关注技术与产品创新。结合九华威胜产业园的建设与搬迁，提出要求技术部门迅速打造具有核心竞争力的技术与产品，积极吸收国际、国内相关科技成果，全面提升技术创新能力，全面推进产品创新速度与质量；加强市场趋势研究，建立“研发一代、储备一代、生产一代”的三级研发体系，推动元件、成套与工程总包三级解决方案均衡发展，逐步形成“核心元件—成套组合—系统集成—工程总包”的全产业链优势。

机制与管理，一直是曹朝辉亲自抓的重点，也是实现威胜战略目标的最关键因素。她带领管理团队充分做好组织架构调整与排兵布阵，做好任务目标分解与资源部署，明确各个板块的战略定位与责任，发挥优势，实现融合；积极推进统一认识，全面践行企业文化，推进管理与机制创新；在具体工作中，着力打造一支有强烈的事业心和上进心、具有开阔的视野和胸怀、具有宽容开放的心态和深厚的专业能力、敢于挑重担敢于负责任、乐于奉献的充满活力的专家团队。

曹朝辉强调运营与服务是威胜电气业务成功的基石，是实现市场与销售、技术与产品、机制与管理的坚强后盾。提出要以精益生产无可挑剔的产品和协同高效、快速反应的服务应对市场和客户需求，提升员工生产技能和积极性，统筹销售计划、生产计划、采购计划的平台管理，切实优化采购、生产、储运的管理流程和品质，对接客户严格标准和要求，确保产品质量，尽力实现零缺陷交付，实现营运品质创新。

威胜集团成立了国家地方联合工程研究中心、国家企业技术中心，取得了丰硕成果：国家技术创新示范企业、国家火炬计划重点高新技术企业证书、院士专家工作站、节能中国十大贡献单位、节能中国优秀技术示范单位、大型企业综合电气节能关键技术及应用获国家科学技术进步奖二等奖、中国企业教育先进单位百强、2010 年节能中国贡献奖单位、2011 年度中国最佳雇主单位、中国节能服务产业重合同守信用企业、中国节能服务产业最具成长潜力企业、年度自主创新示范单位。

为顺应国家在发展智慧能源、智慧能效方面的发展趋势，曹朝辉带领全员一直致力于智能计量与智能电网的相关领域发展，使威胜成为湖南省确定的发展新能源及智能电网产业的重点培育企业，威胜在湘潭九华发展智能配用电产业，不仅是企业自身战略发展的需要，同时也与省、市重点扶持的战略方向高度契合，与中国制造 2025 的国家战略不谋而合。

企业社会责任

曹朝辉始终把坚持守法经营，坚守企业诚信作为企业经营的基础堡垒，带领公司在企业文化建设、节流降耗、安全生产及环境保护、积极维护员工权益等方面下大力气抓。在她的带领下，威胜集团努力为客户、员工、股东、行业、供销商以及以纳税能力和产业带动力为社会创造价值，集团连续 9 年纳税过亿元，获得 2011 节能单位十大贡献单位奖等一系列光荣称号。同时，曹朝辉还以极大的热情关注社会公益事业，作为政协委员的她积极参与市妇联组织的下基层调研活动以及“关爱女性健康，情系两癌妇女”救助活动；先后组织公司及员工向 2008 年湖南冰灾地区，四川汶川、青海玉树等地震灾区捐款近 600 万元；在每年的国际献血日公司都积极响应无偿献血号召组织员工积极献血，奉献一片爱心、为社会做出贡献，集团历年都被湖南省红十字会授予“爱心单位”。

安徽古井集团有限责任公司董事长、党委书记

梁金辉

梁金辉：男，1966年生，安徽亳州人，研究生学历，现任安徽古井集团有限责任公司董事长、党委书记，古井贡酒股份有限公司董事长，安徽省企业家联合会执行会长。1989年进入古井集团工作，自2007—2010年，先后任古井集团总裁助理、股份公司副总经理。自2010年9月任股份公司总经理。2014年任古井集团董事长、党委书记，股份有限公司董事长，几十年如一日，勇于开拓、忘我工作，为古井集团发展做出了巨大贡献，在他的主导下，2008年古井贡酒·年份原浆系列产品成功上市，当年实现销售收入5000万元，2014年突破45亿元，6年的时间实现了50倍的增长，创下了中国白酒营销史上的奇迹。

他提出“做真人，酿美酒，善其身，济天下”的企业核心价值观，聘请全国著名白酒专家组成十大专家顾问团队，建立安徽省白酒行业第一家院士、博士后工作站，实现古井贡酒产学研一体化。梁金辉带领古井集团实现了高速发展，所取得的成绩也得到了社会各界的认可与肯定。

做真人 酿美酒

行业创奇迹 享誉海内外

在梁金辉的领导下，2008 年古井贡酒·年份原浆系列产品成功上市，当年实现销售收入 5000 万元，2014 年突破 45 亿元，创下了中国白酒营销史上的奇迹。近 5 年来，集团经营业绩每年实现两位数增长，2015 年 1—9 月营业收入 51.9 亿元，同比增长 17.0%；利润总额 7.31 亿元，同比增长 22.0%；上缴税收 15.48 亿元，同比增长 10.0%。2015 年，“古井贡”以 375.55 亿元的品牌价值位列安徽省酒企第一名，中国白酒第五名，成为中国浓香型白酒的杰出代表。

梁金辉提出“做真人，酿美酒，善其身，济天下”的企业核心价值观及“三个人人”“三正生态”等企业文化理念，总结提炼出“店店通、路路通、人人通”的“三通工程”理论和“聚焦产品、聚焦资源、聚焦市场”的“持续聚焦”战略，对中国白酒市场营销理论做出重大贡献；他提出了“向生产要质量、向质量要口感、向口感要风格、向风格要不同”的生产理念，聘请全国著名白酒专家组成十大专家顾问团队，建立安徽省白酒行业第一家院士、博士后工作站，实现古井贡酒“产学研一体化”，在企业管理方面，率先提出中国白酒 5.0 战略，建立前端引流、中端体验、末端服务的新模式，打造“管理五星级”;在品牌经营方面，他提出“高举高打，举外打内，内外并举”的品牌传播策略，代表中国白酒首开全球酒文化巡礼，相继走进美国站、法国站、意大利站，向世界展示中国白酒的魅力。企业荣获全国工业企业质量标杆、全国守合同重信用企业、全国安康杯竞赛优胜单位、安徽省政府质量奖等。梁金辉 2004 年获得中国十大杰出营销经理人；2008 年当选安徽省轻纺行业建功“十一五”先进个人；2011 年当选并荣获中国酒业杰出贡献人物、2011 新徽商风尚人物大奖；2012 年荣获安徽省劳动模范；2013 年当选皖北地区年度工业经济人物；2015 年当选中国酒业年度风云人物。

创建环保安全的企业　建立和谐的产业关系

古井集团对企业环境建设以及周边环境管理高度重视，形成了完备的环境管理体系和制度。企业注重绿色可持续发展，每年投入 1000 多万元环保经费，加强环境保护和节能减排力度，成为国家第一批“资源节约型、环境友好型”试点企业。2013 年公司被安徽省环境保护产业协会授予安徽省十佳环境资源循环利用企业。2013—2014 年，公司先后受邀加入安徽省环保联合会、《绿色视野》理事会，并担任其常务理事。

公司安全管理工作始终贯彻“安全第一，预防为主，综合治理”的安全生产方针，在隐患治理上一直遵循“零容忍，零隐患，零漏洞”的原则。集团公司设立了以集团董事长为主任、公司总监及安全工作人员为成员的安全生产委员会，下设安全管理中心，负责公司安全管理工作。

“客户的诉求就是我们的心愿，客户的利益就是我们的价值”。古井集团坚信只有将客户价值与企业价值连成一体，真心实意为客户着想、为客户服务，才是真正地对企业负责。公司始终本着以人为本的用人理念，维护员工合法利益，满足员工发展需求，激发员工活力，建设和谐稳定的用工机制和良好的工作环境。公司坚持发展成果与员工共享，建立以业绩为导向的考核分配制度；健全各项社会保险制度，为职工提供多种相关的福利；搭建一个鼓励成才、助力成功、激励成就的人文平台，注重对员工的培养与关爱，并致力于促进员工成长成才。

实践企业社会责任

古井集团将社会责任融到企业核心价值观当中。公司持续向玉树灾区及灾后重建捐赠 234.14 万元；出资改造留守儿童校舍，捐助帮扶对象，购置设备、车辆进行垃圾集中处理；2013 年、2014 年春节和中秋节，分别到古井镇敬老院和牛集镇敬老院慰问老人。

2013—2014年，企业先后组织参与了由安徽省民政厅、省民间组织管理局，安徽省社会工作（者）协会，安徽省志愿者协会联合主办的安徽首届民间公益人物评选活动；古井贡酒与张治中基金会在合肥举办的关爱安徽抗战老兵公益活动；古井贡酒与安徽省关心下一代委员会联合举办的第七届“党是阳光我是苗”书画大赛;《感恩中国　感谢有你》古井贡酒·年份原浆合肥感恩行活动，走进合肥社区为居民送温暖、走进肥西高刘镇关爱孤寡老人和儿童等；中国首善——陈光标携百名企业家走群众路线（延安行）活动；第三届安徽民间公益组织年会、全国社会工作协会工作会议、中国西促会新春联谊会暨西部之星颁奖等活动；古井贡酒与安徽省希望工程办公室联合举办的“古井贡酒·年份原浆”捐资助学活动；推进古井员工经销商与格桑花教育救助会的一对一教育对接项目，累计结对600人次；慰问贫困县区乡镇、学校等单位；公司高管结对帮扶贫困户。

2013年度，古井贡酒·年份原浆继续举办“CCTV感动中国2013年度新闻人物评选”活动。2013—2014年，古井贡酒联合合肥晚报、亳州电视台、亳州晚报发起了“合肥十大新闻人物、十大经济人物评选”“亳州十大新闻、十大新闻人物”等社会公益评选行动。2013年10月—2014年12月，联合安徽团省委、合肥团市委发起“中国梦·创业行——安徽青年在行动”之创业大讲堂“合肥第二届合肥市青年创业大赛”等活动。2014年3—12月，联合安徽大学历史系举办古井贡酒年份原浆杯安徽大学中国文化遗产知识大赛。

古井集团获得2013年度安徽企业最佳雇主、中国工业示范单位、2014年度蝉联安徽企业最佳雇主，获得最佳学习型组织和最受毕业生欢迎雇主荣誉。古井贡酒股份公司获得2013年安徽省政府质量奖、2013年安徽省自主创新品牌示范企业、2013年安徽省诚信企业、最具品牌形象上市公司。

湖北白云边酒业股份有限公司董事长、总经理

梅　林

梅林：男，1963 年出生，高级经济师，白云边公司董事长、总经理。白云边酒业是湖北知名企业、松滋最大企业。

有“湖北省酒”美誉的白云边正濒临倒闭时，他放弃看好的仕途，担当起救亡重生的重任。白云边是做浓香型白酒还是做浓酱兼香型白酒？他选择了继续高举浓酱兼香型白酒旗帜，大力培育以独有的兼香型白酒酿造技术为代表的企业核心竞争力，精心酿造“中国第五香”，使白云边成为了兼香型白酒的代表。他敏锐把握市场的变化，决定白云边的市场从终端起步，并选择了一批市场意识强、商业信誉好、成长空间大的民营商家做代理。带动湖北全省实现销售超过 37 亿元。

他克服重重阻力，以建立现代企业制度为核心，以增强企业发展活力和后劲为目标，从体制和机制上实现了企业的脱胎换骨，2015 年白云边预计销售过 42 亿元、税金过 7.7 亿元。

一个人兴起一家厂　一瓶酒香透一座城

在企业濒临倒闭时，梅林担当起救亡重生的重任；在企业改革攻坚期，他顶住压力，推进建立现代企业制度，让公司破茧成蝶；在企业快速发展期，他坚持以人为本，以质取胜，市场导向，创新驱动，带领公司实现了量变到质变的历史性跨越；在行业深度调整期，他适应经济新常态，坚持做真做实，做长做远，强基固本，提质增效，谋求企业稳健持续发展。

危难之际挑重担　科学发展显真功

1998 年，35 岁的梅林担负起面临倒闭的白云边脱险脱困的重任。梅林吸取经验教训，提出了“以市场为导向，以效益为中心，以质取胜，以人为本”的经营理念，选择继续高举浓酱兼香型白酒旗帜，大力培育以独有的兼香型白酒酿造技术为代表的企业核心竞争力，精心酿造“中国第五香”，与其他白酒品牌“错位竞争”“错峰发展”。梅林经过深入的市场调查和分析，把湖北作为白云边走出困境的突破口，采取“1+X”模式，实施“走出湖北”战略，在占据湖北白酒首选品牌地位的基础上，再深度开发 3 ～ 5 个省份。白云边将产品定位在中高端市场，并在全国率先推出了年份酒，以 3 年、5 年、9 年、12 年、15 年、20 年陈酿系列成功实现了对客户的分层；以绝对的品质保证、货真价实的产品、清晰良好的口感赢得了广大消费者的青睐。近 3 年白云边骨干产品“12 年陈酿”“15 年陈酿”“20 年陈酿”发挥支柱作用，成为带动企业效益增长的“三驾马车”。

为加强企业管理，提升竞争力，梅林专门成立了企业管理部。白云边践行“精益化、高绩效”的企业管理理念，遵循“规范化、持续化、程序化、科学化”原则，采取一系列现代管理方法，推动管理走向了精细、深入和高效，白云边获得了全国实施卓越绩效模式先进企业特别奖、国家二级安全标准化生产企业。

为深化企业改革，转换经营企业机制，2005年白云边实施了“国有股份退出、实行民有民营”的产权制度改革，梅林按照所有权与经营权相分离的原则，形成了产权清晰的公司股权结构、权责明确的法人治理结构、职能分明的企业组织结构，建立起权责对等、分工合理、决策科学、执行高效、监督有力的现代企业制度，企业迈开了跨越式发展步伐。2007年松滋市人民政府与白云边集团签订了第一份战略合作协议，投资10亿元的白云边城东工业园项目成功实施，使白云边主要经济指标实现了5年翻两番。2012年政企再次握手，正式签订第二份战略合作协议，投资20亿元启动白云边酒业“2211”工程，年新增原酒产能2万吨，使年销售达到100亿元，年上交税金超过10亿元。目前，白云边的原酒储量已超过7万吨，这标志着白云边“2211”工程建设取得了阶段性成果。

创建全国文明单位　积极回报社会

梅林坚持企业发展依靠员工，发展成果与员工共享，通过不断改善和提高员工待遇，加强员工培训和人才引进，实施全员绩效考核，规划员工职业生涯，增强企业对职工的凝聚力和职工对企业的归宿感，实现了员工发展与企业发展的良性互动。企业专门设立了常年可用金额不低于50万元“困难职工救助基金”，职工工资始终保持高于同行业及地区平均水平；常年开展员工大培训、岗位大练兵、技能大比武活动；着力加强企业梯队建设，立足岗位为职工量身设计职业生涯；积极开展文体活动，帮助员工实现个人才艺梦想。白云边荣获了全国文明单位、全国轻工行业先进集体、全国双强百佳党组织、全国模范职工之家、全国五四红旗团委等一系列荣誉。

改制十年来，白云边累计纳税超过30亿元，连续8年雄居荆州市制造业企业首位，先后荣获了全省国税百佳诚信纳税人、全省地税模范纳税人称号。白云边酒业的跨越发展带动了松滋多个行业及相关上下游产业的发展，白云边酒业产业集群成为湖北省重点产业集群。白云边走环境友好型发展道路，以最美的环境酿最好的酒。在项目建设过程中，按照绿化设施与主体工程“同步设计、同时施工、同时投入使用”的原则，加强环境保护和绿化美化。在项目规划、设计、选址、施工各个环节，充分加强对原有山林、水体、地貌的保留和利用，突出江南水乡园林风格，厂房建筑融入松滋古老民居特色，突显出白云边悠久的品牌历史和时代的文化气息。白云边秉持“奉献社会，慈善感恩”的企业情怀，在捐资助学、扶贫帮困、义务献血、支援灾区、支援老区、支援新农村建设等方面，慷慨解囊，爱洒人间。企业获得了民政部颁发的慈善奖。白云边资助的湖北省慈善“阳光班”获“中华慈善奖——最具影响力慈善项目”殊荣。白云边还获得了省总工会授予的工会金秋助学特别贡献奖等多项荣誉。

梅林因在经济领域的突出贡献和成就，获得了湖北省劳动模范、湖北经济年度风云人物、湖北省优秀企业家、湖北省优秀政协委员、湖北省优秀中国特色社会主义事业建设者、中国酒业风云榜年度总经理等殊荣。

中国电建集团成都勘测设计研究院有限公司执行董事兼总经理

章建跃

章建跃：男，57岁，教授级高工、高级经济师，现任中国电建集团成都勘测设计研究院执行董事兼总经理。

自2012年担任成都勘测设计研究院总经理以来，他通过扎实地推进相关工作，实现了经济快速增长、实力快速提升的良好发展态势，“十二五”期间全院营业收入、新签合同额、利润总额、资产总额等主要指标实现大幅增长，多项指标实现翻番。他及时确立了切合成都院现状和发展需要的“三大业务板块”（工程勘测设计与咨询、总承包、投资运营）和国内、国际“两大市场”的发展思路，实现成都院传统主业勘测设计业务优势进一步巩固，总包业务快速稳步发展，投资运营业务拓展领域，国际市场实现量的突破、域的扩展、质的提升的总体良好局面。为开创科技发展新局面，创立了多个国家级、省级高端研发中心的创新平台。成都院目前位列中国电建集团八大特级子企业之一。

苦干实干促发展

以章建跃为首的党政领导班子确定发展思路，带领员工奋勇拼搏，领导成都院发展成为集工程规划、勘测设计、咨询、监理、总承包、投融资、建设运营、技术服务、科技研发为一体的国际型工程企业。

企业连续多年被评选为全国勘察设计综合实力百强单位；在由美国《工程建设记录》（ENR）和中国《建筑时报》组织的中国承包商和工程设计企业TOP 60强评选中，自2004年起一直名列中国工程设计企业前8位。企业先后荣获国家第五批创新型试点企业、全国五四红旗团委企业、全国电力行业实施卓越绩效模式先进企业特别奖、成套工程企业信用评价AAA级信用企业、全国建设项目环境影响评价优秀甲级单位、全国实施卓越绩效模式先进企业……

坚持党的领导　切实履行央企领导职责

章建跃在工作中坚持党的领导，切实践行“三严三实”重要论述要求，坚持做到党建教育与日常工作有机结合。章建跃注重班子建设、注重团队协作，在重大事项决策上坚持班子集体讨论、民主决策、协作分工的原则。章建跃主持完成的草街航电枢纽工程设计获四川省优秀工程设计奖一等奖，金沙江上游水电规划环境影响报告书获全国优秀工程咨询成果奖三等奖、电力行业优秀工程咨询成果奖三等奖，2013年荣获四川省优秀企业家、中国勘察设计行业优秀企业家（院长）荣誉，2015年被评为成都市有突出贡献的优秀专家、四川省工程勘察设计大师。

明晰战略　绘就企业发展蓝图

章建跃以企业发展为首要责任，有效保障了“十二五”规划的落地，5年来成都院各项经济指标快速增长：营业收入从2011年的22.83亿元增长到2015年的45.66亿元，增长100%；利润总额从2011年的4.42亿元增长到2015年的6.07亿元，增长37.33%；新签合同额从2011年的23.68亿元增长到2015年的88.33亿元，增长273.02%；资产总额从2011年的61.76亿元增长到2015年的108.18亿元，增长75.16%；资产负债率从2011年的78.09%下降到2015年的70.85%，实现了质效双增的发展目标。

在章建跃的带领下，成都院一方面精细经营现有的传统水电市场，同时积极拓展具有战略意义的水电、风电、光伏及市政工程等资源市场，一批具有世界级规模和难度的重点工程的相关工作取得显著成效。2012—2015年，在章建跃的带领下，成都院总承包业务快速稳步发展，并实现走向国际化的历史性跨越，达到了总包业务多元化、市场化的目标，业务已扩展到风电、水务、交通、房建、库区移民安置基础设施建设，以及设备成套等多个领域，非水电业务和市场项目业务不断增长，真正实现了市场化运作、国际化发展。成都院的投资业务已经发挥了在构筑全产业价值链服务平台中的重要抓手作用，带动了勘测设计咨询与工程总承包等相关业务的拓展。截至2015年，成都院投资规模不断扩大，投资效益日益明显，已拥有发电权益容量约245.64万千瓦，已、在建权益容量约112.25万千瓦；拥有城市污水及工业废水处理BOT项目8个，设计处理总规模26.1万吨/日。

自上任以来，章建跃坚持积极开拓国际市场，2012—2015年实现了合同及营收量的突破、域的扩展、质的提升，2015年国际业务新签合同额16.36亿元。企业建立了完善的国际市场营销网络，国际市场布局从最初的部分国家发展到覆盖了东南亚、中亚、非洲等多个国家和地区，并不断向“一带一路”周边国家扩张；细分市场区域并分类制定了不同的经营策略，欧亚非区域深耕细作，美澳区域加强合作，中亚、泛俄语区规划牵引，积累项目储备。

开创科技发展新局面　优化企业管理水平

章建跃高度重视技术创新、科研驱动，目前成都院创立了国家级、省级以及国际高端企业合作、企业级四个层级高端研发中心的创新平台，参加了多项863、973项目以及国家支撑计划项目，2015年首次牵头承担了国家863计划项目“虚实融合动态演化技术研究”，成功申报国家认定企业技术中心（国家级）并通过评审。历年来成都院共获得国家科技进步奖24项、全国优秀工程勘察与设计奖19项、全国优秀工程咨询成果奖21项、全国企业管理现代化创新成果奖1项，拥有专有技术55项……企业信息化逐步实现生产、经营、管理全覆盖，同时协助开展“中国电建云”系统建设，并在中国第7届云计算大会上发布，成为行业云技术应用的先行者。

近年来，成都院全面实施三体系与卓越绩效管理模式，建立了完整的“战略、目标、预算、绩效”四位一体的战略管理体系，构建了适合于水电勘测设计业务特点的项目风险管理体系，以差异化绩效考核为价值导向，提高标准化、程序化、精细化管理水平。章建跃还特别重视“高精尖”人才的培养和年轻干部的选拔，创新干部培养模式；健全全面风险管理与内部控制、法律事务管理体系；深入开展安全标准化建设，取得电力安全生产标准化一级企业证书。

以人为本　推进和谐企业建设

章建跃全面推进反腐败和法律工作，高度注重企业文化建设，坚持实施企业职工共享发展的原则，实施薪酬福利总体策划，做好对困难职工群体的帮扶与“送温暖”活动，尊重离退休员工的历史贡献和利益诉求。章建跃带领成都院认真履行国有企业的社会责任，一方面积极开发和使用节能、环保的设计施工技术，另一方面积极开展社会帮扶活动，完成与南充市高坪区三年对口帮扶工作，向残联、慈善会、边远地区学校和敬老院捐款捐物；在四川芦山和云南鲁甸地震等大灾大难面前，带领全院技术骨干为抗震救灾、地质灾害防治、灾后恢复建设等工作提供技术、人力、物力的支持。

中国南方航空股份有限公司新疆分公司总经理

富璞岩

富璞岩：男，56岁，特级飞行员，荣获“功勋飞行员”称号，具有丰富的飞行实践经验和高水平的专业技能，历任新疆航空公司飞行大队技术科科长、飞标处副处长、飞行部副总经理，南航新疆公司飞行部总经理、南航新疆分公司副总经理，现为南航新疆分公司总经理、党委副书记，清华大学高级管理人员工商管理硕士（EMBA），中国民航大学客座教授，第十二届全国人大代表。

他任南航新疆分公司主要领导以来，南航率先与自治区签订战略合作协议，共同启动了乌鲁木齐西部门户枢纽建设，南航加紧了在全疆各航点的网络布局。在他的努力下，截至目前，南航在新疆已开辟18条国际航线，使新疆与中西亚、欧洲13个国家之间的空中桥梁越来越通畅。工作中严把航空安全关，2014年12月31日，他带领南航新疆分公司实现了60周年的国内最长运输飞行安全纪录。

空中丝路的领航人

富璞岩有着36年飞行经验，曾被中国民用航空总局授予“功勋飞行员”荣誉称号。自2009年任职以来，富璞岩积极把南航发展战略融入到新疆经济社会发展大局。在富璞岩的大力推动下，2010年南航率先与自治区签订战略合作协议，加速在全疆各航点的网络布局，启动了乌鲁木齐西部门户枢纽建设。富璞岩用自己的实际行动，不断推动着空中丝路的建设和发展。

领航国内最长运输飞行安全纪录

作为南航最大的分公司，新疆分公司始终将“安全第一”作为工作根本准则。在富璞岩的主导下，南航新疆分公司完成了南航与新航合并后的安全制度、安全管理、安全文化等多方面的体系整合。富璞岩以关心促安心，始终以高度负责的态度投身于安全管理，组织了安全生产“辩论会”“中队长论坛”“机型研讨”等活动，逐步提高了安全管理水平。目前，南航新疆分公司获功勋安全飞行奖章52人、获安全飞行金质奖章64人、获得安全飞行银、铜奖章76人，分公司荣获全国五一劳动奖状，多次被民航局授予“安全飞行先进单位”称号，被自治区授予安全生产先进单位称号，连续8年获得全国“安康杯”竞赛优胜单位称号。加入南航12年来，南航新疆分公司安全飞行140余万小时，年飞行时间由5万多小时递增到17万多小时，安全生产保持良好态势。2014年12月31日，富璞岩带领南航新疆分公司实现了60周年的国内最长运输飞行安全纪录。这个纪录在中国乃至世界都屈指可数，为新疆民航同步实现运输飞行暨空防安全60周年打下了坚实基础，铸造了华夏第一安全品牌。

重振古“丝绸之路”辉煌

2014 年 3 月 5 日，在第十二届全国人民代表大会第二次会议上，富璞岩提出了将乌鲁木齐建设成中西亚核心航空枢纽的建议案。任职 5 年来，富璞岩便是带领南航新疆分公司抓住机遇，大力推进乌鲁木齐航空枢纽航线网络优化，提升航线网络覆盖，增强枢纽中转效能，实现历史发展速度最快，南航新疆分公司进入了枢纽建设的新时期，乌鲁木齐枢纽航线的广度、密度和衔接性得到大幅改善。南航新疆分公司全力加快推进国际化战略，采取班次加密、机型改大、距离延伸的措施，深耕国际西线，航线遍布中西亚，并延伸至欧洲国家。2010 年起先后开通莫斯科、伊斯坦布尔、阿斯塔纳、首尔航线，以政企合作形式，开通兰州—乌鲁木齐—迪拜及第比利斯—圣彼得堡航线，复航乌鲁木齐—塔什干航线。在开辟新航线的同时，对乌鲁木齐至阿拉木图、比什凯克、塔什干、伊斯兰堡等国际大线逐步加密。2015 年 1—10 月，国际航线座公里投入为 32.19 亿座公里，共计 4717 班次，预计全年座公里投入为 37.62 亿座公里，共计 5702 班次。目前，南航仍是国内唯一一家经营乌鲁木齐至中西亚国际航线的航空公司，在实力上超过国外竞争对手，国际市场份额超过 60.0%。

富璞岩影响和带领着南航新疆分公司在推动新疆经济发展和空中丝路建设的征程上，开拓进取，崇尚实干，不断推进乌鲁木齐枢纽建设实现新发展、再上新台阶。南航新疆分公司创造了众多显赫业绩：作为新疆本土第一家航空公司，率先开通并长期执飞通达疆内 13 个城市的航班，执飞“广州—乌鲁木齐—喀什”国内最长航线、新疆第一条直飞我国台湾省的地区航线；新疆最早开通飞往中亚五国航线的航空公司，开辟了中国唯一直达格鲁吉亚的航线；开辟新疆第一条飞往欧洲城市、东北亚地区的定期航线，使新疆通达 13 个国家，成为西北地区通航直达国家最多的省区……

南航新疆分公司也先后获得“开发建设新疆奖状”“新疆旅游事业特别贡献奖”“运输服务最佳单位”等荣誉。

勇担企业社会责任

南航新疆分公司曾多次参与救援包机、维和运兵、特殊专机等急难险重任务，曾连续半个月派出44架次飞机为困于洪水的库车人民运送40多吨救灾物资，连夜送运急救药品前往塔城解救60余名砒霜中毒的农民，赴阿富汗、巴基斯坦救援中国公民，连续20年承担朝觐包机送数万名穆斯林往返沙特，连续10年执行中国赴非洲维和包机运输任务120架次，足迹遍布卢旺达、利比里亚、苏丹等国……2010年6月，吉尔吉斯斯坦发生严重骚乱，中国启动建国以来最大规模的撤侨行动。南航新疆分公司在行动中承担起运输保障任务，富璞岩主动请缨，带头执飞撤侨包机。除此之外，南航新疆分公司还承运了国家3批价值1100万元人民币的80余吨救援物资，顺利完成了国内近40年来最大规模的撤侨任务，受到外交部、自治区、南航的嘉奖。

10年来，南航新疆分公司累计在和田皮山、墨玉县等定点扶贫地投入各类资金1000多万元、累计完成31项扶贫建设，为洪涝雪灾及地震灾区运送救援物资，捐赠了200万元“十分关爱奖学金”……公司因此获得全国文明单位、全国思想政治工作先进企业等荣誉称号。

富璞岩非常重视援疆政策的落实和履行。全国新疆工作座谈会召开后，新疆迎来了19省援疆热潮，也迎来了新疆经济和新疆民航事业跨越式发展的大好机遇。南航新疆分公司以央企援疆为己任，从运力保障、航线优化、航班时刻和服务质量等方面提供最便捷的交通条件。南航新疆分公司利用机队规模优势，协调各方资源，全面开通19个援疆省市的空中援疆通道；加密疆内航线网络，加快新疆支线开发，积极开通南北疆环线，以满足地州间旅客的出行需要；先后开通乌鲁木齐至哈密、吐鲁番、博乐航线，支援偏远地州发展，为援疆工作架设了空中快线。南航新疆分公司在所有航空公司中第一家推出针对援疆干部的援疆卡，制定了一系列措施，优先保障援疆干部专包机和特殊航班任务，对援疆干部的行李增加免费行李托运额度、实行优先托运，开通专用快速通道，安排疆内各营业处全力做好援疆干部服务，吸引了将近70.0%的援疆干部选择南航航班。

凯盛科技集团公司总经理

彭　寿

彭寿：男，1960年出生，中共十七大代表，第十二届全国人大代表，教授级高级工程师，博士生导师，美国新泽西理工大学客座教授，国务院政府特殊津贴专家，全国工程勘察设计大师，现任浮法玻璃新技术国家重点实验室主任，联合国中国玻璃发展中心主任，中国建材联合会副会长，中国硅酸盐学会副理事长，中国机电商会副会长，凯盛科技集团公司总经理，中国建材股份有限公司执行董事、副总裁，中国建材国际工程集团有限公司董事长、总裁，蚌埠玻璃工业设计研究院党委书记、院长，中国洛阳浮法玻璃集团有限公司董事长。

作为大型国有企业的掌舵人和我国浮法玻璃工程科技领域的领军人物，学术型企业家彭寿兼具了管理人的高瞻远瞩和技术人的思维创新，将凯盛集团的各项工作开展得有声有色，使集团传统的玻璃和水泥工程和新型多功能材料工程比翼双飞，在全球经济低迷期的情况下，依然取得了销售收入过100亿元，利润超10亿元的好成绩。

创新绘就传统行业的中国梦

彭寿是享受国务院政府特殊津贴专家，全国工程勘察设计大师，曾任国际玻璃协会主席，2002 年担任蚌埠院改制而成的科技型企业集团中国建材国际工程集团有限公司一把手。彭寿在行业内创造性地提出并成功实施了“以 EPC 为主、相关业务并存”的国际化工程公司这一全新的公司业务模式，率先参与承包工程竞标，开创了国内玻璃工程项目总承包的先河，集团实现了我国建材行业从单一技术出口向技术装备成套出口的跨越。

在行业“创新提升、超越引领”战略带动下，彭寿率领企业在中建材大力发展“三新”（新型建材、新型房屋和新能源材料）产业战略部署下，依靠创新主引擎，以产业升级和企业转型发展为方向，不断捕捉市场机遇，积极向制造服务业转型，持续打造工程技术服务上新的核心竞争优势。短短三四年间，在彭寿领导下中国建材国际工程从一家以提供传统玻璃、水泥工程技术服务为主业的企业，跨行业转型发展，异军突起成为国际新能源工程服务领域排头兵企业，目前已手握将近 1GW 太阳能电站工程建设订单。

打造升级版的产学研合作平台　凝练领跑市场的核心技术

彭寿率领企业打造升级版的国内外产学研合作平台，公司与美国新泽西理工大学合作设立中国建材新能源材料研究中心，重点寻求突破碲化镉材料及新材料替代的研究开发，收购拥有国际一流碲化镉薄膜太阳能技术水平的德国 CTF Solar 公司，重组创造铜铟镓硒薄膜组件转化率世界纪录的圣戈班德国 Avancis 公司，快速打造新能源领域的核心竞争力。在国内公司与清华大学、武汉理工大学、中科院上硅所开展战略合作，与东南大学共建企业研究生工作站，推进科技成果工程化和产业化。5年来公司共获得国家科技进步二等奖两项，获评国家火炬计划重点高新技术企业。

用新技术改造提升传统产业　推动行业结构调整　转型升级

在国家严控普通玻璃、水泥新增产能及人民群众对“APEC蓝”的热切期待中，彭寿依靠超前的市场思维，领先的核心技术，在行业形势不利的大气候下依旧营造出有利于企业“稳增长”的小气候。在国内，彭寿率先建成首条浮法玻璃全氧燃烧配套余热发电生产线，实现氮氧化物零排放；全面占领脱硫脱硝市场，填补国内空白，成为玻璃行业环保工程技术第一品牌，水泥余热发电进军东欧市场。在国外，公司大力实施“走出去”战略，配合国家“一带一路”战略，在中亚哈萨克斯坦及南亚印度尼西亚实施“技术＋设备＋资本”的走出去新模式，同时为国内玻璃巨头福耀、信义在美国、东南亚发展提供技术支持；承建了首条1200吨韩国现代汽车玻璃生产线，印度600吨浮法产品质量高于欧美在印建设的浮法线。水泥工程以精求强，一批项目完全按国际标准验收，得到意大利水泥、Holcim、Vicat等国际水泥巨头青睐，国际地位显著提升。

集成创新发展新兴产业　持续打造新的经济增长点

彭寿领导企业开发的具有自主知识产权的超白光伏玻璃技术世界领先，建成全球单体规模最大的太阳能光伏玻璃生产线，替代进口并催生了一个平板玻璃服务于新能源的新产业；成功拉引出中国乃至世界最薄的0.2毫米浮法电子玻璃及0.3毫米TFT基板玻璃，并攻克了TFT基板玻璃的无砷环保型配方，打破了国外对电子信息显示行业上游关键原材料的长期垄断；重组拥有800兆瓦产能太阳能电池及组件制造商浚鑫科技，成功拓展出从太阳能模组到分布式电站、地面电站EPC工程服务的全产业链，承接和建设了美国、英国等多个发达国家的太阳能电站建设项目……围绕“工业4.0、两化融合”发展新趋势，进军自动化智能装备、环保节能装备；跨领域重组上海埃蒙特发展工业机器人，提高生产质量和效率，提升产业竞争力；“十二五”科技支撑计划“离线Low-E镀膜玻璃装备技术”通过验收，各项性能指标达国际先进水平，并已成功在多条镀膜线上使用；成立凯盛朗坤，为建材行业提供信息化服务。公司抢占住宅产业化和新型城镇化建设历史机遇，与世界领先的预制混凝土技术及装备供应商芬兰ELEMATIC公司成立合资公司，重点开拓住宅产业化及经济适用房项目，成功开拓100多万平方米房屋建设市场。

目前公司业务范围拓展至东南亚、非洲、中东、欧美等多个国家和地区，2014年公司实现营业收入81亿元，同比增长19.0%，实现利润总额7.8亿元，同比增长21.0%，公司名列全国勘查设计行业工程总承包企业前10名及上海市实施“走出去”战略前10强，实现了从转制科研院所到科技型企业集团的成功转型，成功绘就了“中国梦”的绿色建材新篇章。

整合优化传统产业　完成产业链条全覆盖

凯盛科技集团公司（简称“凯盛科技集团”）作为全民所有制企业及中国建筑材料集团有限公司（简称“中国建材集团”）的全资子企业集团，是中国建材集团为推进管理整合，做实做精做强高端科技产业建立的管理平台、融资平台、投资平台、整合平台。凯盛科技集团是综合性高科技产业集团，公司目前的业务涵盖新能源、新材料、新玻璃和新型房屋等业务范围，并形成了相关产业链条的全覆盖。截至2014年12月31日，凯盛科技集团总资产311亿元，主营业务收入118亿元，利润总额11亿元，净资产84亿元。

彭寿领导企业成绩卓著，荣获全国劳动模范、全国五一劳动奖章、国家光华工程科技奖、全国优秀科技工作者、首批“新世纪百千万人才工程”国家级人选……2012年6月，彭寿成为国际玻璃协会自创立100多年来首位担任主席的中国人，极大提升了中国在全球玻璃行业制定国际规则和指引发展方向的话语权，并为上海成功申办了2016年世界玻璃大会。2015年9月，彭寿荣获本年度何梁何利基金科学与技术创新奖。

彭仕国

彭仕国：男，58岁，教授级高工，中铁十八局集团有限公司总经理，董事长。

他担任集团主管领导以来，带领集团坚持“面向全国，开拓国际，突出主业，多元经营，全面发展”的总体思路，打造了国内国外并举、路内路外并重，主攻工程施工总承包、房地产及小型资本运作、勘察设计试验三大板块，兼顾工业、教育培训和服务产业发展的经营格局，实现了企业发展的历史跨越。在他的带领下，集团先后完成了世界规模最大的水工隧洞洞群——锦屏电站引水隧洞，亚洲最大的铁路疏解隧道群——温福铁路鼓山隧道群，国内TBM掘进施工的最长铁路隧道——中天山隧道，我国第一条海底隧道——厦门海底隧道，我国北方第一条河底沉管隧道——天津海河隧道，以及京津城际、武广高铁、京沪高铁和沙特麦加轻轨铁路、沙特南北铁路等一大批国内、国际重点工程的建设任务，在国内外建筑市场上打响了中铁十八局集团的金字招牌。

改革谋发展　创新成大业

2010年8月担任中铁十八局集团总经理以来，彭仕国坚持“面向全国，开拓国际，突出主业，多元经营，全面发展”的总体思路，深化内部改革，规范企业管理，充分发挥党组织的政治核心作用，保证了企业科学、稳健、和谐发展。

彭仕国曾获全国建筑业优秀企业家、全国优秀施工企业家、中国经济最具影响力人物、天津市九五立功先进个人和天津市五一劳动奖章等荣誉。

狠抓经营谋转型　干好项目保市场

面对国内外严峻的经营形势，彭仕国主动调整企业经营结构和产业结构，不断推进企业转型升级，充分发挥集团公司市场经营的主体职能和区域经营的骨干作用，全力打造以集团区域经营为主，工程公司为辅的经营格局。彭仕国紧密结合市场环境变化和发展需要，先后对集团公司区域经营机构进行了两次重大调整，目前形成了7个国内区域经营指挥部和1个海外区域经营指挥部的区域经营格局，区域经营能力得到较大水平提升。彭仕国带领企业以建筑施工为依托，大力向上游业务、海外市场、房地产和其他利润率较高领域集中，大胆向资源领域、资本领域和建筑业高端扩展。近3年来，中铁十八局不仅铁路市场实现了跨越发展，城市轨道交通市场增势强劲，市政房建板块不断做大，在房地产和资本运作板块，也效益可观；海外板块在既有市场滚动发展的基础上，还新开辟了埃塞俄比亚、乍得、卡塔尔等新兴市场，审慎开展了国际贸易业务；2013年，还战略性地承揽到了贵阳龙洞堡机场改扩建项目，为企业在新兴市场领域做大做强打下了基础。在彭仕国的带领下，中铁十八局集团通过大力推行项目标准化管理，强化安全质量控制等举措，企业施工生产能力得到了显著提升。近年来，先后承建完成了世界海拔最高的铁路——青藏铁路，世界规模最大的水工隧洞洞群、我国水电系统采用TBM施工的亚洲最大断面引水隧洞——锦屏电站引水隧洞，目前亚洲最大的铁路疏解隧道群——温福铁路鼓山隧道群，国内TBM掘进施工的最长铁路隧道——中天山隧道、西秦岭隧道，国内第一条无渣轨道——遂渝无渣轨道试验段，我国目前仅有的两条海底隧道——厦门海底隧道、青岛海底隧道，我国北方第一条河底沉管隧道——天津海河隧道，以及京津城际、武广高铁、石武客专、京沪高铁等一大批“高、大、难、精、尖”工程项目的建设任务；完成了世界上同类工程室外温度最高、建设工期最短、涉及运能最大、运营模式最复杂的沙特麦加轻轨铁路，中国企业在沙特承建的第一条铁路项目——沙特南北铁路，以及其他十几个国家的近百项海外工程项目。通过这些工程，为中铁十八集团在长大复杂隧道、穿江过海隧道、高大桥梁、城市轨道交通、水利水电建设、TBM和盾构掘进施工等建设领域树立了耀眼名片，打造了金字招牌。

深化改革激活力　构建和谐促发展

中铁十八局集团通过不断完善法人治理结构，确保了董事会和经理层各司其职，各负其责；不断强化制度建设，基本形成了一整套完整的制度体系。自2011年以来，集团新成立了专业性较强的轨道公司和隧道公司；组建成立了投资公司和房地产公司；完成了建安公司机关从高碑店搬迁到天津空港开发区有关事宜，工程公司建设成效明显。2012年，集团所属国际公司、三、四、五公司4个单位进入2012年中国铁建股份公司“双20强”;2013年，五公司在确保“20强”的基础上，又进入专业工程公司“10强”榜单。集团在管理模式创新方面，进一步明确了“3+2”的经营管理体制和模式，即集团公司、区域指挥部和工程公司三级经营管理体制、集团公司和工程公司两级项目管理模式，管理体制模式更加切合市场发展需要。集团公司先后制定了《子分公司领导绩效考核与薪酬管理试行办法》《指挥（项目）部领导绩效考核与薪酬管理试行办法》等，薪酬制度改革不断深化。近年来，中铁十八局集团大力推进科技兴企战略，2013 年，集团公司企业技术中心获批为国家级企业技术中心，集团设立了博士后科研工作站，通过了高新技术企业复审，组建了 TBM 工程实验室，企业拥有专利授权数量突破 100 项，有力促进了企业创新发展。

近年来，中铁十八局集团除了通过大力开展学习贯彻落实科学发展观、创先争优、基层组织建设年等措施进一步提升党组织的凝聚力、战斗力和影响力外，还结合企业自身发展实际，在全集团范围内部署开展了以“学习先进、创新发展、争当优秀”为主题的“学创争”教育实践活动。在彭仕国的大力支持下，集团公司开展了一系列卓有成效的活动，从各方面帮扶职工，集团公司工会被评为天津市和全国工会职工法律援助维权服务示范单位，集团公司女工委被评为全国女职工专项集体合同推进工作先进单位，集团公司团委被团中央评为全国五四红旗团委……

身体力行转作风　强化品牌提声誉

彭仕国始终以一位领导干部、共产党员的身份，带头执行各项廉洁自律规定，强力纠正“四风”；把贯彻落实中央关于改进工作作风、密切联系群众的“八项规定”作为落实党的十八大精神的重要抓手，优化党风政风，提升企业形象；进一步加强党管党员、党管干部力度。彭仕国始终将自己行使的职权置于党组织、董事会和广大员工的监督之下，起到了一个共产党员和领导干部应有的表率作用。

在彭仕国的带领下，中铁十八局集团除了充分发挥作为世界 500 强、全球最大的建筑承包商中国铁建的核心企业的先天品牌优势外，还结合企业实际，通过采取大力选树典型、积极推进企业文化落地、主动扩大对外宣传等一系列措施大力打造属于十八局的企业品牌，不断提升企业社会声誉。中铁十八局集团还先后收获了全国五一劳动奖状、全国建筑业先进企业、全国文明单位、中国企业文化影响力十强、国家高新技术企业、金融信用等级 AAA 级……詹天佑大奖 5 项、鲁班奖 2 项、国优奖 7 项、国家级优秀成果奖 2 项等诸多荣誉。

中国南方航空工业（集团）有限公司执行董事、总经理

彭建武

彭建武：男，51岁，研究员级高工，现任中航动力股份有限公司副总经理、中国南方航空工业（集团）有限公司执行董事、总经理，第十二届全国人大代表。

他带领企业每年保持10.0%以上的增长，全面加强现有产品的改进改型和系列化、多用化发展，加速新产品研制，实现产品由一、二代机向三、四代机的转型升级。目前航空发动机制造水平已达到国际先进水平，在国内处于领先地位，公司已经成为国家中小航空发动机研制生产基地。

他致力区域经济和航空产业发展。与湖南省政府、株洲市政府共同出资50亿元成立了中航湖南通用航空发动机有限公司，集中优势力量发展通用航空动力。他牵头组织成立了株洲市航空产业协会，并积极为湖南航空产业发展建言献策，多方联络引进项目，大力推动航空城的规划布局和建设壮大。

航空报国 实干兴企

彭建武任中国南方航空工业（集团）有限公司主要领导以来，坚持“航空为本、军民融合、衍生发展、开放合作”的发展战略，践行“国家至上、客户至尊、员工至重”的核心价值观，紧紧围绕“精益南方、质量南方、创新南方、活力南方”的发展目标和成为“世界一流中小航空发动机供应商”的企业愿景，对标一流强管理，提质创效促发展，全力打造企业改革发展升级版，经营指标稳健快速增长，型号研制实现跨代升级，通航产业发展前景看好，市场开拓稳步向前，管理变革深入推进，创新工程效果显著，积极履行社会责任，职工幸福指数进一步提升，企业步入持续发展的良好时期。

彭建武注重经营规模和经济效益的同步提升，积极推进产品产业结构调整，做强做大产业规模，采取多项举措实施成本管控，经济运行质量持续改善。2014 年实现营业收入 53 亿元、利润总额 2.72 亿元、EVA1.2 亿元，公司荣获中航工业发动机经济规模贡献银奖、质量效益奖……在航空产业领域，彭建武带领公司加强现有产品的改进改型和系列化、多用化发展，加速新产品研制，目前航空发动机制造技术已达到国际先进水平。依托航空技术、产业链延伸，非航空产业、现代服务业也保持了快速的发展，公司形成了航空、非航空、现代服务业三业并举的发展格局。

彭建武近年先后荣获中航工业集团个人特等功一次、全国企业文化建设优秀管理者、2013 年度中航工业集团优秀领导干部，享受国务院政府特殊津贴。

创一流 促发展

彭建武将航空武器型号研制作为“生命工程”来抓，以高度的政治责任感全力突破航空动力瓶颈，某涡轴发动机配装某两型直升机首飞成功，成为国内新一代涡轴发动机研制里程碑事件，标志着该型号发动机即将转入设计定型阶段；某两型涡轴发动机配装的两型直升机首次进藏高原飞行作训和实弹演练；某涡桨发动机从立项到首台001号机台架一次点火成功仅一年多时间，得到了上级机关的赞誉，填补了我国新一代涡桨发动机研制的空白；某涡桨发动机首次配装国内某型无人机首飞成功，突破了无人机动力国外禁运的封锁；某涡桨发动机关键技术取得重大突破，首台验证机试车成功，为型号研制奠定了坚实基础；活塞–9发动机2013年取得民用适航TC证，是近20年获得中国适航许可的唯一国产发动机。公司荣获2015年“9.3”阅兵保障突出贡献单位。

彭建武着眼长远发展，积极抢占通航产业发展先机，与湖南省政府、株洲市政府共同出资成立了中航湖南通用航空发动机有限公司，集中优势力量发展通用航空动力。他当选第十二届全国人大代表以来，积极为湖南航空产业发展建言献策，多方联络引进项目，大力推动航空城的规划布局和建设壮大。他牵头组织成立了株洲市航空产业协会，联合山河智能、罗特威直升机等近20家国有、民营企业，进一步推动湖南省航空产业发展。

彭建武积极拓展产业发展平台，深入构建产学研用模式，推动企业与科研院所、高等院校战略合作，先后与清华大学、装甲兵工程学院、北京航空航天大学、南昌航空大学等拓宽合作领域，在关键技术攻关、成果转化、人才培养等方面取得较好的成效。他坚持国际化经营和合作，在涡轴、涡桨以及活塞领域，加强与透博梅卡、加普惠以及莱康明等国际知名航空发动机企业的合作，合作领域涉及新型号联合研发、专利技术引进、航空发动机维修、服务及销售等多个方面。

管理创新　效果显著

彭建武坚持“精益创造价值”的管理理念，组织在行业内率先开展精益管理。2013年以来，公司强力推进AOS管理变革，全面推行精益运营体系及AOS运营管理体系建设。针对公司科研生产经营活动中的关键、瓶颈问题，组织项目团队，实施重点精益改进项目，完成了中航工业AOS

试点项目——轴线精益化生产单元调整搬迁。彭建武加快厂所协同平台信息化建设，以门户系统集成PDM和ERP，建设技术、生产、采购、仓储、运保、成本、质量、客服等主营业务管控系统，公司信息化水平达到中航工业集团A级，在制造类企业排名第3位。为夯实基础管理，公司基本建立了基于IBSC的绩效评价体系，深入推进制度清理和流程优化工作，全面促进公司各单位风险管理体系建设，风险管理预警机制建设稳步进行。

公司建立基于综合平衡计分卡及能力绩效导向的全员业绩考核评价模式，为员工建立明晰的发展通道，搭建完善的职业规划体系，合理配置人力资源，技术、管理、技能人员比例逐步优化。公司成为中航工业发动机株洲培训基地、株洲市高技能培训基地，获评中央企业职工技能大赛先进单位。彭建武大力实施企业创新工程，设立了1000万元创新奖励基金。2012—2013年，公司共获科技进步奖47项，某发动机工程获国家科技进步一等奖。公司通过《国家知识产权管理规范》贯标验收，成为首批达到国家知识产权标准要求的企业，获评中航工业集团2014年度知识产权先进单位。公司成为国家高新技术企业，成为“中国制造2025”智能化制造项目试点企业。

履行企业社会责任　关心职工生活

彭建武注重打造积极承担社会责任的国企形象，近年来累计为社会提供1396个就业岗位，向社会公益捐助500余万元；他坚持安全发展、节约资源、保护环境，公司是安全生产标准化一级企业；他组织建立和完善扶贫济困机制，启动员工心理援助工作，持续开展困难职工帮扶、大重病救助、助学等工作。彭建武践行党的群众路线和“三严三实”要求，注重维护广大职工群众利益，积极改善职工生活环境。公司荣获国资委评选的2014年中央企业先进基层党组织、全国总工会会员评议职工之家工作先进单位和示范单位等10余项国家级荣誉；吴大观青年志愿服务队连续4年获得株洲市优秀志愿服务集体，2014年获得湖南省优秀青年志愿者组织奖、2014年度团中央十佳优秀青年志愿者组织奖。

广州博鳌纵横网络科技有限公司董事长、CEO

谢旭辉

谢旭辉：男，34 岁，律师，毕业于中国政法大学，法学学士，取得法律职业资格证，汇桔网、知商金融 I2P 和联瑞知识产权集团创始人，曾任职于美的集团、DHL 等知名企业。任中国商业联合会副会长、中国企业联合会常务理事，广州市政协委员，联瑞知识产权集团总裁，汇桔网董事长兼 CEO、知商金融 CEO。

2009 年创办了联瑞知识产权集团，联瑞拥有最完备的服务资质、超过 30 家分支机构的庞大服务网络，并在中国香港地区和纽约、东京、巴黎等地设有国外办事机构。2013 年在联瑞知识产权集团的基础上创办了全球领先的知识产权交易与产业升级平台——汇桔网，在知识产权行业内率先提出了“确权、维权、用权”三权推进原则，此举被誉为“重新定义知识产权行业”，2015 年 6 月，获评为科学中国人 2014 年度人物。2015 年，他在汇桔网的基础上创办了中国首家互联网知识产权融资平台——知商金融 www.i2p.com。

知识产权行业大有作为

企业迅猛发展

2009年，谢旭辉创办了联瑞知识产权集团，经过6年的努力，把联瑞打造成拥有最完备的知识产权服务资质、超过30家分支机构的庞大知识产权服务网络。客户累计数量超过10万家，客户资源覆盖5大洲。2013年在联瑞知识产权集团的基础上，谢旭辉创办了全球领先的知识产权交易与产业升级平台——汇桔网，填补了知识产权行业在知识交易与运用的空白。并在知识产权行业内率先提出了“确权、维权、用权”三权推进原则。汇桔网2015年度前三季度的交易额已经超过6亿元，预计全年交易额将超过10亿元，网站流量全国排名第一。2015年3月谢旭辉在汇桔网的基础上创办了中国首家互联网知识产权质押融资平台——知商金融，并得到省、市政府的大力支持，知商金融的创立则是通过细分领域的创新金融服务模式，积极促进知识产权的商品化、产业化、金融化进程，成为知商企业创新发展的助推器，真正开创知识产权经济新时代。

企业2013年被评为中国非公经济杰出贡献企业，2014年入选“领航100”广东亿元级青年领军企业，2014年博鳌亚洲论坛会员单位；2014—2015年中国500强企业发布暨大企业高峰论坛联合主席；2015年汇桔网获得广东省知识产权运营机构培育试点企业，同时由广东省推荐参评国家专利运营试点企业；2012—2015年连续4年获评为全国商标优秀代理机构。谢旭辉2012年被评为“品牌中国2012年知识产权行业领军人物”；成为“2013年博鳌亚洲论坛年会”唯一一家受邀参会的知识产权服务机构代表；2014年被评为广州市优秀共产党员；2015年获评为“科学中国人”2014

年度人物。

对行业的重要贡献

三权推进原则。在中国知识产权服务行业中，汇桔网第一次对中国知识产权行业提出了知识产权“确权、维权、用权”三权推进原则，此三权推进原则被业界誉为“重新定义知识产权行业”，可谓是开辟了中国知识产权界的历史先河，它对中国知识产权的发展起到了极大的促进作用。总部 + 分支机构的经营模式。汇桔网在中国知识产权服务行业历史性第一次采用总部加直营分支机构的经营模式，大力推进知识产权的创新与保护，同时提出了知识产权品牌化、规模化、集团化、国际化的发展策略，这种策略彻底改变了中国知识产权机构的传统模式，起到带动整个行业的聚居作用，集约资源、高效服务更多的客户，无地域限制，即同一个客户在全国乃至全世界各地都可以得到满意的服务。知识产权四化建设。汇桔网在知识产权行业内不断探索与创新，2014 年汇桔网提出了知识产权的四化；商品化、产业化、金融化、生活化。随着知识产权业务的不断延伸与发展，知识产权四化再次证明中国知识产权不仅限于保护和申请，同时结合政府提出“将中国建设成为知识产权保护、运用的强国”号召，在知识产权运营、交易、知识产权金融领域方面也不断取得新的成就。通过商品化、产业化、金融化进而实现了知识产权的价值，成为中国经济发展不可或缺的一环，让知识产权融汇于人们的生活，成为人们生活不可缺少的部分。互联网 + 知识产权模式。汇桔联瑞在全国首次创造性地使用互联网 + 知识产权，这完全符合国家在 2015 年提出的互联网 + 战略，在互联网 + 知识产权中，企业通过注册申请线上化、交易线上化、知识产权质押融资线上化取得了诸多的成绩，到目前为止整合各类可供交易创意资源已超过 100 万件。平台注册用户达到 60 万户，付费会员高达到 5 万个，UV 指数达 45 万，网站流量在同行业中排名第一。汇桔网引领知识产权行业发展趋势，将知识产权全产业链服务深入到创新驱动发展战略和知识产权国家战略，强化知识产权创造、保护、运用、流通与知识产权金融，将创新作为引领发展的第一动力，充分利用知识产权制度的激励保护功能，激发大众创新创业热情，释放全社会创造活力，促进新技术、新产业、新业态蓬勃发展，鼓励创新创业者更多创造和运用知识产权，为中国知识产权的发展起到极大的促进与推动作用。

企业社会责任

企业自成立以来遵纪守法，根据《劳动法》《劳动合同法》等有关劳动法律法规，与每位加入汇桔的员工依法签订劳动合同，积极缴纳社会保险，员工年均保留率为90.0%。为鼓励优秀员工跟随公司长期发展，专门为员工设置股票期权制度，为员工提供可持续发展的创业的平台，让优秀的员工经过自己的努力成为公司的员工股东，目前成为员工股东的员工已达约300多人。汇桔网尊重员工选择，重视对员工职业发展，帮助员工做好职业规划，同时在韶山设立815干部培训中心给予员工在素质上、专业上的能力提升。为汇桔网人才梯队建设奠定坚实的基础。随着汇桔网业务扩张与发展，每年为广州市解决就业人员300人次。参加由政府、协会、街道倡导的扶贫、资助活动，捐赠金额达100万元。

汇桔网不但注重自身提升，同时还关注与推动知识产权行业的发展，配合各地市政策对知识产权市场进行培育：2012年与佛山市开展知识产权合作，举办知识产权培训班；2012年与中国技术交易所合作举办知识产权资本运营总裁班；2012年被共青团中央授予全国大学生实习就业基地；2012—2014年在知识产权日均举办知识产权大型普及教育活动；承办2013年上海技术交易会分论坛——知识产权与财富；2015年5月在洛杉矶举办知商论坛；2015年参加中国500高峰论坛，承办知商论坛；与广东省知识产权局合作，承办汇桔杯南粤知识产权创新创业大赛。

四川广运集团股份有限公司董事长、党委书记

韩治成

韩治成：男，1967 年出生，硕士学位，机电工程师，高级政工师，高级经济师，高级职业经理。现任四川广元交通旅游投资集团有限公司党委书记、董事长（兼），四川广运集团股份有限公司党委书记、董事长。四川省第十届、十一届人大代表，广元市第四次、五次、六次党代会代表，四川省企业联合会、企业家协会副会长，西南财经大学经济学院兼职教授。

他任公司主要负责人后，面对 2000 多名职工，连续 10 年亏损的企业，以非凡的胆识和智慧，提出了“调整经营结构适应市场，调整发展思路占领市场，调整经营思路开拓市场”的经营发展思路，拉开了改革大幕，改革岗位工资分配制度，实施工效挂钩激励考评制度，强化了市场意识和竞争意识；狠抓班子队伍建设，任人唯贤，用人所长，带出了一支精明强干的干部职工队伍；改革创新管理，整章建制，奋力突破发展瓶颈。韩治成创造了“置之死地而后生”的奇迹。

勇担使命谋发展　改革创新展宏图

韩治成执掌广运集团10多年来，始终秉持“固基恒安、行健富利”的核心价值观和“情融万里、广运天下”的发展理念，持续深入改革、创新机制，推进资源优化配置和产业结构调整，不断提升规模化、组织化经营程度，把经营单一、举步维艰的企业发展成为多元经营现代综合交通运输企业集团，国家一级道路客运企业、交通运输部重点联系企业，公司名列中国道路运输企业100强等，其突出的经营管理业绩获得了业界广泛认可。

持续改革求转变　战略布局谋发展

1999年，广元市总公司改制为有限责任公司，承担着巨额的亏损和银行贷款，韩治成临危受命出任董事长、总经理。他实施工效挂钩激励考评制度，强化市场意识和竞争意识，狠抓班子队伍建设，2000年，公司即整体盈利54万元，职工人均年收入净增1200元，结束了公司连续10年亏损的历史，提前一年实现了三年奋斗目标。

2001年，韩治成组建了广元公路运输集团，并与农行建立了互惠合作银企关系，树立了企业诚信品牌。2005年，韩治成3天募集资金2500万元，3个月安置富余人员1200余人，5个月完成1500多万债权债务元清理，创新建立并实施组织企业结构机制的升级改造。改制当年，公司完成经营总收入2.4亿元，上交税费3500万元，实现利润560万元，相当于再造一个广运。2010年，公司成功改组为四川广运集团股份有限公司，韩治成主持研究制定了《公司“十二五”时期战略发展规划》，先后与3省10多家运输企业达成合作意向，设立多家分、子公司，构建了立足广元、落子陕甘、辐射沿海、网络全国的经营发展格局。

创新管理添活力 调整结构转方式

韩治成始终坚信，创新是经济发展新常态下，推进企业持续发展的动力和活力之源。

创新全面战略管理。构建了充满活力、富有效率的管控模式和运行机制；健全完善了质量管理标准体系，公司整体通过ISO国际质量认证；全面整合高度集成各项信息系统资源，提升了企业管理信息化水平和管理品质。创新产业经营模式。主导建立了单车经营服务质量竞选机制，全面推进公车公营集约化经营；大力开发农村客运班线和城乡公交；下属交通国际旅行社获得了出境游经营资质；拓展延伸了产业链，建设国家级客运枢纽站2个和省级现代物流枢纽中心1个。创新本质安全管理。坚持把安全摆在高于一切、重于一切的位置，构筑安全保障体系。公司连续21年无重特大安全责任事故，连续3年获全省交通旅游运输行业先进单位、连续9年被评为广元市安全管理先进单位。创新文化品牌建设。主持制定了一系列服务质量规范，开展企业文化理念标识设计和规范运用，全力打造“亲情相约”服务品牌。广元市汽车客运站“7182”服务队亲情服务QC小组，被交通运输部、公安部、国家安全监管总局、中华全国总工会、共青团中央授予2015年春运“情满旅途”活动先进集体。创新营销服务模式。将互联网信息技术与产业经营深度融合，构建起了线下、线上、移动立体式营销网络，全面构建营销服务新形态、新业态、新主体，努力实现转型升级、提质增效。

在韩治成的带领下，公司发展成为国家道路一级客运企业，交通运输部重点联系企业，成功跻身中国道路运输企业100强、中国道路运输百强诚信企业；先后获全国“讲理想、比贡献”先进集体、全国交通运输行业诚信企业四川省文明单位、四川省五一劳动奖状等荣誉。韩治成先后荣获全国交通运输企业优秀物流管理者、中国改革十大杰出企业家、全国交通运输行业诚信企业家、四川省优秀创业企业家、四川省五一劳动奖章、四川省劳动模范等荣誉。

以人为本促和谐　德益大众释宗旨

韩治成十分注重党建工作和精神文明建设，成立“共产党员服务队”“党员志愿服务队”10多个，设立“党员示范岗”“党员先锋岗”“党员示范车”45个，开展便民惠民服务项目28个，被广元市委授予创先争优先进基层党组织；出租分公司党员服务队涌现出好人好事110件，荣获全国总工会和谐劳动关系创建活动全国工人先锋号及交通运输部出租汽车行业和谐劳动关系创建先进集体。公司6个二级单位、班组和岗位被市委组织部授予党员示范岗，4个窗口岗位被省委组织部授予党员示范岗。

韩治成始终坚持以人为本，全力保障职工各项权益，关心职工生活，每年还组织召开离退休职工座谈会。他倡导建立了困难职工帮扶基金，帮助200多名困难职工解决了实际困难。公司获全国模范职工之家、四川省和谐劳动关系模范企业等荣誉称号。

2008年，在抗击冰雪灾害中，韩治成周密调度安排运力，组织开展抗灾保通优质服务活动。在“5·12”抗震救灾中，完成了温家宝总理一行到青川视察指导的紧急输运任务，运送了大批救灾人员、伤病员和返乡民工等；带头捐款、缴纳特殊党费，在他的带动下，全司员工累计捐款9.8万元，党员缴纳特殊党费4.2万元。在“4·20”雅安芦山地震后，他第一时间组织开展捐款活动，仅仅3个小时即捐款34665元。公司获国家交通部抗震救灾先进单位、省国防动员委员会抗震救灾交通保障先进单位等荣誉称号，韩治成被省总工会授予抗震救灾五一劳动奖章。

几年来，公司投巨资支援水、旱灾区，开展结对帮村和精准扶贫行动。韩治成个人为困难群众提供帮扶资金1万余元，结对资助一名贫困大学生学费和生活费27200元；任人大代表近10年来，他个人或联名提出的议案、提案达20多件，许多被相关部门采纳，体现了忧国忧民之心。

山西凯嘉能源集团有限公司董事长

路斗恒

路斗恒：男，52岁，研究生学历，高级经济师，山西凯嘉能源集团有限公司董事长、党委书记，兼任中国煤炭工业协会理事、山西省政协委员、山西省工业经济联合会理事、晋中市政协常委、晋中市企业家协会会长等职务。

参加工作30余年来，他引领一个小型地方煤炭企业跃升为综合性的能源集团，将义棠煤业公司由年产30万吨的小矿先后改造扩建为60万吨/年、90万吨/年、120万吨/年，至今为180万吨/年。他提出“煤为主业、适当多元”的发展思路，组建了生态旅游公司，保护开发“全国十大魅力名镇”张壁古堡，成立房地产公司，成立介休市第二人民医院，设立了凯嘉同盛小额贷款公司，装机容量21.3兆瓦项目实现并网发电，呈现出“一体两翼、多极增长”的经营格局。近年来，他先后获得全国煤炭工业优秀矿长、全国五一劳动奖章、中国优秀企业家等荣誉称号。

承载使命勤务实

参加工作30余年来，路斗恒承载自身使命，立足煤炭事业，以睿智、勇毅的人格魅力和求精、务实的工作作风，引领企业由小到大、由弱到强、由一业到多元，稳健快速发展，取得了辉煌的成就。

抓住机遇壮主业　顺势而为促转型

路斗恒1996年33岁时担任晋中义棠煤矿矿长，是当时晋中地区最年轻的县处级干部。2000年在煤炭行业最困难的时候，他响应国家政策带头入股，将义棠煤矿整体改制为山西义棠煤业有限公司，并提出了“生产集约化、安全标准化、员工专业化、管理精细化、公司集团化、产业多元化”的战略目标，着力改造和提升旧的采掘工艺，不断调整产品结构、转变经济增长方式。2009年10月28日，在义棠煤业公司规模发展的基础上，挂牌成立了山西凯嘉能源集团有限公司，按照山西省煤炭资源整合政策的要求，整合重组了城峰、青云、瑞东三个煤业公司，使煤炭产能扩大为660万吨/年。

路斗恒提出“煤为主业、适当多元”的发展思路。2009年组建文化旅游公司，开发全国十大魅力名镇——张壁古堡；同年，投资成立了和实房地产开发有限公司；2009年10月，在义棠煤业公司规模发展的基础上，挂牌成立了凯嘉能源集团公司；2013年5月，启动煤层气综合利用项目，一期装机容量21.3兆瓦项目于2015年1月实现并网发电；2015年7月，投资成立从事煤炭供应链业务的凯德能源公司。目前，凯嘉集团已发展成为集煤炭、贸易、旅游、地产、金融、医疗、陶瓷于一体的综合性集团企业，拥有12个子公司和成员单位，呈现出“一体两翼、多极增长”的经营格局。

夯基固本强管理　文化引领激活力

凯嘉集团组建以来，从健全机构、建章立制着手，设立了“七处两室两中心一学院两个分公司”（安全监察处、生产技术处、机电设备处、党群文化处、财务处、人力资源处、规划运营处、综合调度室、办公室、物料采供中心、煤质检验中心、凯嘉员工学院、煤销分公司、煤矿管理分公司）等职能部门，成立了凯嘉集团党委、工会、团委，并在下属各子、分公司设立了相应的基层组织。2009 年，聘请北大纵横管理咨询公司，设计了公司战略规划和集团化管控体系，在人力资源、财务预算、项目投资、经营决策、薪酬绩效等方面逐步实现了集团化管控模式，构建了统筹、协调、高效的母子公司管理体系。

凯嘉集团下设煤矿管理分公司，对各煤业公司进行专业化管理和安全监管，定期组织安全大检查和质量标准化验收，全面推进安全管理工作制度化、标准化和规范化，强化安全生产责任制。同时，公司于 2015 年 5 月 13 日成立凯嘉员工学院，从战略的高度，创新全员培训机制，分门别类、有针对性地开展学习培训，形成分层次组织、多渠道实施、大规模推进、高质量发展的全员学习培训新格局。

自 2012 年下半年煤炭形势逆转以来，路斗恒提出“简、减、降”瘦身措施，并强化营销管理，顺应市场导向，积极调整产品结构，实现了煤炭产销平衡。多年来，集团公司成为地方企业纳税贡献大户，位列山西省百强企业。全资子公司义棠煤业公司是行业一级安全高效矿井、全国煤炭工业先进集体、中国煤炭百强企业和中国煤炭工业双十佳煤矿，连续 5 年被国家安监总局、国家煤监局评为国家级安全质量标准化煤矿。

路斗恒不断挖掘、提炼义棠煤业公司文化积淀，构建了开放包容、人企合一、充满活力的文化体系。广泛开展经营理念、企业精神、发展战略宣传，通过多种活动，增强了员工对企业的归属感，提升了企业的形象。同时，坚持以人为本，企业发展成果惠及广大员工，保障员工的各项权益；加大扶贫帮困力度，成立了凯嘉集团阳光救助基金会，形成扶贫帮困长效机制；加强劳动用工管理，创优劳动关系，义棠煤业公司荣获全国模范劳动关系和谐企业称号。通过企业和员工共建共享，全面营造了和谐发展的浓厚氛围。

客户需求始尊重　回报社会勇担当

路斗恒坚持“始终尊重客户需求，不断提升员工生活水平，忠实维护股东利益，勇于担当社会责任”的办企宗旨，积极承担经济责任、法律责任和道德责任，培育感恩文化，扩大社会就业，支持慈善事业，谋求股东利益，自觉依法纳税，加强生态建设，倡导文明新风，接受舆论监督，促进社会和谐，把履职担责作为治企之基，进一步提升企业的核心竞争力。企业举资近 5 亿元保护性开发张壁古堡；积极吸纳下岗职工，集团共安置下岗职工 1520 人；下属安益公司投资 1.5 亿元，收购破产企业洪山陶瓷厂和介休市第二陶瓷厂，提供就业岗位 1090 个。集团公司和各子公司每年按期召开股东会，确保资产保值增值和对股东投资回报最大化。集团公司强化“三责”教育，全面推进安全管理工作制度化、标准化和规范化，义棠煤业公司被评为行业一级安全高效矿井和国家级安全质量标准化矿井。通过植树绿化荒山荒坡、治理矸石山、污水循环利用、节能减排、建立生态补偿机制，倾力打造绿色生态矿区。义棠煤业公司被命名为山西省生态示范矿井、环境行为绿色等级企业。在抗击南方冰冻灾害、抗震救灾、慈善事业等公益活动中积极解囊相助，真情回报社会。集团公司坚持诚信经营，按照诚实守信、互惠互利、合法合规的交易原则，与供应商和经销商保持良好的合作关系，并提供优质产品和服务，被评为山西省守合同重信用企业。

近年来，路斗恒先后获得全国煤炭工业优秀矿长、全国五一劳动奖章、中国优秀企业家……在他的正确领导下，凯嘉集团公司迈上了转型、可持续发展的快车道。面向“百年集团”的宏伟愿景，他奋发图强的足迹在不断延伸……

华蓝集团股份公司董事长、总经理

雷　翔

雷翔：男，58岁，教授级高级规划师，现任华蓝集团党委书记、华蓝集团股份公司董事长兼总经理，华蓝设计（集团）有限公司董事长。

他长期从事企业管理、城市规划、项目策划、智力运动发展推广等研究和实践工作，曾获全国城市规划先进个人、国务院政府特殊津贴专家、全国建筑工程设计一等奖等荣誉。

2006年，他率领广西建筑综合设计研究院成功改制，成为广西工程勘察设计行业中第一家改制的建筑设计单位，全国第一家千人以上顺利完成改制的建筑设计单位。业务从单一的设计咨询向工程总承包、投资与房地产开发、智力运动产业等领域拓展，成为城乡建设领域的全过程综合服务提供商、运营商。年营业收入从改制前的2006年的2.1亿元上升至2014年的12.9亿元，年均增长33.0%。2014和2015年获广西企业100强等荣誉称号。

多元跨界促发展

敢为人先　改企转制

华蓝集团的前身广西建筑综合设计研究院（简称“综合院”），是广西勘察设计行业的龙头企业，全国工程勘察设计行业改企转制的试点单位。在雷翔领导下，综合院成为广西工程勘察设计行业中第一家改制成功的建筑设计单位，也是全国首个顺利完成改制的千人以上建筑设计单位。同时，华蓝集团狠抓生产经营管理工作，开拓国内外设计市场。改制当年，营业收入达 2.1 亿元，同比增长 20.0%，创历史新高，实现了改制和生产两不误。

转型升级　多元发展

雷翔高度重视企业研究、项目策划、科技创新等工作，2008 年专门成立华蓝研究院，随后，研究院又先后孵化出文化建筑研究中心、城市研究中心、居住小区与住宅设计研究中心、建筑节能技术研发中心、建筑创作室等 5 个专职研究部门。研究院从成立之初的 20 多人，发展到 2015 年的 100 多人，研究、策划和创意设计年收入达 4000 万元，主导和带动的项目合同额超过亿元，真正起到了“孵化器”的作用。更重要的是，研究院形成了一批具有国内先进水平的科研成果和创意成果，在此基础上，华蓝集团建立了广西壮族自治区级企业技术中心、高新技术企业等科技创新平台，推动华蓝集团成为广西建设领域的人才高地。

雷翔认为，华蓝集团传统的设计业务亟须向工程建设领域的前后端延伸，实现设计附加价值最大化。因此，在工程建设领域相关多元化发展的基础上，华蓝集团开始尝试将原有设计业务各板块和工程建设服务的各环节进行串联和整合，逐步开展工程建设全过程服务和对城乡建设领域的综合服务，成为城乡建设领域的全过程综合服务提供商、运营商，成为广西最大的 EPC（设计牵头的工程总包）企业。

2012 年，在雷翔的带领下，以华蓝集团股份公司作为母公司，与其 17 家控参股公司共同组建成立企业集团，业务从设计咨询向工程总承包、投资与房地产开发、智力运动产业等板块拓展。

目前，华蓝集团共有员工 5000 余人，年营业收入从改制前的 2006 年的 2.1 亿元上升至 2014 年的 12.9 亿元，年均增长 33.0%；企业拥有全国优秀工程勘察设计行业奖建筑工程一等奖等省部级荣誉 605 项、专利 16 项（其中发明专利 6 项）、软件著作权 14 项、省级科技进步奖 9 项；主编（参编）标准规范 32 项（其中国家标准规范 3 项）、标准图集 28 项（其中国家标准图集 7 项）；荣获中国十大民营工程设计企业、中国工程设计企业 60 强、当代中国建筑设计百家名院、中国最具业主满意度设计机构、全国建筑设计行业诚信单位、全国工程建设标准化先进单位、全国群众体育先进单位等荣誉称号。雷翔享受国务院政府特殊津贴专家待遇，曾获全国建筑设计行业 60 年改制创新奖、全国建筑工程设计一等奖。2012—2013 年，华蓝集团先后获南宁市、广西文化产业示范基地，2014 年入选国家文化产业示范基地。

创新驱动　跨界突破

2014 年，雷翔将创意设计与城市建设、地产、信息、旅游、文化、体育等相关产业融合发展，打造中国东盟创意设计与相关产业融合发展服务中心和孵化基地，推动区域创意设计产业快速发展。

2015 年 1 月，由华蓝集团发起成立了城市围棋联盟（简称“城围联”），由 16 个城市的 18 个各行各业的投资主体组成，成员单位年营业收入达 600 亿元。城市围棋联赛是国内首个由企业主导、以联盟形式运作的大型围棋赛事，其新颖的赛制、运作模式和打造“围棋界 NBA”的目标引起了社会的广泛关注。雷翔荣获全国群众体育先进个人、全国体育事业突出贡献奖等荣誉。

企业文化及社会责任

2009年，华蓝集团确定了“绘华夏蓝图，筑百年基业”的企业愿景和“以人为本、以技为先、以品为要、以文为魂”的核心价值观，为强化企业文化在员工中扎根、推动企业发展起到了积极作用。2012年，华蓝集团颁布实施《华蓝集团企业文化建设规划纲要（2012—2017年）》，进一步加强和规范企业文化建设，构建有丰富内涵的企业文化体系。此外，华蓝集团坚持以“主题年”为抓手，每年确定一个集团建设的工作主题，现已成为华蓝集团特有的组织文化。

华蓝集团关心爱护每一位员工，制订实施了“员工关怀计划”，其中包括员工教育培训、住房补助、五险一金、健康体检等25个方面；每年安排数百万元用于开展文体活动，每年春节前举行大型团拜会和表彰大会设立“集团互助基金”，提供了800多人次的互助基金和专项关怀。

华蓝集团每年投入300多万元资金冠名赞助“广西华蓝围棋队”，还推动、开展“三棋进校园”活动。南国弈园建成后，成为了广西智力运动发展中心、广西体育文化产业化的创新示范平台。2012年至今，华蓝集团在南国弈园每年投入巨资组织各类智运赛事、文化活动；开设围棋、象棋、国际象棋等棋牌文化培训，与当地媒体合作开展“围棋文化与教育”等主题活动。“南国讲坛”是华蓝集团面向社会推出的城市公益文化讲座和城市文化品牌，选择听众感兴趣的文学、哲学、摄影、美术、音乐以及城市发展等题材，举办系列公益讲座。

雷翔作为广西政协委员、广西政府参事和广西壮族自治区党委决策咨询委员会专家，积极参政议政、建言献策，不少建议为政府采纳。作为专家、客座教授，雷翔发挥专业优势，为城乡规划事业、科技进步、人才培养做出了积极贡献，也为华蓝集团赢得了声誉和更多的发展机会。

福建和顺矿业化工有限公司董事长

雷和孙

雷和孙:男，51 岁，高级工程师，福建和顺矿业化工有限公司董事长，福建省人大代表。他大学毕业后进入浦城县一家建筑公司，从普通施工员干起，1995 年他以丰富工作经验成为公司的总经理，1998 年，以 300 万元并购浦城县南浦氟化盐有限公司生产氟化铝，在短短的一两年时间内，他迅速打开国内外的市场，为日后更大规模的氟化工企业的建立打下了坚实的市场基础。他在发展氟化铝工业时，辗转福建江西等地，以惊人的魄力先后投入巨资竞得十多个萤石矿的采矿权和探矿权证。2004 年 9 月 23 日，就在投资 6.8 亿元的江西福丰化工有限公司成立不久，他参与全省三大硫铁矿之一——浦城屏峰硫铁矿的竞拍，最终他以 3070 万元竞拍成功，大量矿产资源的掌握使和顺矿业化工有限公司成为华东地区乃至长江以南地区规模最大的氟化工生产基地。

魄力与远见造就成功

1995年，工作了十年的雷和孙以丰富的工作经验成为在所建筑公司的总经理。此后，颇具远见的雷和孙把建筑业市场延伸到县外的广大区域，并在南平成立了福建和顺建筑工程有限公司，不但承建他自身属下房地产项目的土建，还对外承接了多个标志性的工程项目，不仅让雷和孙积累了丰富的经验和坚实的土建技术，还为他后来发展矿业储备了原始资金。

奋力开拓 优质发展

1998年，雷和孙的建筑公司完成了浦城县冰晶石有限公司的氟化铝项目的土建工程，该项目在经营初期就陷入了困境，濒临倒闭。独具远见的雷和孙了解到，氟化铝作为氟化盐中的一个产品，是电解铝的助熔剂，助熔剂的科技含量直接影响铝的质量，产业前景非常广阔。雷和孙毅然拿出从事建筑行业多年累积下来的300万元，并购接手了该公司，经优化重组后成立了新公司，也就是后来的福建和顺矿业化工有限公司。

为适应市场的需要，经过深思熟虑和反复论证，雷和孙把产业拓展的目光投向了资源丰富的江西，2004年，投资6.8亿元在紧邻铁路浙赣线、320国道和沪瑞高速公路旁选址，建立了占地622亩，拥有两条18万吨硫酸、5万吨氢氟酸和6万吨氟化铝生产线的大型综合性氟化工企业——福丰化工。雷和孙深知“拥有不可再生的矿产资源是氟化工企业可持续性发展的重要前提”，他辗转福建江西等地，投入巨资竞得十多个萤石矿的采矿权和探矿权证。2004年9月，就在江西福丰化工有限公司成立不久，雷和孙参与全省三大硫铁矿之一——浦城屏峰硫铁矿的竞拍，由原本预计400多万元的采矿权，最终以3070万元竞拍成功。大量矿产资源的掌握为雷和孙在矿业的发展——即后来这个华东地区乃至长江以南地区规模最大的氟化工生产基地——福丰化工的建立发展奠定了坚实的基础。

在江西福丰化工有限公司，雷和孙投入1260多万元，引进国外先进技术和具有高环保性能的设备。在硫酸生产线上，国家制定的标准是转化率不低于99.0%，而雷和孙却通过采用国外催化剂五氧化二矾，将转化率提高到了99.75%。氟化铝方面，雷和孙投入800多万资金引进瑞士技术、德国生产的具有高环保性的流化床。通过流化床处理后排放出来的气体完全符合国家的标准，不会对环境造成影响。在严格防治污染的同时，雷和孙也紧抓企业节能减排，注重资源的综合利用，不仅仅是污水处理后可以循环使用，雷和孙利用工厂在运作过程中产生的余热建起一座发电厂，每小时能发电6000多千瓦，这些电量除了供应工厂日常使用，保证生产外，还有富余的电量供应给电网，另外在生产过程中所产生的废渣也作为生产原料，销售给水泥厂和砖瓦厂。在福建省和顺碳素有限公司，雷和孙投入1亿多元，对预焙阳极生产线进行环保节能技术改造，将原来的燃料重油改为天然气，减少了二氧化硫、氮氧化物、烟尘的排放，用电捕尘器收集下来的沥青质回到生产系统重复使用，达到零排放；利用生产过程的余热发电，对煅烧炉、焙烧炉进行节能改造，对生产过程进行自动化控制，对烟气进行脱硫处理。通过采取以上措施，公司的能耗大幅下降，污染物排放大幅降低，资源综合利用水平大幅提高。

在发展化工业的同时，雷和孙并没有丢掉自己的专业——建筑业，他将矿业、化工业产出的资金投放到房地产的市场上，在上海、江西、福建南平、建阳等先后开发了多个大中型楼盘，总建筑面积超过380000平方米。雷和孙强势推进企业大集团战略，信守“和睦相处、和衷共济、和谐发展；顺应时代、顺应产业、顺应民心”的企业理念，实现产业报国，如今雷和孙的事业横跨了多个产业，各产业交替着同步快速发展，将雷和孙的事业推向了新的高峰。

经营业绩斐然　不忘社会责任

在雷和孙领导下，建筑工程项目、房地产开发的小区，成为南平市住宅小区和福建省企业社区的示范小区；氟化铝、冰晶石和硫酸等产品，获得“优质”“名牌”等权威部门的认定。福建和顺矿业化工有限公司名下的数家公司，连续多年被当地政府授予守合同重信用企业，多次被当地政府评为先进企业、纳税大户。雷和孙也多次被当地政府评为优秀企业厂长（经理）、优秀共产党员，2003年荣获第一届南平市优秀企业家称号，2005年被省政府授予全省民族团结进步模范的称号。雷和孙连续三届担省、市、区三级人大代表，作为南平市人大常委，积极建言献策，为地方的发展做出积极的贡献。

2008年5月12日汶川发生的8级地震牵动全国亿万人民的心，雷和孙以个人名义在浦城县捐款，福建和顺矿业化工有限公司、福建和顺碳素有限公司、江西福丰化工有限公司、福建省和顺建筑工程有限公司等子公司也进行了捐款；在南平市民政局、南平市慈善总会，雷和孙的子公司南平市和顺房地产有限公司、福建省和顺碳素有限公司、福建省和顺建筑工程有限公司广丰华丽世家项目部每年都进行捐款。雷和孙个人和属下企业每年捐款达数百万元用于慈善事业，除此之外，雷和孙每年都会拨出一笔资金捐助希望小学，十几年不间断，还以结对子的方式捐助贫困学生。

丹东克隆集团有限责任公司董事长、党委书记

臧　克

臧克：男，1952年出生，大专学历，工程师，任丹东克隆集团有限责任公司董事长、党委书记，辽宁省政协常委、辽宁省总商会副会长。1988年以2万元起家，将一个32平方米的小作坊打造成一个23万平方米的国内机械密封行业的龙头企业，个人先后荣获全国五一劳动奖章、辽宁省劳动模范、辽宁省光彩事业先进个人等荣誉称号。

集团始终以“锲而不舍，追求卓越”的经营理念奋力开拓，一举成为我国机械密封行业的龙头企业，国内机械密封的第一品牌，其产品不仅覆盖全国，而且出口美、俄、英等30多个国家和地区，广泛应用于石油、化工、冶金、矿山、航天、制药、造纸、核电等领域，先后获得国家发明专利30项，实用新型专利78项，参与制定行业标准8项，其中有2项标准是以克隆集团主导产品作为行业标准进行编写的。

企业发展壮大的领路人

1978 年入党；1988 年以 2 万元起家，将一个 32 平方米的小作坊打造成一个 23 万平方米的国内机械密封行业的龙头企业。他就是全国五一劳动奖章获得者、改革开放三十年中国民营科技创新发展杰出贡献的优秀企业家、辽宁省优秀中国特色社会主义事业建设者、辽宁省优秀共产党员、丹东克隆集团有限责任公司董事长兼党委书记臧克。

致力打造民族品牌

在臧克的带领下，公司已发展为生产六大系列、上千个品种的集团化公司，产品覆盖全国，出口美国、俄罗斯、英国、澳大利亚等 30 多个国家和地区，获得国家发明专利 30 项，参与制定行业标准 8 项，其中有 2 项标准是以克隆集团主导产品作为行业标准进行编写的。其焊接金属波纹管获国家科学技术进步三等奖，焊接金属波纹管机械密封、大功率磁力驱动泵均获国家火炬计划项目，挠性膜片联轴器获中国市场知名品牌。

公司是中国流体工程学会理事单位、机械工业部机械密封标准技术委员会委员单位，拥有总资产 17.6 亿元，2015 年实现销售收入 17.98 亿元，上缴税金 2.48 亿元。

1996 年，克隆集团在全国同行业中首家通过 ISO 9002 质量管理体系认证。2007 年通过 ISO 14000 环境管理体系和 18000 职业健康安全管理体系认证，同年又顺利通过美国石油协会 API SpecQ1-2003 质量管理体系认证，通过法国船级社 ATEX 防爆认证、美国机械工程师协会 ASME 认证、俄罗斯 GOST 和 RTN 认证。从订单评审到技术设计，“中国克隆”这一民族品牌，已成为设备安全运行保障的代名词。

从2011年年初克隆集团便开展了海外技术研发机构的筹建工作，现已分别在印度普纳成立了分公司，英国、德国成立了海外技术中心，同时招聘人才专职在印度、英国、德国进行产品研发和市场开拓工作，并且在世界知名同行企业聘请专家和顾问为公司产品研发进行指导。

创新企业经营管理

臧克率先在同行业中将ERP引入企业管理，对企业进行全面立体化控制管理。采购订单直接下推到采购付款，实现平台采购；客户直接在系统中询价、下单，使企业内部大量数据信息实行科学规范化管理。

在节能减排领域，公司新研发完成的节能产品汽液全流螺杆动力机是一种专门针对低品质能源的高效率能源回收装置，具有自主知识产权，填补国内空白，主要技术指标达到国际先进水平。该产品2011年被评定为辽宁省中小企业厅“专、精、特、新”产品，2012年被辽宁省经济和信息化委员会评定为省优秀新产品三等奖，2013年列入国家发改委国债项目专项。在核电关键部件领域，公司已完成核二级机械密封、核三级机械密封的研发工作，产品具有自主知识产权，填补国内空白，技术指标达到国际先进水平。

重视企业党建工作

作为丹东市第一家成立党委和工会的民营企业，克隆集团党委认真贯彻落实上级党组织的指示精神，努力发挥基层党组织的战斗堡垒作用。公司党委和工会多次在省市和全国非公企业党建及工会工作会议上介绍经验，先后获得全国先进基层党组织、全国民营企业思想政治工作先进单位、全国模范职工之家等称号。特别是在“创先争优”活动中开展的以“学技能、促发展、尽职责、争优秀”为主题的“党员评比台”竞赛活动，先后在新华社内参、省市委《“创先争优”活动简报》《丹东日报》刊发，得到了上级领导的批示和肯定，并在全国推广。

培育“克隆文化” 感恩回报社会

克隆集团以“中庸育人、求实创新”为企业文化的核心，以“锲而不舍，追求卓越”为企业精神，以“克己复礼，隆德做人”为企业员工的座右铭，构建了和谐企业文化。在人才战略方面，臧克重点培养和选择德才兼备的人才充实到各级主管部门和重要岗位，在企业管理和经营活动中实行激励机制。多年来，集团已组建多支研发团队，并与四川大学、北京化工大学、清华大学等多所国家重点大学建立定向培养人才计划。2010 年年初，臧克自费在公司内组建了排球、篮球、乒乓球、武术、书法、科技等 17 个民间协会。2010 年 5 月以来，克隆集团党委和工会在全公司范围内开展了“学习中华传统文化”活动。

近些年来，克隆集团为下岗失业人员、残疾人提供就业机会，每年助残日，为残疾员工发放补助金，组织活动。克隆集团多次获得扶残助残先进单位称号。集团组建了“克隆爱心基金会”，臧克每年以个人名义向基金会捐赠 10 万元，对特困员工进行救助。在公司内网上建立“爱心义卖”及实物捐赠平台，供困难员工选择使用。

臧克多年来一直专注于传播国学文化。由他创办的丹东国学院，迄今已开课 40 多期，每期课程安排从儒、释、道等方面讲解人生真谛，现已有近万人毕业。

2011 年，臧克发起成立了“丹东市双灵慈善基金会”，这是目前丹东市唯一一个民间性质的基金会，每年都拨出近 10 万元资金，救助贫困群众、慰问敬老院老人等。在 2015 年的纪念抗战胜利 70 周年暨反法西斯战争胜利 70 周年之际，基金会共走访 14 位抗战老兵，送上慰问金和慰问品。臧克还积极投身公益事业平台的搭建，为山东卫视《天下父母》栏目捐款 20 万元，又与丹东广播电视台合作，创办并每年资助《人间真情》栏目 10 万元。由臧克出资兴建的国内首座丹东中华万姓宗祠也将于 2016 年正式对外开放。

2008 年抗震救灾中，臧克以个人名义向汶川灾区捐款 100 万元，他个人被中华全国工商业联合会授予抗震救灾先进个人荣誉称号。他还积极参与孤儿学校、希望小学建设，养老敬老、修路、赈灾、扶贫帮困、助学等社会公益活动。

哈尔滨变压器有限责任公司董事长、总经理

臧　波

臧波：男，53岁，研究生学历，享受研究员级待遇高级工程师，国务院特殊津贴，高级职业经理。

他上任后，内抓改革，外抓市场，通过实施新战略，公司先后开发了大唐新能源、重庆、浙江、山东等国内新市场及泰国和巴基斯坦等国际市场，在很短的时间内扭亏为盈。他紧跟变压器技术发展的步伐，超前研发新产品，相继组织研发超高压电力变压器、智能电网用电力变压器等，推动企业产品的更新换代和企业的技术升级。在他的主持和带领下，先后推行ERP管理、全面预算管理、精细化管理等措施，企业由粗放型管理模式转化为精细型管理模式。

他自任职以来，公司职工收入连年增长，按时缴纳税收和各种社会保险。他积极参加和捐助公益事业，公司从未出现重大环境污染、质量和安全事故，在群众中有很高的威信，他荣获全国机械工业劳动模范、全国机械行业优秀企业家、黑龙江省优秀企业家等荣誉。

“变”中求胜　引领企业前行

臧波具有出色的工作、高超的专业技术和很强的组织领导能力，在参加工作三年后就被破格选拔担任公司变压器设计部门负责人，2000年在企业发展的历史转折关头，他接过了公司总经理的重任，当时的企业已是亏损，背着两亿元的债务包袱。面对这种困难局面，他坚定信心，知难而进，带领企业走出困境，全面发展。

大胆改革　企业脱颖而出

在企业从工厂制向公司制转化的过程中，臧波大胆改革，精简机构，同时，加强制度建设，强化职能，大大提高了公司的运营效率。经过5年的努力，利用金融债务处置的相关政策和法律诉讼渠道卸掉了全部债务，企业轻装上阵，形成以管理机制和运营机制为支撑的公司运营体系。

面对困难局面，臧波决定由立足于本省市场改变为重点开发吉林、辽宁、天津、河北、河南、内蒙古等市场，辐射南方市场；同时，强化产品质量、交货期和售后服务。臧波非常关注销售工作，亲自参与市场开发，对市场的开发起到了积极的推动作用。通过实施新战略，公司市场的开发不断有新的突破，先后开发了大唐新能源甘肃瓜洲第六风电场工程的330千伏电力变压器市场及重庆市场，并且还开发了泰国和巴基斯坦等国际市场。

技术创新　驱动公司的发展

2008年8月，按照集团公司的战略部署，公司投资近7亿元建设500千伏变压器项目，实施技术改造，兴建新厂。臧波在技术改造项目实施过程中，亲自设计和组织研究方案。2010年年底500千伏大项目如期竣工，2011年1月正式由老厂区向新厂区搬迁。做到了搬迁生产两不误，并当年投产当年实现产值2亿元。

产品的研发首先要有高素质的人才，在臧波的主持下，企业加强了技术研发队伍的建设，把一批优秀的专业人才选拔到企业重要岗位上。臧波非常重视研发投入，公司先后高薪招聘高电压专业的专家和高级技术技工十多人；建设研发中心，目前，“哈变”形成了自主的超高压变压器核心制造技术，培养了一大批研制超高压、超大容量变压器的技术人才。臧波提出要加快研发的步伐，推进产品结构调整与技术改进，进行产品技术升级换代。在产品优化设计方面，采用新结构新工艺，使产品的设计裕度趋向合理，产品体积在逐步缩小。220千伏以下的传统产品绝缘结构调整进展缓慢，经过臧波领导大胆改进，器身重量下降大幅度下降，每年降低设计成本500多万元。

臧波围绕市场需求进行技术创新和新产品的开发，2011年推出SSZ11–31500/220智能型高可靠性高寒地区用端部进线有载调压自冷电力变压器的新产品，通过鉴定，并标准化批量生产。2012年推出SSZ–ZN–180000/220智能电网用电力变压器产品，在2013年1月，中国机械工业联合会和黑龙江省机械工联合会主办的产品鉴定会上，认定该产品为同类产品的国际先进水平，公司被国家电网认定为10家智能电网用电力变压器制造厂家之一，抢抓到了智能电网用电力变压器的市场机遇。

2013年研制出ODFS—334000/500千伏超高压变压器产品，通过了国家质检中心的全部检测，填补了省内在这一领域的空白，同时被中国机械联合会鉴定为“国际先进水平”。这也标志着“哈变”开始向超高压、特高压电力变压器领域进军。

向管理要效益

在臧波的主持和带领下，企业由粗放型管理模式向精细型管理模式转化，加强产品品质的提高，从原材料采购、产品设计、生产加工的过程中都做到了时时考核监控，尽力做到降低成本，减少费用。

在质量管理方面，坚持贯彻公司“质量第一、性能优越、顾客满意、持续完善”的方针，坚持按ISO体系要求实施质量管理，保证了产品质量的优质率。目前，公司生产的大型电力变压器出口巴基斯坦、柬埔寨、越南等多个国家和地区；公司生产的400多台220千伏变压器产品在网上运行，已保持30年运行无事故的纪录，受到用户的好评，并已取得国内电力行业提供产品和服务优秀供应商资格。

在贵重原材料的使用上加强管控，公司充分利用边角料加工成小型部件。提高了材料的利用率，连续5年节约的资金4000多万元。

履行社会责任　文化引领企业

自臧波任职以来，职工收入连年增长，公司按时缴纳税收和各种社会保险。臧波积极参加和捐助公益事业，有着极强的环境保护和安全生产意识，建立了环境、职业安全管理体系，公司通过了华信公司ISO 14000、OHS 18000（环境、职业安全管理体系）的认证。臧波以企业文化建设为引擎，创建企业文化品牌，提升企业文化管理的氛围，他引导员工弘扬“团结、拼搏、务实、创新”企业精神，在他的创意和全面指导下，提炼了企业文化理念“哈变之道”，浓缩了“哈变”的企业意识，形成了支撑“哈变”持续发展的思维理论体系和文化支撑体系。

公司为青年员工解决居住问题；逐年提升员工的收入水平；积极落实带薪休假制度；丰富员工的业余文化生活。臧波还非常关注困难的员工群体，积极支持工会等群团组织开展送温暖、帮扶困难员工活动，本人还带头捐款。

在臧波领导下，公司多次被黑龙江省政府授予省级先进企业、省精神文明单位，多次被哈尔滨市政府授予劳动模范单位、市文明标兵单位。臧波享受国务院政府特殊津贴，荣获全国机械工业劳动模范、全国机械行业优秀企业家的称号。

安徽环新集团有限公司董事长

潘一新

潘一新：男，57岁，高级工程师，全国劳动模范，安徽环新集团董事长，以汽车发动机关键性零部件和汽车电池为主业，坚持走“引进消化吸收再提高”的创新之路，产品由单个活塞环延伸到发动机总成、配气系统及新能源领域，实现产品结构的全面升级，其中活塞环、汽油机缸套生产规模均为世界第一，潘一新连续担任两届全国人大代表。

1996年6月，在他的主导下，选择产量居世界第一的美国FM公司、产量居世界第四的日本TPR株式会社，作为活塞环厂的合作伙伴，并与之合资组建了安庆帝伯格茨活塞环有限公司，随后相继成立多个中外合资公司。为打造一支视野宽、专业精、素质高的员工队伍，集团成立了“环新大学”，启动了“毓秀计划”、开展了“金鹰班”“工商管理”、各类专项培训、讲座等学习班，向下属子公司输送不同层次的人才。

做振兴中国汽车工业的逐梦人

潘一新始终坚持以“中国第一、世界一流”为经营战略方针，目前集团旗下已拥有包括全世界最大活塞环生产基地、世界最大汽油机缸套生产基地和中国最大的粉末冶金气门座圈生产基地在内的15家中外合资企业、20余家全资及控股公司，经营业务涉及汽车关键零部件及相关产品。销售市场从国内拓展到欧美、日、韩、东南亚、南非、印度等生产汽车的主要国家。实现了发动机核心零部件的国产化；所有产品均满足国V以上发动机排放要求；是国家标准、行业标准的主要制定单位之一。主导产品在国内市场的占有率平均达到50.0%以上。

潘一新曾获得全国劳动模范、全国五一劳动奖章、全国优秀青年企业家及部、省级多项殊荣。

坚持高起点——在竞争中占领市场制高点

1996年6月，在潘一新的主导下，选择产量居世界第一的美国FM公司、产量居世界第四的日本TPR株式会社作为合作伙伴，并与之合资组建了安庆帝伯格茨活塞环有限公司，随后相继成立多个中外合资公司，通过引进、消化、吸收和再创新，产品快速替代了进口。在潘一新领导下，环新集团下属公司先后通过ISO 9002质量体系认证和国际汽车产业要求的美国QS 9000、德国VDA6.1标准认证、TS 16949质量认证。集团每年用于科研的投入不低于产品销售收入的4.0%，而且比例还在不断增长。集团培育了自己的研发团队，拥有省级企业技术中心和省级工程中心，具备了行业标准的起草资格，获得了多项产品专利。对集团的每个项目，潘一新都把目光瞄准到同行业国际先进水平，生产及检测设备的引进更不例外。

他曾一次拿出1800万元，相当企业资产的1/3，从欧美和日本引进了哈斯汀生产线和双端面磨床，实现轿车活塞环国产化零的突破。近年，又引进了多条智能化生产线。

为适应国家汽车零部件产品节能环保要求，集团开发了一系列节能产品。如：DLC等低摩擦系数涂层、铝包容缸套等。集团各公司自2001年起，相继通过了ISO 14001环境管理体系认证，OHSAS 18001职业健康体系认证，严格控制产品生产过程中能源消耗及对环境的不良影响。目前集团产品万元增加值耗能为0.17标吨，而国家行业标准为0.23标吨。环新集团推行了一系列成本改善活动，使集团始终保持行业经济效益最佳的地位。其主导产品平均利润率超过20.0%以上，其中个别超过30.0%，充分展现了企业产品的附加值和核心竞争力。

适应新变化——在创新中推动产品升级

随着全球汽车行业对节能环保的新要求，发动机轻量化、低能耗、低排放是发展的趋势，要求关键零部件必须在减重量、高强度、高硬度、低摩擦方面有所突破。为此，潘一新投入巨资在新产品的开发及新项目的引进上，进行了一系列大胆的创新和探索。

改善活塞环：材料从传统铸铁升级成高合金不锈钢，表面处理采用PVD物理气相沉积技术，使产品具有更高的硬度、更低摩擦系数；为满足到2020年，燃油耗限值必须在百公里5升以下这一国家标准，公司引进了Duroglide®类金刚石涂层，大大降低了发动机的燃油耗。研发气门座圈和导管：采用高合金含量的粉末冶金材料，产品具备更高的耐高温、耐磨损、抗腐蚀性能；采用新的表面处理技术，提高产品的耐高温、抗腐蚀能力。引进开发铝包容缸套：集团2004年引进国际先进铝包容缸套制造技术，能大大提升缸套与铝缸体结合强度，其导热性能是普通缸套的3～4倍，同时减轻缸体重量的1/3，有效降低发动机油耗。

进军新能源：2013年，环新集团便在合肥高新区创立了安徽环名精控有限公司，开始生产OCV控制阀；2014年，与韩国三星合资生产新能源汽车电池，2015年10月已正式投产。2015年，潘一新又与亚洲最大的私募基金赛富基金合作建立新富新能源科技公司，拟生产新能源电池包。项目以高冷却性、高安全性和智能性，从根本上解决中国新能源汽车核心技术难题。

创立新机制——在深化改革中增强企业活力

潘一新建立了相互制约、相互监督、利益均衡的法人治理机构，通过民主程序，使权责更加合理。他还将这一模式成功应用于随后成立的多个中外合资公司，使企业获得持续稳定的发展。潘一新实施有针对性的营销策略，推动售后技术服务工作走向全天候，立体化，建立了遍布全国的营销网络，从而巩固和扩大了产品市场份额。潘一新建立起公平、公正的业绩评价体系，深入持久地开展各种激励活动，激发了员工的工作热情和创新动力。

完善规章制度——构建和谐企业　履行社会责任

集团有完善的劳动规章制度和员工手册、有劳动争议调解组织。为打造高素质的员工队伍，集团成立了“环新大学”，启动开展了各种培训。潘一新特别重视加强党组织建设，集团党委不断强化对党员和管理干部的教育管理，让党员干部保持在企业经营活动中的先进性。潘一新针对集团下属企业多为中外合资的特点，强调中方员工要以包容的心态，正确对待东西方文化的差异与碰撞，创建“兼收并蓄、交融共进”的企业文化。由于潘一新身体力行，率先垂范，使得集团内呈现出和谐相处，共荣共赢的局面。

企业的发展离不开社会的支持。潘一新积极履行企业社会责任，带头向灾区捐赠，以集团名义，为多所学校改善教学条件，设立奖学金；在岳西、太湖县等贫困山区先后建立 11 所希望小学。

湖北景天棉花产业集团有限公司董事长

潘建培

潘建培：男，1971 年出生，本科学历，高级经济师，湖北景天棉花产业集团有限公司董事长，湖北省第十一届人大代表、湖北省天门市第七届人大常委、湖北省企业联合会常务副会长、中国棉花协会常务理事，先后荣获湖北省五四青年奖章、全国五一劳动奖章、湖北省优秀企业家“金牛奖”。

2006 年，他接手湖北金天纺织公司，这是一个资金严重不足、设备老化，职工濒临失业，企业濒临破产的企业。为了使企业起死回生，使 2000 多职工免于下岗，他一直坚持用改革和创新的办法解决企业在生存和发展过程中遇到的各种困难和矛盾，经过近 10 年的努力，他所创办的湖北景天棉花产业集团，成为以纺纱为核心，集棉花收购、加工、纺纱、织布、进出口贸易于一体的棉花产业化发展的集团型企业，把天门棉花资源优势变为地方产业优势，是湖北省重点大型工业企业和湖北省农业产业化重点龙头企业。

创新发展　务实进取

湖北景天棉花产业集团，是一家以纺纱为核心，集棉花收购、加工、纺纱、织布、进出口贸易于一体的棉花产业化发展的集团型企业，是天门市重点大型工业企业和纳税大户，连续多年排名全市工业企业第一名。2012 年被湖北省政府表彰为湖北省模范劳动关系和谐企业，被中国纺织联合会授予全国纺织行业劳动关系和谐企业，被湖北省委省政府评为湖北省优秀民营企业。2013 年获得“湖北省著名商标”“湖北省名牌产品”荣誉；2014 年荣获湖北省农业产业化综合 10 强龙头企业。潘建培 2011 年获全国五一劳动奖章；2012 年 10 月，荣获第三届 2012 湖北省十大优秀青年企业家；2013 年 1 月荣获第十一届（2012）湖北经济年度风云人物；2014 年 5 月荣获“湖北省优秀中国特色社会主义事业建设者”荣誉称号。

锐意改革　多元发展

企业创立以来，潘建培抓紧扩规不放松，做到年年有投入，年年有变化，从一个 5 万锭的小厂一路做大成为全省棉纺最大企业。基于广泛的市场调查，企业在大力做大做强棉纺产业的同时拓展新的领域，实现多元发展、多轮驱动。

目前，湖北景天集团已形成两大产业板块，一是棉花产业，作为集团的核心产业，景天纺织已成为全省最大棉纺企业，是一家以纺纱为核心，集棉花收购、加工、纺纱、织布、进出口于一体的大型集团企业。集团现有员工 4000 余人，纺纱规模 50 万锭，拥有三条 400 型棉花加工生产线，以及年产量 40 万米的织布能力。2014 年销售收入 41.2 亿元人民币，是天门最大“块头”企业。二是建材产业板块（包括商业及工业园），目标是建成辐射江汉平原的大型专业建材生产及集散地。

创新经营　逆势扩张

潘建培加大投入，对设备技术进行全面改造升级，实行经营创新。

一是对传统环锭纺设备进行重新改造，引进紧密纺先进配套工艺，生产精梳60S以上高支纱，减少用棉量和原料成本，提升产品附加值；公司淘汰了原来的高能耗的除尘装置和空压设备，并对各生产环节进行节电改造，企业技改投资超过3200万元；引进配套先进的生产工艺，一方面提高生产效率，另一方面节约电力消耗。

二是把产业链延长，从以前单一纺纱，发展到棉花种植、收购、加工，向后延伸到织布、贸易出口，形成全产业链发展。

三是创新经营，把销售端深入用户，仓库设在销售地，结算方式灵活，实现零库存。2011—2014年期间，在棉纺行业普遍不景气的情况下，企业不仅还保持着产品无积压，甚至还出现用户排队等货的良好局面。

四是立足产棉区，实施"公司+基地+农户"模式，建立优质棉种植基地，使优质棉花原料供应得到充分保障。潘建培先后在天门岳口、汪场、蒋场、黄潭等7个棉产区乡镇扶持建立了10个棉花专业合作社，建设了10个优质棉生产基地，发展"订单生产"，与种植大户签订了长年包收合同，免去了棉农的后顾之忧。

景天始终坚持不懈地实施以"命牌"为灵魂的品牌战略，每一道工序，每一个环节，都制定了严格的指标控制体系。坚持做到，上一道工序不合格的半成品，决不准进入下一道工序。景天对违规操作的质量责任人，不论职位大小均一视同仁，从不心慈手软，返工之后还会进行严管重罚。景天实施了严格的ISO 9001质量体系认证，并一次性地全面通过。景天还将"景天"商标成功申报为湖北著名商标，力争2015年年底申报成功"中国驰名商标"。

景天集团不断扩大国际贸易，景天的家纺及室内装饰布料产品远销世界许多地区，并在非洲设有多家海外分公司，在意大利、约旦、土耳其、韩国、新加坡等拥有多家固定经营代理商。潘建培每年多次前往非洲，实地考察和调研当地市场情况和产品需求变化趋势，公司的提花面料、绣花布及窗帘产品的花型、款式、颜色，一直处于市场引领地位。每年实现创汇 5000 万美元以上。

打造和谐企业　履行社会责任

在潘建培的领导下，景天棉花产业集团始终把“以人为本”原则作为企业生产经营的出发点和落脚点，把建立和谐的劳动关系贯穿于企业发展的始终。对于一般员工，每年的工资增长幅度不低于企业年生产总值的增幅，除非员工选择自己离开公司，景天不会轻易裁员。景天集团严格执行国家《劳动法》规定，健全劳动保障；为了解决职工住房困难问题，潘建培投入巨资，开发了职工住宅小区——“景天苑”；企业成立了“景天棉花产业集团职工互助基金会”，为职工排忧解难。从创建景天时开始，潘建培就制订并实施了“人才梯队培养计划”，将人才培养纳入企业战略发展规划。公司自创立以来，一直注重环保，结合技术改造，投资更新设备和空调改造，注重厂区绿化建设。

扶贫帮困，潘建培时刻牢记着这份担当与道义。2006 年 12 月，景天棉花产业集团开张不到一年时间，即拿出 1 万元支援小板镇张岭村新建村级公路的绿化。2007 年 10 月，岳口镇薛熊滩村建村级公路，景天集团又捐款 1 万元；同年，还为东湖村建村级公路捐款 40 万元。仅 2013 年，企业就为竟陵祖师村、横林卢埠村、净潭沙口村等 10 个村修筑通村公路捐款 130 多万元。由于年久失修，佛子山镇部分村机电泵站无法正常开机运行，景天棉花产业集团捐资 15 万元，解决了农民的燃眉之急。仅 2013 年，企业就向援疆希望小学、天门市慈善总会、福利院、敬老院、东湖村贫困户捐助 210 万元。从 2007 年起，景天集团每年年底向东湖村捐款 5 万元，用于东湖村 60 岁以上老人生活补贴。自 2006 年以来，景天棉花产业集团每年坚持向市慈善总会、市社会福利院、市光荣院、市残疾人协会等机构捐款，数额已超过百万元。2014 年 9 月，集团向阳渡村捐款 190 万元，建设景天游园，为城中村的留守老人和儿童提供优良的活动场所。

桂林福达集团有限公司董事长

黎福超

黎福超:男，57岁，高级工程师，福达集团的创始人，全国劳动模范，广西壮族自治区第十一届政协委员、桂林市第三届、四届人大代表。30多年来，他将全部精力投入到企业生产经营中，福达集团在他的带领下，由小到大，取得了快速健康的发展，集团总资产近50亿元，员工人数3000余人，现已发展成为中国汽车零部件的龙头企业，形成以研发、生产与销售汽车零部件为主业，同时兼营地产、旅游、环保、投资金融等业务的企业集团。产品为国内外40多家著名的汽车和发动机生产企业配套，尤其是汽车离合器和发动机曲轴还成为中国人民解放军军用汽车指定配套产品，产品同时出口日本、美国、印尼、澳大利亚、巴西等多个国家。

他在企业与社会、企业与环境的和谐发展中认真履行了企业的社会责任。多年来，福达在教育、交通、扶贫、救灾、社区以及“美丽广西、清洁乡村”等活动中，捐款捐物超过1000万元。

引领企业创新发展

福达集团在黎福超带领下，成为中国汽车零部件的龙头企业，形成以研发、生产与销售汽车零部件为主业，同时兼营地产、旅游、环保、投资金融等业务的企业集团。2014 年实现营业收入 54.6 亿元，上交税金 8619 万元，支付员工工资 14093 万元，交纳员工各项保险约 4500 万元。

企业先后获得国家 AAAA 级标准化良好行为企业、中国 AAA+ 级质量信用企业、全国五一劳动奖状。黎福超连续多年被评为广西优秀企业家，并被评为自治区劳动模范、自治区优秀共产党员，2015 年获全国劳动模范称号。

推动企业上市　引导科技创新

在黎福超的积极推动下，福达股份于 2014 年 11 月 27 日在上海证券交易所挂牌上市，标志着福达股份向资本市场迈出重要一步，为福达未来成为世界级汽车零部件制造商跨上一个新的平台。

在黎福超的领导和组织下，公司完善了科技创新平台，与清华大学、北京机电研究所、桂林电子科技大学等院校建立了产学研合作关系，并大力引进各类高级科技人才。公司拥有多项生产关键汽车零部件产品的核心技术和生产工艺，以及轴颈及圆角淬火、圆角滚压等多项核心技术。共取得授权发明专利 18 项、实用新型专利 96 项、外观专利 1 项，参与国家、行业标准制定 9 项。完成了国家火炬计划项目两项。公司被认定为国家高新技术企业、创新型试点企业。

福达集团核心企业均为国家高新技术企业，具有较强的自主研发能力，主要产品有发动机曲轴、汽车离合器、汽车齿轮、精密锻件、高强度螺栓等。产品为国内外40多家著名的汽车和发动机生产企业配套，尤其是汽车离合器和发动机曲轴还成为中国人民解放军军用汽车指定配套产品，产品同时出口日本、美国、印度尼西亚、澳大利亚、巴西等多个国家。

黎福超狠抓技术改造，2009年开始陆续投入10.25亿元，建设“年产10万吨精密锻件项目”（此项目列入广西壮族自治区统筹推进重大项目）。公司引进国外最先进的装备，建成六条全自动热模锻压力机生产线，其中，14000吨生产线是目前国内最大的热模锻压力机自动化生产线，公司成为中国目前规模最大、工艺装备水平先进的全自动化精密锻件生产企业。除此之外，每年福达集团都投入大量资金，用于曲轴、离合器、齿轮等生产线的技改，使公司工艺技术水平始终处于国内行业先进水平。目前公司产品与几十个国内著名发动机、汽车、车桥企业配套，同时全面拓展国际市场，瑞典沃尔沃、德国宝马、日本日野、日本洋马等全球知名汽车及发动机制造企业多次到公司考察与洽谈，其中日本日野、日本洋马已与公司签订战略合作协议和产品配套协议，纳入其全球采购供应体系。

积极推行卓越绩效管理模式和精益制造

福达公司积极推行卓越绩效管理模式，为顾客、员工和其他相关方不断创造价值，提高组织整体绩效和能力，公司的管理水平和创新能力得到全面提升，经济效益和社会效益同步增长。公司于2013年、2014年分别获得首届桂林市长质量奖、广西第二届自治区主席质量奖，福达公司全面推行精益制造，追求生产的合理性、高效性，灵活地生产适应各种需求的高质量产品，强化产品质量，优化生产工艺，降低生产成本，使公司在激烈的市场竞争中站稳脚跟，持续发展。

企业文化建设和团队建设

2013年，福达集团正式启动了文化升级工作，形成了以“超越”为文化基调，以“德和四方”为企业哲学，核心理念层、执行理念层、行为规范层等五个层级后的“舵盘模式”企业文化体系。福达集团通过企业文化的创新和建设，实现了内强企业素质，外塑企业形象，增强企业凝聚力，提高企业竞争力的目标，为公司的发展战略提供了强有力的文化支撑。福达集团荣获2014—2015年全国企业文化优秀成果奖。

自福达创立之初，黎福超就认识到企业的发展需要一个优秀的团队来领导，提出了在公司内打造一支“高素质、高收入、高学历的三高人才队伍”，重点强化员工技能培训，福达集团已形成了一支以中高级职称、中高级技师、中高级学历为主体的优秀员工队伍。

企业社会责任

公司增加投入，引进自动化和先进的设备，同时增加绿化，建设花园式工厂，确保废气、废水达标排放；为社会提供了3000多个就业岗位，维护了社会的和谐与稳定，造福了一方百姓；严格执行劳动法规，重视企业体系运行和持续改进工作，企业通过了ISO 9001∶2008质量体系、ISO 14001∶2004环境保护体系、BS OHSAS 18001∶2007职业安全与健康体系的三标一体化国际体系认证；采取各种措施，使员工在福达工作好、生活好、身体好；加大技术改造力度，使员工劳动强度大大降低；积极开展安全生产和职业健康教育，企业所有员工按规定参保“五险一金”，并额外享受意外伤害保险。近年来公司无重大伤亡事故发生，企业被自治区评为优秀劳动关系和谐企业。

多年来，福达在教育、交通、扶贫、救灾、社区以及“美丽广西、清洁乡村”等活动中，捐款捐物超过1000万元。集团制定了《福达集团2015—2017年社会责任规划》，系统安排了企业社会责任工作，从经济责任、环境责任、社会责任三个方面，制定了卓越经营工程、客户满意工程、员工幸福工程、合作共赢工程、公益慈善工程、绿色发展工程，争取三年内成为自治区履行社会责任优秀企业。2015年，企业在教育、精准扶贫、帮助贫困儿童上学，开展各种志愿者活动（公司成立了福达志愿者协会）方面都投入较多资金，做了大量有益的工作。

山东亨圆铜业有限公司董事长

燕志富

燕志富：男，1972年出生，硕士研究生学历，经济师，现任山东亨圆铜业有限公司董事长。兼任中国有色金属加工工业协会理事会副理事长、全国有色金属标准化技术委员会委员、美国山东侨商总会会长、美国世界山东同乡总会副会长、山东省东营市侨商协会会长、山东省工业经济联合会副会长、山东省工商业联合会执委、东营市工商业联合会副会长、东营市贸促会副会长、东营市文学艺术界联合会主席团成员等。

公司主营高精铜材深加工，废旧家电、有色金属回收拆解加工及稀贵稀散金属提取等，年产20多万吨高精铜材，产品销往全国各地并出口到美国、加拿大、墨西哥、东南亚、欧盟、中东等几十个国家和地区，年销售收入过百亿元。公司项目被列为国家级火炬发展计划，属国家发改委、工信部重点扶持的企业，是中国有色金属加工工业协会副理事长单位和国家级高新技术企业。

担当成就梦想　实干铸就辉煌

燕志富于2010年4月组建山东亨圆铜业有限公司，并在美国成立美国亨圆铜业公司，产品销往全国各地并出口到美国、加拿大、墨西哥、东南亚、欧盟、中东等几十个国家和地区，年销售收入过百亿元。公司项目被列为国家级火炬发展计划，属国家发改委、工信部重点扶持的企业，是中国有色金属加工工业协会副理事长单位和国家级高新技术企业。

燕志富于2007年7月荣获首届东营市十大杰出青年企业家；2012年6月被评为2011年度东营市非公有制经济组织优秀共产党员；2014年1月被世界华人企业家协会授予中国铜业行业领军人物；2014年11月作为全市优秀企业家代表参加2014年APEC工商领导人峰会；2015年4月被授予山东省富民兴鲁劳动奖章。

科技创新引领企业发展　创新培训模式加强人才队伍建设

亨圆铜业成立以来，始终把实施科技创新作为推动企业持续发展的首要战略任务，努力在管理创新、产品创新和技术创新及市场创新等方面实现新突破。公司成立了科技研发中心，并引进德国DB公司等先进的实验检测设备，与中科院等高等科研院所达成战略合作协议，成立博士后科研工作站，共同就新产品和新技术的开发、科技成果转化、科技人才培养等方面展开深层次、全方位的战略合作。公司先后被授予国家级高新技术企业、省级企业技术中心和工程实验室，并承担了国家重点产业振兴和技术改造、山东省科技发展计划等一批重大科研项目，先后申请发明及实用新型专利近百项，并积极参与制定行业标准达20多项。为培养建立一支既懂管理、又懂业务的复合型人才管理队伍，在燕志富的组织带领下，公司在创新培训模式、提升员工综合素质方面主要开展一系列工作。一是与清华大学北京中智信达国际培训机构联合定期举办公司中高层管理干部卓越团队培训班；二是与国内铜加工行业的知名企业定期组织人才输送培训活动；三是与国内知名的铜加工专业培训学校（中国洛阳铜业培训学校）合作，定期进行中短期专业技能培训；四是每年邀请中国有色金属工业人才中心有关专家，进行技能培训和现场职业技能鉴定；五是与东营技师学院开展人才培养战略合作。

以人为本　大力加强企业文化建设

公司始终坚持文化强企战略方针，把加强企业文化建设作为提高员工素质，树立企业良好形象，增强企业核心竞争力和凝聚力的重要基础工作来抓。每年的三八国际妇女节，工会组织公司全体女职工举行趣味比赛活动；每年五一劳动节或十一国庆节，公司分批次组织员工到北京、日照、蒙山等地旅游；2013 年 11 月工会组织发起了以“努力做好本职工作，与公司共兴共荣”为主题的演讲比赛，进一步激发了广大员工的工作热情；在职工中间开展以“职业道德、社会公德、家庭美德、个人品德”为基本内容，以诚、爱、孝、贤为核心的“四德”教育活动，教育员工学会感恩、回报社会。公司关心维护职工权益，构建和谐劳动关系。工会和人力资源部门每年都会结合公司生产经营情况，对公司薪资体系进行调整，进一步激发了职工的工作积极性和主动性，有力地维护了职工队伍的稳定性。为了给广大职工提供良好的生活及工作环境，公司投资 20 多万元在改善职工宿舍条件，投资新建科技研发中心大楼，建设单身公寓、套房等高档公寓。同时公司工会根据开发区有关限价商品住房政策，为公司部分职工申请了限价房。工会对公司困难职工家庭状况进行调查摸底，为困难职工申请帮扶，组织走访慰问，让困难职工感受到各级工会对他们的关怀。企业文化建设离不开党工团建设工作的参与和支持，亨圆铜业党支部按照非公党工委的工作要求，通过召开党支部大会，安排部署深入开展党的群众路线教育实践活动，深入学习党的十八届三中、四中、五中全会精神，充分发挥党组织的政治引领作用。

燕志富积极投身社会公益事业，公司接纳下岗失业人员近百名，以企业和个人的名义为全国各地灾区、贫困地区、希望工程、学校、特困职工、重症病人和抗击“非典”等社会公益事业无偿捐献钱物达100多万元；投资10万元在广饶县大码头镇建设第一个标准农村致富书屋；给大码头镇敬老院捐赠棉衣棉被和慰问金；公司出资承办全市“亨圆”杯青少年绘画书法比赛；每年八一建军节前夕走访慰问部队官兵；与市电视台合作举办全市敬老爱老模范人物颁奖晚会；出资500多万元承办辽宁朝阳—山东东营书画交流展、曾来德先生书画精品展及翰墨齐鲁·全国国画作品展；开展“校企同心　携手育人”捐资助学活动……

构建全球范围营销体系　大力发展绿色环保产业

根据燕志富的发展战略部署，公司在上海、深圳、青岛及美国纽约等地设有分公司，产品销往全国各地并出口到北美、东南亚、欧盟、中东等国家和地区；公司通过参加南京冷博会、上海铜业展、美国芝加哥展会等国内外有关展会，进一步提升了公司品牌影响力；公司已与格力、LG、海尔、海信等空调生产配套厂家开展合作，一个全球范围内的销售网络已逐步形成。2015年公司计划投资38亿元人民币，启动亨圆城市矿产资源循环利用项目。项目占地3000亩，下设20万吨废旧家电、电子产品及电线电缆拆解,20万吨电解阴极铜绿色冶炼，现代物流仓储中心，工业制冷(冷柜)生产，铜材深加工(铜箔、铜管件)及稀贵稀散金属提取等六个项目，按照“资源—产品—消费—再生资源”的生态经济发展要求，把清洁生产和废弃物的综合利用融为一体，实现污染的低排放甚至零排放。

在燕志富的带领下，公司管理更加规范，经济效益不断提高，主要经济指标近三年居全国同行业先进水平。公司为职工按时、足额缴纳职工社会保险，并照章纳税，近三年未发生一起安全、环保、质量事故。公司先后获得ISO 9001 : 2008国际质量体系、ISO 14001 : 2004环境管理体系、OHSAS 18001 : 2007职业健康安全管理体系认证，通过了NSF、JIS、UPC、CE等国际认证，并荣获全国制冷配件明星品牌、中国制冷行业制冷空调铜管明星品牌、中国驰名商标、企业信用评价AAA级信用企业等，2015年跻身中国民营企业500强，中国民营企业制造业500强，中国有色工业50强。

新世纪东方投资集团董事长

薄成书

薄成书：女，60岁，全国三八红旗手、全国五一巾帼标兵，北京新世纪东方集团总裁、北京赛斯特服装公司、北京新世纪服装商城董事长，20世纪80年代中期她临危受命任正阳服装厂厂长，闯出自行设计、自产自销新路，成为当时明星企业；20世纪90年代初，她带领下岗职工创建了北京赛斯特服装公司，确立“做百年老店，树民族品牌”的发展思路，与意、法、韩等国著名设计师合作，“赛斯特”拥有了较高知名度和美誉度。2002年，她创建了北京市新世纪服装商贸城，为中小服装企业和代理商的成长、壮大提供个性化、精细化解决方案和一站式服务。新世纪商服装贸城被誉为“中国服装品牌的培育基地”和“中外知名品牌推广中心”。

经过20多年的艰苦创业，企业已经成为集唯美时尚设计开发、精湛独特的生产工艺、国际化品牌管理为一体的集团公司。

创新发展　巾帼建功

薄成书坚持以研发与技术为先导，以文化与管理为根本，高度重视企业文化建设，建立健全党团工会等相关组织，构建和谐劳动关系，营造良好企业环境和工作氛围。她积极参政议政，热心公益事业，为行业发展和地区稳定做出积极贡献。薄成书曾获得全国三八红旗手、中国优秀特色社会主义事业建设者、全国五一巾帼标兵、北京市优秀企业家、北京市劳动模范、首都劳动奖章、北京市三八红旗奖章等诸多荣誉。

跨越式发展书写传奇

20世纪80年代中期，薄成书临危受命，担任北京市正阳服装厂厂长，使濒临倒闭的服装厂成为当时北京商业服装公司中的明星企业，她本人也成为当时业界知名的明星厂长。20世纪90年代初，薄成书带领下岗职工创建了北京赛斯特服装公司，引入先进的管理理念和设计团队，使“赛斯特”在社会上和行业里均拥有较高的知名度和美誉度。

2002年，薄成书创建了北京市新世纪服装商贸城，首创“培育”理念，对代理商和品牌进行孵化和培育，每年举办“新世纪杯”陈列设计大赛，产生了巨大影响。在薄成书的直接推动下，新世纪服装商贸城的入驻服装品牌和个体经营户，都获得了长足的发展，新世纪商服装贸城被誉为“中国服装品牌的培育基地”和“中外知名品牌推广中心”。

创新驱动转型　创意开拓通路

经过薄成书20多年的悉心培育，赛斯特服装公司已经成为集唯美时尚的设计开发、精湛独特的生产工艺、国际化的品牌管理为一体的集团公司。赛斯特服装公司为北京市职业装定点生产单位、中国女装50强企业，并承办2006年北京时尚之都的开幕式和2009年北京十大服装品牌颁奖典礼等重要活动。赛斯特品牌多次获得消费者信得过产品、影响中国服装市场的十大女装品牌、北京十大最具潜力品牌、北京十大时装品牌、北京市著名商标等荣誉。除打造了中国驰名商标“赛斯特”之外，薄成书还培育出高级女装品牌“雪·卡露莎”、商务休闲品牌“伟士”、时尚女装DECO、童装品牌“嘉福”，均在业界享有较高的知名度和美誉度。

2014年，薄成书倡导并启动“新世纪时尚创客营”项目，以创意设计为核心，以“互联网+”为渠道，引入国内外知名设计师，举办国际文化交流活动，充分调动国际资源助力企业创新发展，提升产品设计研发能力，实体体验店和线上推广同步运营，将创客营项目打造成为北京市唯一的设计师创意创业空间和时尚潮流发源地，并成为服装设计院校大学生实习基地和创业孵化基地，由原有的物流批发向设计样品、版权交易和电子商务升级。

节能减排　低碳经营

薄成书以绿色环保为发展的根本理念，明确提出企业的经营必须完全符合国家“绿色发展”要求，机器设备务必达到环保标准。不符合绿色环保的项目实行一票否决，只要对环境保护有益的，不惜加大投入进行改造。在商厦建设改造中，薄成书坚持建筑节能设计标准，科学核定用电负荷，优化电网布局和配线方式，推进重点用能设施设备节能改造。

企业投资改造空调系统，规定空调转运的温度，应用节能型灯具和办公电器，极大节省用电量；安装节水器具，推进供水管网改造，推广中央空调使用循环冷却水，与具有专业技术的水平衡测试中心签订了水平衡测试合同，制定了节水定额管理实施办法；规定只有符合节能环保要求的产品才能列入办公用品采购名单，采取多项措施节约纸张使用量。

企业提倡崇尚节俭、合理消费、绿色消费等理念，倡导员工养成节约、环保的消费方式和生活习惯。在职工中开展争创节能标兵、节能岗位和“我为企业节能减排献计策”等为主要内容的节约资源活动，组织全员参与节能减排工作。薄成书因节能方面的突出贡献获得北京市节能减排先进个人。

打造温馨企业氛围　积极承担社会责任

薄成书高度重视企业文化建设，充分发挥文化的凝聚、引领和激励作用，在员工中倡导践行社会主义核心价值观，在代理商中倡导诚信文明经营。企业成立伊始就建立健全了党工团组织，积极发挥组织作用，从精神、文化、工作、生活等方面全方位关心员工的成长与发展，营造和谐劳动关系。薄成书的科学管理方法和独特的人格魅力促进了团结、和谐、务实、求真的企业文化形成。

2008年，薄成书带领企业成功为奥运村、媒体村定制工装，受到了北京奥组委、北京市领导的一致好评，并获得第二十九届奥林匹克运动会奥运村服务纪念奖。她身体力行，通过商业整合提升市场综合形象；协调修建立交桥改善交通，开展国际服装交流引导和促进整个地区的产业升级和观念革新；企业每年开展对诚信代理商的评选活动，带动整个地区的文明发展。

薄成书联合在地区有影响力的企业成立了丰台区首家精神文明创建联盟，积极开展精神文明创建活动；作为政协委员，她提交了《关于加强大红门商贸区统一管理的提案》和《关于推进大红门服装服饰创意产业集聚区建设的建议》，对大红门商贸区整体发展提出合理化建议，力促大红门商务区的产业升级。薄成书长期热心公益事业，带领企业先后参加“和三峡库区人民手牵手”的结对帮扶活动，为受灾地区捐款捐物；为园博园建设者捐赠服装，为丰台区环卫女工选购围巾，表达对他们的问候和祝福。薄成书还长期资助30名贫困家庭的孩子求学，为孩子们制订了“助学成长计划”。

薛兴海

薛兴海：男，1963年出生，硕士研究生学历，高级工程师，现任济南市公共交通总公司党委书记、总经理。

他在全国同行业率先推行了“星级管理、星级服务”制度，职工的服务意识、服务水平明显提升。为满足乘客出行需求，不断调整优化公交线网，努力解决市民出行“最后一公里”的问题，提高了公交线网覆盖率和公交出行分担率，在全国首推“守时公交”，公开发布20条郊区线路出行时刻表，开通“定制公交”线路19条，最大限度地满足乘客出行需求，相继开通7条BRT线路，使济南成为国内首座实现快速公交独立成网的城市。他积极参加国家“十城千辆”节能与新能源汽车推广应用活动，购置混合动力新能源汽车，节能效果显著。

把乘客满意作为最高追求

薛兴海不断提升公交服务能力和服务水平，积极打造公交优质服务品牌，较好地满足了市民群众出行需求。公司先后荣获全国五一劳动奖状、全国文明单位、全国城市公共交通十佳先进企业等多项荣誉。薛兴海先后荣获中国经济百名杰出人物、中国城市公共交通领域技术能手、全国劳动模范等荣誉。

坚持公交优先理念　积极承担社会责任

薛兴海坚持将服务社会、服务民生作为企业的使命。济南公交在2008年汶川发生强烈地震后，承担了为济南市赴川救灾运输车队加油任务，积极组织“5·12抗震救灾”捐款活动。启动公交票制优化改革，提高公交普通IC卡的优惠幅度，保持老年人、残疾人和学生享有的社会福利。

薛兴海认真做好企业岗前培训工作，大力开展法律普及工作，防范和化解劳动争议风险。公司参与省交通运输厅组织的《山东省城市公交条例（征求意见稿）》起草工作。企业先后荣获山东省、济南市、历下区三级“劳动争议预防调解工作示范企业”荣誉称号。

以管理创新推动发展　夯实公交发展基础

薛兴海带领济南公交一班人，要求所属各营运公司要加强营运管理，努力提高劳动效率；所属多种经营单位积极抢占市场，提高资源收益；济南市政府转让济南公交车身广告位经营权。薛兴海要求相关部门认真做好公交车体广告运营工作，制定了详细规定。2014年，公交车体广告平稳发展，实现车身广告收入9000余万元，公司还在公交车体上发布了主题公益广告。薛兴海还积极协调公交专用道建设，加快公交停车场站的建设和改造步伐，初步构建起以公交枢纽为核心，主要客流走廊为框架，层次清晰的公交网络。

提升服务保障能力　满足乘客出行需求

2004 年，薛兴海在全国同行业率先推行了“星级管理、星级服务”制度，把“微笑服务”作为提高服务质量，展示济南公交和济南城市形象的突破口。2009 年将微笑服务纳入驾驶员星级考核标准，2015 年 6 月起，在大运量公交线路上配备乘务安全管理员（特勤），制止不法行为。他带领济南公交一班人，用“互联网 +”的思维方式，积极探索建设高峰通勤网、社区微公交、定制公交等新型服务模式，逐步建立“分区—分层—分级”的公交网络，使济南成为国内首座实现快速公交独立成网的城市。

2012 年 5 月，薛兴海在全国首推“守时公交”，承诺到站时间前后误差不超过 1 分钟，2015 年，进一步拓展线路，最大限度减少乘客的候车时间。薛兴海推出“定制公交”服务举措最大限度地满足乘客出行需求。2014 年 6 月起，薛兴海积极构建城市主要干道零时公交网，实现了 5 个城市节点的无缝换乘衔接，这是我国北方城市首次实现零时公交网，零时公交网节点无缝衔接在全国也属首创。

加强节能减排工作　打造绿色公交

薛兴海坚持把节能减排工作作为一项长期的系统工程来抓，实施“车辆装备提升”和“绿色公交建设”两大工程。2013—2015 年，济南公交所有营运车辆排放全部达到绿标，采购节能与新能源公交车 1558 辆。薛兴海带领济南公交一班人完成了《济南市工况下代用燃料汽车运行考核研究》和济南市新能源汽车大规模示范运行两项国家“863”科技项目。公司建立了融“3G、GPRS 无线网络、有线网络”三网于一体的公交智能调度系统，每年相当于节约 2331 吨标准煤。2014 年济南市公交总公司荣获“节约之星”称号。薛兴海主导完成了《济南市无轨电车发展规划》，被确定为交通运输行业绿色循环低碳示范项目；把财务、维修、物资管理、场站管理和车辆保洁从各运营公司分离出来，实行车辆能耗定额管理，公司先后荣获中国城市公共交通节能减排优秀企业、中国绿色公交卓越贡献奖等多项荣誉。

加大科技创新力度　提升科学管理水平

2009 年，在薛兴海的大力倡导下，加快实施智能公交建设，从根本上改变传统的调度方式，改善了群众的公共安全环境；济南公交与运营商积极开展 NFC 手机刷卡乘公交的相关测试工作。薛兴海带领济南公交一班人发挥信息平台的作用，完成了物资管理系统、热线话务系统、IC 卡加油系统等多个系统数据及管理的对接工作。截至 2015 年 10 月，总公司信息平台已发展成为融合企业信息、运营生产、安全管理、后方保障、乘客服务、基础设施六个子平台的多应用为一体的大型共享信息平台。薛兴海主持和参与制定了若干项地方标准、行业标准及国家标准，增强了企业在行业内的话语权。

开展文明创建活动　促进企业和谐发展

薛兴海坚持把党建工作同营运、安全、服务等工作同布置、同落实，充分发挥党员先锋模范作用和党组织战斗堡垒作用。总公司被评为山东省优秀基层党组织；所属第二汽车公司被授予全国“先进基层党组织”荣誉称号。

2006 年以来，薛兴海强力推进《论语》普及工程，设立“孔子学堂”，用中华优秀传统文化强大的感染力指引职工工作和生活。2015 年 10 月，济南公交被评为团中央“青年之声”国学教育示范基地。为提升职工队伍的综合素质，公司推行公开选拔竞争上岗制度；始终坚持让广大职工共享企业改革发展的成果。公司成立了 7 支公交志愿服务队，将每月 17 日定为“乘客让座日”，使文明让座行为在济南市蔚然成风。

中钢集团邢台机械轧辊有限公司总经理、党委书记

薛灵虎

薛灵虎：男，1962年出生，中共十七大代表，全国劳动模范，现任中国中钢股份有限公司总经理助理、中钢邢机总经理、党委书记。

他从打造民族品牌出发，瞄准世界轧辊制造前沿技术，加大科技创新投入力度，建设了国内轧辊行业唯一的国家级企业技术中心、博士后科研工作站、院士工作站，他也成为全国轧辊领域学术学科带头人，直接参与的国家863科研项目，填补了多项国家空白。连续两届被推选为中国铸造协会会长。

他创新营销策略，与宝钢等国内外知名钢企建立战略合作关系，在全球轧辊行业开创功能计价的新型商业模式，加快由生产型企业向服务型企业转变。

他创建了围绕生产经营一个中心；以全员创新、改善登高为两个抓手；持续强化领导干部、党员和职工三支队伍建设的“123”党建工作模式，并被国务院国资委选为先进典型广泛推广。

创造“世界轧辊天堂”

自2006年薛灵虎正式担任中钢邢机总经理以来，带领全体员工以振兴民族轧辊工业为己任，围绕“建设具有国际化视野和全球竞争观念的世界轧辊行业第一强企”战略发展目标，致力建立创新体系，加快技术改造和转型升级步伐，全面提升企业现代化管理水平，使一个濒临破产的企业，成为世界轧辊行业领军企业，成为目前世界上产出规模最大、市场占有率最高、装备技术最优、资本实力最强的冶金轧辊专业研发与生产企业。中钢邢机被业界誉为“世界轧辊天堂”。薛灵虎荣获全国劳动模范，所在企业先后荣获全国五一劳动奖状、全国绿化模范单位、国家技术创新示范企业、中央企业先进集体、中央企业先进基层党组织等。

焕发企业创新激情和内生动力

轧辊是钢厂各种轧机生产线上的专用工具和关键备件，它直接决定着生产效率和钢材质量。始建于1958年的中钢邢机，是由国家投资兴建的国内第一家专业轧辊生产企业，周恩来总理曾亲临企业给予关怀，自起诞生之日起，就担负着改变和打破我国轧辊产品研制空白、依赖进口、受制于人被动局面的使命。几十年来，在我国钢铁工业和有色工业发展壮大的历程中发挥了重要作用。

自2006年开始，中钢邢机投资30亿元实施大规模装备改造、技术升级，形成了完整的铸钢、铸铁、锻钢三大系列九条完备的具有国际化先进水平的优质轧辊生产线，产品覆盖黑色及有色金属全部轧制领域。轧辊产品国内市场综合占有率超过40.0%，全球轧辊市场占有率达15.0%以上。

薛灵虎从打造民族品牌出发，瞄准世界轧辊制造前沿技术，加大科技创新投入力度。建设了国内轧辊行业唯一的国家级企业技术中心、博士后科研工作站、院士工作站。公司新产品研发周期由以前的几年缩短为现在的几个月，保持了中国轧辊首研首发的领先地位，为我国钢铁行业转型升级提供了技术支撑；建立以群众性创新为基础、科技创新为支撑的全员、全面、全过程的全员创新体系，8 年来，企业共产生重要创新成果 1.2 万项，直接创造经济效益超过 4.81 亿元。目前，中钢邢机已研发国家重点新产品 15 项，荣获省部级科技进步奖 27 项，制定国家标准 9 项，行业标准 5 项；累计拥有授权专利 136 项，还有 51 项正在申报或公示中。公司中心实验室通过了 CNAS 国家重点实验室认证，成为全球 70 多个国家和地区相互认可的具有权威性的检验检测实验室。

学术造诣深厚成为行业巨擘

薛灵虎由一名普通技术人员成长为典型的技术专家型企业领导，不仅带领中钢邢机实现快速成长，也为整个行业的科技进步谋划思路和举措。

1982 年，薛灵虎从河北科技大学毕业分配到邢机，一头扎到轧辊生产第一线，从普通的技术员、技术科长、分厂厂长到公司总经理。30 多年来，无论职务变迁，还是岗位调整，薛灵虎始终学习不辍，创新不止，从不放弃轧辊技术的研究与攻关，如今已成为全国轧辊领域学术学科带头人。他直接参与的国家 863 科研项目，填补了多项国家空白。凭借深厚的技术底蕴和学术造诣，薛灵虎不仅在公司内部树立了技术权威，赢得了科技人员的信任和尊敬，在我国铸造行业也备受推崇，连续两届被推选为中国铸造协会会长，开创了由企业家担任铸造协会会长的先河。

传统国企焕发新活力

随着我国经济进入中低速发展的“新常态”，国家在钢铁行业和装备制造业的战略调整，对轧辊和铸造业的科技进步、创新发展提出了更高的要求。薛灵虎超前谋划，制定并实施了一系列战略举措，使这个传统制造企业逐步迈上转型升级、健康发展之路。

创新营销策略，与宝钢、鞍钢、武钢及安赛乐·米塔尔、新日铁、浦项等国内外知名钢企建立战略合作关系，形成了独具特色的市场竞争优势；同时，在全球轧辊行业开创功能计价的新型商业模式，由单纯提供产品转型为轧线轧机综合配套服务，加快由生产型企业向服务型企业转变。

以打造质量精品为目标，连续多年深入开展以提高产品质量为目标的劳动竞赛。在“苦、累、脏、险、差、多（人员多）”等环节和岗位，强力推进“四化”（机械化、自动化、数字化、智能化）建设，并创新实施全过程的可视化管理和防错纠错机制，企业的产品实物质量达到全行业最优。

以精益化管理思想为指导，推进信息化和工业化的深度融合，制定信息化建设发展规划，建设形成“大数据运维”管控模式，创建了“五流合一”（生产信息流、物流消耗流、工艺执行流、设备信息流、管理信息流）的全过程信息化管理系统；创新“列车时刻表”准时化、连续化生产运行模式，企业基础管理水平得到了全面大幅提升，形成了独具特色的核心竞争力。2014 年，中钢邢机被国家工信部确定为 502 家“两化融合”贯标试点企业之一，2015 年又成为全国首批通过“两化融合”贯标评定与认证的 200 家企业之一，也是河北省第一家通过“两化融合”认证的企业。

彰显央企先进典范

作为党委书记，薛灵虎始终坚持以共产党员的标准严格要求自己，不断改造自己的世界观、人生观、价值观，时刻把几千名职工的前途命运和职工家属的期待放在心上，做到廉洁从业，立党为功。创建了“围绕生产经营一个中心；以全员创新、改善登高为两个抓手；持续强化领导干部、党员和职工三支队伍建设”的“123”党建工作模式，调动了广大党员和全体职工的工作热情，为企业发展提供了可靠保证。这一成功经验被国务院国资委选为先进典型广泛推广。

薛灵虎坚持绿色发展道路，大力实施蓝天、绿地、净化工程和轧辊绿色制造。企业主要生产设备和生产场所均符合环境保护要求，各类污染物排放稳定达标，提前两年实现了河北省“十二五”减排目标，被评为河北省“双三十”节能目标考核优秀单位；热心公益事业，投资 600 多万元为当地市民建设花园，公司被评为全国绿化模范单位、全国模范劳动关系和谐企业。

中和环球控股有限公司董事长

戴建良

戴建良：男，47岁，中和环球控股有限公司董事长、贵阳西南国际商贸城有限公司董事长，贵州省政协委员，中国民主建国会会员，中国企业联合会、中国企业家协会副会长。

他所建设运营的项目之一贵阳西南国际商贸城2012—2014年纳税超过15亿元，成为贵州民营经济发展的排头兵。他为了最大限度保护耕地、节约集约用地，通过合理布局各类用地空间，充分利用低丘缓坡，仅项目一期就耗资近20亿元进行土石方工程，整理出建设用地1000余亩用于建设项目。

作为一名企业家，他时刻牢记社会责任，以帮助改善贵州贫困地区教育资源相对落后的现状为己任，发起成立了贵州省大地公益基金会，带领基金会全体成员大力关爱乡村教师，积极扶持农村地区、民族地区教育事业的发展，以促进贵州省教育事业的发展。截至目前，基金会认捐款物总额近1.5亿元，且大部分已实际投放，基金会2014、2015年均被授予贵州省社会扶贫先进集体称号。

书写传奇　丰满人生

长期以来，戴建良勤勉工作、热心公益，在生产经营、企业管理、改革发展、公益慈善等各个方面均取得了突破性发展，个人及所经营企业获得了社会各界的广泛好评，荣获2013年度十大风云浙商。

作为一名企业家，戴建良还牢记社会责任，以帮助改善贵州贫困地区教育资源相对落后的现状为己任，发起成立了贵州省大地公益基金会。截至目前，基金会认捐款物总额近1.5亿元，且大部分已实际投放，基金会2014年、2015年均被授予贵州省社会扶贫先进集体称号。

促经济　在贵州书写商界传奇

贵阳西南国际商贸城规划面积约10平方千米，投资总额600亿元，总建筑面积约1420万平方米，是集市场经营、国际贸易、现代物流、电子商务、休闲娱乐于一体的大型综合性商业集群。戴建良通过考察和分析，发现从市场需求、产业基础、政府支持、区位格局、发展空间等多个层面来看，在贵州建立一个区域性的商贸物流中心是完全可行的。西南国际商贸城建成后，彻底改变了贵阳市各类专业批发市场及批零兼营市场布局分散、管理滞后、安全隐患突出的不利局面，把“一代半”市场直接引领到当今世界最顶级商贸业态，2012—2014年纳税总额达15亿元，成为贵州民营经济发展的排头兵。

开业一周年以来，已有近30个业态的15000商户入驻，庞大的人气、商气、财气在此汇聚；一年里，精心策划组织数百次活动，目前日均人流量稳定在8万人次左右，周末、节假日，人流更是直线飙升。2015年9月集长途客运、轨道交通、环城快铁、城市公交、城市干道五位一体的立体交通体系也已在贵阳西南国际商贸城东侧动工，建成后，贵阳西南国际商贸城将成为贵州的中心。商贸城还与阿里巴巴强强联手，实现电子商务与实体商贸的联动，首个O2O体验馆也已正式开放，依托完善的物流配套、发达交通体系，前店后厂的产业模式，贵阳西南国际商贸城将成为贵州面向泛珠三角、乃至整个东南亚地区的城市桥头堡。

搞建设　探索商贸之路的绿色崛起

戴建良深刻的意识到，无论是雄心勃勃、积极开拓，还是全力补救、放手一搏，要想赢得市场，唯有变革创新。市场经营、国际贸易、现代物流、电子商务、次级CBD，要打造好这一系列的商业集群，必须要有强大的人才团队以及全新的企业管理理念。为此，他创新地提出探索商贸之路的绿色崛起，先要打造绿色发展的内部环境。即以绿色发展的思路夯实团队建设、创新企业管理，打造内部实现绿色发展的环境。

戴建良多次强调，团队精神，是企业对每一位员工的基本要求。成功没有快车道，幸福没有高速路。术业有专攻，单靠自己摸索，每个人的精力有限；合纵连横、内引外联已成为发展的必然要求和主旋律。

佛家所云“以定生慧，枯木逢春”是戴建良常常挂在嘴边的一句话，在他看来，越是新常态，企业越应该努力做到的是：立下根基、不断创新。

保生态　节约集约利用土地

为确保项目建设选址科学可行，戴建良组织专家团多次考察论证，最终将贵阳西南国际商贸城项目建设选址在贵阳市观山湖区西南部。此地位于连续的低丘缓坡，地势高于周边，项目用地大部为荒地、坡地，不占用基本农田，最大限度地保护了优质耕地。

贵州是全国唯一没有平原支撑的省，贵阳西南国际商贸城项目通过合理规划，充分利用有限的土地资源，炸山填沟“造”土地，仅项目一期就耗资近20亿元进行土石方工程建设，整理出建设用地1000余亩，短短两年时间，商贸城建设从“零”基础“零”配套的低丘缓坡，到形成水、电、路配套齐全、与城市管网衔接的立体发展框架，不毁一亩良田，把产业项目引上山，把生活条件差的农民引进城，不仅发展了商业，也推进了城市化进程。

将老城区占地面积广，人流量大，交通、消防、安全、卫生压力巨大的批发市场转移至贵阳西南国际商贸城，可将原城市中心的老市场空间重新规划，将土地盘活，提高土地利用效率，拉动城市建设，改善城市环境，推进城市化进程，促进经济社会持续、快速、健康发展。

做公益 用慈善丰满人生

一边为贵州经济做贡献，一边戴建良还积极为贵州的公益慈善和教育事业呕心沥血。

欠开发、欠发达的西部省份贵州，山区农村中小学师资力量薄弱，身为贵州省大地公益基金会的创始人和秘书长，戴建良倡导以关爱乡村教师，扶持农村地区、民族地区教育为重点，促进贵州省教育事业的发展。作为一个非营利性公益组织，贵州省大地公益基金会立足创新，改传统的帮扶方式为由点到点精准帮扶，为贵州贫困地区乡村教师提供科学、精准、可持续的帮助。据不完全统计，贵州省大地公益基金会自 2014 年成立以来，累计捐款捐物价值达 1.5 亿元，围绕教育陆续开展了系列公益活动。

在关注教育的同时，还积极投身扶贫开发工作，基金会与民建中央及民建贵州省委携手，成立了思源大地专项资金；携手贵阳市政府设立每年 2000 万元专项扶贫资金，对贵阳市困难家庭进行精准扶贫；携手中国退役士兵就业创业服务促进会成立大地公益关爱老兵及阵亡烈士亲属专项基金，同时每季度组织大量的物资进行送温暖活动。

陕西石羊（集团）股份有限公司董事长

魏存成

魏存成：男，50 岁，硕士研究生学历，经济师，陕西省第九、十届人大代表，陕西省劳动模范，陕西石羊（集团）股份有限公司董事长。

他所领导的石羊集团已发展壮大为西北地区最大的以食用油生产、饲料加工为主业，涉及进出口贸易、畜牧养殖、肉食品加工、预混料添加剂及房地产等行业的大型股份制企业。在他创办石羊集团的 20 余年时间内，不断面临体制创新方面的各种挑战，他基于敏锐的判断和果敢，总是抢先一步进行改革，快速推动了企业的发展。他从创建石羊之初就把在产业链上的规模扩张放到了重要的战略位置上，不断在产业链上做文章。他带领石羊集团在 20 多年的发展过程中，始终没有忘记家乡父老和社会各界对石羊事业的支持和厚爱。多年来，共向社会各界捐资捐物达 1000 余万元，表现出强烈的社会责任感及爱心奉献精神。

企业前进领头羊

魏存成，从一个军人到一个优秀民营企业家，他艰苦创业，开拓进取，诚信经营，使石羊集团发展成为西北地区的多元化股份制企业。秉承着“做放心食品”的原则，集团及其产品得到社会各界的普遍赞誉和一致认可，先后获得省部级荣誉230余项。魏存成2002年1月被国家农业部授予第四届全国企业家光荣称号；2004年6月被中国粮食行业协会授予中国粮油创业企业家称号；2012年获得陕西省年度经济人物。

创新产业模式

魏存成从创建石羊之初就把石羊的核心发展方向定位为农牧业，经过不断创新、发展形成独具特色的发展模式和产业架构。魏存成将产业链上的规模扩张放到了重要的战略位置，从开始选择油脂行业，到进入饲料行业，再到后来进入畜牧养殖、冷鲜肉加工及进出口贸易等行业，都是不断地在产业链上做文章，由此应运而生的“石羊模式”成为产业发展的“作战地图”。在贯通油脂产业、饲料产业、养殖产业、养殖配套产业、屠宰加工产业和金融产业等的一体化过程中，一方面，石羊集团与国内外优秀企业建立密切关系，强强合作，提升自身的产业链管理能力；另一方面，石羊集团积极服务产业链中的利益相关者，与风险承受能力弱的大量养殖户建立稳定的合作关系，把广大养殖户安全纳入养殖产业链。最终，提升产业链各环节利益主体收益的稳定性，实现产业均衡发展，互利共赢。

在魏存成的带领下，石羊人将研发、科技创新视为核心，视为推动产业持续发展的“永动机”，组建了省级、市级企业技术中心、省级技术创新中心等，同时与高等院校合作，开展校企科技成果转化。魏存成思路开阔，信奉合作共赢的企业发展之道。集团农牧产业与四川新希望集团、山东六和集团、山西大象禽业集团组建“新和石千”产业联盟，实现长期合作共赢。畜牧产业和美国 PIC 公司、法国 ADN 公司合作，每年可向社会提供优质种猪 10 万头，商品育肥猪 100 万头，带动养殖户 4000 多户。油脂产业与吉林粮食集团、西安油科院达成战略合作，在信息、原料、营销、技术等方面为石羊提供更好的发展平台。

20 年时间内，魏存成不断面临体制创新方面的各种挑战，他基于敏锐的判断和果敢，总是抢先一步进行改革，快速推动了企业的发展。石羊经营过程中的私有化和内部交易市场化都是成功改制创新的典范。石羊集团规定，公司配备给中高层的小车，给特殊岗位配备的笔记本电脑，数码相机全部私有化给个人，年费用支出可节约 100 万元左右。集团内部所有公司之间的产品交易一律按照市场化原则买卖，自行洽谈，内部产品价格不合适，完全可以在外面的公司采购。这一市场化改革，充分尊重经营团队的意愿，同时充分尊重市场化的原则，对各个公司都有利。

魏存成在信息化大潮来临前，就提出了大力推进企业信息化建设，提升管理质量的设想，开展信息化升级，ERP、OA 等系统切入石羊集团管理模式，再到今天“石羊云端”等新兴互联网介质都有效切入管理应用。同时，他借助“互联网 +”的思路，先后引进了“TQC”（全面质量控制）、“GMPS”（最佳生产工艺）和“ISO 9002”（国际质量标准化管理体系模式）等一系列国际质量管理体系整合，有效提高产品的精准管理。

树立百年品牌

回顾集团快速发展的这些年，魏存成先进的人才观念是推动企业发展的根基。石羊集团在陕西省农牧企业中，第一个与西北农林科技大学动科学院建立合作关系，成立“西北饲料研究所”，并与多所大专院校建立定向委培业务，积极安排实习，并提供食宿和补贴，极大丰富了学生的实践活动。通过一系列的措施，石羊集团人力资源结构发生了翻天覆地的变化，核心岗位专业化人才由 1992 年之初的 1.0%，已经提升到 2014 年年底的 87.0%。公司的产品线也不断地进行细分和延伸，企业综合竞争能力不断提升。股份制改革后的石羊集团，实行了职业经理人制。从 2007 年开始，集团在核心线路提出五年内必须全面实现专业化的团队建设目标，公司不断通过安排对标企业参观、外派等方式，进行系统的 EMBA 学习，并与多家国内知名培训机构保持常年业务合作关系，针对性进行专题培训。

集团公司 2012 年对宣讲了十几年的企业文化进行深刻改造，从“提供绿色营养，铸造百年石羊”改成“提供绿色产品，共创美好生活”。企业的落脚点不再是一味围绕公司和产品，而是最终落脚到人身上。只有以共创美好生活为宗旨，才能将各方有志之士，有识之士汇聚到石羊这面大旗下，形成强大的发展推力，实现企业的百年梦想。

2014 年石羊集团销售收入达到 60 多亿元，固定资产达到 20 多亿元，集团油脂产能为 100 万吨 / 年，饲料产能为 200 万吨 / 年；集团肉鸡食品产能 10 万吨 / 年；集团种猪繁育基地是西北地区最大的种猪繁育基地，国家农业部“全国重点种畜场建设项目”，可向社会提供纯种种猪 15000 头 / 年。石羊集团油脂加工占全国油脂加工量的 2.0%，全国油脂加工企业排名第 24 位。年产饲料量占全国产量的 0.49%，饲料销售陕西省排名第一，是全国前 30 强企业。集团肉鸡食品占全国总产值的 1.7%，生产加工量西北第一。

企业社会责任

石羊集团带动 1000 农户从事肉鸡养殖，带动近 25 万种植农民增收。通过科教培训全方位的普及农业科技知识，普遍提高农民科学文化素养。企业投资兴建高标准的生产、生活污水处理配套设备，积极进行节能改造，创造了极高的社会价值和企业价值。在生产经营中，企业始终将安全生产作为企业发展的根基，把维护消费者的核心利益作为企业发展的基础。从 1992 年成立之初，到现在连续 20 多年来，集团通过各种方式向社会各界捐赠现金、物资等累计价值达 1000 余万元。2000 年，魏存成出资 100 余万元修建了家乡东城镇第一所希望小学。从 2003 年到 2006 年石羊集团又连续为渭南地区的贫困大学生捐款逾 30 万元。

后 记

“袁宝华企业管理金奖”、全国优秀企业家评选表彰活动每两年举办一次，主要是通过表彰优秀企业家，弘扬我国企业家开拓进取、勇于创新的精神，促进企业家队伍健康成长，鼓励广大企业家以更大的智慧和勇气投身企业改革发展，为我国经济社会发展做出新的更大贡献。

根据第九届“袁宝华企业管理金奖”获得者和2015—2016年度优秀企业家先进事迹，我们编辑了本书。参与编辑工作的人员有：于吉、王建斌、王京洲、官永久、邵红亚、王菲菲、邬云芳、尚晓明、刘波、肖振东、尹青、胡媛媛、雷建、刘畅、王庆利、孟红梅。

本书的编辑出版工作得到了中广核工程有限公司的大力支持，在此致以衷心感谢！由于时间仓促，书中出现疏漏和不尽如人意之处在所难免，恳请各界人士提出宝贵意见和建议。此外，我们还要向出版本书的企业管理出版社表示感谢！

编 者

二〇一六年五月